2024
QUINTA EDIÇÃO

HELDER **SATIN**

MANUAL COMPLETO DE
INFORMÁTICA
PARA CONCURSOS

WANDER GARCIA
COORDENADOR DA COLEÇÃO

CB042121

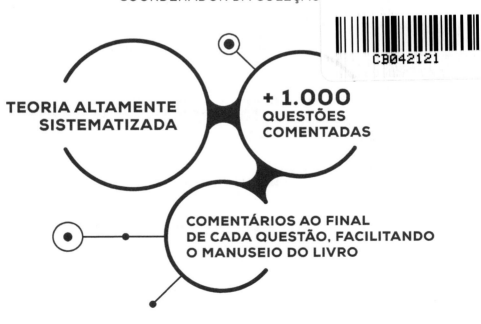

TEORIA ALTAMENTE SISTEMATIZADA

+ 1.000 QUESTÕES COMENTADAS

COMENTÁRIOS AO FINAL DE CADA QUESTÃO, FACILITANDO O MANUSEIO DO LIVRO

EDITORA FOCO

2024 © Editora FOCO

Coordenador: Wander Garcia
Autor: Helder Satin
Diretor Acadêmico: Leonardo Pereira
Editor: Roberta Densa
Revisora Sênior: Georgia Renata Dias
Capa: Leonardo Hermano
Projeto Gráfico: Linotec
Diagramação: Ladislau Lima
Impressão miolo e capa: META BRASIL

Dados Internacionais de Catalogação na Publicação (CIP) de acordo com ISBD

S253m

Satin, Helder

Manual Completo de Informática para Concursos / Helder Satin. - 5. ed. - Indaiatuba : Editora Foco, 2024.

232 p. ; 17cm x 24cm.

Inclui bibliografia e índice.

ISBN: 978-65-5515-802-1

1. Informática. 2. Manual. 3. Concursos Públicos. I. Título.

2023-1419   CDD 004   CDU 004

Elaborado por Vagner Rodolfo da Silva – CRB-8/9410

Índices para Catálogo Sistemático:

1. Informática 004   2. Informática 004

DIREITOS AUTORAIS: É proibida a reprodução parcial ou total desta publicação, por qualquer forma ou meio, sem a prévia autorização da Editora Foco, com exceção da legislação que, por se tratar de texto oficial, não são protegidas como Direitos Autorais, na forma do Artigo 8º, IV, da Lei 9.610/1998. Referida vedação se estende às características gráficas da obra e sua editoração. A punição para a violação dos Direitos Autorais é crime previsto no Artigo 184 do Código Penal e as sanções civis às violações dos Direitos Autorais estão previstas nos Artigos 101 a 110 da Lei 9.610/1998.

NOTAS DA EDITORA:

Atualizações do Conteúdo: A presente obra é vendida como está, atualizada até a data do seu fechamento, informação que consta na página II do livro. Havendo a publicação de legislação de suma relevância, a editora, de forma discricionária, se empenhará em disponibilizar atualização futura. Os comentários das questões são de responsabilidade dos autores.

Bônus ou Capítulo On-line: Excepcionalmente, algumas obras da editora trazem conteúdo extra no on-line, que é parte integrante do livro, cujo acesso será disponibilizado durante a vigência da edição da obra.

Erratas: A Editora se compromete a disponibilizar no site www.editorafoco.com.br, na seção Atualizações, eventuais erratas por razões de erros técnicos ou de conteúdo. Solicitamos, outrossim, que o leitor faça a gentileza de colaborar com a perfeição da obra, comunicando eventual erro encontrado por meio de mensagem para contato@editorafoco.com.br. O acesso será disponibilizado durante a vigência da edição da obra.

Impresso no Brasil (08.2023)   Data de Fechamento (08.2023)

2024

Todos os direitos reservados à
Editora Foco Jurídico Ltda.
Rua Antonio Brunetti, 593 – Jd. Morada do Sol
CEP 13348-533 – Indaiatuba – SP

E-mail: contato@editorafoco.com.br
www.editorafoco.com.br

DEDICATÓRIA

À Stella e Pedro, que a semente do conhecimento brote em seus corações

Helder Satin

APRESENTAÇÃO

Por que você está diante de um **MANUAL COMPLETO DE INFORMÁTICA** para Concursos?

Porque este **MANUAL** não se limita a trazer a **TEORIA** acerca do que é cobrado nos concursos públicos. Ele vai além e traz, também, número expressivo de **QUESTÕES COMENTADAS**, assuntos atuais e escrita de fácil entendimento.

Quanto aos **TEMAS ABORDADOS**, foram selecionados aqueles de maior relevância e incidência em provas de concurso de todo o país, visando uma preparação mais objetiva do concursando. É importante salientar que nem todo tema será abordado de forma profunda, uma vez que frequentemente é requisitado um conhecimento geral sobre a Informática.

Quanto às **QUESTÕES COMENTADAS**, essenciais ao desenvolvimento do raciocínio e à fixação da matéria, a obra contém mais de 1000 questões, sendo que todas elas são devidamente comentadas, item por item quando necessário, e foram escolhidas dentre os principais concursos públicos do País.

A obra também é escrita numa **LINGUAGEM DIRETA** e **CLARA**, sem exageros linguísticos e com foco constante na melhor e mais atualizada informação, de modo que se tem um texto que, de um lado, vai direto ao ponto e, de outro, traz o maior número possível de informações úteis para o leitor.

No decorrer do texto há também destaque de itens e imagens dos programas mencionados nos editais, proporcionando ao leitor verificação fácil do início de cada ponto, e das palavras, expressões e informações-chave, facilitando ao máximo a leitura, a compreensão e a fixação das matérias.

Tudo isso sem contar que a obra foi escrita por um autor com vasto conhecimento em informática para concursos e exames públicos e que têm, também, larga experiência em cursos preparatórios para concursos públicos, presenciais e a distância.

Em resumo, os estudantes e examinandos de concursos públicos e demais interessados têm em mãos um verdadeiro **MANUAL COMPLETO DE INFORMÁTICA**, que certamente será decisivo nas pesquisas e estudos com vista à efetiva aprovação no concurso dos sonhos.

Boa leitura e sucesso!

SUMÁRIO

PARTE I – HARDWARE 1

1. *HARDWARE* 3
   - 1.1. PLACA-MÃE.. 3
   - 1.2. PROCESSADOR.. 3
   - 1.3. MEMÓRIAS PRINCIPAIS 4
   - 1.4. MEMÓRIAS SECUNDÁRIAS 4
   - 1.5. MEMÓRIA VIRTUAL 6
   - 1.6. PLACAS E PERIFÉRICOS DE ENTRADA E SAÍDA 6

   QUESTÕES COMENTADAS DE *HARDWARE*.. 8

PARTE II – *OFFICE*.. 23

1. *OFFICE* 25
   - 1.1. EDITORES DE TEXTO 25
   - 1.2. EDITORES DE PLANILHAS.. 31
   - 1.3. EDITORES DE APRESENTAÇÕES 36

   QUESTÕES COMENTADAS DE *OFFICE* 40

1. EDITORES DE TEXTO 40
   - 1.1. *OFFICE*.. 40
   - 1.2. *BROFFICE*... 52

2. EDITORES DE PLANILHAS 56

	2.1.	*OFFICE*	56
	2.2.	*BROFFICE*	72
3.		EDITORES DE APRESENTAÇÃO	75

PARTE III – BANCO DE DADOS **87**

1. BANCOS DE DADOS 89

    1.1.   *SELECT* 89

    1.2.   *INSERT* 90

    1.3.   *UPDATE* 90

    1.4.   *DELETE* 90

    1.5.   TIPOS DE BANCOS DE DADOS 90

    1.6.   OUTROS CONCEITOS 91

QUESTÕES COMENTADAS DE BANCOS DE DADOS 93

PARTE IV – INTERNET **95**

1. INTERNET 97

    1.1.   NAVEGAÇÃO 97

    1.2.   NAVEGADORES 98

    1.3.   MOTORES DE BUSCA 103

    1.4.   COMUNICAÇÃO *ON-LINE* 103

QUESTÕES COMENTADAS DE INTERNET 107

1. REDE, INTERNET E INTRANET 107

2. FERRAMENTAS E APLICATIVOS DE NAVEGAÇÃO 124

3. CORREIO ELETRÔNICO 134

4. GRUPOS DE DISCUSSÃO 139

5. BUSCA E PESQUISA 140

PARTE V – SISTEMAS OPERACIONAIS **143**

1. SISTEMAS OPERACIONAIS 145

    1.1.   LINUX 146

    1.2.   WINDOWS 148

    1.3.   INTERFACE 150

    1.4.   ÍCONES 152

    1.5.   INTERAÇÃO VIA *MOUSE* 153

1.6.	ATALHOS DO TECLADO	153
1.7.	PRINCIPAIS PROGRAMAS	153
1.8.	SISTEMA DE PASTAS E ARQUIVOS	154
1.9.	OUTROS CONCEITOS	155

QUESTÕES COMENTADAS DE SISTEMAS OPERACIONAIS 156

PARTE VI – REDES DE COMPUTADORES **183**

1. REDES DE COMPUTADORES 185

1.1.	CLASSIFICAÇÕES	186
1.2.	MODELO OSI	188

QUESTÕES COMENTADAS DE REDE DE COMPUTADORES 190

PARTE VII – SEGURANÇA DA INFORMAÇÃO **195**

1. SEGURANÇA DA INFORMAÇÃO 197

1.1.	PRINCÍPIOS BÁSICOS	198
1.2.	*BACKUP*	199

QUESTÕES COMENTADAS DE SEGURANÇA DA INFORMAÇÃO 201

PARTE I

HARDWARE

Para podermos compreender melhor o mundo digital é necessário primeiro saber seus conceitos mais básicos, por este motivo iremos iniciar analisando os componentes de um computador, que podem ser divididos em dois grupos principais: *Hardware* e *Software*.

O grupo do *Software* é composto por todos os programas que são executados em um computador e toda a parte lógica deste, é ele quem gerencia as ações executadas dentro do computador.

Já o grupo do *Hardware* compreende toda a parte física de um computador, suas peças e periféricos, dando base para que os *Software*s possam ser executados. Por este motivo vamos analisar primeiro este grupo.

1. *HARDWARE*

Um computador em geral, é composto pelos seguintes componentes de *hardware*:

✔ Placa-mãe;

✔ Processador;

✔ Memórias Principais;

✔ Memórias Secundárias;

✔ Placas e Periféricos de Entrada e Saída.

Mas qual é a função de cada um? Vamos entender um pouco melhor cada um destes componentes.

1.1. Placa-mãe

Uma placa-mãe é o principal componente de hardware de um computador. Ela é uma placa de circuito impresso que conecta e permite a comunicação entre todos os componentes do computador, como o processador, a memória RAM, os dispositivos de armazenamento (como o disco rígido e a unidade de CD/DVD), as placas de vídeo e som, entre outros.

É na placa-mãe que todos esses componentes são conectados e se comunicam, permitindo que o computador funcione corretamente. Ela também possui conectores e portas que permitem a conexão de periféricos externos, como teclado, mouse, impressora, etc.

É por isso que a placa-mãe é considerada uma das partes mais importantes de um computador. Sem ela, os componentes não poderiam se comunicar e o computador não seria capaz de funcionar

1.2. Processador

O processador, também chamado de CPU (*Central Processing Unit*) ou UCP (Unidade Central de Processamento) é o cérebro do computador, é ele quem realiza todos os processamentos (também referidos como cálculos) necessários para o funcionamento da máquina. Cada cálculo é representado por um ciclo, portanto sua velocidade é dada em ciclos por segundo, ou hertz, logo quanto mais hertz ele possui mais rápido será. Um exemplo de velocidade de um processador teria a representação 2.2Ghz (Giga-hertz), ou seja, 2.2 bilhões de ciclos por segundo, uma vez que a unidade Giga representa 10^9. A notação do Sistema Internacional é utilizada nestas definições.

Cada processador é composto por uma Unidade Lógica Aritmética (ULA), responsável por realizar operações matemáticas e lógicas necessárias para executar as instruções de um programa de computador, registradores que armazenam os dados e unidades de controle, responsável por coordenar e controlar todas as operações executadas pelo processador, garantindo que as instruções do programa sejam buscadas, decodificadas e executadas corretamente.

Os maiores fabricantes deste componente são as empresas Intel com os processadores do tipo Pentium, Core e família I (I3, I5, I7 e I9) e AMD com os processadores do tipo Athlon, Phenom, linha FX e Ryzen.

1.3. Memórias principais

As memórias principais possuem como características principais a alta velocidade de acesso, sendo três os tipos principais: RAM, ROM e *cache*.

A memória ROM (*Read Only Memory*) é uma memória não volátil (seu conteúdo não é perdido caso o computador seja desligado) e que não pode ser gravada mais de uma vez. Em geral é utilizada para armazenar informações básicas e necessárias para o funcionamento do computador. Sua capacidade em geral é pequena.

A memória *cache* é do tipo volátil (seu conteúdo se perde quando o computador é desligado), formada por transistores (pequenos componentes eletrônicos) e embutida junto ao CPU, por este motivo possui a maior velocidade de acesso e é utilizada para armazenar informações temporárias. São classificadas em níveis como L1, L2 e L3.

Por fim temos a memória RAM (*Random Access Memory*) é uma memória de acesso aleatório, do tipo volátil e utilizada pelo processador para armazenar informações que serão utilizadas posteriormente, sendo muito requisitadas por programas durante suas execuções. Imagine uma mesa de trabalho onde você coloca os documentos e materiais com os quais está trabalhando atualmente. A RAM funciona de maneira similar, armazenando temporariamente os dados e as instruções dos programas em uso pelo processador do computador. Isso permite que o processador acesse rapidamente as informações necessárias para executar as tarefas em andamento.

A quantidade e velocidade da RAM em um computador podem afetar diretamente o desempenho do sistema. Quanto maior a quantidade de RAM disponível, mais dados e programas podem ser armazenados na memória, o que pode acelerar a execução de tarefas. Além disso, a velocidade da RAM também influencia na velocidade de acesso aos dados, afetando o desempenho geral do computador.

1.4. Memórias Secundárias

As memórias secundárias são do tipo não volátil, não perdem seu conteúdo quando desenergizadas, possuem uma menor velocidade de acesso e são utilizadas para armazenamento das informações do usuário. Estas são divididas em três outros grupos:

Memórias magnéticas (Disquetes, Fitas DAT e Discos Rígidos, também chamados de HDs), ópticas (CDs, DVDs, *Blu-Rays*) e eletrônicas (Discos Rígidos SSD, cartões de memória e *Pendrives*). Note que para os discos rígidos há dois tipos de tecnologia diferentes: o Hard Disk Drive (HDD) utiliza tecnologia magnética enquanto o Solid State Disk (SSD) utiliza tecnologia eletrônica chamada *flash*, a mesma utilizada por pen drives, sendo este mais rápido para realizar atividades de leitura e escrita que o primeiro.

Veja o quadro abaixo que representa a capacidade de armazenamento destes tipos de memória.

Tipo	Tamanho
Disquete 3"½	1.44 MB
CD	700 MB
DVD	4.7 GB
Blu-ray	25 GB
Disco rígido	A partir de 20 GB. Tamanho padrão atual: 500 GB a 1 TB
Pendrive / Cartão de memória	A partir de 1 GB até 1 TB
Fitas DAT	De 1 GB à 80 GB

Note que a unidade utilizada para armazenamento são os *Bytes*, representados pelo B, cada *Byte* é composto por 8 bits (a menor unidade de armazenamento), representado pelo b, e cada bit pode assumir dois valores possíveis: 0 e 1. As notações do Sistema Internacional também se aplicam aqui.

O espaço de armazenamento em computadores geralmente é rotulado usando unidades de medida que podem ser um pouco confusas para quem não está familiarizado com elas. Aqui está uma forma fácil de entender essas unidades de medida mais comuns:

1.   Byte (B): É a menor unidade de medida e representa um único caractere, como uma letra ou um número. Por exemplo, a letra "A" é representada por 1 byte.

2.   Kilobyte (KB): É a próxima unidade de medida, equivalente a 1.024 bytes. É comumente usada para representar pequenas quantidades de dados, como um arquivo de texto simples ou um e-mail curto.

3.   Megabyte (MB): É a próxima unidade de medida, equivalente a 1.024 kilobytes ou 1.048.576 bytes. É usada para representar quantidades maiores de dados, como fotos em formato digital ou músicas em formato MP3.

4.   Gigabyte (GB): É a próxima unidade de medida, equivalente a 1.024 megabytes ou 1.073.741.824 bytes. É comumente usada para representar quantidades ainda maiores de dados, como vídeos em alta definição, jogos de computador ou arquivos de projetos complexos.

5.   Terabyte (TB): É a próxima unidade de medida, equivalente a 1.024 gigabytes ou 1.099.511.627.776 bytes. É usada para representar quantida-

des extremamente grandes de dados, como armazenamento de servidores de rede, bancos de dados grandes ou arquivos de vídeo em 4K.

6. Petabyte (PB): É a próxima unidade de medida, equivalente a 1.024 terabytes ou 1.125.899.906.842.624 bytes. É usada para representar quantidades ainda maiores de dados, como em centros de dados de grandes empresas ou em projetos de pesquisa científica intensiva.

Ainda com relação às memórias secundárias é importante salientar que CDs e DVDs podem ser do tipo R (recordable), quando podem ser gravados apenas uma vez, e do tipo RW (rewriteable), quando podem ser gravados múltiplas vezes.

1.5. Memória Virtual

A memória virtual é um tipo de memória utilizada pelo computador quando não há mais espaço na memória física. Seu funcionamento consiste em usar o próprio disco rígido (que é um tipo de memória secundária) como memória primária, porém por se tratar de uma tecnologia com velocidade inferior seu desempenho é muito baixo. Idealmente seu uso deve ser apenas esporádico.

1.6. Placas e Periféricos de Entrada e Saída

Existem placas que podem ser instaladas em um computador para estender suas funcionalidades, como por exemplo:

✔ Placa de vídeo: responsável por toda a geração de imagens e processamento gráfico de um computador;

✔ Placa de som: responsável pela geração e processamento de sons do computador;

✔ Placa de rede: permite a conexão com redes de computadores, seja via cabos de rede ou redes sem fio;

✔ Placa de captura: permite receber dados de um dispositivo de vídeo externo como um DVD ou receptor de TV além de permitir a realização de gravações;

✔ *Modem*: permite a conexão com redes do tipo discada (*dial-up*).

Outra possibilidade para adicionar mais usos a um computador são os periféricos, componentes que complementam a funcionalidade básica de um computador, permitindo que os usuários interajam com o sistema, recebam informações ou realizem tarefas específicas, e que podem ser de entrada e/ou saída.

Os dispositivos de entrada levam informações do mundo real para o virtual, como por exemplo: *scanners*, teclados, *mouses* e microfones. Os dispositivos de saída fazem o caminho inverso, levando a informação para o usuário, como por exemplo: impressoras, monitores, caixas de som. Há ainda dispositivos que realizam ambas as tarefas, como por exemplo: monitores touch screen, placas de rede e *modems*.

Para que cada um destes dispositivos ou placas possa ser utilizado corretamente pelo computador é necessário que um conjunto de instruções específicas, sejam passadas ao sistema operacional, permitindo-o operar tais componentes, estas instruções são denominadas de *drivers* e permitem a correta utilização do equipamento.

Além disso temos uma classe de software, embarcada diretamente no hardware de alguns componentes, denominada firmware. É papel do firmware prover controle e manipulação nos níveis mais básicos de equipamentos eletrônicos, como aparelhos de MP3, controles remotos, roteadores e a própria placa-mãe do computador.

Já a conexão física dos periféricos é feita por diferentes tipos de conectores, sendo alguns específicos e outros genéricos:

✔ Serial: conectores antigos substituídos pelo USB que podiam ser usados por teclados e *mouses*;

✔ VGA, DVI e HDMI: conectores utilizados por monitores e placas de vídeo;

✔ USB: conector genérico que pode ser usado diversos tipos de periféricos;

✔ *Ethernet*: usado para conexões de rede;

✔ Paralela: conexão antiga, substituída pela USB, era utilizada por *scanners*, câmeras e impressoras;

✔ SCSI: conectores antigos usados para discos rígidos e *drives* de CD.

✔ Serial ATA (Sata): padrão mais atual utilizado para conectar discos rígidos e drives de leitura do tipo DVD e blu-ray à placa-mãe. Suportam velocidades de transmissão muito superiores em relação ao padrão ATA, podendo chegar a 6Gbit/s.

✔ eSata: padrão de conector do tipo SATA externo, usado como forma de substituição ao USB para conexão de HDs externos, permitindo taxas de transferência maiores.

Atualmente os periféricos são equipados com uma tecnologia chamada *Plug-and--Play*, que permite ao computador detectar o novo dispositivo sem que seja necessário reiniciar o sistema operacional.

Para as placas são utilizados slots de expansão, que compreendem:

✔ PCI: barramento genérico utilizado por diversos tipos de placas;

✔ AGP: usado para placas de vídeo;

✔ PCI-Express: barramento projetado para substituir os tipos AGP e PCI.

QUESTÕES COMENTADAS DE *HARDWARE*

(Prefeitura Teresina/PI – FCC – 2016) Os *notebooks* ultrafinos (*ultrabooks*) utilizam *drives* do tipo SSD (*Solid-State Drive*) ao invés de HDs por serem normalmente mais silenciosos, menores, mais resistentes e de acesso mais rápido. Assim como os *pen drives*, os dispositivos SSD utilizam

(A) *chips* BIOS para armazenar as informações. Esses *chips* são baratos e compactos, porém o acesso a eles é mais lento do que o acesso às memórias.
(B) memória *flash* para armazenar dados. Esse tipo de memória não perde seu conteúdo quando a alimentação elétrica é cortada.
(C) memória *flash* para armazenar dados. Esse tipo de memória perde seu conteúdo quando a alimentação elétrica é cortada.
(D) registradores para armazenar informações. Os registradores são tipos de memória de acesso muito rápido, porém muito caros.
(E) memória *cache* para armazenar dados. Esse tipo de memória é acessada duas vezes mais rápido do que as memórias RAM convencionais.

A: Errada, BIOS é um programa pré-gravado na memória do computador e é responsável pelo suporte básico de acesso ao hardware, não estando relacionado a uma tecnologia de armazenamento. **B:** Correta, os discos do tipo SSD usam memória flash para armazenar os dados, possuindo maior velocidade de escrita e leitura em comparação com HDDs. **C:** Errada, a memória flash não perde seu conteúdo quando não está alimentada por energia. **D:** Errada, os registradores são componentes presentes nos processadores e responsáveis pelos cálculos realizados por esta unidade. **E:** Errada, a memória cache é uma memória auxiliar de pequeno tamanho e rápido acesso usada pelo processador.
Gabarito "B"

(Técnico – TRE/CE – 2012 – FCC) Adquirir um disco magnético (HD) externo de 1 TB (*terabyte*) significa dizer que a capacidade nominal de armazenamento aumentará em

(A) 1000^3 *bytes* ou 10^9 *bytes*.
(B) 1000^4 *bytes* ou 10^{12} *bytes*.
(C) 1024^3 *bytes* ou 2^{30} *bytes*.
(D) 1024^4 *bytes* ou 2^{40} *bytes*.
(E) 1024^3 *bytes* ou 16^8 *bytes*.

Um byte é um conjunto de 8 bits e pode ser representado na base 2 por 2^0 ou na base 1024 como 1024^0. Um kilobyte equivale a 2^{10} ou 1024^1. Um megabyte equivale a 2^{20} ou 1024^2. Um gigabyte equivale a 2^{30} ou 1024^3. Um terabyte equivale a 2^{40} ou 1024^4. Portanto apenas a alternativa D está correta.
Gabarito "D"

(Técnico – TRE/SP – 2012 – FCC) Durante a operação de um computador, caso ocorra interrupção do fornecimento de energia elétrica e o computador seja desligado, os dados em utilização que serão perdidos estão armazenados

(A) no disco rígido e na memória RAM.
(B) em dispositivos removidos com segurança.
(C) no disco rígido.
(D) na memória RAM.
(E) no disco rígido decorrentes de atividades dos programas que estavam em execução.

A: Errada, os dados armazenados no disco rígido não são apagados caso o computador desligue. **B:** Errada, dispositivos deste tipo não perdem seu conteúdo caso não estejam energizados. **C:** Errada, o disco rígido não perde seu conteúdo caso fique sem energia. **D:** Correta, a memória RAM é de armazenamento volátil e perde seu conteúdo caso o computador seja desligado. **E:** Errada, o disco rígido não perde seu conteúdo caso fique sem energia.
Gabarito "D"

(Técnico – TRE/SP – 2012 – FCC) O sistema operacional de um computador consiste em um

(A) conjunto de procedimentos programados, armazenados na CMOS, que é ativado tão logo o computador seja ligado.
(B) conjunto de procedimentos programados, armazenados na BIOS, que é ativado tão logo o computador seja ligado.
(C) conjunto de dispositivos de *hardware* para prover gerenciamento e controle de uso dos componentes de *hardware*, *software* e *firmware*.
(D) *hardware* de gerenciamento que serve de interface entre os recursos disponíveis para uso do computador e o usuário, sem que este tenha que se preocupar com aspectos técnicos do *software*.
(E) *software* de gerenciamento, que serve de interface entre os recursos disponíveis para uso do computador e o usuário, sem que este tenha que se preocupar com aspectos técnicos do *hardware*.

A: Errada, CMOS é uma tecnologia usada na fabricação de circuitos. **B:** Errada, a BIOS armazena apenas as instruções de inicialização do computador. **C:** Errada, o sistema operacional é um item de *software*, e não de *hardware*. **D:** Errada, o sistema operacional é um item de *software*, e não de *hardware*. **E:** Correta, o sistema operacional é o *software* que funciona como interface entre o usuário e o computador.
Gabarito "E"

(Delegado/PA – 2012 – MSCONCURSOS) Analise as seguintes afirmações com relação a alocação de arquivos e assinale a alternativa correta:

I. Na alocação contígua, é necessário desfragmentação periódica.
II. Na alocação encadeada, o tamanho dos arquivos pode ser alterado facilmente.
III. Na alocação indexada, não há fragmentação externa.
IV. Na alocação encadeada e indexada, todo o disco pode ser utilizado.

(A) Apenas as afirmativas I, II e IV são verdadeiras.
(B) Todas as afirmativas são verdadeiras.
(C) Apenas a afirmativa II é falsa.
(D) Apenas as afirmativas I e III são verdadeiras.

(E) Apenas as afirmativas II e III são falsas.

Todas as afirmativas estão corretas, portanto apenas a alternativa B está correta.

Gabarito "B"

(Analista – TRE/SP – 2012 – FCC) Em relação a *hardware* e *software*, é correto afirmar:

(A) Para que um *software* aplicativo esteja pronto para execução no computador, ele deve estar carregado na memória *flash*.

(B) O fator determinante de diferenciação entre um processador sem memória *cache* e outro com esse recurso reside na velocidade de acesso à memória RAM.

(C) Processar e controlar as instruções executadas no computador é tarefa típica da unidade de aritmética e lógica.

(D) O *pendrive* é um dispositivo de armazenamento removível, dotado de memória *flash* e conector USB, que pode ser conectado em vários equipamentos eletrônicos.

(E) Dispositivos de alta velocidade, tais como discos rígidos e placas de vídeo, conectam-se diretamente ao processador.

A: Errada, memória *Flash* é um tipo de memória de armazenamento, o aplicativo pode estar no disco rígido ou em alguma outra mídia. **B:** Errada, a memória *cache* já é uma memória de armazenamento auxiliar de acesso muito rápido, ela não afeta a velocidade de acesso à memória RAM. **C:** Errada, a unidade lógica e aritmética realiza operações lógicas e aritméticas dentro da CPU. **D:** Correta, a afirmativa descreve corretamente o funcionamento de um *pendrive*. **E:** Errada, todos os dispositivos do computador são conectados à placa-mãe, e não ao processador.

Gabarito "D"

(Analista – TRE/SP – 2012 – FCC) João possui uma pasta em seu computador com um conjunto de arquivos que totalizam 4GB. A mídia de *backup* adequada, dentre outras, para receber uma cópia da pasta é

(A) DVD-RW.

(B) CD-R.

(C) Disquete de 3 e 1/2 polegadas de alta densidade.

(D) Memória *CACHE*.

(E) Memória RAM.

A: Correta, os DVD-RWs possuem em geral 4.7GB de espaço para armazenamento. **B:** Errada, os CD-Rs possuem apenas 0,7GB de espaço de armazenamento. **C:** Errada, os disquetes possuem espaço extremamente menor que 4 *Gigabytes*. **D:** Errada, a memória *cache* é usada pelo processador durante a realização de suas tarefas. **E:** Errada, a memória RAM é usada apenas durante o uso do computador, ela guarda informações voláteis.

Gabarito "A"

(Auditor Fiscal – São Paulo/SP – FCC – 2012) Dispositivos de entrada e saída possibilitam introduzir dados externos ao computador para processamento e apresentar dados processados pelo computador. Alguns dispositivos efetuam ambos papéis, servindo de dispositivo de entrada e saída. Um exemplo destes dispositivos é

(A) a webcam.

(B) a tela sensível ao toque.

(C) o leitor de código de barras.

(D) o *mouse* ótico.

(E) o *scanner*.

A: Errada, webcam são dispositivos de entrada (imagem) apenas. **B:** Correta, as telas sensíveis ao toque exibem as informações ao usuário e permitem que ele interaja com o conteúdo apresentado. **C:** Errada, o leitor de código de barras é um dispositivo de texto de entrada apenas. **D:** Errada, o *mouse* ótico é um dispositivo de entrada apenas. **E:** Errada, o *scanner* é um dispositivo de entrada apenas.

Gabarito "B"

(Auditor Fiscal – São Paulo/SP – FCC – 2012) Os dispositivos ou mídias de armazenamento são capazes de armazenar informações para posterior uso e processamento eletrônico. Dentre as mídias, dispositivos e tecnologias utilizadas para o armazenamento de informações NÃO se inclui o

(A) código QR.

(B) *pendrive*.

(C) código de barras.

(D) barramento de memória.

(E) RFID.

A: Errada, o código QR (QRCode) permite o armazenamento de informações de texto como endereços de email, links para páginas web e contatos telefônicos. **B:** Errada, os *pendrives* são mídias de armazenamento do tipo *Flash*. **C:** Errada, os códigos de barra são usados para representar sequências numéricas. **D:** Correta, o barramento de memória tem por função permitir o tráfego de informações, não armazenando nada durante este processo. **E:** Errada, a tecnologia RFID permite o armazenamento e transferência de informações em através de etiquetas que se comunicam por ondas de rádio.

Gabarito "D"

(Auditor Fiscal – São Paulo/SP – FCC – 2012) Sobre placas de redes (dispositivos de entrada e saída de computadores), considere:

I. Dois tipos de placas são as de padrão *Token Ring* e *Ethernet*. Cada placa de rede possui um endereço físico único para seu endereçamento chamado de *MAC Address*.

II. As placas de rede possuem conectores BNC para a utilização com cabos coaxiais e/ou conectores RJ45 que possibilitam a utilização de cabos de par trançado.

III. Devido às altas taxas de transferência e ao baixo custo, as placas de padrão *Token Ring* e *Wi-fi* estão cada vez mais dominando o mercado e deixando de lado o padrão *Ethernet*.

Está correto o que se afirma em

(A) I e II, apenas.

(B) III, apenas.

(C) II e III, apenas.

(D) I e III, apenas.

(E) I, II e III.

A afirmativa III está incorreta, o padrão *Token Ring* não está dominando o mercado atual, mas sim os padrões *Ethernet* e *Wi-fi*, portanto apenas a alternativa A está correta.

Gabarito "A"

(Policial Rodoviário Federal – 2009 – FUNRIO) O *hardware* de um computador é composto por processador, memória e unidades de entrada e/ou saída denominados dispositivos periféricos. Qual alternativa lista três dispositivos que são periféricos de entrada e saída?

(A) Teclado, microfone e *mouse*.
(B) *Modem*, alto falante e impressora.
(C) Disco magnético, *mouse* e alto falante.
(D) Disco magnético, *modem* e tela de toque.
(E) Tela de toque, teclado e impressora.

A: Errada, todos os três periféricos mencionados são dispositivos de entrada de dados apenas. **B:** Errada, o alto falante e a impressora são periféricos de saída de dados. **C:** Errada, o *mouse* é um dispositivo de entrada e o alto falante de saída. **D:** Correta, Discos magnéticos (HDs) o *modem* e as tecla de toque são ambos dispositivos de entrada e saída de dados. **E:** Errada, o teclado é um dispositivo de entrada de dados e a impressora é um dispositivo de saída.

(Enfermeiro – ESTÂNCIA/SE – 2011 – EXATUS) A figura abaixo ilustra um *Mouse* de computador. Através dele é possível interagir com interfaces de *softwares*. Este periférico pode ser classificado como:

(A) Dispositivo de Entrada.
(B) Dispositivo de Saída.
(C) Dispositivo de Armazenamento.
(D) Dispositivo de Locomoção.

A: Correta, o *mouse* é um Dispositivo de Entrada pois permite que o usuário interaja com o sistema operacional enviando comandos para este. **B:** Errada, um dispositivo de saída envia informações do computador para o usuário, o que não ocorre pelo *mouse*. **C:** Errada, um *mouse* não armazena informações. **D:** Errada, não existe a classificação de dispositivo de locomoção.

(Enfermeiro – ESTÂNCIA/SE – 2011 – EXATUS) Um computador é composto por componentes que podem ser divididos em HARDWARE ou SOFTWARE, estes trabalham juntos para o funcionamento da máquina. No caso do SISTEMA OPERACIONAL e da PLACA MÃE, podem ser classificados respectivamente como:

(A) HARDWARE e SOFTWARE.
(B) SOFTWARE e HARDWARE.
(C) SOFTWARE e SOFTWARE.
(D) HARDWARE e HARDWARE.

Um sistema operacional é um item de *Software* e uma placa-mãe é um item de *Hardware*, portanto apenas a alternativa B está correta.

(Enfermeiro – POLÍCIA CIVIL/MG – 2013 – ACADEPOL) Todas as afirmativas sobre os componentes fundamentais de um computador estão corretas, EXCETO:

(A) Memória Principal é o componente interno à UCP, responsável pelo armazenamento de dados.
(B) Barramento é o caminho físico pelo qual os dados são transferidos entre os componentes do sistema de computação.
(C) Unidade Central de Processamento (UCP) é o componente responsável pela manipulação direta ou indireta dos dados.
(D) Unidade Lógica e Aritmética (ULA) é o componente da UCP responsável por realizar as operações aritméticas ou lógicas.

A: Correta, a afirmativa está incorreta e deve ser marcada, a memória principal é um componente externo à UCP e é utilizado para armazenamento temporário. **B:** Errada, a afirmativa está correta. **C:** Errada, a afirmativa está correta. **D:** Errada, a afirmativa está correta.

(Analista – TRT/14ª – 2011 – FCC) O elemento que ajuda a minimizar a diferença de desempenho entre o processador e demais componentes dos computadores atuais é

(A) o disco rígido.
(B) o barramento PCI.
(C) o barramento USB.
(D) a memória *cache*.
(E) a memória principal.

A: Errada, o disco rígido é um tipo de memória de armazenamento com alto tempo de acesso. **B:** Errada, o barramento PCI permite a conexão de outros dispositivos como placas de som, de captura ou modens. **C:** Errada, o barramento USB permite a conexão de diversos tipos de periféricos, como *mouse*, teclado, impressora, leitores, etc. **D:** Correta, a memória *cache* é uma memória de acesso rápido utilizada pelo processador para aumentar o desempenho do processamento. **E:** Errada, a memória principal é uma memória volátil que armazena informações utilizadas durante o processamento.

(Analista – TRT/20ª – 2011 – FCC) Sobre *hardware* e *software*, analise:

I. ROM são memórias de baixa velocidade localizadas em um processador que armazena dados de aplicações do usuário para uso imediato do processador.

II. O tempo de execução do computador é medido em ciclos; cada ciclo representa uma oscilação completa de um sinal elétrico fornecido pelo gerador de relógio do sistema. A velocidade do computador geralmente é dada em GHz.

III. O processador é um componente de *hardware* que executa um fluxo de instruções em linguagem de máquina.

IV. Um aplicativo é primariamente um gerenciador de recursos do computador, seu projeto está intimamente ligado aos recursos de *software* e *hardware* que devem gerenciar.

Está correto o que se afirma APENAS em

(A) I e II.
(B) I e IV.
(C) II e III.
(D) II, III e IV.
(E) III e IV.

A: Errada, a alternativa I está incorreta, a memória ROM é uma memória apenas de leitura utilizada durante a inicialização do computador. **B:** Errada, as alternativas I e IV estão incorretas, a memória ROM é uma memória apenas de leitura utilizada durante a inicialização do computador e aplicativos são *softwares* que têm por objetivo ajudar o usuário a desempenhar uma tarefa específica. **C:** Correta, apenas as alternativas II e III estão corretas. **D:** Errada, a afirmativa IV está incorreta, aplicativos são *softwares* que tem por objetivo ajudar o usuário a desempenhar uma tarefa específica. **E:** Errada, a afirmativa IV está incorreta, aplicativos são *softwares* que tem por objetivo ajudar o usuário a desempenhar uma tarefa específica.

Gabarito "C"

(Analista – TRT/20ª – 2011 – FCC) No *Windows XP*, para formatar um disco é necessário selecionar um sistema de arquivos. O sistema de arquivos nativo do *Windows XP*, adequado inclusive para unidades de disco grandes e que permite compressão e criptografia de arquivo é conhecido como

(A) FAT16.
(B) FAT32.
(C) FAT64.
(D) NTFS.
(E) MFT.

A: Errada, o FAT16 tem um limite de 2GB devido a limitação do número de *clusters* que suporta. **B:** Errada, o Windows não consegue formatar unidades em FAT32 maiores que 32GB por uma limitação do *software*, além disso, o FAT32 não suporta arquivos maiores que 4GB. **C:** Errada, o FAT64 não é o sistema nativo do Windows XP. **D:** Correta, o sistema de arquivos NTFS é o padrão adotado em toda a linha do Windows NT, que se inicia no Windows XP. **E:** Errada, MFT não é um sistema de arquivos.

Gabarito "D"

(Analista – TRT/21ª – 2010 – CESPE) Julgue o item a seguir, relativo a conceitos e modos de utilização da Internet e de intranets, assim como a conceitos básicos de tecnologia e segurança da informação.

(1) Um *hub* é um equipamento que permite a integração de uma ou mais máquinas em uma rede de computadores, além de integrar redes entre si, com a característica principal de escolher qual é a principal rota que um pacote de dados deve percorrer para chegar ao destinatário da rede.

1: Errada, o *hub* não realiza a escolha de rotas, ele apenas retransmite os pacotes recebidos para todos os segmentos da rede nele conectados.

Gabarito 1E

(Analista – TRE/AL – 2010 – FCC) Ao compartilhar pastas e impressoras entre computadores, evitando que pessoas não autorizadas possam acessar os arquivos pela Internet, pode-se montar a rede usando um *firewall*, baseado em *hardware*, por meio do dispositivo denominado

(A) *hub*.
(B) *switch*.
(C) roteador.
(D) repetidor.
(E) *cross-over*.

A: Errada, o *hub* é apenas um repetidor, não possuindo funções de controle. **B:** Errada, o *switch* não possui função de *firewall* baseado em *hardware*. **C:** Correta, o roteador é o equipamento designado para realizar controle em redes. **D:** Errada, o repetidor não possui função de controle, apenas retransmite os pacotes para toda a rede. **E:** Errada, *cross-over* é um tipo de cabo de rede que conecta um computador direto a outro.

Gabarito "C"

(Analista – TRE/AL – 2010 – FCC) NÃO se trata de um dispositivo reconhecido pelo sistema operacional para compartilhar uma pasta contendo arquivos que possam ser acessados a partir de outros computadores:

(A) Memória RAM.
(B) Memória *flash* USB.
(C) Disco rígido.
(D) DVD-ROM.
(E) Disquete.

A: Correta, a Memória RAM é uma memória volátil auxiliar que armazena informações necessárias para a execução de outros programas; **B:** Errada, a Memória *flash* USB é uma memória de armazenamento; **C:** Errada, o Disco Rígido é um tipo de memória de armazenamento; **D:** Errada, o DVD-ROM é um tipo de memória de armazenamento; **E:** Errada, o Disquete é um tipo de memória de armazenamento.

Gabarito "A"

(Analista – TRE/AM – 2010 – FCC) Os *notebooks* PC quando se apresentam sob a marca Intel Centrino significa que estes computadores são caracterizados por

(A) uma plataforma particular que combina um processador, um *chipset* e uma interface de rede sem fio.
(B) um processador da família Centrino, apenas.
(C) um processador da família Pentium M, apenas.
(D) uma plataforma que combina um processador e um *chipset* específicos, apenas.
(E) uma plataforma particular que combina um processador e uma interface de rede sem fio, apenas.

A: Correta, Centrino designa uma plataforma de alto desempenho que possui uma combinação particular de CPU, *chipset* e uma interface de rede sem fio. **B:** Errada, os processadores utilizados na plataforma Centrino são do tipo Pentium M. **C:** Errada, além da CPU a plataforma consiste também de um *chipset*, geralmente do tipo Intel 855 series, e uma interface de rede sem fio. **D:** Errada, além do CPU e do *chipset* faz parte também uma interface de rede sem fio. **E:** Errada, além do CPU e da interface de rede também faz parte um *chipset*, em geral do tipo Intel 855 series.

Gabarito "A"

(Analista – TRE/AP – 2011 – FCC) Em termos de componentes básicos do computador, é um elemento que, no final das contas, funciona como uma mesa de trabalho que a todo o momento tem seu conteúdo alterado e, até mesmo, descartado quando ela não está energizada:

(A) Placa-mãe.
(B) Processador.
(C) HD.
(D) Placa de vídeo.
(E) Memória RAM.

A: Errada, a placa-mãe não armazena nenhum tipo de conteúdo. **B:** Errada, o processador não armazena conteúdo, apenas processa as informações. **C:** Errada, o HD mantém os dados escritos mesmo quando não está energizado. **D:** Errada, a placa de vídeo não armazena conteúdo, apenas processa as imagens que serão exibidas. **E:** Correta, a memória RAM armazena temporariamente as informações que são utilizadas pelo processador, sendo elas descartadas quando o computador é desligado.

Gabarito "E"

I. Disponibilizar na Intranet um glossário de termos para uso geral com a definição, dentre outras, dos componentes do processador (ou Unidade Central de Processamento) de um computador.

(Analista – TRE/PI – 2009 – FCC) Dentre os componentes mencionados em (I), incluem-se a

(A) Unidade Lógica e Aritmética e a Unidade de Controle.
(B) Placa-mãe e a Unidade de *Hard disk*.
(C) Unidade de Controle e a Unidade de *Hard disk*.
(D) Unidade Lógica e Aritmética, os *slots* de memória RAM e a Placa-mãe.
(E) Placa-mãe e a Placa de controle de vídeo.

A: correta, a CPU é composta pela Unidade Lógica e Aritmética e a Unidade de Controle. **B:** errada, a placa-mãe e o HD não fazem parte da CPU. **C:** errada, o HD não faz parte da CPU. **D:** errada, os slots de memória RAM e a Placa-mãe não fazem parte da CPU. **E:** errada, a placa-mãe e a placa controladora de vídeo não fazem parte da CPU.

Gabarito "A"

(Analista – TRE/TO – 2011 – FCC) Processador, memória RAM e bateria são alguns dos principais componentes

(A) da placa-mãe.
(B) do conector serial.
(C) da saída paralela.
(D) da porta USB.
(E) do disco rígido.

A: Correta, o processado, a memória RAM e a bateria são itens interligados pela placa-mãe e necessários para o funcionamento de um computador. **B:** Errada, a porta serial é apenas uma parte de conexão de periféricos. **C:** Errada, a saída paralela é apenas uma porta de conexão de periféricos. **D:** Errada, a porta USB é apenas uma porta de conexão de periféricos. **E:** Errada, o disco rígido é apenas uma unidade de armazenamento de dados.

Gabarito "A"

(Analista – TJ/PI – 2009 – FCC)

I. Proceder, diariamente, à cópia de segurança dos dados em fitas digitais regraváveis (algumas comportam até 72 Gb de capacidade) em mídias alternadas para manter a segurança e economizar material.

No item I é recomendado o uso de mídias conhecidas por

(A) FAT32.
(B) FAT.
(C) NTSF.
(D) DAT.
(E) DVD+RW.

A: errada, FAT32 se refere a um sistema de armazenamento de arquivos. **B:** errada, FAT se refere a um sistema de armazenamento de arquivos. **C:** errada, NTSF se refere a um sistema de armazenamento de arquivos. **D:** correta, DAT descreve um tipo de fita magnética para armazenamento de arquivos e dados. **E:** errada, os DVDs do tipo DVD+RW não possuem uma capacidade de armazenamento de até 72Gb.

Gabarito "D"

(Analista – TJ/MA – 2009 – IESES) São tecnologias de imagem que permitem à construção de monitores finos e leves todas as seguintes, EXCETO:

(A) CRT
(B) PLASMA
(C) OLED
(D) LCD

A: correta, CRT se refere a monitores com tecnologia de tubo, sendo, portanto, maiores que os monitores de outros tipos. **B:** errada, PLASMA é uma tecnologia que propicia monitores mais finos através de gás ionizado. **C:** errada, OLED é uma tecnologia que propicia monitores mais finos a partir de diodos orgânicos. **D:** errada, LCD é uma tecnologia que propicia monitores mais finos através da polarização da luz.

Gabarito "A"

(Analista – TJ/PR – 2009) Um sistema digital é capaz de armazenar facilmente uma grande quantidade de informação por períodos de tempo curtos ou longos. Um tipo de memória de acesso rápido que armazena temporariamente as informações de trabalho é denominado(a):

(A) Memória RAM.
(B) Memória USB.
(C) Memória ROM.
(D) Disco Rígido.
(E) CD ROM.

A: correta, a memória RAM é uma memória temporária de acesso rápido. **B:** errada, a memória USB é uma memória de armazenamento. **C:** errada, a memória ROM é uma memória não volátil do tipo somente leitura. **D:** errada, o disco rígido, além de não ser de rápido acesso, é uma memória de armazenamento. **E:** errado, o CD ROM, além de não ser de rápido acesso, é uma memória de armazenamento.

Gabarito "A"

(I) Ao instalar quaisquer dispositivos que necessitem de comunicação entre o sistema operacional e o *hardware* (espécie de tradutor/intérprete), providenciar as ações necessárias.

(Analista – TJ/PI – 2009 – FCC) A ação mencionada em I refere-se à instalação conjunta de programas que acompanham os *dispositivos* conhecidos por

(A) *drives.*
(B) *firewalls.*
(C) *drivers.*
(D) *adwares.*
(E) *speakers.*

A: errada, um drive se refere a uma unidade de disco ou de leitura. **B:** errada, *firewall* são sistemas de proteção de redes. **C:** correta, os *drivers* são programas que possibilitam o sistema operacional a utilizar os dispositivos de *hardware*. **D:** errada, *adwares* são *malwares* que exibem propagandas indesejadas ao usuário. **E:** errada, *speakers* são dispositivos de emissão de som.

Gabarito "C"

(Técnico Judiciário – TRT/4ª – 2011 – FCC) Barramento é um conjunto de linhas de comunicação que permitem a interligação entre os componentes do computador. O barramento USB (*Universal Serial Bus*) é classificado como um barramento de

(A) *cache.*
(B) memória.
(C) entrada e saída.
(D) dados.
(E) endereço.

A: Errada, barramento de *cache* é o barramento dedicado para acesso à memória *cache* do computador, memória estática de alto desempenho localizada próximo ao processador. **B:** Errada, barramento de memória é o barramento responsável pela conexão da memória principal ao processador. **C:** Correta, o USB é considerado um barramento de entrada e saída, permitindo a ligação de diversos periféricos. **D:** Errada, o barramento de dados é responsável por transportar informação da instrução, variável do processamento ou informação de um periférico de E/S. **E:** Errada, o barramento de endereço é usado para informar os endereços físicos/locações de memória de um computador.

Gabarito "C"

(Técnico Judiciário – TRT/4ª – 2011 – FCC) Numa rede LAN (*Local Area Network*), o recurso de *hardware* mínimo que deverá estar instalado no computador para permitir a comunicação com os demais elementos da rede é

(A) o *switch.*
(B) a placa de rede.
(C) o teclado.
(D) o *hub.*
(E) o cartão de memória.

A: Errada, o *switch* é um elemento de rede que permite o encaminhamento de pacotes na rede e realiza a segmentação de redes. **B:** Correta, a placa de rede é o periférico que permite ao computador se conectar a uma rede. **C:** Errada, o teclado é um dispositivo de

entrada do computador. **D:** Errada, o *HUB* é um concentrador de redes, permitindo a ligação entre diferentes redes. **E:** Errada, o cartão de memória tem como única função armazenamento de dados.

Gabarito "B"

(Técnico Judiciário – TRE/AP – 2011 – FCC) Considere o componente que tem duas unidades idênticas conectadas à placa-mãe, permitindo, dessa forma, duplicar a velocidade de comunicação para atender com maior rapidez o fornecimento de dados requeridos pelo processador. Trata-se do componente

(A) disco rígido.
(B) *pen drive.*
(C) *drive* de CD/DVD.
(D) memória RAM.
(E) monitor de LCD.

A: Errada, o disco rígido não fornece dados ao processador. **B:** Errada, o *pen drive* é apenas uma unidade de armazenamento de dados. **C:** Errada, o drive de CD/DVD é apenas uma unidade de leitura de dados. **D:** Correta, a memória RAM é o local onde o processador armazena informações durante o processamento, unidades idênticas podem utilizar a tecnologia Dual Channel e aumentar a velocidade de acesso aos dados. **E:** Errada, um monitor é apenas uma unidade de saída de dados.

Gabarito "D"

(I) O computador tem espaço disponível para inserção de novas placas de memória. É urgente que uma expansão seja feita a fim de melhorar o desempenho e a capacidade de armazenamento temporário de dados.

(Técnico Judiciário – TRE/PI – 2009 – FCC) O item (I) refere-se a um conceito geral e a um elemento envolvido diretamente na inserção das placas que são, respectivamente,

(A) *software* e placa-mãe.
(B) *software* e porta serial.
(C) *hardware* e porta serial.
(D) *hardware* e *slot.*
(E) *hardware* e porta paralela.

A: errada, o conceito geral se refere a um item de *hardware*. **B:** errada, o conceito geral se refere a um item de *hardware*. **C:** errada, o elemento envolvido na inserção de placas são os slots. **D:** correta, o conceito geral se refere a um item de *hardware* e o elemento envolvido na inserção das placas é o slot. **E:** errada, o elemento envolvido na inserção de placas são os slots.

Gabarito "D"

(Técnico Judiciário – TJ/GO – 2010 – UFG) Memória RAM refere-se à

(A) memória principal, que faz a inicialização (*boot*) da máquina.
(B) memória principal, que é volátil.
(C) memória auxiliar, que precisa de energia elétrica para funcionar.
(D) memória somente de leitura, que é volátil.

A: Errada, a memória que faz a parte do processo de inicialização é a ROM. **B:** Correta, a memória RAM é uma memória que não mantém os dados escritos quando o computador é reiniciado. **C:** Errada, as memórias auxiliares mantem os dados gravados mesmo com o computador desligado, o que não é o caso da memória RAM. **D:** Errada, a memoria RAM permite escrita de dados.

Gabarito "B".

(Técnico Judiciário – TJ/PR – 2009) A tecnologia *Bluetooth* consiste na comunicação entre diversos tipos de dispositivos digitais tais como PCs, Celulares, Pdas, etc. Qual meio utilizado por esta conexão?

(A) cabo.
(B) infravermelho.
(C) frequência de rádio.
(D) placa de rede.

A: errada, a tecnologia Bluetooth não necessita de cabos. **B:** errada, a conexão via infravermelho é uma tecnologia diferente da tecnologia Bluetooth. **C:** correta, a tecnologia Bluetooth utiliza frequência de rádio para comunicação entre dispositivos. **D:** errada, não é utilizada placa de rede uma vez que não se utilizam cabos.

Gabarito "C".

(Técnico Judiciário – TJ/PR – 2009) Em reação aos conceitos básicos referentes ao computador, assinale a alternativa correta:

(A) O processador de um computador é o elemento responsável por executar as instruções dos programas que se encontram em execução nesta máquina.
(B) Os dados armazenados na memória RAM do computador permanecem armazenados nesta desde que o computador seja desligado ou reiniciado corretamente
(C) Os dados armazenados no disco rígido do computador são protegidos contra o acesso de vírus e de outros programas maliciosos.
(D) Os dispositivos de entrada e saída do computador, como o disco rígido e a memória RAM, fazem parte da Unidade Central de Processamento (CPU).

A: correta, o processador é o elemento responsável por executar as instruções dos programas em execução. **B:** errada, a memória RAM é do tipo volátil, portanto perde os dados nela armazenados quando desligada. **C:** errada, os dados armazenados no disco rígido não estão automaticamente protegidos contra vírus. **D:** errada, fazem parte da CPU apenas a Unidade Lógica e Aritmética e os registrados.

Gabarito "A".

(Delegado/PB – 2009 – CESPE) Acerca dos conceitos de *hardware* e *software*, assinale a opção correta.

(A) Para se fazer cópia de segurança, procedimento fundamental para proteger os dados contra infecção de vírus, são necessários *hardware* e *software* específicos para *backup*.
(B) A expansão da memória ROM, que armazena os programas em execução temporariamente, permite aumentar a velocidade de processamento.
(C) USB (universal serial bus) é um tipo de barramento usado para conectar facilmente ao computador várias categorias de dispositivos, como teclados, *mouses*, monitores,escâneres, câmeras e outros.
(D) Multimídia é um *software* que executa músicas compactadas com qualidade.
(E) A informação Intel core duo indica que o computador possui dupla memória RAM, o que acelera o processamento dos dados.

A: Errada, não é necessário um *software* ou *hardware* específico para a realização de *backups*, basta que possua uma mídia confiável (CD, DVD, HD externo, etc.). **B:** Errada, a memória que armazena os programas em execução é a memória RAM, a memória ROM não permite leitura e é apenas auxiliar na inicialização do computador. **C:** Correta, o barramento USB é o mais utilizado atualmente para conexão de diversos tipos de periféricos. **D:** Errada, multimídia é a combinação, controlada por computador, de pelo menos um tipo de média estática (texto, fotografia, gráfico), com pelo menos um tipo de média dinâmica (vídeo, áudio, animação). **E:** Errada, Intel Core Duo especifica um tipo de processador e não de memória.

Gabarito "C".

(Delegado/RN – 2009 – CESPE) Entre os dispositivos de entrada de dados em informática, incluem-se

(A) o teclado e o *mouse*.
(B) o *mouse* e a memória ROM.
(C) o teclado e a impressora.
(D) o monitor e a impressora.
(E) a impressora e o *mouse*.

A: Correta, teclado e *mouse* são dispositivos de entrada de informações para o computador. **B:** Errada, a memória ROM é um dispositivo de armazenamento. **C:** Errada, a impressora é um dispositivo de saída. **D:** Errada, monitor e impressora são dispositivos de saída (a menos que o monitor seja do tipo *Touchscreen*). **E:** Errada, impressora é um dispositivo de saída.

Gabarito "A".

(Agente de Polícia Federal – 2009 – CESPE) Julgue os itens a seguir, acerca de *hardware* e de *software* usados em computadores pessoais.

(1) ROM é um tipo de memória não volátil, tal que os dados nela armazenados não são apagados quando há falha de energia ou quando a energia do computador é desligada.
(2) Existem dispositivos do tipo *pendrive* que possuem capacidade de armazenamento de dados superior a 1 bilhão de *bytes*. Esses dispositivos podem comunicar-se com o computador por meio de porta USB.

1: Correta, a memória ROM é uma memória que não permite escrita e que mantém seu conteúdo mesmo quando o computador está desligado. **2:** Correta, 1 bilhão de *bytes* equivale a menos de 1 Gigabyte, os *pendrives* atuais possuem capacidade em geral superior a este valor e possuem como interface de comunicação uma entrada USB.

Gabarito 1C, 2C.

(Inspetor de Polícia/MT – 2010 – UNEMAT) Um sistema operacional é um programa que faz a ligação entre o *hardware* e os *softwares* inseridos no computador.

Assinale a alternativa correta a respeito de periféricos que fazem parte do *hardware* presente no computador.

(A) Processador, *Mouse* e *Scanner*.
(B) Light Pen, antivírus e Impressora.
(C) Memória RAM, Windows XP e teclado.
(D) Leds, *bytes* e *mouse* óptico.
(E) Analisadores léxicos, webcam e gabinete.

A: Correta, todos os itens apresentados são peças de *hardware* que compõem um computador; **B:** Errada, antivírus é um *software* e não uma peça de *hardware*; **C:** Errada, o Windows XP é um sistema operacional e não uma peça de *hardware*; **D:** Errada, *bytes* são unidades de tamanho e não peças de *hardware*; **E:** Errada, analisadores léxicos são *softwares* e não peças de *hardware*.

Gabarito "A"

(Escrivão de Polícia/SP – 2010) Memória interposta entre RAM e microprocessador, ou já incorporada aos microprocessadores, destinada a aumentar a taxa de transferência entre RAM e o processador. Esta descrição define qual memória?

(A) ROM.
(B) Virtual .
(C) *Cache*.
(D) Principal.
(E) Secundária.

A: Errada, a memória ROM é uma memória de leitura usada na inicialização do computador; **B:** Errada, a memória Virtual é mais lenta que a memória RAM; **C:** Correta, a memória *cache* é uma memória auxiliar de acesso muito rápido usado pela CPU durante o processamento; **D:** Errada, a memória principal é um grupo de memórias que podem ser endereçadas diretamente pela CPU, do qual fazem parte as memórias RAM, ROM, os registradores e a memória cache; **E:** Errada, a memória secundária, ou de armazenamento, não é usada pela CPU para melhorar taxas de transferência.

Gabarito "C"

(Escrivão de Polícia/PR – 2010) Considere as afirmativas a seguir, com relação à arquitetura e à organização de computadores:

I. O USB é um barramento serial para comunicação do computador com dispositivos de baixa velocidade, como teclados, *mouse*s, câmeras digitais, entre outros.
II. O disco rígido é uma memória volátil, ou seja, perde suas informações na ausência de energia elétrica.
III. A *cache* é uma memória pequena e de alta velocidade utilizada para melhorar o desempenho do computador.
IV. Processadores dual core possuem dois núcleos completos de execução em um único processador físico.

Assinale a alternativa correta.

(A) Somente as afirmativas I e II são corretas.

(B) Somente as afirmativas II e IV são corretas.
(C) Somente as afirmativas III e IV são corretas.
(D) Somente as afirmativas I, II e III são corretas.
(E) Somente as afirmativas I, III e IV são corretas.

A: Errada, a afirmativa II está incorreta, o disco rígido mantém seu conteúdo mesmo com o computador desligado, portanto não é uma memória volátil; **B:** Errada, a afirmativa II está incorreta, o disco rígido mantém seu conteúdo mesmo com o computador desligado, portanto não é uma memória volátil; **C:** Errada, a afirmativa I também está correta; **D:** Errada, a afirmativa II está incorreta, o disco rígido mantém seu conteúdo mesmo com o computador desligado, portanto não é uma memória volátil; **E:** Correta, apenas as afirmativas I, III e IV estão corretas.

Gabarito "E"

(Investigador de Polícia/SP – 2009) O que é *Firmware*?
(A) A condição que aparece, quando o resultado de uma operação aritmética excede a capacidade de armazenamento do espaço determinado, para receber este resultado em um computador.
(B) Interface básica do sistema operacional do Macintosh, que permite ao usuário examinar o conteúdo de diretórios.
(C) Uma ou mais lâminas inflexíveis revestidas com um material que permite a gravação magnética de dados digitais.
(D) Conjunto de instruções essenciais para o funcionamento de um dispositivo, geralmente armazenado em um *chip* de memória ROM ou memória *Flash*.
(E) *Byte* existente no início de uma trilha de disco e que tem por função indicar se esta trilha está correta ou defeituosa.

A: Errada, a condição mencionada é denominada *Fixed Overflow*; **B:** Errada, o *firmware* é um conjunto de instruções programadas diretamente no hardware de um componente eletrônico e está presente em componentes não necessariamente ligados ao Macintosh e não é um gerenciador de arquivos; **C:** Errada, o *firmware* é um elemento de *software* e não de *hardware*; **D:** Correta, o *firmware* é um conjunto de instruções usados para definir o funcionamento de dispositivos de *hardware* como tocadores de mp3, celulares e outros dispositivos; **E:** Errada, o *firmware* é um *software* e não apenas um *byte*.

Gabarito "D"

(Fiscal de Rendas/RJ – 2010 – FGV) Dos sistemas de armazenamento e as tecnologias empregadas nos discos rígidos, SATA é o que oferece melhor desempenho, quando comparado com IDE e SCSI.

Enquanto o padrão SATA-I possibilita taxas de 150 MB/s, o SATA-II permite 300 MB/s.

O padrão SATA suporta dois recursos: o primeiro, que possibilita ligar ou desligar um dispositivo com a máquina ligada, e o segundo, que possibilita a um disco atender a mais de um pedido de leitura/escrita e ter diversos comandos pendentes a serem executados em uma ordem internamente determinada pelo dispositivo, aumentando levemente a performance.

Esses recursos são conhecidos, respectivamente, por:

(A) HOT-READ/WRITE e OVERLAY.
(B) HOT-READ/WRITE e NCQ.
(C) HOT-SWAP e OVERLAY.
(D) HOT-ON/OFF e NCQ.
(E) HOT-SWAP e NCQ.

A: Errada, o recurso que possibilita ligar ou desligar o dispositivo mesmo com a máquina ligada se chama HOT-SWAP. **B:** Errada, o recurso que possibilita ligar ou desligar o dispositivo mesmo com a máquina ligada se chama HOT-SWAP. **C:** Errada, o recurso que possibilita a um disco atender vários pedidos de leitura/escrita e ter vários comandos pendentes a serem executados se chama NCQ. **D:** Errada, o recurso que possibilita ligar ou desligar o dispositivo mesmo com a máquina ligada se chama HOT-SWAP. **E:** Correta, o recurso que possibilita ligar ou desligar o dispositivo mesmo com a máquina ligada se chama HOT-SWAP, e o recurso que possibilita a um disco atender vários pedidos de leitura/escrita e ter vários comandos pendentes a serem executados se chama NCQ.

Gabarito "E"

(Auditor Fiscal/SC – 2010 – FEPESE) Assinale a alternativa correta a respeito dos diferentes tipos de memória utilizados em computadores.

(A) Memórias RAM são memórias de acesso aleatório, nas quais o tempo de acesso aos dados pode variar de forma significativa, dependendo da localização física do dado no módulo de memória.

(B) A memória *cache* L2 é uma evolução da memória L1, que possui o diferencial de transferir o dobro de bits a cada ciclo de relógio.

(C) A memória *cache* L1 trabalha na mesma velocidade do processador, enquanto a memória *cache* L2 trabalha na frequência de operação da placa-mãe do computador.

(D) Memórias *Flash* são memórias de alta velocidade utilizadas pelo processador para armazenar dados utilizados com frequência, com o intuito de agilizar o processamento.

(E) Tipicamente, as memórias ROM são utilizadas em PCs para armazenar o programa BIOS (Basic Input/Output System) do computador, que fornece um suporte básico de acesso ao *hardware* e inicia a carga do sistema operacional.

A: Errada, pois em uma Memória RAM qualquer posição pode ser acessada a qualquer hora, portanto a localização física do dado não influencia na velocidade de leitura. **B:** Errada, o diferencial entre as memórias do tipo L1 e L2 é o tamanho, sendo a L2 muito maior que a L1. **C:** Errada, a frequência da memória do tipo L2 não está atrelada à frequência de operação da placa-mãe, ela é definida na fabricação do processador. Apenas modelos muito antigos ainda são atrelados à placa-mãe. **D:** Errada, memórias *Flash* são memórias de armazenamento de dados, porém não de dados utilizados com frequência com o intuito de agilizar o processamento, são exemplos comuns de memória *Flash* os *pen drives*. **E:** Correta, a memória ROM é uma memória não volátil utilizada para armazenar a BIOS e dar suporte à inicialização do sistema.

Gabarito "E"

(Auditor Fiscal/SC – 2010 – FEPESE) Associe os dispositivos de armazenamento de dados com a respectiva tecnologia de armazenamento utilizada.

Tecnologia de armazenamento

1. Magnética

2. Eletrônica

3. Ótica

Dispositivo de armazenamento

( ) DVD-R e Disco *Blu-Ray*.

( ) Cartões de memória SD, xD e *Memory Stick*.

( ) Disco rígido (HD).

( ) CD-RW e DVD-RW.

( ) *Pen drive*.

Assinale a alternativa que indica a sequência **correta**, de cima para baixo.

(A) 1 – 2 – 2 – 1 – 3
(B) 1 – 3 – 2 – 1 – 3
(C) 2 – 1 – 3 – 3 – 2
(D) 3 – 1 – 1 – 1 – 2
(E) 3 – 2 – 1 – 3 – 2

A: Errada, DVD-R e Disco *Blu-Ray* utilizam leitores ópticos, portanto são dispositivos de armazenamento ótico. **B:** Errada, Cartões de memória SD, xD e *Memory Stick* utilizam gravação eletrônica, portanto são dispositivos de armazenamento eletrônico. **C:** DVD-R e Disco *Blu-Ray* utilizam leitores ópticos, portanto são dispositivos de armazenamento ótico. **D:** Errada, Cartões de memória SD. xD e *Memory Stick* são dispositivos de armazenamento eletrônico. **E:** Correta, todas as associações estão corretas.

Gabarito "E"

(Auditor Fiscal/SC – 2010 – FEPESE) Assinale a alternativa correta a respeito de sistemas operacionais de 32 bits e de 64 bits.

(A) Sistemas operacionais de 32 bits podem ser instalados somente em PCs cujos processadores possuem arquitetura de 32 bits.

(B) A velocidade de qualquer aplicação executada em um PC com sistema operacional de 64 bits é superior àquela obtida executando a mesma aplicação no mesmo *hardware*, mas com sistema operacional de 32 bits.

(C) Computadores com sistema operacional de 64 bits são capazes de utilizar mais memória RAM do que aqueles com sistema operacional de 32 bits.

(D) Sistemas operacionais de 64 bits podem ser instalados tanto em PCs com processadores de 32 bits quanto em PCs com processadores de 64 bits.

(E) Computadores com sistema operacional de 64 bits transferem dados pela rede com o dobro da velocidade de transmissão daqueles com sistemas operacionais de 32 bits.

A: Errada, Sistemas Operacionais de 32 bits podem ser instalados em computadores de 64 bits, porém não irão se beneficiar de sua arquitetura. **B:** Errada, nem toda aplicação é desenhada para tirar proveito de sistemas e processadores de 64 bits. **C:** Correta, sistemas operacionais de 64 bits podem endereçar uma quantidade maior de memória (chegado na casa dos Tera*bytes*) que os sistemas feitos na arquitetura de 32 bits (até 4Gb). **D:** Errada, Sistemas Operacionais de 64 bits só podem ser instalados em computadores com um processador de 64 bits. **E:** Errada, a transmissão de dados em rede não tem sua velocidade ditada pelo processador, e sim pela placa de rede e os meios de comunicação entre os dois pontos de rede.

Gabarito "C"

(Auditor Fiscal/SC – 2010 – FEPESE) Assinale a alternativa correta a respeito dos componentes utilizados em uma rede local (LAN).

(A) A interface de rede pode consistir em uma placa de expansão conectada à placa-mãe, ou pode vir integrada à placa-mãe do computador.
(B) Um *modem* é um componente indispensável para efetuar a conexão à rede local, pois permite a conexão física do computador a um ponto de rede.
(C) O *driver* de rede é utilizado para converter os dados em formato digital, armazenados no computador, no formato analógico, que é utilizado na transmissão pela rede.
(D) Os cabos utilizados em redes locais possuem, por padrão, a cor azul.
(E) O *firewall* da rede impede que os computadores da rede local por ele protegida sejam infectados por *softwares* maliciosos.

A: Correta, uma interface de rede pode estar integrada à placa-mãe (placas onboard) ou conectada a uma porta de expansão (placas offboard). **B:** Errada, o *modem* é utilizado apenas em conexões do tipo *dial-up* e não em conexões de rede. **C:** Errada, o *driver* de rede é um conjunto de instruções que fazem com que o sistema operacional possa trabalhar com a interface de rede. **D:** Errada, os cabos de rede locais podem possuir outras cores além do azul, como preto, cinza, amarelo, não existe uma cor-padrão. **E:** Errada, o *firewall* da rede apenas garante que a política de acesso e segurança seja respeitada, impedindo que certos tipos de acesso à rede sejam realizados.

Gabarito "A"

(Agente Administrativo – FUNASA – 2009 – CESGRANRIO) Qual dos *hardwares* abaixo permite conectar um microcomputador à Internet através da linha telefônica?
(A) CPU
(B) DVD
(C) *Modem*
(D) RAM
(E) *Winchester*

A: Errada, o CPU é a unidade central do computador que realiza os cálculos necessários para seu funcionamento. **B:** Errada, o DVD é uma unidade de leitura de dados a partir de um disco de DVD. **C:** Correta, o *Modem* permite que o computador se conecte à Internet através da rede de telefonia. **D:** Errada, a memória RAM é uma memória auxiliar utilizada durante a execução de programas. **E:** Errada, o *Winchester* é a unidade principal de armazenamento de dados do computador.

Gabarito "C"

(Agente Administrativo – FUNASA – 2009 – CESGRANRIO) Qual dos equipamentos abaixo pode ser utilizado para concentrar a ligação entre diversos microcomputadores para formar uma rede local?
(A) Filtro de linha
(B) *Hub*
(C) Joystick
(D) *No-break*
(E) *Pen-drive*

A: Errada, o filtro de linha é utilizado para ligar equipamento a rede elétrica. **B:** Correta, o *Hub* permite a ligação de vários equipamentos em rede através de portas *Ethernet*. **C:** Errada, o *Joystick* é um periférico utilizado em jogos de computador. **D:** Errada, o *No-break* é um equipamento utilizado para prevenir quedas de tensão e de energia, mantendo o computador ligado através de uma bateria para que este possa ser desligado corretamente. **E:** Errada, o *Pen-drive* é apenas uma unidade de armazenamento externa e removível.

Gabarito "B"

(Técnico – INSS – 2012 – CESPE) Pedro trabalha em uma pequena imobiliária cujo escritório possui cinco computadores ligados em uma rede com topologia estrela. Os computadores nessa rede são ligados por cabos de par trançado a um *switch* (concentrador) que filtra e encaminha pacotes entre os computadores da rede, como mostra a figura abaixo.

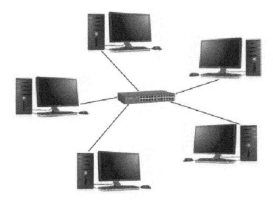

Certo dia, Pedro percebeu que não conseguia mais se comunicar com nenhum outro computador da rede. Vários são os motivos que podem ter causado esse problema, EXCETO:
(A) O cabo de rede de um dos demais computadores da rede pode ter se rompido.
(B) A placa de rede do computador de Pedro pode estar danificada.
(C) A porta do *switch* onde o cabo de rede do computador de Pedro está conectado pode estar danificada.

(D) O cabo de rede que liga o computador de Pedro ao *switch* pode ter se rompido.
(E) Modificações nas configurações do computador de Pedro podem ter tornado as configurações de rede incorretas.

A: Correta, apenas se o cabo de rede de seu próprio computador fosse rompido ele perderia comunicação com o restante da rede. **B:** Errada, danos à placa de rede do computador podem sim impedir que este acesse o restante da rede. **C:** Errada, a porta a qual está conectado o computador no *switch* pode impedir o acesso à rede. **D:** Errada, este é um dos motivos pelo qual um computador pode perder acesso à rede. **E:** Errada, as configurações de rede do computador podem impedir o acesso normal caso sejam alteradas para um padrão diferente do usado no restante da rede.

Gabarito "A".

(Técnico – INSS – 2012 – CESPE) O gráfico a seguir foi extraído da pesquisa TIC empresas 2009 (Pesquisa Sobre uso das Tecnologias da Informação e da Comunicação no Brasil), realizado pelo CETIC (Centro de Estudos Sobre as Tecnologias da Informação e da Comunicação).

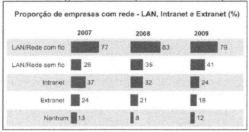

(Fonte: http://www.cetic.br/empresas/2009/tic-empresas-2009.pdf)

Considerando redes de computadores e com base no gráfico, analise:

I. O acesso sem fio à Internet e Intranets está crescendo à medida que surgem mais instrumentos de informação capazes de operar em rede. Telefones inteligentes, *pagers*, PDAs e outros dispositivos portáteis de comunicação tornam-se clientes nas redes sem fios.
II. O uso de redes sem fio tem crescido rapidamente à medida que novas tecnologias de alta velocidade são implementadas, como a *Wi-Fi*, que pode ser mais barata que o padrão *Ethernet* e diversas outras tecnologias LAN com fios.
III. Com as Intranets, a comunicação interna nas empresas ganha mais agilidade, dinamismo, integra e aproxima seus colaboradores, independente da localização de cada um. Agiliza a disseminação de informações, visando à integração inter e intradepartamental.
IV. A tendência é que cada vez mais as redes sem fio sejam substituídas pelas redes com fio, pois as tecnologias sem fio estão sujeitas a inúmeros tipos de interferência e interceptação que comprometem seu desempenho e segurança.

Está correto o que se afirma em:
(A) I, II, III e IV.
(B) I e III, apenas.
(C) I e II, apenas.
(D) I, II e III, apenas.
(E) III e IV, apenas.

A: Errada, a afirmativa IV está incorreta, a tendência atual é inversa, a substituição de redes cabeadas por redes sem fio, sendo que ambas podem sofrer diversos tipos de interferência. **B:** Errada, a afirmativa II também está correta. **C:** Errada, a afirmativa III também está correta. **D:** Correta, apenas as afirmativas I, II e III estão corretas. **E:** Errada, a afirmativa IV está incorreta, a tendência atual é inversa, a substituição de redes cabeadas por redes sem fio, sendo que ambas podem sofrer diversos tipos de interferência.

Gabarito "D".

(Agente Administrativo – Ministério do Des. Agrário – 2009 – COSEAC) Em relação aos discos rígidos, o setor que contém a tabela de partição do disco, responsável pelo *boot* (ou inicialização), é conhecida como:
(A) *Cluster*;
(B) MBR;
(C) SCSI;
(D) FAT;
(E) NTFS.

A: Errada, *Cluster* é a definição de um conjunto e não um setor do disco. **B:** Correta, a MBR (master *boot* record) é o setor responsável por armazenar as informações de *boot* no disco rígido. **C:** Errada, SCSI é um tipo de conexão para discos rígidos. **D:** Errada, FAT é um sistema de armazenamento de arquivos. **E:** Errada, NTFS é um sistema de armazenamento de arquivos.

Gabarito "B".

(Agente Administrativo – Ministério do Des. Agrário – 2009 – COSEAC) Em relação às redes de computadores, aquela que NÃO é uma vantagem da arquitetura *peer-to-peer* (ponto a ponto):
(A) não há necessidade de um administrador da rede;
(B) a rede é de instalação e manutenção fácil e rápida;
(C) cada computador pode fazer cópias de segurança em outro computador;
(D) é a rede mais fácil de construir;
(E) a informação é armazenada num servidor de arquivos centralizado e disponibilizada para os clientes.

A: Errada, esta é uma das vantagens de redes *peer-to-peer* (P2P). **B:** Errada, as redes P2P são de fácil administração, manutenção e instalação. **C:** Errada, esta é uma das vantagens das redes ponta a ponto. **D:** Errada, a afirmativa está correta. **E:** Correta, em redes P2P cada computador armazena uma parte da informação, funcionando como cliente e servidor, não havendo esta centralização.

Gabarito "E".

(Agente Administrativo – Ministério da Justiça – 2009 – FUNRIO) O equipamento de redes responsável por interligar duas ou mais redes diferentes é
(A) a Ponte ou *Bridge*.
(B) o Repetidor.
(C) o Roteador.
(D) o *HUB*.

(E) o Servidor.

A: Errada, *Bridge* é um tipo de configuração de rede e não um equipamento físico. **B:** Errada, o repetidor (ou *HUB*) não faz a comutação de pacotes entre redes diferentes. **C:** Correta, o Roteador é responsável pela interligação de redes distintas, fazendo a transmissão dos dados com base nos cabeçalhos dos pacotes enviados pela rede. **D:** Errada, o *HUB* funciona apenas como um repetidor, não fazendo a comutação de pacotes entre redes distintas. **E:** Errada, o Servidor é apenas um cliente de rede.

Gabarito "C"

(Agente Administrativo – MPOG – 2009 – FUNRIO) Se você está digitando um texto no computador e a energia elétrica acaba você perde tudo que digitou. Isso seria evitado se o seu computador estivesse ligado a um

(A) Filtro de linha.
(B) Estabilizador.
(C) *Switch*.
(D) *Access Point*.
(E) *Nobreak*.

A: Errada, o Filtro de linha apenas ajuda a proteger contra quedas de tensão, não tendo capacidade de armazenar energia para manter o computador ligado. **B:** Errada, o estabilizador não armazena energia para manter o computador ligado. **C:** Errada, o *Switch* é apenas um item de redes de computador. **D:** Errada, *Access Point* define um ponto de acesso para redes *Wireless*. **E:** Correta, o *Nobreak* é um equipamento que armazena energia e pode manter o computador ligado por um período de tempo caso haja queda de energia.

Gabarito "E"

(Administrador – FUNASA – 2009 – CESGRANRIO) Para que possam funcionar, os microcomputadores devem estar dotados de recursos de *hardware* e de *software*. A esse respeito, é correto afirmar que a(o)

(A) memória RAM é o *software* no qual o *hardware* de sistema operacional é processado.
(B) unidade de DVD é um *software* que serve para gravar os arquivos usados pelo microcomputador.
(C) Firefox é um conjunto de componentes eletrônicos, circuitos integrados e placas, que se comunicam através de barramentos.
(D) Mapa de Caracteres do Windows XP é um *hardware* utilizado para gerenciar discos rígidos do microcomputador.
(E) *modem* é um *hardware* que pode ser utilizado para fazer a comunicação entre o microcomputador e a Internet.

A: Errada, memória RAM é um item de *hardware* e não de *software*. **B:** Errada, unidade de DVD é um item de *hardware* e não de *software*. **C:** Errada, Firefox é um navegador web, portanto é um *software* e não um *hardware*. **D:** Errada, o Mapa de Caracteres é um *software* do Windows e não um item de *hardware*. **E:** Correta, o *modem* é um item de *hardware* usado para comunicação em rede por meio de linha telefônica.

Gabarito "E"

(Analista – Ministério da Int. Nacional – 2012 – ESAF) A memória *cache*

(A) é usada para maximizar a disparidade existente entre a velocidade do processador e a velocidade de leitura e gravação de dados.
(B) é uma memória volátil de alta velocidade, porém com pequena capacidade de armazenamento.
(C) armazena a maioria do conteúdo da memória principal.
(D) é uma memória volátil de baixa velocidade, porém com grande capacidade de armazenamento.
(E) é usada para eliminar a disparidade existente entre a quantidade de dados armazenados na memória principal e na memória secundária.

A: Errada, a memória *cache* é um tipo de memória auxiliar e alta velocidade. **B:** Correta, a memória *cache* é uma memória auxiliar de alta velocidade e baixa capacidade de armazenamento. **C:** Errada, a memória *cache* não tem capacidade para armazenar grandes volumes de dados. **D:** Errada, a memória *cache* é uma memória de alta velocidade. **E:** Errada, a memória *cache* possui tamanho muito pequeno para armazenar dados.

Gabarito "B"

(Administrador – Ministério da Justiça – 2009 – FUNRIO) O *hardware* de um computador é composto de processador, memória e dispositivos periféricos de entrada e de saída. Dentre os dispositivos periféricos, alguns são de entrada, outros são de saída, e existem também os que são de entrada e saída, isto é, que funcionam tanto como dispositivos de entrada quanto de saída. Quais dispositivos abaixo são de entrada e saída?

(A) teclado e *scanner*.
(B) disco e *modem*.
(C) impressora e alto falante.
(D) microfone e web cam.
(E) *mouse* e leitora ótica.

A: Errada, o teclado é um dispositivo de entrada apenas. **B:** Correta, tanto o disco quanto um *modem* podem receber e enviar dados, portanto são dispositivos de entrada e saída. **C:** Errada, alto falante é um dispositivo de saída apenas. **D:** Errada, o microfone é um dispositivo de entrada apenas. **E:** Errada, o *mouse* é um dispositivo de entrada apenas.

Gabarito "B"

(Soldado – PM/SE – IBFC – 2018) Tanto em hardware como em software utiliza-se do conceito de bit (*Binary Digit*). O bit é representado matematicamente por:

(A) 0 e 1
(B) 1 e 2
(C) 1 e -1
(D) A e B

A, B, C e D: Um bit é representado por dois valores possível, 0 ou 1, portanto apenas a alternativa A está correta.

Gabarito "A"

(Técnico – TRT1 – 2018 – AOCP) Um computador normalmente é composto por um conjunto de hardware, incluindo seus periféricos. Qual das alternativas a seguir NÃO é um exemplo de periférico?

(A) Monitor.
(B) Leitor de digitais.

(C) Impressora.
(D) CPU.
(E) Teclado.

A: Errada, o monitor é um exemplo de periférico de saída, usado para exibir as interações feitas pelo usuário com o computador. **B:** Errada, o Leitor de digitais é um exemplo de periférico de entrada, usado para capturar as digitais de um usuário e digitaliza-la para ser usado por alguma aplicação. **C:** Errada, uma impressora é um exemplo de periférico de saída, usado para imprimir documentos e imagens. **D:** Correta, o CPU (do inglês Central Processing Unit, ou Unidade Central de Processamento) não é um periférico, mas sim um dos componentes principais do computador, encarregado de executar os cálculos necessários para realizar o processamento das informações. **E:** Errada, o teclado é um exemplo de periférico de entrada, usado para que o usuário possa enviar instruções e comandos e interagir com o computador.

Gabarito "D".

(Delegado/PA – 2013 – UEPA) Leia as afirmativas sobre sistemas de armazenamento e assinale a alternativa correta.

I. O disco rígido é um equipamento confiável e de grande capacidade para armazenamento de dados, podendo chegar a até 4 TB em discos domésticos. Contudo, sua conexão ao computador só pode ser realizada através de uma interface IDE, o que torna o acesso as informações lento.

II. As SSDs (Solid State Drive) são mídias de armazenamento que se conectam ao computador através de uma interface SATA. Possuem um desempenho superior aos discos rígidos tradicionais e são bem mais velozes.

III. Discos híbridos são dispositivos que unem a velocidade de uma unidade SSD, armazenando os arquivos mais frequentemente usados e garantindo o acesso rápido a eles e um HD tradicional que armazena o restante dos dados.

A alternativa que contém todas as afirmativas corretas é:

(A) I, II e III
(B) I e II
(C) II e III
(D) I e III
(E) II

Apenas a afirmativa I está incorreta, os discos rígidos podem ser conectados através de interfaces do tipo SATA e mesmo USB, portanto apenas a alternativa C está correta.

Gabarito "C".

(Soldado – PM/SE – IBFC – 2018) Tanto em hardware como em software utiliza-se do conceito de bit (*Binary Digit*). O bit é representado matematicamente por:

(A) 0 e 1
(B) 1 e 2
(C) 1 e -1
(D) A e B

A, B, C e D: Um bit é representado por dois valores possível, 0 ou 1, portanto apenas a alternativa A está correta.

Gabarito "A".

(Técnico – TRT1 – 2018 – AOCP) Um computador normalmente é composto por um conjunto de hardware, incluindo seus periféricos. Qual das alternativas a seguir NÃO é um exemplo de periférico?

(A) Monitor.
(B) Leitor de digitais.
(C) Impressora.
(D) CPU.
(E) Teclado.

A: Errada, o monitor é um exemplo de periférico de saída, usado para exibir as interações feitas pelo usuário com o computador. **B:** Errada, o Leitor de digitais é um exemplo de periférico de entrada, usado para capturar as digitais de um usuário e digitaliza-la para ser usado por alguma aplicação. **C:** Errada, uma impressora é um exemplo de periférico de saída, usado para imprimir documentos e imagens. **D:** Correta, o CPU (do inglês Central Processing Unit, ou Unidade Central de Processamento) não é um periférico, mas sim um dos componentes principais do computador, encarregado de executar os cálculos necessários para realizar o processamento das informações. **E:** Errada, o teclado é um exemplo de periférico de entrada, usado para que o usuário possa enviar instruções e comandos e interagir com o computador.

Gabarito "D".

(Delegado/PA – 2013 – UEPA) Leia as afirmativas sobre sistemas de armazenamento e assinale a alternativa correta.

I. O disco rígido é um equipamento confiável e de grande capacidade para armazenamento de dados, podendo chegar a até 4 TB em discos domésticos. Contudo, sua conexão ao computador só pode ser realizada através de uma interface IDE, o que torna o acesso as informações lento.

II. As SSDs (Solid State Drive) são mídias de armazenamento que se conectam ao computador através de uma interface SATA. Possuem um desempenho superior aos discos rígidos tradicionais e são bem mais velozes.

III. Discos híbridos são dispositivos que unem a velocidade de uma unidade SSD, armazenando os arquivos mais frequentemente usados e garantindo o acesso rápido a eles e um HD tradicional que armazena o restante dos dados.

A alternativa que contém todas as afirmativas corretas é:

(A) I, II e III
(B) I e II
(C) II e III
(D) I e III
(E) II

Apenas a afirmativa I está incorreta, os discos rígidos podem ser conectados através de interfaces do tipo SATA e mesmo USB, portanto apenas a alternativa C está correta.

Gabarito "C".

(Técnico Enfermagem – Pref. Paulínia/SP – 2021 – FGV) Maria tem uma coleção de fotos, com um tamanho médio de 500 KB por foto. Considerando essa média, assinale o maior número de fotos que poderiam ser armazenadas num pendrive de 8 GB.

(A) 8.000
(B) 16.000
(C) 32.000
(D) 64.000
(E) 160.000

Comentário: **A**, **B**, **C**, **D** e **E**: 8 Gygabytes equilavem a aproximadamente 8.000 Megabytes que por sua vez equivalem a cerca de 8.000.000 Kilobytes, portanto 8.000.000 divido por 500 resulta em 16.000, logo apens a alternativa B está correta.

Gabarito "B".

(Técnico Enfermagem – Pref. Paulínia/SP – 2021 – FGV) Analise as afirmativas a seguir referentes à comparação entre discos rígidos tradicionais (HD) e discos sólidos (SSD).

I. HDs em geral são mais baratos.
II. SSDs em geral são mais rápidos.
III. SSDs são mais silenciosos.

Está correto o que se afirma em

(A) II, somente.
(B) I e II, somente.
(C) I e III, somente.
(D) II e III, somente.

(E) I, II e III.

Comentário: **A**, **B**, **C**, **D** e **E**: HDs são os discos rígidos, que utilizam um disco de metal onde os dados são gravados e lidos, uma tecnologia um pouco mais antiga e de menor custo em relação aos SSDs, também conhecidos como discos de estado sólido, que possuem maiores velocidades de leitura e gravação além de serem mais silenciosos por possuírem menos partes móveis. Sendo assim, todas as afirmativas estão corretas e alternativa correta é a letra E.

Gabarito "E".

(Soldado – PM/SE – IBFC – 2018) Tanto em hardware como em software utiliza-se do conceito de bit (*Binary Digit*). O bit é representado matematicamente por:

(A) 0 e 1
(B) 1 e 2
(C) 1 e -1
(D) A e B

A, **B**, **C** e **D**: Um bit é a menor unidade de informação que um computador pode armazenar ou processar, ele é usado tanto por softwares, que utilizam o processamento de bits para criar o comportamento que desejam como pelos elementos de hardware, para transitar, armazenar e processas as informações necessárias, portanto apenas a alternativa A está correta.

Gabarito "A".

PARTE II

*O*FFICE

PART II

ÖTÜKE

1. OFFICE

Os programas que pertencem aos pacotes Office auxiliam em atividades diárias em um escritório, como a edição de textos, criação de planilhas dinâmicas, apresentações de *slides* e manipulação de bancos de dados.

Existem dois principais pacotes atualmente que englobam todas essas funções: o Microsoft Office e o OpenOffice, também chamado de LibreOffice (sua versão em português é denominada BrOffice). Enquanto o primeiro é um *software* proprietário, o segundo é um projeto Open Source, ou seja, pode ser alterado e distribuído livremente.

Ambos possuem programas que atendem as necessidades mencionadas, sendo que os programas do pacote Open Office suportam os formatos do MS Office, permitindo inclusive salvar os documentos nos formatos dele, enquanto o MS Office suporta apenas os seus formatos.

Vejamos quais são os programas correlatos nestes pacotes:

	Microsoft Office	OpenOffice
Editor de Texto	Word	Writer
Editor de Planilhas	Excel	Calc
Editor de Apresentações	PowerPoint	Impress
Gerenciador de Bancos de Dados	Access	Base

O MS Office se apresenta em diversas versões que podem ser encontradas em computadores por todo o mundo. A partir de 2010 a Microsoft lançou também um serviço em nuvem para disponibilizar esta família de aplicativos, chamada atualmente de Microsoft 365. Ele inclui aplicativos conhecidos como Word, Excel, PowerPoint e Outlook, bem como outros aplicativos como OneNote, OneDrive, SharePoint e Teams.

O Microsoft 365 é projetado para ser usado em qualquer dispositivo e em qualquer lugar. Permite que os usuários colaborem e compartilhem documentos e informações em tempo real. Além disso, oferece uma série de recursos de segurança e conformidade, como criptografia de e-mail e gerenciamento de políticas de privacidade e segurança. Ele é uma opção popular para indivíduos e empresas que buscam uma solução de produtividade baseada em nuvem.

1.1. Editores de texto

Estes programas estão entre os mais utilizados no dia-a-dia e permitem a edição de textos fornecendo diversas funções de formatação de texto, inserção de imagens, *links*, tabelas e outros elementos.

O MS Word salva seus documentos no formato doc (até a versão 2003) e nos formato docx (a partir da versão 2007) e PDF (a partir da versão 2010). Já o Writer permite salvar os documentos nos formatos odt (seu formato padrão), html e xml além de doc, docx e PDF.

Nestes programas também existem diversos atalhos que auxiliam o usuário na criação de documentos, vejamos quais são os principais e suas funções:

- ✔ Ctrl + Page Up: move o cursor de texto para o início da página anterior;
- ✔ Ctrl + Page Down: move o cursor de texto para o início da próxima página;
- ✔ Ctrl + Home: move o cursor de texto para o início do documento;

- ✔ Ctrl + End: move o cursor de texto para o final do documento;
- ✔ Ctrl + Enter: move o cursor para o início da próxima página fazendo uma quebra de página manual;
- ✔ Ctrl + Backspace: apaga a palavra imediatamente a esquerda do cursor de texto;
- ✔ Ctrl + Setas direcionais: movem o cursor de texto para o começo da palavra à direita ou esquerda (direita e esquerda) ou para o começo da linha abaixo ou à cima (cima e baixo);
- ✔ Ctrl + Alt + F: ativa a inserção de notas de rodapé;
- ✔ Ctrl + Shift + C: ativa a função Pincel;
- ✔ Ctrl + N: efeito negrito;
- ✔ Ctrl + I: efeito itálico;
- ✔ Ctrl + S: efeito sublinhado;
- ✔ Ctrl + Q: alinha à esquerda;
- ✔ Ctrl + E: alinhamento centralizado;
- ✔ Ctrl + G: alinhamento à direita;
- ✔ Ctrl + J: alinhamento justificado;
- ✔ Ctrl + D: abre a janela de opções de formatação de fonte;
- ✔ Ctrl + K: inseri um hyperlink no texto;
- ✔ Ctrl + C: copia o trecho de texto selecionado;
- ✔ Ctrl + V: cola o trecho de texto no local onde se encontra o cursor de texto;
- ✔ Ctrl + X: recorta um trecho de texto;
- ✔ Ctrl + Z: desfaz a última ação feita;
- ✔ Ctrl + Y: refaz a última ação desfeita;
- ✔ Ctrl + T: seleciona todo o texto;
- ✔ Ctrl + L: localiza um trecho de texto no documento;
- ✔ Ctrl + F: localiza e substitui um trecho de texto no documento;
- ✔ Ctrl + B: salva o documento atual;
- ✔ Ctrl + W: fecha o documento sendo editado;
- ✔ Ctrl + A: abre um documento existente;
- ✔ Ctrl + O: cria um documento em branco;
- ✔ Ctrl + P: impressão do documento atual;
- ✔ F1: abre a ajuda do Word;
- ✔ F2: move texto ou elementos gráficos;
- ✔ F4: repete a última ação feita;
- ✔ F5: abre a janela "Localizar e Substituir";
- ✔ F12: abre a caixa "Salvar como...".

1.1.1 Interface

Outro ponto essencial para se preparar se refere a análise da interface, identificando os principais botões e suas funções. Vejamos um exemplo da interface do MS Word versões 2003, 2010, 2016 e Microsoft 365 e do Writer:

Exemplo de Interface do Word 2003

Exemplo de Interface do Word 2010

Exemplo de Interface do Word 2016

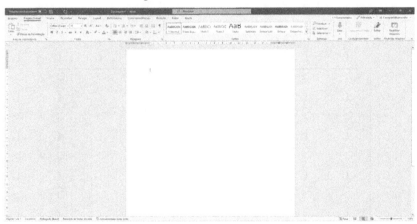
Exemplo de Interface do Word 365

Exemplo de Interface do Writer

É muito comum encontrar questões que se referem a localização de determinada função, questionando a qual aba e/ou grupo de funções uma opção pertence. Note que mesmo com alterações de *layout* os ícones que representam as essas funções se mantêm os mesmos, assim como a sua localização na interface. As principais funções são:

Da esquerda para a direita, de cima para baixo temos as funções:

✔ Fonte: permite alterar a fonte sendo utilizada pelo texto;
✔ Tamanho da fonte: permite alterar o tamanho da fonte utilizada pelo texto;
✔ Aumentar e diminuir tamanho da fonte: aumenta ou diminui o tamanho da fonte;
✔ Maiúscula e Minúscula: altera o texto selecionado para maiúscula, minúscula ou outros usos destas;
✔ Limpar Formatação: remove toda a formatação do texto selecionado;
✔ Negrito: efeito negrito no texto;
✔ Itálico: efeito itálico no texto;
✔ Sublinhado: efeito sublinhado no texto;
✔ Tachado: o texto é escrito com uma linha no meio;
✔ Subscrito: o texto é escrito com letras pequenas abaixo da linha de base do texto;
✔ Sobrescrito: o texto é escrito com letras pequenas acima da linha de base do texto;
✔ Efeitos de texto: permite adicionar diversos efeitos de texto;
✔ Cor de realce do texto: define a cor usada no realce do texto;
✔ Cor da fonte: permite alterar a cor da fonte.

Da esquerda para a direita, de cima para baixo:

✔ Marcadores: inicia uma lista com marcadores;
✔ Numeração: inicia uma lista numerada;
✔ Lista de vários níveis: inicia uma lista com diversos níveis de agrupamento;
✔ Diminuir recuo: diminui a distância entre o texto e a margem esquerda da página;
✔ Aumentar recuo: aumenta a distância entre o texto e a margem esquerda da página;
✔ Classificar: ordena o texto selecionado em ordem alfabética;
✔ Mostrar tudo: mostra marcas de parágrafo e outras formatações;
✔ Alinhar à esquerda: alinha o documento à esquerda da página;
✔ Centralizado: alinha o texto de forma centralizada na página;
✔ Alinhar à direita: alinha o texto à direita da página;
✔ Justificado: alinha o texto de forma a ocupar todo o espaço de cada linha;
✔ Espaçamento de Linha e Parágrafo: altera o espaço entre linhas e entre parágrafos;

✔ Sombreamento: adiciona cor à parte de trás de um texto ou parágrafo;
✔ Bordas: modifica as bordas de uma tabela ou outro elemento.

✔ Colar (em destaque): cola o texto localizado na Área de Transferência;
✔ Recortar (em cima): remove o texto para a Área de transferência;
✔ Copiar: copia o texto selecionado para a Área de Transferência;
✔ Pincel: copia a formatação do texto selecionado.

✔ *Layout* de Impressão: modo padrão usado pelo editor;
✔ Leitura em Tela Inteira: máxima o espaço disponível para exibição do texto utilizando toda a tela;
✔ *Layout* da Web: mostra o documento como ele seria exibido por uma página da web;
✔ Estrutura de Tópicos: exibe o documento como se fosse uma estrutura em tópicos;
✔ Rascunho: exibe o documento como um rascunho para edição rápida, não exibe elementos como cabeçalho e rodapé.

Com relação ao Writer a maioria dos ícones são muito parecidos, os seguintes merecem ser destacados:

 Ativa ou desativa a função de auto correção.

 Inicia o corretor ortográfico.

 Exporta o arquivo em edição para o formato PDF.

Existem também diversos elementos que podem ser inseridos no texto, os principais são:

✔ Tabela: permite adicionar tabelas ao texto, podendo ser especificados o número de linhas, colunas e diversas formatações como bordas e tamanho das células.
✔ Imagem: permite adicionar uma imagem armazenada no computador ou a partir de um link da internet;

✔ Clip-Art: consiste em um conjunto de imagens disponibilizados pela ferramenta para serem utilizada pelo usuário;

✔ Formas: permite incluir formas geométricas e símbolos;

✔ SmartArt: permite adicionar elementos gráficos mais avançados;

✔ Gráfico: permite inserir gráficos de diversos tipos como área, pizza, barra etc.

✔ Caixa de Texto: permite adicionar uma caixa de texto, que permite adicionar texto em qualquer lugar do documento.

✔ Cabeçalho: permite adicionar um cabeçalho ao documento, disponibilizando inclusive alguns *layouts* de exemplo para o usuário;

✔ Rodapé: permite adicionar informação ao rodapé do documento, também fornecendo *layouts* de exemplo;

✔ Número de Página: permite adicionar numerações as páginas de um documento, sendo possível inseri-los nas partes superiores, inferiores, na margem ou na posição atual do cursor.

Alguns outros conceitos importantes referentes à formatação de texto incluem:

✔ Quebra de Página: indica o final de uma página, forçando o próximo conteúdo a se deslocar para uma nova página, para isso pode-se utilizar a opção Quebra de Página na aba Inserir ou através da opção Quebras na aba *Layout* de Página;

✔ Quebra de Seção: permite que o programa trate partes diferentes de um mesmo documento como documentos distintos, permitindo a utilização de numerações de página independentes e diversas outras formatações dentro de um só documento, para isso deve-se utilizar a opção Quebras na aba *Layout* de Página.

A grande parte das questões relacionadas a este tema pedirá que uma imagem seja analisada. Preste sempre muita atenção na imagem, verifique sempre estes itens:

✔ Há algum trecho de texto selecionado?

✔ Qual a posição do cursor de texto?

✔ Se a questão trata de atalhos de teclado, em que ordem foram usados?

✔ Funções semelhantes são agrupadas sempre nos mesmos menus ou abas, fique atento quanto à sua localização! Navegue pelas abas dos editores para se familiarizar com as funções que cada uma agrupa. Caso tenha dúvida sobre alguma função, deixe o mouse parado sobre seu ícone para exibir uma breve descrição da sua funcionalidade.

1.2. Editores de planilhas

Estes programas permitem a criação de planilhas que podem realizar diversos cálculos, criar gráficos dinâmicos e filtrar dados.

O editor do pacote MS Office se chama Excel e utiliza o formato xls (até a versão 2003) e xlsx (versões 2007 e posteriores). Já no OpenOffice utilizamos o *software* Calc, que além de suporte completo para as extensões do Excel permite usar as extensões ods (seu formato padrão) e salvar diretamente como pdf.

Cada documento pode ser dividido em diversas planilhas, que podem ser acessadas no canto inferior esquerdo da janela, sendo possível dar um nome diferente para cada planilha.

1.2.1 Células e referências

Cada planilha armazena as informações na forma de tabelas onde as linhas são representadas por números e as colunas por letras. Cada bloco é chamado de célula e pode armazenar diversos tipos de dados.

Podemos identifica qualquer célula a partir de sua linha e coluna, esta referência recebe o nome de referência relativa pois se caso o conteúdo de uma célula que contenha uma referência relativa for copiado para outra célula, a referência irá se ajustar para se manter proporcional em relação ao local onde foi copiada. Por exemplo, ao digitar como valor da célula A2 a fórmula =A1+10 e copiar a fórmula para a célula B2, o valor em B2 seria =B1+10.

É possível fixar a referência de linha, coluna ou ambos através do símbolo $, neste caso chamamos de referência absoluta. Utilizando o mesmo exemplo anterior, a fórmula =$A$1+10 ao ser copiada para outra célula se manteria idêntica.

Podemos ainda fazer referências a células em outras planilhas do mesmo documento, para isso devemos utilizar a seguinte notação: Planilha!célula. Ex.: Plan1!B4 ou Plan1!B$4.

Para realizar referências a células em outro arquivo, basta adicionar o nome do arquivo desejado entre colchetes. Ex.: [relatório.xlsx]Plan1!A10

Lembre-se que é proibido fazer referência de uma célula dentro dela mesma, seja em uma função ou cálculo matemático, isso resulta em um erro na fórmula utilizada. Essa situação chamamos de referência circular.

Uma funcionalidade muito interessante destes editores é a Alça de Preenchimento. Ela permite preencher automaticamente outras células de forma inteligente utilizando uma ou mais células selecionadas. Esta função identifica um padrão entre os valores selecionados (sequencias numéricas ou alfabéticas, progressões numéricas, sequencias de datas, dias da semana, meses do ano) e utiliza a mesma lógica para preencher as outras células selecionadas.

Outra funcionalidade muito interessante presente no Excel é a possibilidade de atribuir nomes a células ou intervalos de células com a finalidade de facilitar a escrita de fórmula, assim, ao invés de utilizar a referência convencional o usuário pode escrever apenas um nome que representará o conteúdo desejado. Os nomes podem ser gerenciados através dos itens presentes no grupo "Nomes Definidos" na guia "Fórmulas" a partir da versão 2007. Para utilizar um nome basta digitá-lo na fórmula desejada ou usar o item "Usar em Fórmula" localizado no grupo "Nomes Definidos".

1.2.2 Operações e fórmulas

Para a realização de cálculos ou a utilização de funções como valores para células é necessário iniciar seu valor com o símbolo de igualdade (=). Os símbolos matemáticos se mantêm os mesmos: mais (+), menos (-), vezes (*), dividido (/) e potência (^). O uso de parênteses e a ordem dos cálculos seguem o padrão matemático.

Diversas funções também permitem a especificação de intervalos, neste caso é utilizado dois pontos (:) para indicar um intervalo. Ex.: de A1 até A4 (A1:A4)

As funções permitem realizar diversas manipulações e operações diferentes. Algumas das principais funções são:

- ✔ =SE(condição;valor_se_verdadeiro;valor_se_falso): faz uma verificação de uma condição e retorna valores diferentes para verdadeiro e falso;
- ✔ =SOMA(intervalo): permite somar os valores de um intervalo, contiguo ou não;
- ✔ =PRI.MAIÚSCULA(texto): faz com que a primeira letra de cada palavra se torna maiúscula;
- ✔ =MÉDIA(intervalo): calcula o valor da média de um intervalo contíguo ou não;
- ✔ =EXATO(texto1;texto2): compara se dois textos são idênticos;
- ✔ =MÁXIMO(intervalo): retorna o valor máximo existente em um intervalo;
- ✔ =MÍNIMO(intervalo): retorna o valor mínimo existente em um intervalo;
- ✔ =CONT.NÚM(intervalo): conta o número de células em um intervalo que contém números;
- ✔ =CONT.SE(intervalo;critérios): conta o número de células que respeitam um certo critério.

1.2.3 Interface

Vejamos agora como é a interface do Excel nas versões 2003, 2010, 2016 e Microsoft 365 e do Calc, respectivamente:

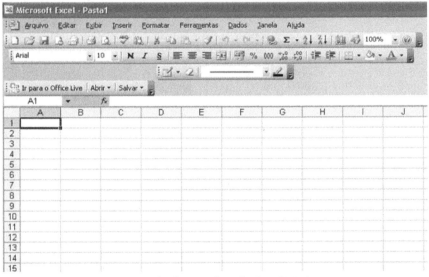

Exemplo de Interface do Excel 2003

Exemplo de Interface do Excel 2010

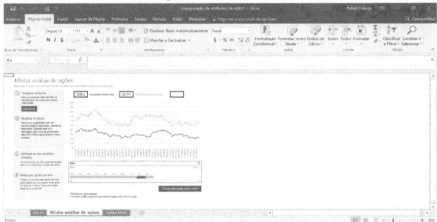
Exemplo de Interface do Excel 2016

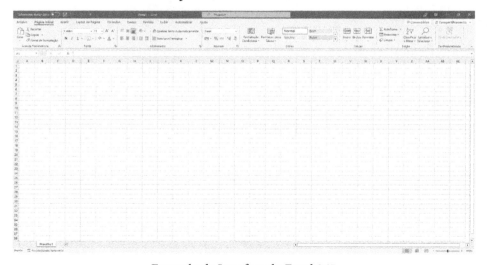
Exemplo de Interface do Excel 365

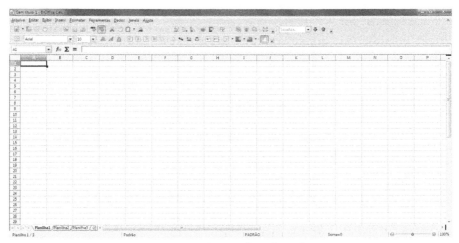

Exemplo de Interface do Calc

O MS Excel compartilha a mesma interface de menus do Word, sendo aquelas relacionadas à formatação de texto exatamente iguais, entretanto, há funções específicas da manipulação de planilhas, sendo importante destacar as seguintes:

	Mesclar e Centralizar	Mescla diversas células em uma só centralizando o conteúdo
	AutoSoma	Exibe a soma das células diretamente após a célula atual
	Classificar e Filtrar	Permite criar filtros ou classificar o conteúdo das células selecionadas
	Aumentar casas decimais	Aumenta o número de casas decimais de uma célula
	Diminuir casas decimais	Diminui o número de casas decimais de uma célula
	Inserir Função	Abre o assistente de criação de fórmulas

Assim como as questões sobre editores de texto, será comum analisar uma figura, portanto as mesmas dicas continuam valendo, preste também atenção em:

- ✔ Cuidado com as referências circulares!
- ✔ Cuidado com fórmulas grandes! Analise-as sempre com calma e cuidado prestando atenção aos separadores utilizados!
- ✔ Cuidado também com questões que envolvem a Alça de Preenchimento, verifique qual eram as células previamente selecionadas para poder determinar o resultado do preenchimento!
- ✔ Questões podem pedir o resultado de alguma fórmula, cuidado com a matemática!
- ✔ Mais uma vez, fique de olho nas abas do menu que agrupam as funcionalidades, familiarize-se com elas, abra o programa em seu computador e, em caso de dúvida pare o mouse sobre o ícone de uma função para ver uma breve descrição de seu funcionamento.

1.3. Editores de apresentações

Estes programas permitem criar apresentações de *slides* com diversos conteúdos como imagens, sons, vídeos e animações. No pacote MS Office temos o PowerPoint, que utiliza os formatos ppt (versões até 2003) e pptx (versões 2007 e posteriores). No pacote OpenOffice temos o Impress, que da suporte aos formatos do concorrente e também permite exportar arquivos como pdf e Flash.

No PowerPoint é possível ainda gravar a apresentação diretamente em CD para exibição na maioria dos computadores através do modo Pacote para CD. Outra possibilidade é a de transmitir a apresentação para visualizadores remotos para que sejam vistos por meio de um navegador Web através da opção Transmitir Apresentação de Slides.

1.3.1 Slides Mestre e Folhetos

Para facilitar a criação de apresentações o usuário pode criar os chamados Slides Mestres. Estes são *slides* que armazenam todas as informações sobre o tema e os *layouts* de *slides*, assim caso algum elemento necessite ser alterado será possível fazê-lo apenas no Slide Mestre, que replicará a alteração para os outros *slides*. Esta funcionalidade pode ser aplicada em *slides*, folhetos e anotações.

Os folhetos são um formato de impressão que permitem colocar um, dois, três, quatro, seis ou nove *slides* em cada página. Lembre-se que no caso de utilizar três por página será reservado um espaço em linhas para a realização de anotações na folha.

Vejamos como são as interfaces do PowerPoint nas versões 2003, 2010, 2016 e Microsoft 365 e do Impress, respectivamente:

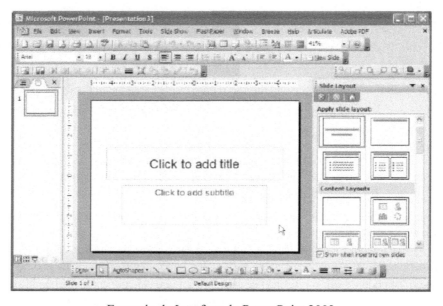

Exemplo de Interface do PowerPoint 2003

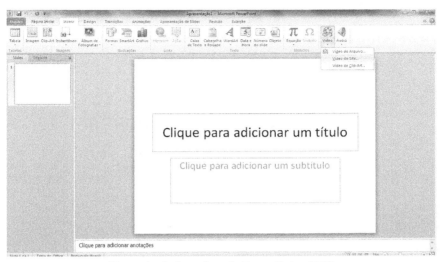

Exemplo de Interface do PowerPoint 2010

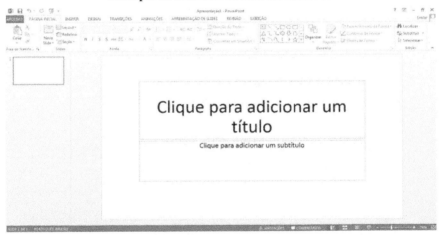

Exemplo de Interface do PowerPoint 2016

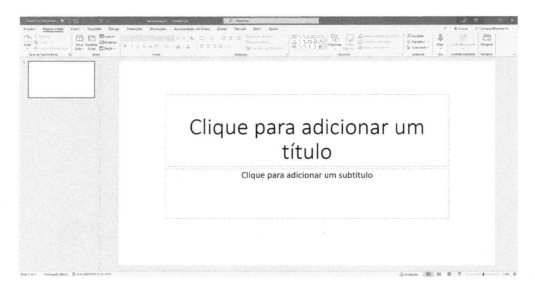

Exemplo de Interface do PowerPoint 365

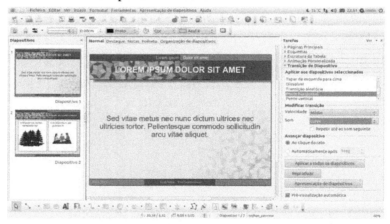

Exemplo de Interface do Impress

Mais uma vez podemos notar que a maioria dos ícones referentes as funções de formatação são praticamente os mesmo do Word e Excel, porém devemos destacar os seguintes:

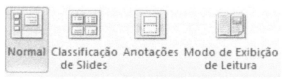

✔ Modo de Exibição Normal: modo padrão do PowerPoint, exibe a barra lateral com as miniaturas dos *slides* e uma área para edição à direita;

✔ Modo Classificação de *Slides*: facilita a organização dos *slides* exibindo as miniaturas lado a lado;

✔ Modo de Anotações: permite adicionar anotações pessoais do orador em todos os *slides* que serão exibidos na impressão;

✔ Modo de Exibição de Leitura: maximiza a área de leitura utilizando toda a janela.

Uma alteração que é importante ressaltar se refere à função de Design. Até a versão 2003 ela era um botão na barra de ícones, já nas versões 2007 e posteriores se tornou uma aba exclusiva. Ela permite alterar opções de cor, efeitos, fontes e estilos da apresentação, possuindo diversos *layouts* pré-configurados que podem ser escolhidos pelo usuário.

Como ferramenta usada para a criação de apresentações de slide, o PowerPoint possui ainda funções relacionadas ao controle de sons e animações, ficando essas opções localizadas nas guias Transições e Animações, entretanto essas funções são raramente abordadas nas questões.

QUESTÕES COMENTADAS DE *OFFICE*

1. EDITORES DE TEXTO

1.1. *Office*

(Técnico – TRT/11ª – 2012 – FCC) À esquerda do Controle de *Zoom*, localizado no lado direito do rodapé da tela de um documento *Word 2010*, encontram-se cinco botões em miniatura cujas funções podem também ser acessadas em botões na guia

(A) Início.
(B) Inserir.
(C) Exibição.
(D) Revisão.
(E) *Layout* da Página.

No MS Word 2010, as opções de alteração do modo de visualização podem ser acessadas ao lado do ícone do *zoom* no canto inferior direito ou pela guia Exibição, portanto apenas a alternativa C está correta.

Gabarito "C".

(Técnico – TRE/SP – 2012 – FCC) João está concluindo um curso de pós-graduação e resolveu iniciar sua monografia utilizando o *Microsoft Word 2010*. Ao criar um novo documento, adicionou cinco páginas vazias (por meio de ações de quebra de página) para criar posteriormente a capa, sumário e outras partes iniciais. Na sexta página, iniciará a introdução do trabalho. De acordo com as recomendações da Universidade, João deverá iniciar a numeração das páginas a partir da Introdução, ou seja, da sexta página do documento. Para isso, João deve

(A) Adicionar uma quebra de seção imediatamente antes da página em que começará a numeração.
(B) Concluir que a única maneira de realizar a tarefa será criar dois documentos, um para as cinco primeiras páginas e outro para o restante da monografia.
(C) Clicar na guia Inserir, na opção Número da Página e na opção Numeração Personalizada.
(D) Clicar na guia Inserir, na opção Quebras e na opção Quebra de Página com Numeração.
(E) Inserir o rodapé com o cursor posicionado na sexta página e adicionar uma numeração de página personalizada por meio do menu *Design*.

Ao criar uma quebra de seção no documento é possível criar cabeçalhos distintos para cada seção, e a numeração após a quebra será iniciada normalmente sem que seja afetada pelas páginas da seção anterior, é como se existissem dois documentos diferentes no mesmo arquivo, portanto apenas a alternativa A está correta.

Gabarito "A".

(Analista – TRT/11ª – 2012 – FCC) Ao dar um duplo clique no botão esquerdo do *mouse*, quando o cursor do *mouse* estiver apontando para a direita e posicionado na margem esquerda do texto de um documento no *Word 2010*, será

(A) Posicionado o cursor de texto no início da linha.
(B) Selecionado todo o texto do documento.
(C) Selecionada a primeira palavra da linha.
(D) Selecionado todo o parágrafo.
(E) Selecionada toda a linha.

Quando o ponteiro do *mouse* está apontando para a direita (posição inversa da normal) e posicionado antes do parágrafo, um clique duplo irá selecionar todo o parágrafo, portanto apenas a letra D está correta.

Gabarito "D".

(Analista – TRE/PR – 2012 – FCC) Com a utilização do editor *Microsoft Word* é possível proteger arquivos com senhas, definindo a permissão de acesso ao arquivo, para modificação ou somente leitura. Para proteger um arquivo no *Word*, em sua versão 2010, é possível entrar no menu

(A) Editar, clicar em Segurança e em seguida Proteger Arquivo.
(B) Editar, clicar em Exportar e selecionar a caixa de checagem de Exportar com Senha.
(C) Arquivo, clicar em Informações e em seguida Proteger Documento e definir o modo de proteção do arquivo.
(D) Formatar, clicar em Propriedades e em seguida escolher Proteção.
(E) Inserir, e clicar em Senha de Proteção.

No MS Word 2010 as opções de proteção podem ser acessadas através do menu Arquivo, opção Informações e então escolher Proteger Documento, são então apresentadas várias opções de proteção, entre elas esta adição de uma senha para o arquivo, portanto apenas a alternativa C está correta.

Gabarito "C".

(Analista – TRE/SP – 2012 – FCC) Muitas vezes o alinhamento justificado de parágrafos no *Microsoft Word* deixa grandes espaços entre as palavras, numa mesma linha ou em várias linhas do texto, que podem, além de comprometer a estética do texto, dificultar a leitura. Uma solução para esse problema, no *Microsoft Word 2010*, é habilitar a hifenização automática do texto. Isso pode ser feito por meio da opção Hifenização da guia

(A) *Layout* da Página.
(B) Inserir.
(C) Página Inicial.
(D) Exibição.
(E) Parágrafo.

As opções referentes à hifenização, no MS Word 2010, encontram-se na aba *Layout* de Página, portanto apenas a alternativa A está correta.

Gabarito "A".

(Auditor Fiscal – São Paulo/SP – FCC – 2012) O MS Word

(A) permite formatação condicional do documento, atribuindo-se fontes e cores de acordo com o seu conteúdo.
(B) é apenas um editor de textos, não permitindo a edição de figuras e tabelas.
(C) não permite a construção automática de uma tabela de conteúdo para um documento.
(D) possui recursos de correção ortográfica e correção gramatical.
(E) permite a construção de *slides* com transições sofisticadas.

A: Errada, esta é uma função do MS Excel. **B:** Errada, o MS Word possui algumas ferramentas para edição de tabelas e figuras. **C:** Errada, o MS Word permite a criação de uma tabela de conteúdo por meio das opções de referência. **D:** Correta, o MS Word possui função de correção ortográfica e gramatical. **E:** Errada, esta é uma função do MS Power-Point.

Gabarito "D".

(Enfermeiro – ESTÂNCIA/SE – 2011 – EXATUS) Os *softwares*: Microsoft Word, Microsoft Excel e Microsoft Powerpoint, fazem parte do pacote:

(A) Microsoft Windows 7.
(B) Microsoft Windows XP.
(C) Microsoft Office.
(D) BrOffice (OpenOffice).

A: Errada, Microsoft Windows 7 é um sistema operacional e não um pacote de programas. **B:** Errada, Microsoft Windows XP é um sistema operacional e não um pacote de programas. **C:** Correta, o Microsoft Office é um pacote de programas para escritório que contém os programas mencionados. **D:** Errada, os programas contidos no pacote BrOffice (OpenOffice) são: Calc, Writer, Impress, Draw, Base e Math.

Gabarito "C".

(Enfermeiro – MP/RO – 2012 – FUNCAB) No Microsoft Office Word 2003, o ícone ⬛ permite:

(A) alterar a cor da borda da célula.
(B) alterar a cor da fonte.
(C) alterar a cor de fundo.
(D) aumentar o tamanho da fonte.
(E) aplicar a cor de realce no texto.

A: Errada, o ícone que permite alterar a cor da borda da célula é ⬛. **B:** Correta, o ícone apresentado permite alterar a cor da fonte de escrita. **C:** Errada, o ícone que permite alterar a cor de fundo do texto é o ⬛. **D:** Errada, o ícone que permite aumentar o tamanho da fonte é o ⬛. **E:** Errada, o ícone que aplica a cor de realce no texto é o ⬛.

Gabarito "B".

(Enfermeiro – POLÍCIA CIVIL/MG – 2013 – ACADE-POL) A janela " Marcadores e numeração" do Microsoft Word, versão português do Office 2003, é acionada a partir do menu:

(A) Exibir.

(B) Inserir.
(C) Formatar.
(D) Ferramentas.

A janela "Marcadores e numeração", no MS Word 2003, se encontra no menu Formatar. Portanto apenas a alternativa C está correta.

Gabarito "C".

(Analista – TRT/14ª – 2011 – FCC) No *Microsoft Word* 2003 a utilização dos assistentes é configurada a partir do menu Ajuda e, em casos específicos um assistente pode ser encontrado em outro menu da barra de menus. No *BrOffice.org* 3.1 *Writer*, os assistentes estão disponíveis no item Assistentes do menu

(A) Formatar.
(B) Ferramentas.
(C) Arquivo.
(D) Editar.
(E) Exibir.

A: Errada, no menu Formatar estão itens de auxílio na formatação do texto. **B:** Errada, no menu Ferramentas estão os itens utilizados para auxiliar a construção do texto, como corretor ortográfico, notas de rodapé e macros. **C:** Correta, no menu Arquivo se encontra o item Assistentes que auxilia na montagem de um documento pré-formatado. **D:** Errada, o menu Editar encontram-se itens referentes a edição do texto, como recortar, copiar e colar. **E:** Errada, no menu Exibir se encontram itens referentes a exibição do documento em edição.

Gabarito "C".

(Analista – TRT/20ª – 2011 – FCC) No Word 2010, é possível localizar-se rapidamente em documentos longos, reorganizar com facilidade os documentos arrastando e soltando seções em vez de copiar e colar, além de localizar conteúdo usando a pesquisa incremental. Para isso é necessário

(A) clicar na opção Localizar da guia Exibição.
(B) habilitar o Painel de Navegação clicando na guia Exibição e marcando a opção Painel de Navegação.
(C) clicar na opção Pesquisa Incremental da guia Pesquisa.
(D) exibir o Painel de Navegação clicando na guia Inserir pesquisa.
(E) habilitar o Painel de Localização clicando na guia Inserir e marcando a opção Painel de Localização.

A: Errada, a opção Localizar não se encontra na guia Exibição, mas sim na guia inicial. **B:** Correta, por meio do painel de navegação é possível localizar trechos de texto. **C:** Errada, não há uma guia chamada Pesquisa. **D:** Errada, a guia correta é a guia Exibição e não Inserir. **E:** Errada, o painel correto é o Painel de Navegação.

Gabarito "B".

(Analista – TRT/21ª – 2010 – CESPE) Acerca dos sistemas operacionais, dos aplicativos de edição de textos, das planilhas e apresentações nos ambientes Windows e Linux, julgue o item abaixo.

(1) Um arquivo cujo nome tem a extensão DOCX contém um documento criado no Microsoft Word e pode ser aberto normalmente por qualquer versão desse aplicativo. Esse tipo de arquivo possui também a versatilidade de permitir a sua abertura em ambiente Linux, utilizando-se a ferramenta BrOffice.

1: Errada, os arquivos DOCX só podem ser abertos utilizando-se as versões posteriores a 2007 do Microsoft Word.
Gabarito 1E

(Analista – TRE/AC – 2010 – FCC) Estando o cursor posicionado no primeiro parágrafo da primeira célula da primeira linha de uma tabela, dentro de um documento *MS Word 2003*, ao pressionar a tecla ENTER o

(A) cursor será posicionado no segundo parágrafo da primeira célula da primeira linha da tabela.
(B) cursor será posicionado no primeiro parágrafo da segunda célula da primeira linha da tabela.
(C) cursor será posicionado no primeiro parágrafo da primeira célula da segunda linha da tabela.
(D) conteúdo da segunda célula da primeira linha da tabela será selecionado.
(E) conteúdo da primeira célula da segunda linha da tabela será selecionado.

A: Correta, a tecla Enter tem como função alterar o parágrafo a partir do ponto em que está o cursor. **B:** Errada, quando em uma tabela, a tecla Enter não alterna de célula, apenas de parágrafo. **C:** Errada, quando em uma tabela, a tecla Enter não alterna de linha, apenas de parágrafo. **D:** Errada, a tecla Enter não possui função de seleção no MS Word. **E:** Errada, a tecla Enter não possui função de seleção no MS Word.
Gabarito "A".

(Analista – TRE/AM – 2010 – FCC) Para inserir um cabeçalho em um documento inteiro do Word a partir da segunda página, pode-se

I. definir a página 1 como Seção 1, sem cabeçalho, e as demais páginas como Seção 2, com cabeçalho.
II. selecionar "Diferente na primeira página" em "Cabeçalhos e rodapés" na guia *Layout* de Configurar Página e deixar a página 1 sem cabeçalho e as demais páginas com cabeçalho.
III. posicionar o cursor na página 2 e inserir o cabeçalho na página 2, que o Word expandirá automaticamente somente para as demais páginas seguintes da seção.

Está correto o que se afirma em

(A) I, II e III.
(B) I, apenas.
(C) II, apenas.
(D) III, apenas.
(E) I e II, apenas.

A: Errada, a afirmativa III está incorreta, o Word não irá expandir automaticamente o cabeçalho para as outras páginas. **B:** Errada, a afirmativa II também está correta. **C:** Errada, a afirmativa I também está correta. **D:** Errada, a afirmativa III está incorreta, o Word não irá expandir automaticamente o cabeçalho para as outras páginas. **E:** Correta, apenas as afirmativas I e II estão corretas.
Gabarito "E".

(Analista – TRE/TO – 2011 – FCC) No *Word*, "Numerada", "Vários níveis" e "Estilos de Lista" são abas que, no menu Formatar, são pertinentes à opção

(A) Plano de fundo.
(B) Fonte.
(C) Estilos e marcação.
(D) Parágrafo.
(E) Marcadores e numeração.

A: Errada, o item Plano de Fundo agrupa as funções de marca d'agua, cor da página e bordas. **B:** Errada, o item Fonte possui apenas ações referentes a formatação da fonte do texto. **C:** Errada, não há opção Estilos e marcação no Word, o correto é Estilos e formatação. **D:** Errada, o item Parágrafo agrupa as funções de espaçamento, recuo e quebra de linha. **E:** Correta, no item Marcadores e numeração é possível escolher entre as abas Numeradas, Vários níveis e Estilos de Lista que definem os modos de marcadores e numerações do Word.
Gabarito "E".

(Analista – TRE/TO – 2011 – FCC) Observe a figura abaixo.

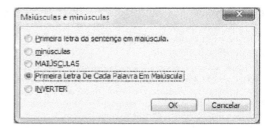

A figura é uma caixa de diálogo típica

(A) tanto do Microsoft Word quanto do *BrOffice*.org Writer.
(B) do menu Ferramentas no *BrOffice*.org Writer.
(C) do menu Ferramentas no Microsoft Word.
(D) do menu Formatar no *BrOffice*.org Writer.
(E) do menu Formatar no Microsoft Word.

A: Errada, a caixa de diálogo corresponde apenas ao Word. **B:** Errada, a caixa de diálogo corresponde ao Word. **C:** Errada, a caixa de diálogo corresponde a uma opção do item Formatar e não de Ferramentas. **D:** Errada, a caixa de diálogo corresponde ao Word. **E:** Correta, a caixa de diálogo em questão corresponde a opção Maiúsculas e Minúsculas do menu Formatar do Word.
Gabarito "E".

(Analista – TRE/MT – 2010 – CESPE) Considerando os aplicativos do Microsoft Office, assinale a opção correta.

(A) A desvantagem de se utilizar o MS Word para a edição de tabelas é a impossibilidade de criar fórmulas para totalizar valores.

(B) Ao se criar uma apresentação no MS Power Point, é possível inserir textos do MS Word ou da Internet e ainda inserir planilha do MS Excel bem como imagens e vídeos de diversos tipos.
(C) No MS Excel 2007, a criação de macros é possível com a instalação do *plugin macroware*.
(D) Ao se copiar um resultado de uma fórmula criada no MS Excel e colá-lo em um relatório criado no MS Word, quando alterados os dados no MS Excel, o valor apresentado no MS Word será alterado automaticamente.
(E) Para se criar um organograma no MS Word, é necessário instalar o Microsoft Organise.

A: Errada, o MS Word permite a utilização de fórmulas em suas tabelas. **B:** Correta, o MS Power Point permite a inserção de dados vindos do MS Word, MS Excel ou diretamente da internet, sejam eles textos, vídeos, imagens ou vídeos. **C:** Errada, não é necessária a instalação de *plugins* para a criação de macros no MS Excel. **D:** Errada, os valores não serão automaticamente alterados entre programas. **E:** Errada, não é necessária a utilização de nenhum *software* adicional para a criação de organogramas no MS Word.
Gabarito "B".

(Analista – TRE/MA – 2009 – CESPE) Considerando a figura acima, que ilustra uma janela do Microsoft Office Word 2003, assinale a opção correta.
(A) O botão , que permite inserir tabela no documento, executa o programa Microsoft Office Excel para edição avançada de opções de tabela.
(B) Para se inserir *hiperlinks* em um documento Word 2003 associados a arquivos na Web, pode-se usar o botão , o qual serve também para incluir *hiperlink* para arquivos armazenados no disco rígido do computador em uso.
(C) Os botões , na parte inferior esquerda da janela, podem ser usados, respectivamente, para criar novo documento em branco, salvar o documento em edição como página da Web, salvar o documento atual como outro documento, salvar o documento sem imagem e imprimir o documento em duas páginas por folha.

(D) O Word permite comparar duas versões de documentos que estejam abertos, por meio de opção acionada pelo botão .
(E) Para se abrir um documento associado a um arquivo em formato que não seja .doc, convertendo-o em documento do Word 2003, deve-se clicar o botão .

A: errada, o botão apenas insere uma tabela simples no documento e não faz uso do Microsoft Office Excel. **B:** correta, o botão é usado para a criação de *hyperlinks* que podem inclusive levar a arquivos no disco rígido do computador. **C:** errada, os botões alteram o modo como a página em edição é exibido para o usuário, alterando seu *layout*. **D:** errada, o botão copia o formato de um objeto ou texto selecionado e o aplica ao objeto ou texto clicado. **E:** errada, o botão apenas abre um documento suportado pelo Word, ele não tem função de conversão de formatos.
Gabarito "B".

(Oficial de Justiça – TJ/SC – 2010) Por padrão, um documento do Word 2007 é salvo com a extensão:
(A) doc
(B) odt
(C) doc07
(D) docx
(E) txt

A: Errada, a extensão doc é utilizada por versões anteriores ao Word 2007. **B:** Errada, a extensão .odt é utilizada pelo OpenOffice Writer. **C:** Errada, esta extensão não é utilizada por nenhuma versão do MS Word. **D:** Correta, o MS Word 2007 e posterior utilizam a extensão .docx para seus arquivos salvos. **E:** Errada, arquivos .txt são o padrão de editores de texto simples como o Bloco de Notas.
Gabarito "D".

(Oficial de Justiça – TJ/SC – 2010) Com relação aos recursos de recortar, copiar e colar do Word 2007, assinale a alternativa correta:
(A) Um texto que foi copiado (através da opção "copiar") pode ser inserido ("colado") em outra parte do documento apenas uma vez. Para realizar uma nova inserção do mesmo texto é necessário aplicar a função "copiar" novamente, tantas vezes quantas sejam as "colagens" que se deseja fazer.
(B) Ao selecionar um texto de um documento e aplicar a opção "recortar", o texto é eliminado do seu local de origem e pode ser inserido em outra parte do documento através da opção "colar".
(C) Ao selecionar um texto de um documento e aplicar a opção "copiar", esse texto é automaticamente inserido no final do mesmo documento.
(D) O Word limita o número de operações de "copiar colar" em oito para cada documento. Para reali-

zar mais do que esse número, é necessário fechar o documento e abri-lo novamente.

(E) Um texto que foi recortado (através da opção "recortar") não pode ser inserido em outro documento que não seja aquele de onde foi retirado.

A: Errada, uma vez copiado o trecho de texto pode ser colado quantas vezes quanto forem necessárias. B: Correta, a função recortar retira o texto e o coloca na área de transferência para que possa ser colado em outro local. C: Errada, a função copiar apenas copia o trecho de texto selecionado para a área de transferência para que possa ser colado onde desejado. D: Errada, não há limite para o uso das funções copiar e colar. E: Errada, um texto recortado pode ser inserido em qualquer outro texto, mesmo que seja em outro editor de texto.

Gabarito "B".

I. Alterar a pasta onde o editor de textos MS-Word grava seus modelos (extensões .DOT), sendo que a partir dessa alteração os modelos serão gravados nessa e obtidos dessa nova pasta.

(Analista – TJ/PI – 2009 – FCC) A alteração solicitada em I é feita

(A) na guia Arquivos, após acessar o item Opções do menu Ferramentas.
(B) no menu Arquivo, opções Configurar página.
(C) na guia Arquivos, acessando o item Formatar do menu Editar.
(D) no menu Formatar, após acessar a guia Arquivos.
(E) no menu Inserir, após acessar a guia Arquivo, na opção Configurar.

A: correta, na guia Arquivos do item Opções do menu Ferramentas, o usuário pode alterar o local onde os arquivos de modelo podem ser alterados. B: errada, o menu correto a ser utilizado é menu Ferramentas. C: errada, a guia Arquivos correta deve ser acessada a partir do item Opções do menu Ferramentas. D: errada, o menu correto a ser utilizado é menu Ferramentas. E: errada, o menu correto a ser utilizado é o menu Ferramentas.

Gabarito "A".

(Analista – TJ/MA – 2009 – IESES) São opções encontradas na caixa de formatação de parágrafo do Microsoft Word 2007 em português todas as seguintes, **EXCETO**:

(A) Manter linhas juntas.
(B) *Kerning* para fontes.
(C) Espaçamento entre linhas.
(D) Recuo à direita.

A: errada, a opção Manter linhas juntas está presente na caixa de formatação de parágrafo do MS Word 2007. B: correta, a opção de *Kerning* para fontes não está presente na caixa de formatação de parágrafo do MS Word 2007. C: errada, a opção Espaçamento entre linhas está presente na caixa de formatação de parágrafo do MS Word 2007. D: errada, a opção Recuo à direita está presente na caixa de formatação de parágrafo do MS Word 2007.

Gabarito "B".

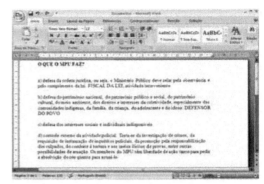

(Analista – MPU – 2010 – CESPE) Com base na figura acima, que apresenta um texto em edição no Microsoft Word 2007 (MSWord 2007), julgue o próximo item, relativo à edição de textos e planilhas.

(1) Considere que o último parágrafo do texto mostrado na figura seja copiado do MSWord 2007 para uma célula de uma planilha do Microsoft Excel 2007. Nesse caso, é possível tornar todo o conteúdo visível nessa célula, com exibição em várias linhas, formatando-a com a opção Quebrar Texto Automaticamente.

1: Correta, a função Quebrar Texto Automaticamente faz com que o texto seja quebrado em linhas para que ele caiba em sua célula de forma que todo o seu conteúdo seja visível.

Gabarito 1C.

(Técnico Judiciário – TRE/MA – 2009 – CESPE) A respeito de aplicativos do ambiente Microsoft Office, assinale a opção correta.

(A) As barras de ferramentas de formatação dos aplicativos do Microsoft Office podem ser personalizadas livremente pelo usuário, conforme a necessidade de disposição e de acesso a recursos mais utilizados.
(B) No Microsoft Word, para se criar uma nova coluna em uma tabela existente em um documento em edição, deve-se selecionar a linha ao lado da qual ela será posicionada na nova tabela e clicar a opção **Inserir coluna**.
(C) O *menu* Arquivo do Word 2003 contém as opções de exibição do documento em leiautes diversos, como o normal, da Web e de impressão.
(D) A formatação de margens de páginas, tabelas e textos só pode ser feita diretamente a partir da régua horizontal presente no topo da janela do Word, abaixo do *menu* de opções.
(E) O recurso **Desfazer ações** é utilizado para se desfazer uma digitação ou edição do documento e, uma vez que ele seja ativado, não é possível retornar à opção anterior.

A: correta, as barras de ferramentas de formatação dos aplicativos do Microsoft Office podem ser personalizadas. B: errada, deve-se selecionar a coluna ao lado da qual será posicionada e então clicar a opção Inserir coluna. C: errada, as opções de exibição do documento estão no *menu* Exibir. **D:** errada, as margens também podem ser alteradas a partir do item Margens, na opção Configurar Página do *menu* Arquivo. **E:** errada, o recurso Desfazer ações desfaz a última alteração feita no texto e é possível retornar à opção anterior.

Gabarito "A".

(Delegado/PI – 2009 – UESPI) Considere as afirmações abaixo sobre o aplicativo Microsoft Word 2000:

(1) Página e Coluna são opções disponíveis no item "Quebra..." do menu Inserir. Quebra automática de texto na linha atual também pode ser configurada a partir deste item.

(2) É possível evitar a quebra de páginas entre as linhas de um parágrafo a partir da aba "Quebras de linha e de página", do item "Parágrafo...", do menu Formatar.

(3) De modo a evitar que o Word classifique incorretamente algumas palavras na sua verificação, pode-se ativar a opção 'Ignorar palavras com números' na aba 'Ortografia e gramática', do item "Opções...", do menu Ferramentas.

Está(ão) correta(s):

(A) 1 e 2 apenas
(B) 2 apenas
(C) 2 e 3 apenas
(D) 3 apenas
(E) 1, 2 e 3

A: Errada, pois a afirmativa 3 também está correta. **B:** Errada, as afirmativas 1 e 3 também estão corretas. **C:** Errada, porque a afirmativa 1 também está correta. **D:** Errada, as afirmativas 1 e 2 também estão corretas. **E:** Correta, todas as três alternativas estão corretas.

Gabarito "E".

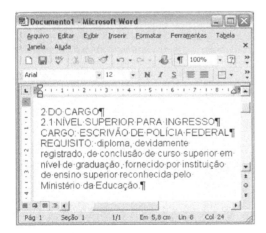

(Agente de Polícia Federal – 2009 – CESPE) Considerando a figura acima, que mostra uma janela do Word 2002, com um texto em edição, em que nenhuma parte está formatada como negrito, julgue os próximos itens.

(1) Ao se clicar à direita da palavra "devidamente" e, em seguida, clicar o botão ¶ , o símbolo ¶ será exibido à direita da referida palavra.

(2) Ao se aplicar um clique duplo em um local da barra de título que não contenha botão ou ícone, a janela mostrada será maximizada.

(3) O conteúdo da primeira linha do texto mostrado será centralizado, após a realização da seguinte sequência de ações: selecionar a referida linha; pressionar e manter pressionada a tecla Ctrl ; acionar a tecla C , pressionando-a e liberando-a; liberar a tecla Ctrl .

1: Errada, o botão mencionado ativa a função de exibição dos símbolos de marcação de parágrafo e outras formatações ocultas. **2:** Correta, o duplo clique na barra de título de uma janela faz com que esta seja maximizada caso não esteja ou é restaurada ao tamanho anterior caso esteja maximizada. **3:** Errada, as teclas mencionadas apenas copiam o texto selecionado para a área de transferência, não alterado sua formatação.

Gabarito 1E, 2C, 3E.

(Agente de Polícia/ES – 2009 – CESPE) Considerando a figura acima, que apresenta uma tabela em edição do Word, julgue os itens que se seguem.

(1) O Word possui recurso que permite criar um gráfico de barras com os valores apresentados na tabela.

(2) Para se calcular o "Total Trimestre" usando-se fórmula é necessário copiar a tabela para o Excel e digitar a fórmula =soma (C1:C3).

(3) Para se criar uma cópia de segurança do arquivo do Word é suficiente clicar a opção Salvar como, do menu `Arquivo` e selecionar o tipo de arquivo *backup* com extensão .BCK.

(4) Podem ser instalados no computador aplicativos que permitem imprimir o arquivo em questão no modo PDF.

(5) Para se centralizar o conteúdo das células é suficiente selecioná-las, clicar a opção Parágrafo do menu `Formatar`, selecionar Centralizada na opção Alinhamento e clicar OK.

(6) Sistema de arquivo é a maneira como o sistema operacional organiza e administra os dados em disco.

1: Correta, é possível criar gráficos a partir de dados tabelados diretamente pelo Word por meio de função acessível pelo menu Inserir. **2:** Errada, o Word também permite a inserção de fórmulas como a de somatória sem a necessidade de uso de Excel. **3:** Errada, não existe tal extensão no Word, basta salvar o arquivo em outro local como uma unidade removível, mídia ou disquete. **4:** Correta, por meio de *software* específico é possível imprimir o arquivo como PDF. **5:** Correta, a opção de Alinhamento no item Parágrafo do menu Formatar permite alterar a forma com que as células alinham seu conteúdo. **6:** Correta, o sistema de arquivo define não só os parâmetros com que os arquivos serão salvos mas também a capacidade máxima do disco e velocidade de gravação.

Gabarito: 1C, 2E, 3E, 4C, 5C, 6C.

(Inspetor de Polícia/MT – 2010 – UNEMAT) O MS-Word é um editor de textos pertencente ao pacote Microsoft Office, que traz diversos outros componentes a ele associados. Com seu uso, é possível editar textos, salvá-los e imprimi-los.

Sobre o enunciado, analise as afirmativas.

I. Através do MS-Word, é possível incluir figuras e criar animações dinâmicas.

II. No MS-Word é possível gerar tabelas e vincular as mesmas a aplicativos como o MS-Excel.

III. Com o MS-Word, é possível gerar fórmulas matemáticas e obter soluções numéricas exatas.

Com base nessas afirmativas, assinale a alternativa correta.

(A) Apenas I e II estão corretas.
(B) Apenas I e III estão corretas.
(C) Apenas II e III estão corretas.
(D) Apenas III está correta.
(E) Todas estão corretas.

A: Errada, a afirmativa II está incorreta, é possível gerar tabelas no MS-Word porém elas não são vinculadas ao MS-Excel; **B:** Correta, apenas as afirmativas I e III estão corretas; **C:** Errada, a afirmativa II está incorreta, é possível gerar tabelas no MS-Word porém elas não são vinculadas ao MS-Excel; **D:** Errada, a afirmativa I também está correta; **E:** Errada, a afirmativa II está incorreta, é possível gerar tabelas no MS-Word porém elas não são vinculadas ao MS-Excel.

Gabarito "B".

(Escrivão de Polícia/PA – 2009 – MOVENS) Antônio precisa compartilhar um relatório criado no Microsoft Word 2003 com outras pessoas que utilizam versões diferentes desse aplicativo, especificamente as versões Microsoft Word XP, Microsoft Word 2000 e Microsoft Word 97.

A respeito da compatibilidade das versões citadas do Microsoft Word, assinale a opção correta.

(A) É preciso salvar o documento no formato "Versões anteriores do Word".

(B) Não há necessidade de conversões, pois os arquivos do Microsoft Word 2003 podem ser abertos pelas versões XP, 2000 e 97 sem necessidade de conversão.

(C) Não existe formato compatível entre as versões. A solução é salvar o documento como PDF e distribuir.

(D) O usuário da versão antiga do Word deve utilizar um conversor de formatos, fornecido gratuitamente pela Microsoft.

A: Errada, essa opção só está presente a partir da versão 2007 do Microsoft Word; **B:** Correta, as versões 2003, XP, 2000 e 97 são compatíveis entre si; **C:** Errada, apenas as versões 2007 e 2010 do Microsoft Word não salvam seus documentos em formato compatível com as versões anteriores de forma padrão; **D:** Errada, não há necessidades de conversão, pois os programas mencionados são compatíveis entre si.

Gabarito "B".

(Escrivão de Polícia/SP – 2010) As teclas de atalho padronizadas no Word – Microsoft, utilizadas para criar novo documento, desfazer a operação e abrir documento, respectivamente, são:

(A) Ctrl+ N, Ctrl+P , Ctrl+B
(B) Ctrl+C, Ctrl+Z, Ctrl+S
(C) Ctrl+O, Ctrl+Z, Ctrl+A
(D) Ctrl+N, Ctrl+D, Ctrl+A
(E) Ctrl+O, Ctrl+Z, Ctrl+P

A: Errada, as teclas Ctrl + N ativam o efeito negrito e não a opção de novo documento; **B:** Errada, as teclas Ctrl + S ativam o efeito sublinhado e não a opção de abrir documento; **C:** Correta, as teclas Ctrl + O criam um documento em branco, Ctrl + Z desfaz a última alteração feita e Ctrl + A abrem um documento já existente; **D:** Errada, as teclas Ctrl + N ativam o efeito negrito e não a opção de novo documento; **E:** Errada, as teclas Ctrl + P ativam a função de impressão e não a de abrir documento.

Gabarito "C".

(Escrivão de Polícia/PR – 2010) Considere as afirmativas a seguir, com relação ao aplicativo Writer do BrOffice 3.1:

I. A combinação de teclas de atalho CTRL+B salva o documento aberto.

II. Um arquivo de texto do Writer possui extensão padrão .odt.

III. O ícone ![ABC] tem a função de sublinhar o texto selecionado.

IV. O ícone ▬ serve para justificar o alinhamento do parágrafo.

Assinale a alternativa correta.
(A) Somente as afirmativas I e II são corretas.
(B) Somente as afirmativas II e IV são corretas.
(C) Somente as afirmativas III e IV são corretas.
(D) Somente as afirmativas I, II e III são corretas.
(E) Somente as afirmativas I, III e IV são corretas.

A: Errada, a afirmativa I está incorreta, as teclas Ctrl + B ativam o efeito Negrito; B: Correta, apenas as afirmativas II e IV estão corretas; C: Errada, a afirmativa III está incorreta, o ícone ABC ativa a autocorreção ortográfica; D: Errada, as afirmativas I e III estão incorretas, as teclas Ctrl + B ativam o efeito Negrito e o ícone ABC ativa a autocorreção ortográfica; E: Errada, as afirmativas I e III estão incorretas, as teclas Ctrl + B ativam o efeito Negrito e o ícone ABC ativa a autocorreção ortográfica.
Gabarito "B".

(Agente de Polícia/RO – 2009 – FUNCAB) No Microsoft Office Word, é possível especificar as configurações de quebra de linha e página. Sobre esse recurso, qual a opção de configuração na tela de formatação de parágrafos que evita que a última linha do parágrafo do documento seja impressa sozinha no início de uma página ou que a primeira linha do parágrafo seja impressa sozinha no final de uma página?

(A) Quebrar página antes.
(B) Suprimir números de linha.
(C) Manter com o próximo.
(D) Manter linhas juntas.
(E) Controle de linhas órfãs/viúvas.

A: Errada, esta opção força o Word a fazer uma quebra de página antes de um parágrafo; B: Errada, esta opção permite pular números de linha em parágrafos específicos; C: Errada, esta opção mantém os parágrafos juntos em uma página ou coluna; D: Errada, esta opção mantém as linhas de um parágrafo juntas em uma página ou em uma coluna; E: Correta, o Controle de linhas órfãs/viúvas impede que a última linha fique sozinha no início de uma página ou que a primeira linha seja impressa sozinha no final de uma página.
Gabarito "E".

(Fiscal da Receita/CE – 2010) Considerando a figura acima, que ilustra uma janela do Microsoft Word 2003 com um texto em edição, assinale a opção correta.

(A) Para se centralizar e aplicar negrito ao trecho "Conselho de Contribuintes do Estado do Acre", na primeira linha do documento, é suficiente realizar o seguinte procedimento: selecionar o trecho mencionado; clicar o botão N e, em seguida, o botão ▬.
(B) Para se sublinhar a palavra "Contribuintes", na primeira linha do documento, é suficiente realizar o seguinte procedimento: posicionar o cursor sobre a referida palavra e, a seguir, clicar o botão S.
(C) Por meio da opção Configurar página, acessada a partir do menu Formatar, é possível definir a orientação da página do documento como retrato ou paisagem.
(D) Na situação da figura, é correto afirmar que os quatro últimos parágrafos mostrados do documento foram formatados utilizando-se a opção Marcadores e numeração, do menu Formatar, ou clicando-se o botão ▤.

A: Errada, o botão ▬ aplica o alinhamento Justificado, o botão correto seria o botão ▬. B: Correta, não basta apenas posicionar o cursor, deve-se fazer um duplo clique sobre a palavra para que ela seja selecionada e então clicar o botão S. C: Errada, a opção Configurar página se encontra no menu Arquivo. D: Errada, o botão ▤ aplica Marcadores numéricos, o botão correto seria ▤.
Gabarito "B".

(Fiscal de Rendas/RJ – 2010 – FGV) Um fiscal de rendas está digitando um texto no Word 2007 BR. Durante esse trabalho, ele executou três procedimentos com utilização de atalhos de teclado.

I. Para converter a expressão literal, previamente selecionada, "secretaria de estado de fazenda do estado do rio de janeiro – sefaz", para "SECRETARIA DE ESTADO DE FAZENDA DO ESTADO DO RIO DE JANEIRO – SEFAZ", pressionou duas vezes, simultaneamente, as teclas *Shift* e F3.
II. Pressionou simultaneamente as teclas Alt e E, para centralizar um string de caracteres que se encontrava alinhado pela margem esquerda, em um determinado parágrafo.
III. Pressionou simultaneamente as teclas Ctrl e P, para abrir uma janela que permite a impressão do documento aberto no Word.

Assinale:
(A) se somente a afirmativa I estiver correta.
(B) se somente as afirmativas I e II estiverem corretas.
(C) se somente as afirmativas I e III estiverem corretas.
(D) se somente as afirmativas II e III estiverem corretas.
(E) se todas as afirmativas estiverem corretas.

A: Errada, a afirmativa III também está correta. B: Errada, a afirmativa II está incorreta, o atalho para centralizar o texto é Ctrl + E e não Alt + E. C: Correta, somente as afirmativas I e III estão corretas. D: Errada, a afirmativa I está incorreta, o atalho para centralizar o texto é Ctrl + E e não Alt + E. E: Errada, a afirmativa II está incorreta, o atalho para centralizar o texto é Ctrl + E e não Alt + E.
Gabarito "C".

(Agente Administrativo – FUNASA – 2009 – CESGRANRIO) Para alterar o espaçamento entre linhas de um texto selecionado em uma página específica, um usuário do Microsoft Word 2003 deve formatar

(A) fonte.
(B) parágrafo.
(C) *background*.
(D) configuração de página.
(E) marcadores e numeração.

A: Errada, as configurações de fonte permitem alterar fonte, tamanho, cor e outras características referentes as fontes apenas. **B:** Correta, a formatação de parágrafos permite alterar os espaçamentos entre linhas. **C:** Errada, formatação de *background* diz respeito ao plano de fundo da folha. **D:** Errada, as configurações de página definem margem e outros aspectos da folha como um todo. **E:** Errada, a configuração de marcadores e numeração não afeta o espaçamento entre as linhas de um parágrafo.

Gabarito "B".

(CODIFICADOR – IBGE – 2011 – CONSULPLAN) No Microsoft Word (versão 2003 – configuração padrão) há um comando em que após salvar um documento, pode-se salvá-lo novamente com outro nome no mesmo local ou em local diferente. Trata-se do comando:

(A) Localizar e substituir.
(B) Exportar.
(C) Salvar como.
(D) Salvar.
(E) Personalizar.

A: Errada, a opção Localizar e substituir é utilizada para encontrar um trecho de texto no documento e alterá-lo por outro. **B:** Errada, a função mencionada não está presente no Word. **C:** Correta, a opção Salvar como permite que um documento que já esteja salvo seja salvo novamente em outro local e até com outro nome. **D:** Errada, a opção Salvar apenas salvas as alterações feitas no documento atual. **E:** Errada, as opções de personalização dizem respeito à barra de menus.

Gabarito "C".

(CODIFICADOR – IBGE – 2011 – CONSULPLAN) No Microsoft Word (versão 2003 – configuração padrão), a ferramenta "Localizar..." pode ser localizada no menu:

(A) Ferramentas.
(B) Inserir.
(C) Exibir.
(D) Arquivo.
(E) Editar.

A: Errada, o menu que contém opções relacionadas a manipulação de texto é o menu Editar. **B:** Errada, o menu Inserir possui opções relacionadas a inserção de imagens, tabelas, gráficos, etc. **C:** Errada, o menu Exibir contém apenas opções relacionadas aos diferentes modos de exibição do Word. **D:** Errada, o menu Arquivo possui apenas opções relacionadas aos arquivos, como salvar, abrir um arquivo existente ou um novo arquivo. **E:** Correta, o menu Editar possui opções relacionadas a edição do arquivo, como copiar, colar e também Localizar.

Gabarito "E".

(Agente Administrativo – Ministério do Des. Agrário – 2009 – COSEAC) No Word 2000, no tocante à formatação, a fonte que se aplica aos novos documentos baseados no modelo ativo, isto é, qualquer novo documento que for aberto utilizará as definições de fontes que você selecionou, é conhecida como fonte:

(A) Times New Roman;
(B) Normal;
(C) Negrito;
(D) Padrão;
(E) Sobrescrito.

A: Errada, Times New Roman é um dos tipos de fonte que se pode aplicar à um texto e não um esquema de formatação de texto. **B:** Errada, a nomenclatura correta do esquema de fonte é Padrão. **C:** Errada, Negrito é um dos efeitos que se pode aplicar ao texto. **D:** Correta, o um conjunto de formatações de texto Padrão é o aplicado a todos os novos documentos do Word. **E:** Errada, Sobrescrito é na verdade um dos efeitos que se pode aplicar ao texto.

Gabarito "D".

(Agente Administrativo – Ministério da Justiça – 2009 – FUNRIO) Para movimentar o cursor de forma mais ágil podemos usar algumas teclas de atalho. A combinação de teclas, no Microsoft Word, que move o cursor para o início do documento é CTRL +

(A) Page Up
(B) Seta para cima
(C) Page Down
(D) Home
(E) F5

A: Errada, o atalho Ctrl + Page Up leva o cursor até o início da página anterior. **B:** Errada, o atalho Ctrl + Seta para cima leva o cursor até o início da linha anterior. **C:** Errada, o atalho Ctrl + Page Down leva o cursor até o início da próxima página. **D:** Correta, o atalho Ctrl + *Home* leva o cursor até o início do documento atual. **E:** Errada, o atalho Ctrl + F5 não tem função específica.

Gabarito "D".

(Agente Administrativo – Ministério da Previdência – 2010 – CESPE) A partir da figura acima, que mostra uma janela do Microsoft Word 2003 sendo usada para a edição de documento que contém correções em sua formatação, julgue o item seguinte.

(1) Para se aceitar todas as correções de uma só vez, é suficiente clicar o botão 🔲 e selecionar, em seguida, a opção Aceitar todas as alterações no documento.

1: Correta, os passos descritos fazem com que todas as correções sugeridas sejam aceitas e aplicadas no documento atual.

Gabarito 1C

(Analista – Ministério da Int. Nacional – 2012 – ESAF) No Microsoft Word,

(A) pode-se copiar um texto através do recurso **arrastar e soltar**, mantendo-se a tecla **Ctrl** pressionada.
(B) são efeitos de fonte: Tachado misto, Sobrescrito, Contorno, Relevância, Versalete.
(C) pode-se copiar um texto através do recurso **arrastar e soltar**, mantendo-se a tecla **Alt** pressionada.
(D) são efeitos de fonte: Tachado, Sobreposto, Compactado, Relevo, Versalete.
(E) são efeitos de fonte: Tachado duplo, Inter-escrito, Contorno, Relevo, Versão.

A: Correta, caso o trecho esteja selecionado, ao ser arrastado e soltado em outra área enquanto a tecla Ctrl estiver pressionada ele será copiado e não movido. **B:** Errada, Relevância e Contorno não são efeitos de fonte. **C:** Errada, a tecla sendo pressionada deve ser a Ctrl e não a Alt. **D:** Errada, Campactado e Relevo não são efeitos de fonte. **E:** Errada, Contorno, Relevo, Versão e Inter-escrito não são efeitos de fonte.

Gabarito "A"

(Administrador – Ministério da Justiça – 2009 – FUNRIO) No Microsoft Word podemos selecionar textos usando o *mouse* ou o teclado. Para selecionarmos o parágrafo abaixo do cursor, considerando este se encontra no início, devemos combinar as teclas CTRL +

(A) *SHIFT* + Seta para baixo
(B) Seta para baixo
(C) *SHIFT* + Seta para direita
(D) ALT + INS
(E) End

A: Correta, a tecla Ctrl + Seta para baixo faz o cursor ir até o início do próximo parágrafo, com a tecla *Shift* sendo também pressionada todo o parágrafo será selecionado. **B:** Errada, a tecla Ctrl + Seta para baixo faz o cursor ir até o início do próximo parágrafo. **C:** Errada, esta combinação seleciona todas as letras até o final da palavra onde o cursor está posicionado. **D:** Errada, a combinação não produz nenhum efeito de seleção. **E:** Errada, a tecla End leva o cursor para o final da linha atual.

Gabarito "A"

(Administrador – Ministério da Justiça – 2009 – FUNRIO) Nos programas de edição de texto, como Microsoft Word e BROffice Writer, há diversos atalhos através de combinações de teclas, na configuração padrão, para executar tarefas comuns rapidamente. A tarefa executada pela combinação das teclas Ctrl+End é a de mover o cursor da posição atual para o fim

(A) do documento.
(B) do parágrafo.
(C) da página.
(D) da linha.

(E) da janela.

A: Correta, a combinação Ctrl + *End* leva o cursor até o final do documento atual. **B:** Errada, não há atalho para este fim no Word. **C:** Errada, não há atalho para este fim no Word. **D:** Errada, para ir até o final da linha basta a tecla End. **E:** Errada, para isso é usado o atalho Alt + Ctrl + Page Down.

Gabarito "A"

(Analista – MPOG – 2009 – FUNRIO) A opção que apresenta as teclas de atalho para "desfazer" algum erro cometido respectivamente no Word for Windows e BrOffice Write é:

(A) "Ctrl + Z" e "Ctrl + U"
(B) "Ctrl + U" e "Ctrl + D"
(C) "Ctrl + D" e "Ctrl + D"
(D) "Ctrl + Z" e "Ctrl + Z"
(E) "Ctrl + C" e "Ctrl + V"

A: Errada, no Writer o atalho Ctrl + U ativa o efeito sublinhado. **B:** Errada, no Word o atalho Ctrl + U ativa a função Localizar e Substituir. **C:** Errada, no Word o atalho Ctrl + D abre a janela de opções de Fonte. **D:** Correta, em ambos o atalho Ctrl + Z desfaz a última alteração feita. **E:** Errada, em ambos os *softwares* o atalho Ctrl + C ativa a função copiar e o Ctrl + V a função colar.

Gabarito "D"

(Analista – MPOG – 2009 – FUNRIO) No Word for Windows clicando em "Arquivo", "Salvar como..." podemos salvar em diversos Tipos de arquivos diferentes. Marque a única opção que NÃO apresenta um formato válido:

(A) DOC.
(B) TXT.
(C) HTML.
(D) DOT.
(E) PDF.

Das alternativas apresentadas a única que não está disponível para uso no Word é o formato PDF, portanto a alternativa E está correta.

Gabarito "E"

(Técnico – TRT11 – FCC – 2017) Ao se fazer uma comparação entre o ambiente Microsoft Office 2010 e o LibreOffice versão 5, é correto afirmar:

(A) O pacote da Microsoft tem a desvantagem de não ser compatível e não funcionar em nenhum celular e *tablet* que não tenha instalado o sistema operacional Windows.
(B) O LibreOffice está disponível para todos os sistemas operacionais e sua interface é muito amigável, sendo totalmente compatível com as ferramentas similares do pacote Microsoft Office.
(C) O Microsoft Office pode ser usado a partir de um pen drive e sem exigir instalação, através da versão denominada VLC Portable.
(D) Ambos os pacotes trabalham com diversos tipos de arquivos como .doc, .ppt, .xls, .docx, .pptx, .xlsx, .odt e PDF.

(E) O LibreOffice tem uma ferramenta de desenho, denominada *Impress*, que não tem concorrente na suíte Microsoft, sendo mais vantajoso em relação ao Microsoft Office por ser gratuito e oferecer mais programas.

A: Errada, há versões do pacote Office da Microsoft para sistemas operacionais mobile como o iOS e o Android. **B:** Errada, há ferramentas no Microsoft Office que não possuem equivalente no LibreOffice como o Outlook, Publisher e OneNote, além disso o Microsoft Office possui interface mais amigável ao usuário. **C:** Errada, não há versão portátil do Microsoft Office. **D:** Correta, ambas as ferramentas permitem utilizar os formatos mais conhecidos como os mencionados na alternativa. **E:** Errada, o Impress é uma ferramenta utilizada para a criação de apresentações, similar ao Microsoft PowerPoint.

Gabarito "D".

(Administrador – Idecan/MS – 2017) Analise as afirmativas sobre a ferramenta *Microsoft Office Word 2007* (configuração padrão).

I. *Hiperlink*, indicador e referência cruzada são recursos disponíveis no grupo *Links* da guia Inserir.
II. Caixa de texto, *Wordart* e Símbolo são recursos disponíveis no grupo Texto da guia Inserir.
III. Nova janela, organizar tudo e estrutura de tópicos são recursos disponíveis no grupo Janela da guia Exibição.

Está(ão) correta(s) apenas a(s) afirmativa(s)

(A) I.
(B) II.
(C) III.
(D) I e II.
(E) II e III.

No grupo Links da guia Inserir do MS Word temos as opções: Hiperlink, que permite adicionar um link a uma imagem, página da Web ou programa; Indicador, que permite atribuir um nome a um ponto específico de um documento; e Referência Cruzada que permite inserir referências a itens como títulos e subtítulos. No grupo Texto da guia Inserir é possível, entre outras opções, adicionar Caixas de Texto e itens do Wordart, porém, a opção Símbolo se encontra no grupo Símbolos. No grupo Janela da guia Exibição temos as opções Nova janela, que abre uma nova janela com a exibição do documento atual e Organizar tudo, que coloca todas as janelas abertas do programa lado a lado, porém a opção Estrutura de tópicos se encontra no grupo Modos de Exibição de Documento. Portanto, apenas a afirmativa I é verdadeira, logo a alternativa A está correta.

Gabarito "A".

(Administrador – Idecan/MS – 2017) Na ferramenta *Microsoft Office Word* 2007 (configuração padrão) a guia referências é utilizada para aplicar recursos avançados e automatizados em um documento. São recursos disponíveis nos diversos grupos dessa guia, EXCETO:

(A) Sumário.
(B) Inserir Citação.
(C) Referência Cruzada.
(D) Controlar Alterações.
(E) Inserir Nota de Rodapé.

Os seguintes itens se encontram na guia Referências: Sumário, que permite adicionar um sumário ao documento; Inserir Citação, que permite adicionar uma citação a livro, jornal ou outra fonte de informações; Referência Cruzada, que permite inserir referências a itens como títulos e subtítulos; e Inserir Nota de Rodapé, que permite adicionar uma nota de rodapé ao documento. Já a opção Controlar Alterações, que permite controlar alterações como inserções, remoção ou modificação de trechos do documento, se encontra no grupo Controle da guia Revisão, portanto apenas a alternativa D está correta.

Gabarito "D".

(Especialista – IBFC – 2017) Quando se adiciona colunas no estilo de boletim informativo em um documento, o Microsoft Word 2007 define, automaticamente, a largura de cada coluna para caber em uma página. Caso a formatação padrão não fique conforme o desejado deve-se, para tanto, alterar o tamanho das colunas na guia:

(A) Correspondências
(B) Revisão
(C) Exibição
(D) Layout da Página
(E) Inserir

A alteração do tamanho de colunas no MS Word é feita a partir do recurso Colunas, localizada no grupo Configurar Página da guia Layout de Página, portanto apenas alternativa D está correta.

Gabarito "D".

(Agente – FCC – 2016) O usuário do MS-Word, na versão mais recente, está editando um texto e deseja realizar a formatação do parágrafo utilizando o recurso Régua do aplicativo, apresentado parcialmente na figura abaixo.

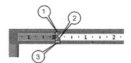

Após selecionar o parágrafo de texto que se deseja formatar, para formatar o parágrafo com recuo à esquerda, recuo da primeira linha e recuo deslocado, o usuário deve movimentar os marcadores indicados respectivamente pelos números

(A) 1, 2 e 3.
(B) 3, 1 e 2.
(C) 2, 1 e 3.
(D) 1, 3 e 2.
(E) 3, 2 e 1.

Na figura é exibida a régua do MS Word, usada para alinhar textos, elementos gráficos, tabelas e outros componentes. Nela também é possível editar o recuo de primeira linha, onde a primeira linha de um parágrafo é recuada mais do que as outras linhas, através do marcador indicado pelo número um; o recuo deslocado, a segunda linha e todas as linhas seguintes do parágrafo são mais recuadas do que a primeira, pelo marcador indicado com o número dois; e recuo à esquerda pelo marcador três. Portanto apenas a alternativa B está correta.

Gabarito "B".

(Agente – FCC – 2016) Durante a edição de um documento do tipo relatório no MS-Word, o usuário decide iniciar o novo capítulo em uma nova página utilizando o recurso de quebra de página do aplicativo. Uma forma rápida para realizar a quebra de página é por meio do recurso Atalhos de teclado com o pressionar simultâneo das teclas

(A) Ctrl+n
(B) Alt+Ctrl
(C) Alt+Shift
(D) Shift+Tab
(E) Ctrl+Enter

A: Errada, o atalho Ctrl+N ativa ou desativa a função negrito. **B:** Errada, o atalho Alt+Ctrl não possui qualquer função dentro do MS Word. **C:** Errada, o atalho Alt+Shift não possui qualquer função dentro do MS Word. **D:** Errada, o atalho Shift+Tab é usado para navegação em células de uma tabela retornado a uma linha anterior ou célula a esquerda. **E:** Correta, o atalho Ctrl+Enter permite adicionar uma quebra de página a partir do ponto onde se encontra o cursor.

Gabarito "E".

(Tecnico – TRT – FCC – 2016) Em aplicativos do pacote Office 2007 para Windows, um Técnico deseja colocar senha em um arquivo para garantir confidencialidade. A senha deve ser informada

(A) no momento de salvar o arquivo, em opção adequada de **Ferramentas**, na janela aberta a partir de **Salvar Como**.
(B) após concluir o arquivo, clicando-se no menu **Ferramentas**, em **Criptografia** e, em seguida, na opção *Segurança*.
(C) no momento da criação do arquivo, após se clicar no menu **Arquivo** e na opção **Novo**.
(D) após o arquivo ser concluído e salvo, utilizando os recursos do Painel de Controle do Windows.
(E) após concluir e salvar o arquivo, utilizando a ferramenta Microsoft Security integrada ao Office.

No MS Word é possível inserir uma senha para que o arquivo possa ser lido por terceiros, garantindo assim que apenas aqueles em poder da senha tenham acesso ao conteúdo do documento. Para isso é necessário, durante o momento de salvar o arquivo, selecionar a opção Ferramentas e então o item "Opções Gerais" e informar a senha desejada no campo Senha de Proteção, portanto apenas a alternativa A está correta.

Gabarito "A".

(Analista – DPU – Cespe – 2016) Com relação às ferramentas e às funcionalidades do ambiente Windows, julgue o item que se segue.

(1) No Microsoft Word, o recurso Localizar e substituir permite encontrar palavras em um documen-to e substituir por outras; no entanto, por meio desse recurso não é possível substituir um termo por outro que esteja no formato negrito, itálico ou sublinhado, por exemplo.

1: errada, a descrição fornecida para o recurso Localizar e substituir está correta, porém, é possível realizar a substituir de termos com formatação como negrito, sublinhado ou itálico.

Gabarito 1E

(Analista – INSS – 2016 – CESPE) Acerca de aplicativos para edição de textos e planilhas e do Windows 10, julgue o próximo item.

(1) Situação hipotética: Elisa recebeu a tarefa de redigir uma minuta de texto a ser enviada para sua chefia superior, com a condição de que todos os servidores do setor pudessem colaborar com a redação da minuta, ficando Elisa encarregada de consolidar o documento final. Após digitar a primeira versão do documento, Elisa compartilhou o respectivo arquivo, a partir de sua estação de trabalho. Todos realizaram a edição do texto no mesmo arquivo por meio do LibreOffice Writer com a função Gravar alterações ativada. Assertiva: Nessa situação, quando da revisão final do texto, Elisa terá acesso a diversas informações, tais como: tipo de alteração, data e hora da alteração e autor da alteração.

1: correta, a função "Graver Alterações" permite registrar o autor de uma alteração assim como quando foi realizada e o que foi feito.

Gabarito 1C

(Técnico – SEDF – CESPE – 2017) Julgue os próximos itens, relativos aos aplicativos para edição de textos, planilhas e apresentações do ambiente Microsoft Office 2013.

(1) No Word 2013, ao se clicar, com o botão esquerdo do mouse, a seta no botão **S** ˅, localizado na guia Página Inicial, grupo Fonte, serão mostradas opções para sublinhar um texto, tais como sublinhado duplo e sublinhado tracejado.
(2) Uma forma de realçar uma palavra, em um documento no Word 2013, é adicionar um sombreamento a ela; no entanto, esse recurso não está disponível para aplicação a um parágrafo selecionado.

1: correta, no Word 2013 existem diferentes formatos de sublinhado que podem ser acessados pelo usuário clicando no ícone indicado; **2:** errada, no MS Word é possível aplicar o efeito de sombreamento tanto em palavras como parágrafos inteiros através da opção Sombreamento localizada no grupo Parágrafo da guia Página Inicial.

Gabarito 1C, 2E

(Soldado – PM/SP – VUNESP – 2019) Considerando o Microsoft Word 2010, em sua configuração padrão, assinale a alternativa que apresenta um trecho de um documento com as marcas de parágrafo ativadas.

(A)
- Presidente
- Vice-Presidente
- Diretores
- Gerentes
- Supervisores

(B)

Projeto	Responsável
Automação de rotinas	João Pedro
Otimização de processos	Ricardo Augusto

(C) Dicas para apresentação
- Considerara a expectativa da audiência
- Respeita o tempo reservado

(D)

O projeto apresenta um atraso **considerável** por conta de sucessivas falhas na identificação dos requisitos

(E)
- Poder Executivo
    - Presidente
- Poder Legislativo
    - Presidente da Câmara
- Poder Judiciário
    - Ministros

A, B, C, D e E: O Word possui a opção de exibir marcas de parágrafo e outros símbolos de formatação a partir da função "Mostrar Tudo", nela os parágrafos são indicados por uma seta apontando para a direita, portanto apenas a alternativa C está correta.

Gabarito "C".

(Administrador Judiciário – TJ/SP – 2019 – VUNESP) A imagem a seguir foi retirada do MS-Word 2010, em sua configuração padrão, e mostra opções que podem ser escolhidas relacionadas ao ícone de nome _____ .

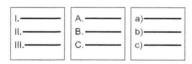

Assinale a alternativa que preenche corretamente a lacuna do enunciado.

(A) Marcadores
(B) Espaçamento
(C) Recuo
(D) Alinhamento
(E) Numeração

A, B, C, D e E: As imagens exibidas se encontram dentro do subgrupo Parágrafo da guia Página Inicial e representam opções de marcação do tipo Numeração, usados para criar listas numeradas na edição de um texto, portanto apenas a alternativa E está correta.

Gabarito "E".

1.2. BrOffice

(Técnico – TRE/CE – 2012 – FCC) No BrOffice.org Writer, versão 3.2, o botão que mostra ou oculta os caracteres não imprimíveis no texto é exibido normalmente na barra de ferramentas

(A) padrão.
(B) de formatação.
(C) de objeto de texto.
(D) de controles de formulários.
(E) de marcadores e numeração.

No Writer o botão que exibe ou oculta caracteres não imprimíveis se encontra na barra de ferramentas padrão, portanto apenas a alternativa A está correta.

Gabarito "A".

(Técnico – TRE/PR – 2012 – FCC) Sobre o utilitário Writer do pacote BR Office, considere:

I. É possível definir o idioma para a verificação ortográfica individualmente do texto selecionado, do parágrafo ou de todo o texto.
II. Uma das opções do menu Ferramentas permite ao usuário exibir rapidamente o número de palavras e caracteres presentes no texto, tanto do texto selecionado para o parágrafo ou de todo o texto.
III. Uma opção do menu Tabela permite que o texto selecionado seja convertido em tabelas, utilizando tabulações como possíveis separadores entre as colunas.

Está correto o que se afirma em

(A) I e II, apenas.
(B) I, II e III.
(C) II e III, apenas.
(D) I e III, apenas.
(E) III, apenas.

Todas as afirmativas estão corretas, portanto apenas a alternativa B está correta.

Gabarito "B".

(Delegado/SP – 2011) Assinale a alternativa incorreta.

(A) O Calc possibilita a edição de fórmulas.
(B) arquivos de extensão .odt são conversíveis para .xls.
(C) O Base viabiliza a edição de banco de dados.
(D) arquivos de texto de extensão odt editado pelo Broffice ou Open Office não abrem no Windows pois foram elaborados em Linux.
(E) O write, da suíte Libreoffice ou Broffice, possui botão nativo na barra de tarefas que permite a conversão de texto era PDF.

Todas as afirmativas estão corretas menos a afirmativa D, devendo ser assinalada, o sistema operacional não influencia na execução do programa desde que haja uma versão do software para este sistema e neste caso o BrOffice é um software multiplataforma.

Gabarito "D".

(**Analista – TRE/CE – 2012 – FCC**) No *BrOffice Writer*, para apagar de uma só vez a palavra à esquerda do cursor utiliza-se
(A) <Shift> + <Seta para esquerda>.
(B) <BackSpace>.
(C) <Del>.
(D) <Ctrl> + <Del>.
(E) <Ctrl> + <BackSpace>.

A: Errada, este atalho apenas seleciona o primeiro caractere, símbolo ou espaço que está à esquerda do cursor. B: Errada, a tecla Backspace apaga o último caractere digitado. C: Errada, a tecla Del apaga o primeiro caractere à direita do cursor. D: Errada, este atalho apaga a primeira palavra à direita do cursor. E: Correta, o atalho Ctrl + Backspace apaga a primeira palavra à esquerda do cursor.
Gabarito "E".

(**Enfermeiro Fiscal de Saúde – PREFEITO SENADOR CANEDO/GO – 2011 – UFG**) Considere parte da janela do editor de fórmulas do BrOffice Write 3.3.1 apresentada na figura a seguir.

O elemento apresentado ("empilhamento matricial") é gerado pelo seguinte código:
(A) matrix{<habitat?> @ <meio?> @@ <natural?> @ <ambiente?>}
(B) matrix{habitat @ meio @@ natural @ ambiente}
(C) matrix{<habitat?> # <meio?> ## <natural?> # <ambiente?>}
(D) matrix{habitat # meio ## natural # ambiente}

Na fórmula do empilhamento matricial no BrOffice, as colunas são separadas por # e as linhas por ##, portanto a fórmula correta é matrix{habitat # meio ## natural # ambiente} e por isso apenas a afirmativa D está correta.
Gabarito "D".

(**Analista – TRE/AC – 2010 – FCC**) Para alternar entre o modo de inserção e o modo de sobrescrever textos em um documento no *BrOffice.org Writer*
(A) pressione a tecla *Insert* ou a tecla *Scroll*.
(B) pressione a tecla *Insert*, apenas.
(C) pressione a tecla *Scroll*, apenas.
(D) pressione a tecla *Insert* ou clique na área INSER/SOBRE da barra de *Status*.
(E) clique na área INSER/SOBRE da barra de *Status*.

A: Errada, a tecla Scroll não altera o modo de inserção em nenhum programa de edição de texto. B: Errada, além da tecla *Insert* pode-se utilizar a opção INSERIR/SOBRE da barra de *Status*. C: Errada, a tecla Scroll não altera o modo de inserção em *nenhum* programa de edição de texto. D: Correta, ambas as teclas *Insert* e a opção INSERIR/SOBRE da barra de *Status* permitem a alteração do modo de inserção de texto. E: Errada, pode-se também utilizar a tecla *Insert*.
Gabarito "D".

(**Analista – TRE/BA – 2010 – CESPE**) Com relação aos conceitos e aplicativos dos ambientes Microsoft Office e BROffice, julgue o item que se segue.
(1) No BROffice Writer, a partir do menu Exibir, é possível inserir, no documento em edição, um objeto do tipo gráfico, fórmula, som ou vídeo.

1: Errada, estas opções estão disponíveis a partir do menu Inserir.
Gabarito 1E.

(**Oficial de Justiça – TJ/SC – 2010**) Considere um documento aberto no BrOffice.org. Assinale a alternativa que representa o que acontece quando o usuário pressiona a tecla CRTL e, mantendo-a pressionada, clica na tecla P (Ctrl+P):
(A) O documento é apagado.
(B) É exibida a janela "Imprimir".
(C) É criado um novo documento em branco.
(D) É criada uma página em branco no mesmo documento.
(E) O BrOffice.org é encerrado.

A: Errada, o atalho Ctrl+P, assim como em muitos outros aplicativos, ativa a função de impressão e não apaga o texto. B: Correta, o atalho ativa a função de impressão do editor de textos. C: Errada, o atalho para criar um novo documento no BrOffice.org é Ctrl+N. D: Errada, o atalho Ctrl+P, assim como em muitos outros aplicativos, ativa a função de impressão e não abre um novo documento. E: Errada, para encerrar o aplicativo deve-se utilizar o atalho Alt+F4.
Gabarito "B".

(**Oficial de Justiça – TJ/SC – 2010**) Com relação aos recursos do BrOffice.org, analise as afirmativas a seguir e assinale a alternativa correta:
I. É possível salvar um documento do tipo Microsoft Word 97/2000/XP (.doc).
II. É possível inserir um arquivo de imagem com a extensão .JPG em um documento de texto.
III. É possível contar a quantidade de palavras de um documento.
(A) Somente as proposições I e II estão corretas.
(B) Somente as proposições II e III estão corretas.
(C) Somente as proposições I e III estão corretas.
(D) Todas as proposições estão incorretas.
(E) Todas as proposições estão corretas.

A: Errada, a afirmativa III também está correta. B: Errada, a afirmativa I também está correta. C: Errada, a afirmativa II também está correta. D: Errada, todas as afirmativas estão corretas. E: Correta, todas as afirmativas estão corretas.
Gabarito "E".

I. A pasta padrão onde os modelos de documentos de texto (BrOffice.org 3.1) são guardados precisa ser modificada. O caminho que aponta para ela necessita agora apontar para outra.

(Analista – TRE/PI – 2009 – FCC) A modificação do caminho para atender ao solicitado em (I) deve obedecer ao seguinte procedimento: acessar Ferramentas (menu) e escolher, na sequência, Opções (opção), BrOffice.org

(A) Writer e Geral.
(B) Writer e Configurações.
(C) e Carregar/Salvar.
(D) e Dados do usuário.
(E) e Caminhos.

A: errada, esta opção define configurações de unidade de medida, parada de tabulação e atualização de vínculos. **B:** errada, não há a opção Writer e Configurações no BrOffice.org 3.1. **C:** errada, esta opção define as configurações gerais para abrir e salvar documentos de formatos externos. **D:** errada, está opção contém apenas informações pessoais do usuário. **E:** correta, a opção de Caminhos define o caminho-padrão da pasta em que os modelos são armazenados.

Gabarito "E".

(Analista – TJ/PR – 2009) O BRoffice consiste em uma suíte de aplicativos para escritório. Esta é uma opção para quem precisa de programas para escritório com recursos avançados, mas não tem disponibilidade de verbas e não aceita pirataria. Com relação aos Aplicativos do Broffice é correto afirmar:

(A) Os aplicativos funcionam somente para ambiente Linux.
(B) Não possui *software* de apresentação.
(C) No Base é possível criar e modificar tabelas, formulários, consultas e relatórios.
(D) Só é gratuito para empresas públicas.
(E) O Calc é uma calculadora simples semelhante à Calculadora do Windows.

A: errada, o BRoffice também funciona em outros sistemas operacionais como o Microsoft Windows por exemplo. **B:** errada, o BRoffice possui um *software* de apresentação de *slides* chamado Impress. **C:** correta, no Base é possível criar e modificar tabelas, formulários, consultas e relatórios. **D:** errada. O BRoffice é gratuito para qualquer tipo de usuário. **E:** errada, o Calc é a ferramenta de planilha eletrônica do BRoffice.

Gabarito "C".

I. Conhecer a quantidade de caracteres digitados em um documento de texto (BrOffice.org 3.1) a fim de determinar a produtividade de digitação.

(Técnico Judiciário – TRE/PI – 2009 – FCC) A necessidade exposta no item (I) indica que devem ser acionadas as seguintes operações:

(A) Arquivo; Contar palavras.
(B) Ferramentas; Contagem de palavras.
(C) Ferramentas; Contar caracteres.
(D) Ferramentas; Numeração de linhas.
(E) Exibir; Caracteres não imprimíveis.

A: errada, não há a opção Contar palavras no menu Arquivo. **B:** correta, a opção Contagem de palavras conta a quantidade de caracteres digitados em um documento e está localizada no menu Ferramentas. **C:** errada, não há a opção Contar caracteres no menu Ferramentas. **D:** errada, a opção Numeração de linhas não conta a quantidade de caracteres em um documento de texto. **E:** errada, a opção Caracteres não imprimíveis do menu Exibir não conta a quantidade de caracteres em um documento de texto mas sim oferece a ação de exibir ou ocultar itens como tabulações, marcas de espaço, etc.

Gabarito "B".

(Técnico Judiciário – TRE/MA – 2009 – CESPE) Quanto ao ambiente BR Office, assinale a opção correta.

(A) O BR Office pode ser utilizado para se criar e salvar documentos em diversos formatos e tem como vantagem o fato de um arquivo salvo no formato padrão BR Office poder ser aberto em qualquer aplicativo de outros fornecedores comerciais.
(B) A barra de ferramentas do Writer possui as mesmas opções da barra do Microsoft Office e os ícones utilizados para representar as respectivas opções são idênticos em ambos aplicativos.
(C) Nos aplicativos do BR Office, a opção **Caracteres não imprimíveis** oferece a ação de exibir ou ocultar itens como tabulações, marcas de espaço, parágrafos e demais itens de edição que não aparecem na versão impressa.
(D) Documentos que estejam correntemente abertos em um editor do BR Office apenas devem ser acessados pelo *menu* **Janela**, na opção **Lista de documentos**.
(E) O Impress é uma alternativa para a criação e edição de planilhas eletrônicas, com opções de formatação visual, regras de cálculo e fórmulas.

A: errada, os formatos utilizados pelo BR Office não podem ser lidos por arquivos de certos fornecedores comerciais. **B:** errada, há algumas diferenças nos ícones e nos conteúdos das barras de ferramentas dos dois *softwares*. **C:** correta, a opção Caracteres não imprimíveis oferece a ação de exibir ou ocultar itens como tabulações, marcas de espaço, etc. **D:** errada, eles também podem ser acessados pela barra de tarefas do sistema operacional. **E:** errada, o Impress é uma alternativa para a criação de apresentação de *slides*.

Gabarito "C".

Manual Completo de Informática para Concursos

(Técnico – ANATEL – 2009 – CESPE) Com referência à janela do aplicativo Word 2003, do ambiente Microsoft Office, ilustrada acima, em que um documento encontra-se em processo de edição, e considerando a possibilidade de edição de textos no aplicativo Writer, do ambiente BROffice, julgue os itens subsequentes.

(1) No caso de erro gramatical ou de grafia no documento em edição, o Word 2003, assim como o Writer, disponibiliza recurso que permite identificar e corrigir a palavra ou trecho incorreto. No Word 2003, para se iniciar processo que permita a correção de grafia de determinada palavra, é correto que o usuário clique com o botão direito do *mouse* sobre a palavra errada identificada, o que permite abrir uma janela que propõe possíveis correções para a palavra errada. Na janela do Word 2003, a ferramenta ABC permite, igualmente, que se inicie procedimento que permite a correção de erros gramaticais e de grafia.

(2) Na janela do Word 2003, caso, após formatar os trechos *"O primo Basílio"*, *"O crime do padre Amaro"* e *"A capital"* para o itálico, o usuário desejasse voltar à formatação sem itálico, seria suficiente clicar a ferramenta . O Writer possui ferramenta específica e distinta da do Word que permite realizar tal procedimento.

1: Correta, ambos os editores mencionados possuem funções de correção ortográfica. Ambos os procedimentos informados estão corretos, no primeiro é possível escolher uma correção para a palavra selecionada e no segundo todo o texto é analisado em busca de erros; **2:** Errada, a ferramenta mencionada copia a formatação de um local para que seja aplicado em outro, tendo o Writer uma função idêntica.
Gabarito 1C, 2E

(Agente Administrativo – MPOG – 2009 – FUNRIO) Considere as afirmativas quanto à compatibilidade dos arquivos entre o BrOffice Writer e o Microsoft Word:

I. No BrOffice Writer é possível ler e alterar os arquivos gravados no formato padrão do Microsoft Word (DOC).
II. No Microsoft Word é possível ler os arquivos gravados no formato padrão do BrOffice Writer (ODT), mas não é possível alterálo.
III. Tanto no BrOffice Writer quanto no Microsoft Word é possível salvar um arquivo no formato html.

Está(ão) correta(s) a(s) afirmativa(s):

(A) I e II, apenas.
(B) II e III, apenas.
(C) I e III, apenas.
(D) I, apenas.
(E) I, II e III.

A: Errada, a afirmativa II está incorreta, o Word não consegue abrir arquivos com extensão ODT. **B:** Errada, a afirmativa II está incorreta, o Word não consegue abrir arquivos com extensão ODT. **C:** Correta, apenas as afirmativas I e III estão corretas. **D:** Errada, a afirmativa III também está correta. **E:** Errada, a afirmativa II está incorreta, o Word não consegue abrir arquivos com extensão ODT.
Gabarito C

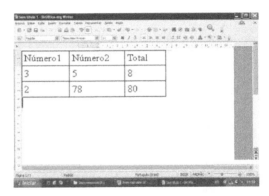

(Agente Administrativo – Ministério da Previdência – 2010 – CESPE) Considerando a figura acima, que apresenta uma janela do BrOffice.org Writer 3.1.1 com um documento em elaboração, julgue os itens que se seguem.

(1) No documento em questão, foi inserida uma tabela com três colunas. Nesse caso, é correto inferir que os valores contidos na coluna Total podem ter sido obtidos pela inserção de fórmula que some automaticamente os valores da coluna Número1 aos da coluna Número2.

(2) Por meio de funcionalidades disponibilizadas ao se clicar o botão é possível realizar a pesquisa de palavras contidas no documento em edição.

1: Correta, é possível adicionar fórmulas em uma tabela de forma que um campo seja calculado em função de outros. **2:** Errada, o botão em questão é usado para alterar o nível de *zoom* do documento.
Gabarito 1C, 2E

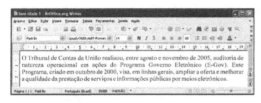

(Técnico – TCU – 2009 – CESPE) Considerando a figura acima, que mostra uma janela do *software* BrOffice 3.0 com um documento em processo de edição, julgue os itens seguintes.

(1) O texto contido no documento pode ser copiado para um slide do PowerPoint 2007, utilizando-se o recurso Exportar do menu Arquivo e selecionando-se o formato do tipo ppt.

(2) Para se criar um recuo à esquerda e outro à direita do trecho de texto mostrado, é suficiente selecionar esse trecho, clicar a opção Parágrafo do menu Formatar, clicar a guia Recuos e espaçamento, digitar os valores solicitados e clicar OK.

1: Errada, o Writer não possui função que exporte um documento no formato PowerPoint, o texto deve ser copiado e colocado no outro *software*; **2:** Correta, a opção Recuos e Espaçamento do menu Formatar permite alterar o nível de recuo de um parágrafo.
Gabarito 1E, 2C

(Soldado – PM/SE – IBFC – 2018) O software livre que é compatível com os formatos do Microsoft Office 2003/2007/2010 (Word, Excel e Power Point), e disponível para o Sistema Operacional Windows (XP/7/8), é o:
(A) OpenDrive
(B) WinZip
(C) LibreOffice
(D) DropBox

A: Errada, OpenDrive é um sistema de armazenamento de dados na nuvem. **B:** Errada, o WinZip é um programa usado para compactar arquivos em formato zip. **C:** Correta, o LibreOffice é uma suíte de aplicativos para escritório compatível com os formatos usados pelo Microsoft Office. **D:** Errada, Dropbox é um sistema de armazenamento de dados na nuvem.
Gabarito "C".

2. EDITORES DE PLANILHAS
2.1. *Office*

(Delegado/PA – 2012 – MSCONCURSOS) Tem-se três planilhas em um arquivo Excel: cliente (código, nome), produto (código, descrição, preço unitário) e pedido (código do cliente, nome do cliente, código do produto, descrição do produto, quantidade e preço total). Qual função deve ser aplicada na planilha pedido, a fim de que, ao digitar o código do produto, tenha-se automaticamente as informações de descrição e preço unitário registrados na planilha produto?

(A) Função SE
(B) Função PROCV
(C) Função CORRESP
(D) Função ESCOLHER
(E) Função BDEXTRAIR

A: Errada, a função SE avalia uma condição lógica e toma comportamentos diferentes dependendo do resultado da condição. **B:** Correta, a função PROCV procura um valor na primeira coluna à esquerda de uma tabela e retorna um valor na mesma linha de uma coluna especificada. **C:** Errada, a função CORRESP apenas retorna a posição relativa de um item em uma matriz que corresponda a um valor específico em uma ordem específica. **D:** Errada, a função ESCOLHER apenas escolhe um valor a partir de uma lista de valores, com base em um número de índice. **E:** Errada, a função BDEXTRAIR apenas extrai de um banco de dados um único registro que corresponda a condições especificadas.
Gabarito "B".

(Auditor Fiscal – São Paulo/SP – FCC – 2012) O MS Excel permite que dados sejam introduzidos em planilhas e processados por fórmulas. As fórmulas

(A) sempre têm um resultado numérico.
(B) são equações que computam apenas funções matemáticas pré-definidas.
(C) são expressas por uma sequência de símbolos alfanuméricos, sempre terminando com o símbolo =.
(D) são equações que recebem como entrada apenas valores numéricos e datas.
(E) são equações que executam cálculos, recebendo como entrada funções, operadores, referências e constantes.

A: Errada, há outras possibilidades de resultado, por exemplo, verdadeiro ou falso. **B:** Errada, não apenas funções matemáticas, mas também comparações são possíveis no MS Excel. **C:** Errada, o símbolo = precede todas as funções do MS Excel. **D:** Errada, como entradas podem existir outros valores como texto por exemplo. **E:** Correta, as fórmulas do MS Excel são equações que aceitam diversos valores de entrada e apresentam um resultado de saída.
Gabarito "E".

(Policial Rodoviário Federal – 2009 – FUNRIO) Um programa de planilha eletrônica como Microsoft Excel ou BrOffice Calc permite realizar cálculos através de números e fórmulas armazenadas em células. Suponha as seguintes células preenchidas com números: A1=6, A2=5, A3=4, B1=3, B2=2, B3=1. Que valor será calculado e exibido na célula C3 caso esta tenha o conteúdo =SOMA(A2:B3)?
(A) 5
(B) 6
(C) 12
(D) 15
(E) 21

A fórmula =SOMA(x:y) realiza a soma dos valores das células de x à y, neste caso englobando as células A2, A3, B2 e B3 o que resultaria em 5+4+2+1=12, portanto apenas a alternativa C está correta.
Gabarito "C".

(Enfermeiro Fiscal de Saúde – PREFEITO SENADOR CANEDO/GO – 2011 – UFG) Considere a planilha elaborada no Microsoft© Office Excel 2007, apresentada na figura a seguir.

Na célula E7, a fórmula que permite ao usuário obter o valor total dos materiais, considerando um desconto de 10%, é dada por:

(A) =SOMA(F2:F5)
(B) =SOMA(E2:E5)
(C) =SOMA(E2:F5)
(D) =SOMA(F2:E5)

A fórmula que realiza a soma dos valores de um intervale é SOMA(Inicio:Fim), caso seja usado ponto e vírgula ao invés de dois pontos é feito apenas a soma das células indicadas. Como é pedido o valor com desconto deve ser considerada a coluna F, logo a fórmula correta é =SOMA(F2:F5) e assim apenas a alternativa A está correta.

Gabarito "A".

(Enfermeiro – MP/RO – 2012 – FUNCAB) No Microsoft Office Excel 2003, é INCORRETO afirmar que:

(A) a Autosoma exibe a soma das células selecionadas.
(B) a função Classificar permite classificar os dados em ordem crescente ou decrescente.
(C) a função Localizar permite localizar, simultaneamente, um texto em todos os documentos Microsoft Office que estejam abertos no seu computador.
(D) a combinação de teclas CTRL + V corresponde à função Colar.
(E) o ícone aplica o negrito sobre o texto selecionado.

Apenas a afirmativa da alternativa C está incorreta, devendo esta ser marcada. A função Localizar permite apenas localizar um texto dentro do documento atual e não em todos os documentos do MS Office abertos no computador.

Gabarito "C".

(Enfermeiro – FAMERP/SP – 2012 – VUNESP) Considere que a planilha a seguir está sendo editada com o programa MS-Excel 2010, em sua configuração padrão.

A fórmula =SE(A1>B1;C1*2;C1+2) será colocada na célula D1 e copiada para D2, D3 e D4. Em seguida, na célula A5, será colocada a fórmula =SOMA(D1:D4).

O valor exibido em A5 será

(A) 37
(B) 38
(C) 42
(D) 49
(E) 50

Ao ser copiada para as outras linhas os valores internos são alterados para refletir a linha em que foram copiadas, portanto na célula D1 como o valor de B1 é maior que A1 o resultado seria C1 +2 que resulta em 11, na célula D2 a condição é a mesma portanto resultaria em 12, em D3 também seria aplicada a mesma regra resultando em 13 e por fim em D4 não seria diferente resultando em 14. Portanto 11 + 12 + 13 + 14 = 50 e por isso apenas a alternativa E está correta.

Gabarito "E".

(Enfermeiro – POLÍCIA CIVIL/MG – 2013 – ACADE-POL) São opções de formatação disponíveis na janela "Colunas", acionada pelo menu "Formatar" > "Colunas..." no Microsoft Word, versão português do Office 2003, EXCETO:

(A) Número de colunas.
(B) Linha entre colunas.
(C) Bordas e sombreamento.
(D) Colunas de mesma largura.

Todos os itens mencionados são opções de formatação na janela Colunas exceto Bordas e sombreamento que pode ser encontrado diretamente no menu Formatar, portanto apenas a alternativa C está correta.

Gabarito "C".

(Enfermeiro – POLÍCIA CIVIL/MG – 2013 – ACADE-POL) Em relação às opções do item de menu "Dados" "Importar dados externos" do Microsoft Excel, versão português do Office 2003, correlacione as colunas a seguir, numerando os parênteses:

Ícone   Opção

I.   ( ) Importar dados...

II.   ( ) Nova consulta à Web...

III.   ( ) Nova consulta a banco de dados...

IV.   ( ) Propriedades do intervalo de dados...

A sequência CORRETA, de cima para baixo, é:

(A) II, III, I, IV.
(B) II, III, IV, I.
(C) III, II, I, IV.
(D) IV, III, II, I.

O ícone I representa a função Propriedades do intervalo de dados, o ícone II a função Importar dados, o ícone III a função Nova consulta à Web e o ícone IV a função Nova Consulta a banco de dados. Portanto apenas a alternativa B está correta em suas associações.

Gabarito "B".

(Enfermeiro – POLÍCIA CIVIL/MG – 2013 – ACADEPOL) Considere o gráfico a seguir do Microsoft Excel, versão português do Office 2003.

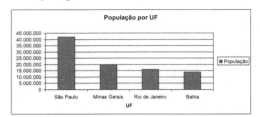

Sobre o gráfico, analise as seguintes afirmativas.
I. População é uma "Série" do gráfico.
II. O gráfico é do tipo "Barras".
III. Os nomes das unidades federativas são rótulos do eixo X.
Estão CORRETAS as afirmativas:

(A) I e II, apenas.
(B) I e III, apenas.
(C) II e III, apenas.
(D) I, II e III.

Apenas a afirmativa II está incorreta, no Excel o gráfico do tipo Barras contém as barras na horizontal, neste caso por estarem na vertical ele é denominado como do tipo "Colunas". Portanto apenas a alternativa B está correta.
Gabarito "B".

(Analista – TRE/AL – 2010 – FCC) Uma planilha eletrônica Excel 2003 possui os títulos das colunas na primeira linha e os títulos das linhas na primeira coluna. Para congelar na tela tanto os títulos das colunas quanto os títulos das linhas deve-se selecionar

(A) a primeira célula da primeira linha e da primeira coluna.
(B) a segunda célula da segunda linha e da segunda coluna.
(C) a primeira linha e a primeira coluna.
(D) a segunda linha e a segunda coluna.
(E) somente as células com conteúdos de títulos.

A: Errada, deve-se selecionar sempre uma célula abaixo ou à direita da célula/linha que se deseja congelar. B: Correta, para congelar uma linha ou coluna deve-se selecionar uma célula abaixo da linha desejada ou à direita da coluna desejada. C: Errada, deve-se selecionar a célula e não a linha ou a coluna toda. D: Errada, deve-se selecionar a célula e não a linha ou a coluna toda. E: Errada, deve-se selecionar sempre uma célula abaixo ou à direita da célula/linha que se deseja congelar.
Gabarito "B".

I. Gravar em todo cabeçalho e rodapé das planilhas eletrônicas MS-Excel do Tribunal os padrões de logo e página estabelecidos pela Organização.

(Analista – TJ/PI – 2009 – FCC) A inserção de dados referida em I é possibilitada, em primeira instância, mediante o acesso ao menu

(A) Formatar.
(B) Ferramentas.
(C) Exibir.
(D) Editar.
(E) Inserir.

A: errada, o item para inserção de cabeçalhos e rodapés não se encontra no menu Formatar. B: errada, o item para inserção de cabeçalhos e rodapés não se encontra no menu Ferramentas. C: correta, cabeçalhos e rodapés podem ser inseridos por meio do item "Cabeçalho e rodapé..." do menu Exibir. D: errada, o item para inserção de cabeçalhos e rodapés não se encontra no menu Editar. E: errada, o item para inserção de cabeçalhos e rodapés não se encontra no menu Inserir.
Gabarito "C".

(Analista – TJ/PR – 2009) Em uma planilha, se o conteúdo =(B1+C1)*$D$1 da célula A1 for copiado e colado na célula A5, esta última deverá ficar com o conteúdo:

(A) =($B$5+$C$5)*$D$5
(B) =(B5+C5)*D1
(C) =(B5+C5)*$D$1
(D) =(B5+C5)*D5
(E) =(B1+C1)*D1

A: errada, a referência ao conteúdo das células B1 e C1 é alterado para B5 e C5, sem a utilização de '$'. B: errada, a referência em forma de $D$1 é mantida como $D$1 quando o conteúdo da célula é copiado. C: correta, as referências para a célula D1 são mantidas e das células B1 e C1 alteradas para B5 e C5. D: errada, a referência em forma de $D$1 é mantida quando o conteúdo da célula é copiado. E: errada, a referência em forma de $D$1 é mantida como $D$1 quando o conteúdo da célula é copiado.
Gabarito "C".

(Analista – MPU – 2010 – CESPE) A figura abaixo ilustra uma planilha em edição no Microsoft Excel 2007 (MSExcel 2007), que apresenta valores hipotéticos de seis processos.

Nessa planilha, o total e a média aritmética dos valores dos seis processos serão inseridos nas células C8 e C9, respectivamente.

Com base nessas informações, julgue os itens subsequentes.

(1) O valor da média aritmética dos seis processos pode ser obtido com o seguinte procedimento: clicar a célula C9 e, em seguida, digitar a fórmula =MÉDIA(C2;C7).

(2) Para formatar a fonte dos valores abaixo de R$ 500.000,00 com a cor vermelha e a dos valores acima de R$ 500.000,00 com a cor azul, é suficiente selecionar a coluna, clicar o menu Fórmulas, digitar =SE(C2<500000;"vermelho";"azul") e arrastar tudo, copiando a fórmula para as demais células dessa coluna.

(3) Para classificar os processos do menor valor para o maior, é suficiente selecionar as células de C2 até C7; clicar a ferramenta ![ ]; selecionar a opção Classificar do Menor para o Maior e, em seguida, clicar o botão Classificar.

(4) Para se obter o valor total desses processos, é suficiente clicar a célula C8; pressionar a ferramenta Σ e, em seguida, pressionar a tecla "ENTER"

1: Errada, para se definir um intervalo de número deve-se utilizar os dois pontos e não ponto e vírgula; **2:** Errada, a fórmula mencionada apenas troca o conteúdo da célula na qual ela foi digitada por "vermelho" ou "azul" dependendo do valor da célula C2; **3:** Correta, a ferramenta mencionada organiza as células da seleção atual de acordo com a função escolhida, neste caso, do Menor para o Maior.; **4:** Correta, a ferramenta Σ corresponde à função Somatório, que soma todos os valores no intervalo acima da célula atual por padrão, podendo este intervalo ser alterado a gosto do usuário.

Gabarito 1E, 2E, 3C, 4C

(Delegado/PI – 2009 – UESPI) No aplicativo Microsoft Excel 2000, o item "Colar especial..." do menu *Editar* permite copiar para uma nova célula todas as informações abaixo, de outra célula, exceto:

(A) altura da linha.

(B) fórmula.

(C) valor.

(D) comentário.

(E) largura da coluna.

A: Correta, a altura da linha não é alterada com a opção *Colar Especial*, que copia a formatação de uma célula. **B:** Errada, a fórmula da célula é copiada utilizando-se a função *Colar Especial*. **C:** Errada, o valor da célula é copiado utilizando-se a *função Colar Especial*. **D:** Errada, a os comentários fazem parte da formatação da célula, e por isso, também são copiados com a função *Colar Especial*. **E:** Errada, a largura da coluna também é copiada com a função *Colar Especial*.

Gabarito "A"

(Agente de Polícia Federal – 2009 – CESPE) Julgue o item a seguir, considerando a figura acima, que mostra uma planilha em edição no Excel 2002, com uma lista de preços unitários de mesas e cadeiras, bem como a quantidade a ser adquirida de cada item.

(1) Para se inserir uma nova linha entre as linhas 1 e 2, movendo os conteúdos das linhas 2 e 3 para baixo, é suficiente clicar no cabeçalho da linha 2 — ![2] — e, em seguida, clicar o botão ![ ].

1: Errada, o botão mencionado tem como função mesclar e centralizar células e não adicionar novas linhas.

Gabarito 1E

(Escrivão de Polícia Federal – 2009 – CESPE) Julgue o item a seguir, considerando a figura anterior, que mostra uma planilha em edição no Excel 2002, com uma lista de preços unitários de mesas e cadeiras, bem como a quantidade a ser adquirida de cada item.

(1) Ao se clicar a célula C3 e, em seguida, se clicar o botão ![ ], a célula B3 será selecionada.

1: Errada, o botão mencionado apenas desfaz a ultima ação realizada, como voltar o conteúdo excluído de uma célula ou adicionar uma linha apagada anteriormente.

Gabarito 1E

(Escrivão de Polícia Federal – 2009 – CESPE) Com relação a bancos de dados e processos de informação, julgue os itens seguintes.

(1) O uso de chaves estrangeiras em bancos de dados que adotam modelos relacionais permite que o fortalecimento da característica de integridade de dados seja melhor do que o das características de confidencialidade, autenticidade e disponibilidade de dados e informações.

(2) O ciclo de vida da informação em uma organização pode corresponder às seguintes fases: criação e recebimento; distribuição; uso; manutenção; e descarte.

1: Correta, as chaves estrangeiras forçam que uma tabela que tenha uma relação com outra tabela possua apenas registros válidos existentes na segunda, isso garante a integridade dos dados mais que qualquer outra característica. **2:** Correta, toda informação é criada e recebida por algo ou alguém, ela pode ser distribuída, utilizada e receber manutenção durante um período até que seja por fim descartada.

Gabarito 1C, 2C

(Agente de Polícia/DF – 2009 – UNIVERSA) Um professor utiliza o Microsoft Excel 2003 (com sua instalação padrão), para controlar as notas dos seus alunos, conforme mostra a figura abaixo. Ele deseja lançar, na coluna "E" da planilha, o conceito "Aprovado", quando a média do aluno for superior ou igual a 5, ou o conceito "Reprovado", quando a média do aluno for inferior a 5 aplicando a função lógica "SE". Assinale a alternativa que apresenta corretamente o uso da função "SE" para que o professor lance o conceito da aluna Maria.

(A) =SE(D2:D6>=5;"Aprovado";"Reprovado")
(B) =SE(D2>=5;"Aprovado";"Reprovado")
(C) =SE(media>=5;"Aprovado";"Reprovado")
(D) =SE(E2>=5;"Aprovado";"Reprovado")
(E) =SE(A2>=5;"Aprovado";"Reprovado")

A: Errada, o primeiro parâmetro deve ser uma função de comparação, a função D2:D6>=5 não é uma função de comparação válida; **B:** Correta, a função de comparação D2>=5 é válida e permite saber se o valor da média de um dos alunos é igual ou maior que 5; **C:** Errada, deve-se informar no primeiro parâmetro da função a célula que será usada para a comparação; **D:** Errada, o valor da média da nota dos alunos está na coluna D e não na coluna E; **E:** Errada, o valor da média da nota dos alunos está na coluna D e não na coluna A.

Gabarito "B".

(Escrivão de Polícia/PA – 2009 – MOVENS) Considere que um delegado tenha recebido de uma operadora de telefonia planilha do Microsoft Excel 2003 com os números de telefones para os quais um suspeito fez ligações. Essa lista possui o registro dos dias e dos horários das ligações, bem como o número de destino e a duração de cada uma delas. No entanto, a lista é longa e são poucos os números de telefones que realmente interessam.

Sabendo que o delegado deseja visualizar, rapidamente, apenas os itens de seu interesse, assinale a opção que apresenta a sequência da operação desejada.

(A) Selecionar a coluna B; no menu **Dados**, selecionar a opção **Filtrar** e depois **AutoFiltro**; em seguida, clicar na seta de Autofiltro da Coluna B e selecionar o telefone desejado na lista.
(B) Selecionar a coluna B; no menu **Dados**, selecionar a opção **Consolidar**; em seguida, teclar **Enter**.
(C) Selecionar a última célula da coluna B; clicar o botão de **Classificação Crescente**; selecionar a opção **Continuar com a seleção atual**; clicar o botão **Classificar**; em seguida, teclar **Enter**.
(D) Selecionar o telefone desejado na coluna B; no menu **Ferramentas**, selecionar, em **Opções**, a opção **Ocultar**; em seguida, teclar **Enter**.

A: Correta, a opção Filtrar permite exibir apenas os itens que satisfazem uma certa condição, facilitando assim a obtenção dos dados pertinentes; **B:** Errada, a opção consolidar não cria filtros que permitem obter os dados desejados; **C:** Errada, a opção Classificação Crescente apenas ordena os itens apresentados, não removendo os itens que não são relevantes; **D:** Errada, a filtragem dos dados é feita pelo opção Filtrar do menu Dados.

Gabarito "A".

(Escrivão de Polícia/PA – 2009 – MOVENS) Considere que um delegado tenha criado uma planilha no Microsoft Excel 2003 com dados confidenciais de algumas investigações em andamento. Com o receio de que outras pessoas possam acessar os dados, ele configurou uma senha de proteção para o arquivo.

Assinale a opção que descreve uma característica da "Senha de Proteção" do Microsoft Excel 2003.

(A) Evita que o arquivo seja enviado por meio de correio eletrônico para outra pessoa.
(B) Protege o arquivo e registra as tentativas de acesso não autorizado.
(C) Exige a confirmação de uma senha para liberar o acesso de leitura aos dados do arquivo.
(D) Impede que o arquivo seja copiado para um *pen-drive*, CD-ROM ou para outra pasta.

A: Errada, a senha apenas evita que ela seja aberta por uma pessoa que não possua a senha, sendo possível o envio por qualquer meio eletrônico; **B:** Errada, o arquivo é protegido, porém não há registro das tentativas de acesso não autorizado; **C:** Correta, a "Senha de Proteção" faz com que seja necessário digitar uma senha para abrir o arquivo em questão; **D:** Errada, a senha apenas evita que ela seja aberta por uma pessoa que não possua a senha, sendo possível a cópia por qualquer meio eletrônico.

Gabarito "C".

(Escrivão de Polícia/PR – 2010) Considere as afirmativas a seguir, com relação ao aplicativo Calc do BrOffice 3.1:

I. O ícone mostra as funções de desenho.
II. O ícone aplica a fórmula SOMA às células selecionadas.
III. O ícone mescla as células selecionadas.
IV. O ícone classifica, em ordem crescente, as células selecionadas.

Assinale a alternativa correta.

(A) Somente as afirmativas I e II são corretas.
(B) Somente as afirmativas I e III são corretas.
(C) Somente as afirmativas III e IV são corretas.
(D) Somente as afirmativas I, II e IV são corretas.
(E) Somente as afirmativas II, III e IV são corretas.

A: Errada, as afirmativas I e II estão incorretas, o ícone permite a inserção de gráficos e o ícone adiciona uma casa decimal ao número; **B:** Errada, a afirmativa I está incorreta, o ícone permite a inserção de gráficos; **C:** Correta, apenas as afirmativas III e IV estão corretas; **D:** Errada, as afirmativas I e II estão incorretas, o ícone permite a inserção de gráficos e o ícone adiciona uma casa decimal ao número; **E:** Errada, a afirmação II está incorreta, o ícone adiciona uma casa decimal ao número.

Gabarito "C".

(Agente de Polícia/RO – 2009 – FUNCAB) Considere que ao criar uma planilha eletrônica no Microsoft Excel, o usuário necessite inserir, com frequência, sequências extensas de caracteres de texto em células. Qual o recurso do Excel que pode tornar essa tarefa mais eficiente?

(A) Formatação condicional.
(B) Colaboração online.
(C) Macro.
(D) Autocorreção.
(E) Preenchimento automático.

A: Errada, a formatação condicional apenas aplica certa formatação caso seu conteúdo obedeça a uma regra preestabelecida. **B:** Errada, a colaboração online não realiza a criação dinâmica de conteúdo; **C:** Correta, o uso de Macros permite automatizar tarefas repetitivas; **D:** Errada, a Autocorreção apenas corrige erros comuns de escrita; **E:** Errada. O preenchimento automático depende da ação do usuário e não é a mais eficaz para este caso.

Gabarito "C".

(Fiscal da Receita/CE – 2010) Considerando a figura acima, que ilustra uma janela do BrOffice Calc 3.1, com uma planilha em processo de edição, assinale a opção correta.

(A) Na situação da figura, o valor da célula B4 foi obtido a partir da fórmula =B$3+$A2 e, se essa fórmula for copiada da célula B4 para a célula C4, será obtido, na célula C4, o valor 17.
(B) A célula A4 será preenchida automaticamente com o valor 6 caso o seguinte procedimento seja realizado: selecionar as células A1, A2 e A3; manter pressionado o botão do *mouse* na alça de preenchimento — pequeno quadrado preto no canto inferior direito da célula A3 sobreposto do qual o ponteiro se transforma em uma cruz —; arrastar o ponteiro do *mouse* até o canto inferior direito da célula A4; e liberar, em seguida, o botão do *mouse*.

(C) Ao se digitar a fórmula =MED(C1:C3) na célula D2 e, em seguida, se teclar [Enter], essa célula ficará preenchida com o número 7.
(D) Ao se digitar a fórmula =CONT.NUM(A1:C1;7) na célula D3 e, em seguida, se teclar [Enter], essa célula ficará preenchida com o número 3.

A: Errada, o sinal $ quando antes da identificação da linha da célula fixa a linha, quando antes da identificação da coluna fixa a coluna, portanto o resultado seria 13. **B:** Errada, o procedimento descrito irá preencher a célula A4 com o valor correspondente à progressão dos números selecionados, portanto teria o valor 4. **C:** Correta, a fórmula mencionada calcula a mediana dos valores no intervalo escolhido. **D:** Errada, a função =CONT.NUM calcula o número de células que contém o número especificado no intervalo especificado.

Gabarito "C".

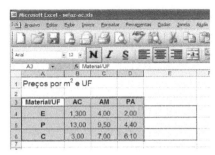

(Fiscal da Receita/CE – 2010) A partir da figura acima, que mostra uma janela do Microsoft Excel 2003 com uma planilha em processo de edição, assinale a opção correta.

(A) Se for digitada, na célula D1, a fórmula =$B$4&$C$6, então, ao se pressionar a tecla [Enter], essa célula será preenchida com o valor 1,37.
(B) Para se mesclar as células D4, D5 e D6 em uma única célula, é suficiente realizar o seguinte procedimento: selecionar as referidas células; clicar, no menu Formatar, a opção Células; na janela disponibilizada, selecionar a guia Borda e, nessa guia, marcar a caixa de seleção Mesclar células; clicar o botão OK.
(C) Sabendo que, na célula D4, está inserida a fórmula =$B$4&$C$6, caso se selecione a célula B4 e se clique mais uma vez no botão Diminuir casas decimais, localizado na barra de ferramentas, o valor da célula B4 será modificado para 1,30 e o valor apresentado na célula D4 também será modificado.
(D) Na situação da figura, sabendo que as células de A3 a D6 estão selecionadas, para se classificar a planilha pelo nome do material, é suficiente realizar o seguinte procedimento: clicar, no menu Ferramentas, a opção Classificar e, na janela disponibilizada, clicar o botão OK.

A: Correta, o caractere & concatena os valores definidos, portanto resultaria em 1,3 de uma célula e 7 da outra, resultando em 1,37. **B:** Errada, dentro da opção Células deve-se utilizar a aba Alinhamento para que se encontre a função Mesclar células. **C:** Errada, os zeros à direta da vírgula são ignorados quando os valores são concatenados, portanto o valor se manteria igual. **D:** Errada, a opção Classificar está no menu "Dados" e não no "Ferramentas".

Gabarito "A".

(Auditor Fiscal/PE – 2009 – UPENET/IAUPE) Sabendo que a figura abaixo representa a parte superior da tela de abertura do Excel ao ser iniciado, indique a alternativa que representa uma afirmação FALSA.

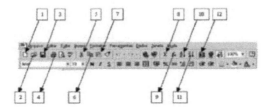

(A) O botão indicado por "7" não tem uso no Excel, por isso está desabilitado.
(B) O botão indicado por "2" abre uma caixa de diálogo para o usuário escolher uma planilha já existente para ser aberta.
(C) O botão indicado por "4" imprime a planilha ativa (aquela que está em uso).
(D) O botão indicado por "3", ao ser acionado, grava automaticamente as alterações realizadas na planilha ativa e/ou abre uma caixa de diálogo para que o usuário salve uma planilha ativa pela primeira vez.
(E) O botão indicado por "11" classifica textos e valores em ordem decrescente.

A: Correta, a afirmação está incorreta, o botão ativa a função Colar, que só estará ativada quando algo estiver na área de transferência. **B:** Errada, a afirmação está correta. **C:** Errada, a afirmação está correta. **D:** Errada, a afirmação está correta. **E:** Errada, a afirmação está correta.

Gabarito "A".

(Auditor Fiscal/PE – 2009 – UPENET/IAUPE) Ainda sobre a figura anterior, com relação ao botão indicado pelo número "9", uma das alternativas a seguir é VERDADEIRA, identifique-a

(A) Viabiliza, apenas, a inserção de funções lógicas.
(B) Abre uma caixa de diálogo para inserir uma função na célula selecionada.
(C) Pode ser usado para gerar uma nova coluna a partir de outra existente.
(D) Possibilita a manipulação de valores não numéricos.
(E) Pode gerar valores a partir de células de colunas e linhas livremente.

A: Errada, ela permite a inserção de funções, sejam elas lógicas ou não. **B:** Correta, o botão indicado permite a inserção de uma função na célula selecionada. **C:** Errada, o botão indicado tem por função a inserção de funções na célula e não de geração de colunas. **D:** Errada, ele possibilita a inserção de funções em uma célula. **E:** Errada, o botão indicado tem por função a inserção de funções na célula.

Gabarito "B".

(Auditor Fiscal/PE – 2009 – UPENET/IAUPE) Ainda, analisando a figura da questão anterior, para criar um gráfico, deve-se

I. clicar em qualquer célula da matriz que contém o intervalo de dados e acionar o botão "12".
II. clicar no menu Inserir, Gráfico e, a partir do assistente, selecionar o intervalo dos dados que irão compor o gráfico.
III. selecionar o intervalo dos dados que irão compor o gráfico e clicar no menu Inserir, Gráfico.

Assinale a alternativa CORRETA.

(A) Apenas I e III estão corretas.
(B) Apenas I está correta.
(C) Apenas I e II estão corretas.
(D) Todas estão corretas.
(E) Apenas II e III estão corretas.

A: Errada, a afirmativa II também está correta. **B:** Errada, as afirmativas II e III também estão corretas. **C:** Errada, a afirmativa III também está correta. **D:** Correta, todas as três afirmativas estão corretas. **E:** Errada, a afirmativa I também está correta.

Gabarito "D".

(Auditor Fiscal/PE – 2009 – UPENET/IAUPE) Com o auxílio do teclado, para excluir células, linhas ou colunas no Excel, procede-se da seguinte forma:

(A) Seleciona a(s) célula(s), segura o CTRL e o – (sinal de subtração).
(B) Seleciona a(s) célula(s), segura o CTRL, ALT, depois o sinal de – (sinal de subtração).
(C) Seleciona a(s) célula(s), segura o CTRL, *SHIFT*, depois o sinal de – (sinal de subtração).
(D) Seleciona a(s) célula(s), segura o *SHIFT* e o – (sinal de subtração).
(E) Seleciona a(s) célula(s), segura o ALT e o – (sinal de subtração).

A: Correta, o atalho CTRL e – (sinal de subtração) ativa a função de exclusão de linhas ou colunas. **B:** Errada, o atalho correto é CTRL e – (sinal de subtração), não é necessária a tecla ALT. **C:** Errada, o atalho correto é CTRL e – (sinal de subtração), não é necessária a tecla *SHIFT*. **D:** Errada, o atalho *SHIFT* e – (sinal de subtração) não possui nenhuma função no Excel. **E:** Errada, o atalho ALT e – (sinal de subtração) não possui nenhuma função no Excel.

Gabarito "A".

(Auditor Fiscal/PE – 2009 – UPENET/IAUPE) Para saber o maior valor em um intervalo de células, devemos usar uma das seguintes funções. Assinale-a.

(A) Max.
(B) Teto.
(C) Máximo.
(D) Mult.
(E) Maior.Valor

A: Errada, a função Max não é uma função válida. **B:** Errada, a função Teto arredonda um número para cima. **C:** Correta, a função Máximo informa o maior número de um intervalo de células. **D:** Errada, a função Mult não é uma função válida. **E:** Errada, a função Maior. Valor não é uma função válida.

Gabarito "C".

(Auditor Fiscal/PE – 2009 – UPENET/IAUPE) Usando a função =MÉDIA(SOMA(A2:A4);SOMA(B2:B4)) e tendo os seguintes valores nas células: A2=8, A3=2, A4=5, B2=3, B3=6 e B4=2, o resultado será

(A) 13.
(B) 16.
(C) 26.
(D) 12.
(E) um erro #NOME.

A: Correta, a função somaria os valores de A2 a A4 e B2 a B4 e faria o cálculo da média, que resulta em 15 + 11 / 2 = 13. **B:** Errada, o valor correto seria 13, onde a média da soma de A2 a A4 (15) e B2 a B4 (11) resulta em 13. **C:** Errada, sob o valor 26 (soma dos intervalos de A2 a A4 e B2 a B4) a função média calcularia a média deste valor, dividindo-o por dois. **D:** Errada, o valor correto seria 13, onde média da soma de A2 a A4 (15) e B2 a B4 (11) resulta em 13. **E:** Errada, a função está preenchida corretamente e também estão os intervalos mencionados.

Gabarito "A".

(Auditor Fiscal/PE – 2009 – UPENET/IAUPE) Para modificar as características de impressão da planilha ativa, deve-se usar:

I. Arquivo, Visualizar impressão, Configurar.
II. Arquivo, Área de impressão, Configurar área de impressão.
III. Arquivo, Configurar impressão.
IV. Arquivo, Configurar Página.

Assinale a alternativa CORRETA.

(A) Apenas I está correta.
(B) Apenas I e IV estão corretas.
(D) I, II e IV estão corretas.
(C) I, II e III estão corretas.
(E) Todas estão corretas.

A: Errada, a afirmativa IV também está correta. **B:** Correta, apenas as afirmativas I e IV estão corretas. **C:** Errada, a afirmativa II está incorreta, não há opção Área de impressão no menu Arquivo. **D:** Errada, as afirmativas II e III estão incorretas, não há opção Área de impressão no menu Arquivo nem opção Configurar impressão no mesmo menu. **E:** Errada, as afirmativas II e III estão incorretas, não há opção Área de impressão no menu Arquivo nem opção Configurar impressão no mesmo menu.

Gabarito "B".

(Auditor Fiscal/PE – 2009 – UPENET/IAUPE) Se quiser vincular na plan2 algum conteúdo da plan1, deve-se:

(A) copiar o conteúdo da Plan 1 e acionar, na Plan2, o menu Editar, Colar Especial, opção Colar Vínculo.
(B) copiar o conteúdo da Plan 1 e acionar, na Plan2, o menu Colar Especial.
(C) copiar o conteúdo da Plan 1 e acionar, na Plan2, o menu Editar, Colar Vínculo.

(D) arrastar o conteúdo de Plan 1 e Soltar em Plan2, segurando a tecla CTRL.
(E) copiar o conteúdo da Plan 1 e acionar, na Plan2, o menu Colar especial, opção Valores.

A: Correta, a opção Colar Vínculo faz uma ligação entre valores de planilhas diferentes dentro de um mesmo documento. **B:** Errada, deve-se utilizar a opção Colar Vínculo dentro do menu Colar Especial para que a ligação dos valores seja realizado. **C:** Errada, a opção Colar Vínculo se encontra dentro da opção Colar Especial, que está no menu Editar. **D:** Errada, é necessário copiar o conteúdo e não arrastá-lo, também é preciso utilizar a função Colar Vínculo. **E:** Errada, dentro do menu Colar Especial, deve-se utilizar a opção Colar Vínculo e não a opção Valores.

Gabarito "A".

(Fiscal de Rendas/RJ – 2010 – FGV) Observe as planilhas SEFAZ55 e SEFAZ99 a seguir, criadas no *software* Excel 2007 BR.

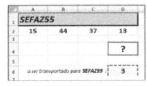

Na planilha SEFAZ55 foram inseridos os números mostrados nas células de A2 a D2.

Em seguida, foram inseridas as fórmulas =MOD(MED(A2:D2);7) na célula D4 e =CONT.SE(A2:D2;">=15") em D6. Para finalizar, foi inserida em D3 na planilha SEFAZ99 uma fórmula que transporta o valor da célula D6 de SEFAZ55.

Nessas condições, o valor que aparece na célula D4 de SEFAZ55 e a fórmula inserida em D3 na planilha SEFAZ99 são, respectivamente:

(A) 5 e =SEFAZ55!D6
(B) 0 e =SEFAZ55!D6
(C) 1 e =SEFAZ55!D6
(D) 0 e =SEFAZ55&D6
(E) 5 e =SEFAZ55&D6

A: Correta, a mediana (MED) de A2 a D2 é 40, que dividido por 7 resulta em resto (MOD) 5 e para se transportar o valor da célula da outra planilha a fórmula deve mencionar o nome da planilha seguido por exclamação e a célula a ser transportada. **B:** Errada, a mediana (MED) de A2 a D2 é 40, que dividido por 7 resulta em resto (MOD) 5. **C:** Errada, a mediana (MED) de A2 a D2 é 40, que dividido por 7 resulta em resto (MOD) 5. **D:** Errada, a mediana (MED) de A2 a D2 é 40, que dividido por 7 resulta em resto (MOD) 5. **E:** Errada, o resultado da primeira fórmula está correto, porém na segunda fórmula deve-se usar ! e não & para referenciar a célula em outra planilha.

Gabarito "A".

(Auditor Fiscal/RO – 2010 – FCC) Uma planilha Microsoft contém:

	A	B
1	42	=33+2*A1
2	6	

Ao arrastar a célula B1 pela alça de preenchimento para a célula B2, o resultado nesta última (B2) será

(A) 35
(B) 45
(C) 52
(D) 55
(E) 62

A: Errada, a fórmula faria a conta de 2*B1, que resultaria em 33 + 12 = 45. **B:** Correta, ao preencher a célula B2 utilizando a alça de preenchimento a partir da célula B1, a fórmula faria a conta de 2*B1, que resultaria em 33 + 12 = 45. **C:** Errada, a fórmula faria a conta de 2*B1, que resultaria em 33 + 12 = 45. **D:** Errada, a fórmula faria a conta de 2*B1, que resultaria em 33 + 12 = 45. **E:** Errada, a fórmula faria a conta de 2*B1, que resultaria em 33 + 12 = 45.

Gabarito "B".

(Agente Administrativo – FUNASA – 2009 – CESGRANRIO) Considere a seguinte planilha no Microsoft Excel:

	A	B	C
1	5	3	
2	1	2	
3			

Sabendo-se que as demais colunas não possuem fórmulas, a fórmula digitada na primeira coluna da primeira linha é

(A) =$A2+2*B$2
(B) =$A2+2*B$
(C) =$A2+$2*B$2
(D) =$A2+2B2
(E) =$A2+2$B2

A: Correta, $A2 se refere à célula de valor 1 e B$2 à célula de valor 2, que tendo seu valor multiplicado por 2 resulta em 4 e somado ao primeiro valor da um total de 5. **B:** Errada, B$ é uma referência incompleta dentro do Excel. **C:** Errada, $2 não é um parâmetro válido dentro do uso de funções. **D:** Errada, o formato 2B2 não é aceito como uma referência válida pelo Excel. **E:** Errada, o formato 2$B2 não é aceito como uma referência válida pelo Excel.

Gabarito "A".

(CODIFICADOR – IBGE – 2011 – CONSULPLAN) No Microsoft Excel (versão 2003 – configuração padrão) o ícone Σ da barra de ferramentas Padrão é denominado de:

(A) Média.
(B) Auto Soma.
(C) Máximo.
(D) Mínimo.

(E) SE.

A: Errada, a função média não tem um ícone específico para ela. **B:** Correta, o ícone mencionado aciona a função de AutoSoma do Excel. **C:** Errada, não há ícone específico para a função Máximo. **D:** Errada, não há ícone específico para a função Mínimo. **E:** Errada, não há ícone específico para a função SE.

Gabarito "B".

(CODIFICADOR – IBGE – 2011 – CONSULPLAN) Sobre a utilização do Microsoft Excel (versão 2003 – configuração padrão), analise o fragmento de planilha a seguir:

	A	B	C	D
1	1	2	3	
2	4	5	6	
3	7	8	9	
4				

Ao ser aplicada à célula D4 a fórmula =SE(MÉDIA(A1:C3)>=4;A2+C2;B2+C1), obtém-se como resultado o seguinte valor:

(A) 4
(B) 5
(C) 8
(D) 10
(E) 12

A: Errada, a fórmula aplicada realiza dois possíveis cálculos dependendo se o valor da média das células A1 até C3 for maior ou igual a 4, neste caso a média é 5, portanto é maior, logo o cálculo feito é A2 + C2 que resulta em 10. **B:** Errada, a fórmula resulta em A2 + C2 caso a média dos valores de A1 até C3 for maior ou igual a 4 ou B2 + C1 caso seja menor que 4. **C:** Errada, a fórmula aplicada realiza dois possíveis cálculos dependendo se o valor da média das células A1 até C3 for maior ou igual a 4, neste caso a média é 5, portanto é maior, logo o cálculo feito é A2 + C2 que resulta em 10. **D:** Correta, a fórmula aplicada realiza dois possíveis cálculos dependendo se o valor da média das células A1 até C3 for maior ou igual a 4, neste caso a média é 5, portanto é maior, logo o cálculo feito é A2 + C2 que resulta em 10. **E:** Errada, a fórmula aplicada realiza dois possíveis cálculos dependendo se o valor da média das células A1 até C3 for maior ou igual a 4, neste caso a média é 5, portanto é maior, logo o cálculo feito é A2 + C2 que resulta em 10.

Gabarito "D".

(CODIFICADOR – IBGE – 2011 – CONSULPLAN) São nomes válidos de tipos de gráficos do Microsoft Excel (versão 2003 – configuração padrão), EXCETO:

(A) Rosca.
(B) Radar.
(C) Área.
(D) Bolhas.
(E) Torres.

A: Errada, Rosca é um tipo de gráfico presente no Excel 2003. **B:** Errada, Radar é um dos tipos de gráficos presentes no Excel 2003. **C:** Errada, Área é um dos tipos de gráficos presentes no Excel 2003. **D:** Errada, há também gráficos de Bolhas no Excel 2003. **E:** Correta, não existe nenhum tipo de gráfico no Excel 2003 denominado Torre.

Gabarito "E".

Manual Completo de Informática para Concursos

(Agente Administrativo – Ministério da Previdência – 2010 – CESPE) Considerando a figura acima, que ilustra uma janela do Microsoft Excel 2003, julgue os itens que se seguem.

(1) Sabendo que a célula C7 foi definida para o formato do tipo numérico e contém o valor 15,00, é correto afirmar que o seu valor será alterado para 15.000,00, caso o botão [%] seja clicado.

(2) A fórmula =SE(MÉDIA(C7:C12)>10;SOMA(C7:C12);0) está sintaticamente correta e pode ser inserida na célula C14.

1: Errada, o botão em questão apenas diminui o número de casas decimais, neste caso não aconteceria nada pois o valor é inteiro. **2:** Correta, a sintaxe da formula é =SE (condição; ação se verdadeiro; ação se falso), portanto está corretamente escrita.

Gabarito 1E, 2C

(Técnico – TCU – 2009 – CESPE) Com referência à figura acima, que mostra parte de uma janela do *software* Excel 2007, contendo uma planilha em processo de edição, julgue os itens que seguem.

(1) Para se formatar as células da planilha que contêm valores inferiores a R$ 1.000.000,00 com a cor verde, pode-se utilizar o recurso Formatação condicional do menu Formatar.

(2) O total e a média dos valores mostrados na coluna B podem ser calculados a partir das fórmulas =Soma(B2:B6) e =Média (B2:B6), respectivamente.

1: Correta, o recurso Formatação Condicional presente no menu Formatar permite que as células sejam formatadas de formas diferentes dependendo de seu conteúdo, podendo ser alterado a cor de fundo, cor de escrita e várias outras características; **2:** Correta, a fórmula =SOMA(B2:B6) calcula o somatório do intervalo B2 até B6 e a fórmula =MÉDIA(B2:B6) calcula a média deste mesmo intervalo.

Gabarito 1C, 2C

(Administrador – FUNASA – 2009 – CESGRANRIO) Considere a tabela abaixo em uma planilha do Microsoft Excel, que apresenta a quantidade de empregados por setor de uma empresa. A respeito do Excel e de seus recursos, são feitas as afirmativas a seguir.

I. Para somar a quantidade de empregados da empresa, deve-se digitar, na célula B6, a fórmula =SOMA(B2:B5).

II. Através do ícone [A↓], o usuário pode classificar os setores da empresa, em ordem alfabética crescente.

III. O ícone [▦] pode ser utilizado para definir bordas para as células da planilha.

Está(ão) correta(s) a(s) afirmativa(s)

(A) I, somente.
(B) II, somente.
(C) I e II, somente.
(D) II e III, somente.
(E) I, II e III.

Todas as afirmativas estão corretas, portanto apenas a alternativa E está correta.

Gabarito "E".

(Analista – Ministério da Int. Nacional – 2012 – ESAF) No Microsoft Excel,

(A) na função SE (teste_lógico;valor_se_verdadeiro; valor_ se_falso), teste_lógico pode assumir até 5 valores diferentes.

(B) na função SE(teste_lógico;valor_se_verdadeiro; valor_ se_falso), valor_se_verdadeiro é sempre maior ou igual a zero.

(C) células podem ser mescladas por meio da seguinte sequência de comandos: **Ferramentas – Células – Edição – Mesclar células – OK**.

(D) células podem ser mescladas por meio da seguinte sequência de comandos: **Formatar – Células – Alinhamento – Mesclar células – OK**.

(E) existe uma função para determinar diretamente o valor da tangente cujo seno é conhecido.

A: Errada, o teste lógico tem apenas dois valores possíveis, verdadeiro ou falso. **B:** Errada, o valor_se_verdadeiro é definido pelo usuário. **C:** Errada, o menu correto a ser acesso é o menu Formatar. **D:** Correta, a opção Mesclar células do item Alinhamento localizado na opção Células do menu Formatar permite mesclar as células selecionadas. **E:** Errada, não há tal função direta.

Gabarito "D".

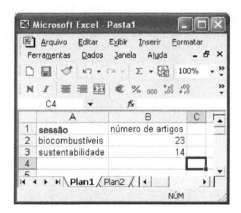

(Analista – Ministério do Meio Ambiente – 2008 – CESPE) A figura acima mostra uma janela do Excel 2002, que está sendo executada em um computador cujo sistema operacional é o Windows XP. Essa janela mostra uma planilha, em processo de elaboração, que contém dados relativos aos números de artigos apresentados sobre dois diferentes temas em um congresso. Acerca dessa planilha, julgue os itens subsequentes.

(1) Para calcular o número total de artigos apresentados no conjunto dos dois temas referidos — biocombustíveis e sustentabilidade —, apresentando o resultado na célula B4, é suficiente realizar a seguinte sequência de ações: clicar a célula B4; digitar =B2+B3 e, em seguida, teclar Enter.

(2) As células A1 e B1 estarão formatadas como negrito ao final da seguinte sequência de ações: clicar a célula A1; pressionar e manter pressionada a tecla Alt ; clicar a célula B1, liberar a tecla Alt ; pressionar simultaneamente as teclas Shift e N .

1: Correta, a fórmula =B2+B3 soma os valores das duas células, o que resultaria neste caso na soma do número de artigos; **2:** Errada, o atalho que ativa o efeito negrito é Ctrl + N e não Shift + N e para fazer a seleção das células deveria ser usada a tecla Ctrl ou Shift e não a Alt.
Gabarito 1C, 2E

(TER/PE – CESPE – 2016) No BrOffice Calc, para se eliminar casas decimais de um número, utiliza-se, exclusivamente, a função
(A) COMBINA.
(B) EXP.
(C) RADIANOS.
(D) TRUNCAR.
(E) SOMASE.

A: Errada, a fórmula COMBINA retorna o número de maneiras únicas de se escolher um conjunto de elementos onde a ordem de escolha é irrelevante. **B:** Errada, a fórmula EXP retorna "e" número elevado à uma potência. **C:** Errada, a fórmula RADIANOS é usada para converter um ângulo em graus para radianos. **D:** Correta, a fórmula TRUNCAR remove as casas decimais de um número. **E:** Errada, a fórmula SOMASE adiciona as células em um intervalo caso passem por um critério lógico ou matemático.
Gabarito "D".

(Analista – TRE/SP – FCC – 2017) Utilizando o Microsoft Excel 2013, em português, um Analista Judiciário do TRE-SP, hipoteticamente, teve que definir, em uma planilha, uma regra para tachar o conteúdo da célula que contivesse o texto Carlos, conforme exemplo abaixo.

	A	B	C
1	Nome	Valor	Dependente
2	Mauro Mauricio	32,00	Selma Gomes
3	Carlos Augusto	48,00	Nelio Romão
4	Antonia Augusta	64,00	Zulmira Tantto
5	Antonio Carlos	80,00	
6	Roberto Carlos	96,00	Rosa Carlos Moraes
7	Tiago Augusto	112,00	
8	Everton Diogo Carlos	128,00	
9	Carlos	144,00	
10	Marina Lima	160,00	Robson Carlos
11	Mara Rubia	176,00	
12	Zezé Carmem	192,00	Carlos Camarão
13	Carlos	208,00	

Para tanto, após clicar na guia Página Inicial e tendo selecionado as células de interesse, o Analista, em seguida, escolheu, corretamente,
(A) Formatar como.
(B) Inserir Regra.
(C) Formatação Condicional.
(D) Estilos de Célula.
(E) Formatar Regra Condicional.

A: Errada, não há a opção "Formatar como" na guia Página Inicial. **B:** Errada, não há opção chamada "Inserir Regra" na guia Página Inicial. **C:** Correta, a função "Formatação Condicional" permite aplicar formatações à células selecionadas de acordo com critérios informados. **D:** Errada, a função Estilos de Células permite aplicar um estilo a todas as células selecionadas sem distinção. **E:** Errada, não há opção denominada "Formatar Regra Condicional" na guia Página Inicial.
Gabarito "C".

(Analista – TRE/SP – FCC – 2017) Considere a planilha abaixo, digitada no LibreOffice Calc versão 5.1.5.2 em português.

	A	B	C
1	Candidato	Percentual (%)	Número de votos
2	A	53,29	3085187
3	B	16,70	967190
4	C	13,64	789986
5	D	10,14	587220
6	E	3,18	184000
7	F	2,02	116870
8	G	0,45	25993
9	H	0,37	21705
10	I	0,10	6006
11	J	0,08	4715
12	K	0,02	1019
13	Total	100,00	5789891

A planilha mostra o resultado das eleições em uma cidade, onde o total de votos aparece na célula **C13**. Os valores que aparecem nas células da coluna B são resultado de cálculos que utilizam os valores da coluna C para obter o percentual de votos de cada candidato. Na célula **B2** foi digitada uma fórmula que depois foi arrastada até a célula **B13**, realizando automaticamente todos os cálculos dessa coluna. A fórmula digitada foi
(A) =(C2*100)/C13
(B) =PERCENT(C2;C13)
(C) =(C2*100)/C$13
(D) =PERCENTUAL(C2;C13)
(E) =VP(C2;C13)

A: Errada, ao utilizar a alça de preenchimento a fórmula seria ajustada e teria a referência a célula C13 alterada, o que invalidaria o cálculo. **B:** Errada, a fórmula =PERCENT não existe no LibreOffice. **C:** Correta, com a referência absoluta feita a célula C13 seu valor não será alterado ao ser copiado para as outras células, portanto o cálculo será válido e correto. **D:** Errada, a fórmula =PERCENTUAL não existe no LibreOffice. **E:** Errada, a fórmula =VP é usada para retornar o valor real de um investimento resultante de uma série de pagamentos regulares.

Gabarito "C".

(Analista – TRT – FCC – 2017) Considere a planilha abaixo, digitada no Microsoft Excel 2010 em português, ou no LibreOffice Calc versão 5, em português.

Os dados da planilha são, hipoteticamente, de despesas com diárias pagas a magistrados, em Outubro de 2016.

	A	B	C
1	Favorecido	Mauro da Silva	André Alves
2	CPF	469.725.804-03	430.882.465-70
3	Cargo	Desembargador	Juiz
4	Origem	Manaus	Manaus
5	Destino	Brasília	Brasília
6	Data Partida	19/10/2016	19/10/2016
7	Data retorno	23/10/2016	22/10/2016
8	Motivo	Seminário	Seminário
9	Meio de Transporte	Avião	Avião
10	Processo	79/2016	780/2016
11	Portaria	794/2016/SGP	797/2016/SGP
12	Número de diárias	3,5	2
13	Valor por diária	R$ 321,00	R$ 250,00
14	**Despesas totais**		
15	R$ 1.623,50		

Na célula A15, deseja-se calcular as despesas totais geradas pelos dois favorecidos das colunas B e C. A fórmula que deverá ser digitada nessa célula é:
(A) =[B12*B13]+[C12*C13]
(B) =B13+C12
(C) =(B12^B13)+(C12^C13)
(D) =(B12+C12)*(B13+C13)
(E) =B12*B13+C12*C13

A: Errada, para agrupar operações matemáticas deve-se utilizar o símbolo de parênteses. **B:** Errada, a fórmula indicada irá somar apenas os valores das diárias e não o valor total. **C:** Errada, a fórmula indicada irá elevar o valor da diária ao número de diárias, o que não irá resultar no valor total. **D:** Errada, a fórmula indicada irá multiplicar o resultado da soma entre o valor da diária e o número de diárias, o que não resulta no valor total. **E:** Correta, a fórmula indicada irá somar o produto da multiplicação do valor das diárias pelo número de diárias respectivas.

Gabarito "E".

	A	B	C
1	Aluno	Nota	
2	Bernardo	84	
3	Giovana	82	
4	Hugo	81	
5	João	82	
6	José	72	
7	Maria	86	
8	Patrícia	80	
9	MÉDIA	81	

(Poder Judiciário – TER/PI – CESPE – 2016) Considerando que a figura acima mostra parte de uma planilha em processo de edição no Excel, na qual estão contidas notas de sete alunos, assinale a opção que apresenta a fórmula correta para se calcular a média dessas notas, apresentada na célula B9 da planilha.
(A) =MÉDIA(B2:B8)
(B) =MÉDIA(B23B8)
(C) =MÉDIA(B2,B8)
(D) =MÉDIA(B2;B8)
(E) =MÉDIA(3B2:3B8)

A: correta para calcular a média de um intervalo de número é =MÉDIA() e um intervalo de células é definido utilizando-se do separador dois pontos, logo a fórmula a ser usada neste caso seria =MÉDIA(B2:B8), portanto apenas a alternativa A está correta.

Gabarito "A".

(Eletrobras – FCC – 2016) Considere a planilha abaixo, criada no Microsoft Excel 2010 em português.

A	B	C	D
Composição Acionária – Eletrosul			
Acionistas	Quantidade de Ações	Capital Social (R$)	% de participação
Eletrobras	100993125	4289954	99,8767
Usiminas	57901	2461	0,0573
CEEE	49519	2105	0,0490
Copel	14195	601	0,0140
Celesc	1544	64	0,0015
CSN	1194	52	0,0012
Outros	320	13	0,0003

(http://www.eletrosul.gov.br/investidores/composicao-acionaria)

Na célula **D10** deseja-se somar os valores de **% de participação** apenas de **Acionistas** cujo **Capital Social** seja maior do que **2000**. Para isso deve-se utilizar a fórmula

(A) =SOMA(D4:D10;>2000;E4:E10)
(B) =SE(D4:D10>2000);SOMA(E4:E1Ò)
(C) =SE(D4:D10;>2000;SOMA(E4:E10))
(D) =SOMA(SE(D4:D10>2000);E4:E10)
(E) =SOMASE(C3:C9;">2000";D3:D9)

A soma feita a partir de uma condição utiliza a fórmula =SOMASE(intervalo;condição;intervalo de soma). Neste caso o intervalo onde a condição deve ser aplicada está na coluna C (C3:C9), a condição é este valor ser maior que 2000 (< 2000) e os valores a serem somados estão na coluna D (D3:D9), portanto, a fórmula correta seria =SOMASE(C3:C9;"> 2000";D3:D9) sendo assim apenas a alternativa E está correta.

Gabarito "E".

(Escrevente – TJM/SP – VUNESP – 2017) Tem-se, a seguir, a seguinte planilha criada no Microsoft Excel 2010, em sua configuração padrão.

	A	B	C	D	E
1					
2	3	8	9	8	
3	4	6	7	7	
4	9	1	9	2	
5					

Assinale a alternativa que apresenta o resultado correto da fórmula =CONTAR.SE (A2:D4;"<6"), inserida na célula B5.
(A) 2
(B) 4
(C) 7
(D) 12
(E) 13

A fórmula CONTAR.SE é usada para contar o número de células em um dado intervalo que se enquadra em um determinado critério, neste caso os números que sejam menores que 6, neste caso o intervalo são as células entre A2 e D4, portanto a resposta correta são 4 células e a alternativa correta é a B.

Gabarito "B".

(Administrador – Idecan/MS – 2017) Analise as afirmativas sobre a ferramenta Microsoft Office Excel 2007 (configuração padrão).
I. O recurso Teste de Hipóteses é utilizado para testar diversos valores para as fórmulas de uma planilha através das opções: gerenciador de cenários, atingir meta e tabela de dados.
II. A ferramenta em questão permite a exportação de dados externos de diferentes fontes como: arquivos de access, páginas web, arquivos de texto e outras fontes de dados.
III. O recurso Excluir semelhanças é utilizado para excluir as linhas duplicadas de uma planilha.
Está(ão) correta(s) apenas a(s) afirmativa(s)
(A) I.

(B) II.
(C) III.
(D) I e II.
(E) II e III.

A afirmativa I está correta, o recurso de Teste de Hipóteses permite analisar uma fórmula e os possíveis resultados através de um conjunto de dados, sendo possível escolher o modo cenário, atingir meta e tabela de dados. A afirmativa II está correta, o Excel permite exportar as informações para diversas fontes como as citadas. A afirmativa III está incorreta, não há recurso denominado "Excluir semelhanças" no MS Excel. Portanto, apenas a alternativa D está correta.

Gabarito "D".

(Administrador – Idecan/MS – 2017) Analise as afirmativas sobre funções na ferramenta Microsoft Office Excel 2007 (configuração padrão), marque V para as verdadeiras e F para as falsas.
( ) LEN retorna o número de caracteres em uma sequência de caracteres de texto.
( ) MARRED retorna um número arredondado para o múltiplo desejado.
( ) CONT.SE calcula o número de células em um intervalo que contém números.
( ) INT arredonda um número para baixo até o número inteiro mais próximo.
( ) ALEATÓRIO retorna um número aleatório entre os números especificados.
( ) LIMPAR exclui do texto todos os caracteres não imprimíveis.
A sequência está correta em
(A) V, V, F, F, V, V.
(B) V, F, V, V, F, F.
(C) F, V, F, V, F, F.
(D) F, V, F, F, F, V.
(E) F, F, V, F, F, V.

Não existe função denominada LEN no MS Excel; a função MARRED existe e está descrita de forma correta; a função CONT.SE existe e conta o número de células não vazias que passam por uma determinada condição; a função INT existe e está descrita de forma correta; a função ALEATÓRIO existe e retorna um número aleatório maior ou igual a zero e menor que um; a função LIMPAR não existe no MS Excel. Portanto, a sequência correta seria F, V, F, V, F, F e apenas a alternativa C está correta.

Gabarito "C".

(Especialista – IBFC – 2017) Com base na planilha do Microsoft Excel 2007 abaixo, assinale a alternativa que apresenta o resultado da fórmula: =B2*C2+A2/B1-A1*C1

	A	B	C
1	1	2	3
2	6	5	4

(A) 20
(B) 51
(C) 36
(D) 10
(E) 22

A fórmula apresentada representa a equação =5*4+6/2-1*3, que de acordo com as regras matemáticas seria o equivalente a =(5*4)+(6/2)-(1*3), que se torna =20+3-3 com resultado final igual a 20, portanto, apenas a alternativa A está correta.

Gabarito "A".

(Analista – TRT – FCC – 2016) Considere a planilha abaixo editada no Microsoft Excel 2007 em português.

	A	B
1	**Percentual gasto com Recursos Humanos por tipo de Justiça**	
2	Poder Judiciário	89,50%
3	Tribunais Superiores	83,80%
4	Justiça Eleitoral	84,10%
5	Justiça Militar Estadual	87,80%
6	Justiça Estadual	89,00%
7	Justiça Federal	89,80%
8	Justiça do Trabalho	93,50%
9		
10	**Maior percentual**	**93,50%**
11	**Menor percentual**	**83,80%**
12	**Média dos percentuais**	**88,21%**

(Disponível em: http://www.cnj.jus.br/programas-e-acoes/ pj-justica-em-numeros)

Para a apresentação dos valores das células B10, B11 e B12 foram digitadas, correta e respectivamente, as fórmulas:

(A) =MAIOR(B2:B8)   =MENOR(B2:B8)
    =MÉDIA(B2:B8)
(B) =MAIOR(B2:B8;1)   =MENOR(B2:B8;1)
    =MÉDIA(B2:B8)
(C) =MAIOR(B2:B8;0)   =MENOR(B2:B8;0)
    =MED(B2:B8;7)
(D) =MAIORVAL(B2:B8)   =MENORVAL(B2:B8)
    =MÉDIAVAL(B2:B8)
(E) =MÁXIMO(B2:B8;1)   =MÍNIMO(B2:B8;1)
    =MED(B2:B8)

Para obter o maior valor em um intervalo de células basta utilizar a função MAIOR (intervalo; k) e para o menor valor a função MENOR (intervalo; k) onde k representa a posição da ordenação desejada (1 para o maior/menor valor, 2 para o segundo etc.) já o cálculo da média é feita pela função MÉDIA (intervalo). Considerando que intervalos são representados pela célula e início e fim separados pelo símbolo de dois pontos, a forma correta das funções neste caso seria =MAIOR(B2:B8;1), =MENOR(B2:B8;1) e =MÉDIA(B2:B8) e, portanto, apenas a alternativa B está correta.

Gabarito "B".

(Técnico – TRE/SP – FCC – 2017) Considere, por hipótese, a planilha abaixo, digitada no Microsoft Excel 2013 em português.

	A	B	C
1	Programa de TV	Tempo	Partido/Coligação
2	A	01:30	P
3	A	02:10	Q
4	B	03:45	R
5	B	03:15	S
6	B	04:01	T
7	C	01:56	U
8	C	03:00	V
9	Tempo Total	19:37	

Na célula **B9**, para somar o intervalo de células de **B2** até B8, foi utilizada a fórmula
(A) =SOMATEMPO(B2:B8)
(B) =SOMAT(B2;B8)
(C) =SOMATEMP(B2:B8)
(D) =SOMA(B2:B8)
(E) =SOMA(TEMPO(B2:B8))

A função =SOMA pode realizar a soma de valores numéricos e também dados em outros formatos, como por exemplo períodos de tempo. Neste caso a fórmula correta seria =SOMA(B2:B8) e, portanto, apenas a alternativa D está correta.

Gabarito "D".

(Agente – FCC – 2016) O trecho de planilha apresentado abaixo foi editado no MS-Excel e contém informações sobre os usuários e as respectivas identificação e função junto à empresa de informática ABC.

	A	B	C
1	**Usuário**	**Identificação**	**Função**
2	Marcos	123	Administrador_1
3	Fernando	501	Funcionário_1
4	Alberto	-	Visitante
5	José	502	Funcionário_2

Caso seja inserida, na célula C6, a fórmula =CONT.NÚM(B2:C5), o valor dessa célula será:
(A) 6
(B) 12
(C) 9
(D) 3
(E) #VALOR!

A fórmula =CONT.NÚM é usada para contar o número de células dentro de um intervalo que possuem números como seu conteúdo, neste caso, considerando-se o intervalo de B2 até C5, apenas as células B2, B3 e B5 possuem números, portanto o resultado seria igual a 3 e, assim, apenas a alternativa D está correta.

Gabarito "D".

(Agente – FCC – 2016) O avaliador de um concurso público deseja construir uma planilha para totalizar a pontuação das provas e indicar automaticamente a aprovação ou a reprovação do candidato. Considerando que, para a aprovação, a pontuação alcançada deve ser maior ou igual a 60 pontos (variando de 0 a 100 pontos inteiros) e que as mensagens devem ser APROVADO para pontuação maior ou igual a 60 e REPROVADO caso contrário, a fórmula a ser inserida na célula F3 da planilha para indicar o resultado é:

(A) =SE(F3<60; "REPROVADO"; "APROVADO")
(B) =SOMA(F3=60; "APROVADO"; "REPROVADO")
(C) =SE(F3=60; "APROVADO"; "REPROVADO")
(D) =SE(F3>60) ; "REPROVADO"; "APROVADO";
(E) =COND(F3>60); "APROVADO"; "REPROVADO";

Para realizarmos verificações lógicas devemos utilizar a função =SE(condição;valor_se_verdadeiro;valor_se_falso), que neste caso deve verificar se o valor da célula F3 é maior ou igual a 60 e retornar "APROVADO" caso a condição seja verdadeira e "REPROVADO" caso seja falsa. Outra maneira de escrever a função seria invertendo a condição, ou seja, F3 deve ser menor que 60 para que o resultado seja "REPROVADO", portanto, a forma correta de escrita seria =SE(F3<60;" REPROVADO";" APROVADO") e, portanto, apenas a alternativa A está correta.

Gabarito "A".

(Prefeitura Teresina/PI – FCC – 2016) Considere que a receita prevista global disponibilizada no site da Prefeitura de Teresina foi disponibilizada na planilha abaixo, criada no Microsoft Excel 2010 em português:

	A	B
1	**Exercício**	**Total**
2	2016	R$ 2.993.294.001,00
3	2015	R$ 2.816.711.509,00
4	2014	R$ 2.498.851.424,00
5	2013	R$ 2.128.681.937,00
6	2012	R$ 1.706.772.397,00
7	2011	R$ 1.564.432.972,00
8	2010	R$ 1.161.101.632,00
9	2009	R$ 1.088.413.500,00
10	2008	R$ 953.114.000,00
11		

(http://transparencia.teresina.pi.gov.br/receitas.jsp)

Na célula B11, para somar os valores da coluna Total, apenas para valores da coluna "Exercício" posteriores ao ano de 2014, utiliza-se a fórmula:

(A) =SOMASE(A2:A10;>2014;B2:B10)
(B) =SE((B3:B11)>2014;SOMA(C3:C11))
(C) =SOMASE(A2:A10;">2014";B2:B10)
(D) =SOMA((B3:B11)>2014;C3:C11)
(E) =SE(B3:B11>2014;SOMA(C3:C11))

A fórmula que realiza a soma apenas nas células que se enquadram em uma determinada condição é a =SOMASE(intervalo;condição;[intervalo_dos_valores]) onde o critério deve estar entre aspas caso inclua símbolos lógicos, matemáticos ou texto, o primeiro intervalo designa os valores a serem usados na comparação lógica e o segundo intervalo designa as células que devem ser usadas para a soma, neste caso a condição a ser verificada é ter o ano de exercício maior que 2014, logo, a forma de escrita correta seria =SOMASE(A2:A10;">2014";B2:B10) e, portanto, apenas a alternativa C está correta.

Gabarito "C".

(Técnico – TRT – FCC – 2016) Considere a planilha abaixo, criada no Microsoft Excel 2007 em português.

	A	B	C	D
1	Matrícula	Cargo	Nome	Salário
2	12901	Analista	Ana Maria	R$ 5.000,00
3	12900	Assistente	João Paulo	R$ 3.900,00
4	12905	Assistente	Marcela Moreira	R$ 3.900,00
5	12904	Juiz	Marcos Figueira	R$ 18.000,00
6	12903	Perito	Fernando Andrade	R$ 7.300,00
7	12902	Técnico	Marcos Paulo	R$ 3.500,00
8				
9	R$ 23.400,00			

Na célula **A9** foi utilizada uma fórmula que, a partir de uma busca no intervalo de células de **A2** até **D7**, retorna o salário do funcionário com matrícula **12904** e calcula um aumento de 30% sobre este salário. A fórmula utilizada foi

(A) =PROCV(12904;A2:D7;4;FALSO)*1,3
(B) =D5+D5*30/100
(C) =PROCV(12904;A2:D7;4;FALSO)*30%
(D) =PROCH(12904;A2:D7;4;FALSO)+30%
(E) =LOCALIZE(A2:D7;12904;4)*1,3

A fórmula usada para procurar um valor em um intervalo e retornar outro valor relacionado ao primeiro é a =PROCV(valor_procurado;intervalo;valor_a_retornar;identico) onde o primeiro parâmetro se refere ao valor que se deseja procurar, o segundo ao intervalo de células a ser considerado na busca, o terceiro o número da coluna do intervalo que contém o valor de retorno e o último parâmetro sendo VERDADEIRO se quiser uma correspondência aproximada ou FALSO para uma correspondência exata. Neste caso, temos as alternativas A, C e D escritas de forma correta, entretanto apenas a alternativa A realiza o cálculo correto do resultado acrescido de 30% fazendo a multiplicação por 1.3, na alternativa C está sendo calculado 30% por valor, sem o acréscimo, e na alternativa D os valores seriam apenas concatenados. Portanto, apenas a alternativa A está correta.

Gabarito "A".

(Analista – DPU – Cespe – 2016) Com relação às ferramentas e às funcionalidades do ambiente Windows, julgue o item que se segue.

(1) A alça de preenchimento do Excel é utilizada para somar valores numéricos contidos em um conjunto de células selecionadas pelo usuário.

1: errada, a alça de preenchimento é utilizada para preencher de forma inteligente um intervalo de células com base em outro intervalo selecionado pelo usuário.

Gabarito 1E

(Técnico – SEDF – CESPE – 2017) Julgue os próximos itens, relativos aos aplicativos para edição de textos, planilhas e apresentações do ambiente Microsoft Office 2013.

(1) Em uma planilha do Excel 2013, ao se tentar inserir a fórmula =a3*(b3-c3), ocorrerá erro de digitação, pois as fórmulas devem ser digitadas com letras maiúsculas.

(2) No canto esquerdo superior da janela inicial do Excel 2013, consta a informação acerca do último arquivo acessado bem como do local onde ele está armazenado.

1: errada, no MS Excel não é necessário realizar a referência a células ou fórmulas utilizando letras maiúsculas; **2:** correta, no MS Excel 2013 a tela inicial do aplicativo exibe os últimos arquivos abertos assim como o nome do diretório onde está salvo além de exibir também modelos de arquivos que podem ser abertos pelo usuário.

Gabarito 1E, 2C

(Analista – INSS – 2016 – CESPE) Acerca de aplicativos para edição de textos e planilhas e do Windows 10, o próximo item.

(1) Situação hipotética: Fábio, servidor do INSS, recebeu a listagem dos cinco últimos rendimentos de um pensionista e, para que fosse calculada a média desses rendimentos, ele inseriu os dados no LibreOffice Calc, conforme planilha mostrada abaixo.

	A
1	R$ 1.896,21
2	R$ 2.345,78
3	R$ 2.145,09
4	R$ 2.777,32
5	R$ 5.945,97
6	
7	

Assertiva: Nessa situação, por meio da fórmula =MED(A1:A5;5), inserida na célula A6, Fábio poderá determinar corretamente a média desejada.

1: errada, a fórmula que permite o cálculo da média no LibreOffice Calc é =MÉDIA(), logo, a forma correta seria =MÉDIA(A1:A5).

Gabarito 1E

Considere a seguinte planilha criada no Microsoft Excel 2010, em sua configuração padrão para responder as questões seguintes.

	A	B	C	D
1	Data	Incidente	Status	
2	02/mai	55	ENCERRADO	
3	02/mai	77	EM ABERTO	
4	03/mai	129	ENCERRADO	
5	03/mai	192	ENCERRADO	
6	03/mai	268	EM ABERTO	
7	08/mai	364	EM ABERTO	
8	09/mai	394	ENCERRADO	
9	10/mai	433	ENCERRADO	
10	10/mai	519	EM ABERTO	
11				
12				
13			ENCERRADO	
14				

(Soldado – PM/SP – VUNESP – 2019) Assinale a alternativa com a fórmula a ser inserida na célula C13 para contar a quantidade de vezes em que aparece a palavra ENCERRADO no intervalo entre C2 e C10.

(A) =CONT.CASOS(C2:C10;B13)

(B) =CONT.SE(C2:C10)

(C) =CONT(C2:C10;B13)

(D) =CONT.SE(C2:C10;B13)

(E) =CONT.ENCERRADOS(C2:C10)

A, B, C, D e E: O Excel possui uma função que permite contar o número de células não vazias que correspondam a uma determinada condição, a função CONT.SE recebe como parâmetros um intervalo de células e a condição, neste caso para determinar o número de vezes que a palavra ENCERRADO aparece no intervalo C2 até C10, basta usar a função =CONT.SE(C2:C10;B13) onde C2:C10 define o intervalo desejado e B13 é a célula que contém o valor a ser comparado. Portanto apenas a alternativa D está correta.

Gabarito "D"

(Soldado – PM/SP – VUNESP – 2019) Assinale a alternativa que indica qual conteúdo será apagado se o usuário der um clique simples com o botão principal do mouse sobre o local destacado a seguir, e pressionar a tecla DEL.

	Data	Inci
1	Data	Inci
2	02/mai	
3	02/mai	
4	03/mai	

(A) A coluna A inteira, apenas.

(B) Todas as células que não contêm fórmulas, apenas.

(C) A linha 1 inteira, apenas.

(D) Todas as células que contêm fórmulas, apenas.

(E) A planilha inteira.

A, B, C, D e E: O botão indicado faz com que todas as células da planilha em edição sejam selecionadas, com isso ao pressionar a tecla DEL, todo o conteúdo da planilha seria excluído, portanto apenas a alternativa E está correta.

Gabarito "E"

(Soldado – PM/SE – IBFC – 2018) Em uma planilha eletrônica Excel, do pacote da Microsoft Office 2003/2007/2010, a fórmula =SOMA(B3:C4) é equivalente a:

(A) =BC3+BC4

(B) =B3+C4

(C) =B3+B4+C3+C4

(D) =B1+B2+B3+C1+C2+C3+C4

A, B, C e D: A fórmula de SOMA aceita como argumentos uma série de células ou um conjunto de células adjacentes com seus delimitadores separados por dois pontos, portanto o argumento B3:C4 compreende todas as células desta matriz, que são B3, B4, C3 e C4, portanto é equivalente a =SOMA(B3+B4+C3+C4) assim apenas a alternativa C está correta.

Gabarito "C".

(Administrador Judiciário – TJ/SP – 2019 – VUNESP) Observe a planilha a seguir, sendo editada por meio do MS-Excel 2010, em sua configuração padrão, por um usuário que deseja controlar itens de despesas miúdas (coluna A) e seus respectivos valores (coluna B).

	A	B
1	Despesa	Valor
2		
3	Item A	R$ 157,00
4	Item B	R$ 234,00
5	Item C	R$ 876,00
6	Item D	R$ 190,00
7	Item E	R$ 22,00
8		
9		R$ 876,00

A fórmula usada para calcular o valor apresentado na célula B9, que corresponde ao maior valor de um item de despesa, deve ser:

(A) =MAIOR(B3;B7;1)

(B) =MAIOR(B3:B7;1)

(C) =MAIOR(1;B3:B7)

(D) =MAIOR(B3;B5;1)

(E) =MAIOR(1;B3;B5)

A, B, C, D e E: Para encontrar o maior valor em um intervalo de células no Microsoft Excel deve-se utilizar a fórmula =MAIOR(intervalo;k) onde o intervalo é um conjunto de células e k representa o enésimo maior valor, neste caso o intervalo desejado esta entre as células B3 e B7 e deve ser retornado o primeiro maior valor, portanto a fórmula correta é =MAIOR(B3:B7;1) sendo assim apenas a alternativa B está correta.

Gabarito "B".

2.2. BrOffice

(Técnico – TRE/CE – 2012 – FCC) A barra de fórmulas do BrOffice.org Calc, versão 3.2, NÃO contém

(A) o ícone da função de soma.

(B) o ícone do assistente de funções.

(C) o ícone que exibe a visualização de página.

(D) uma caixa de nome de células ou intervalo.

(E) uma linha de entrada de fórmulas.

De todos os itens apresentados o Calc apenas não possui um ícone para exibir a visualização de página, portanto apenas a letra C está correta.

Gabarito "C".

(Enfermeiro – TJ/ES – 2011 – CESPE) Com relação aos conceitos e aplicativos dos ambientes Microsoft Office e BrOffice, julgue os itens a seguir.

(1) O *Layout* de Impressão, um dos modos de exibição de arquivos no Microsoft Word, permite que se visualize o documento aberto para posterior impressão em papel, sem que seja possível, no entanto, fazer qualquer alteração do processo de edição e impressão.

(2) Em uma planilha em edição no Calc, se houver um número em uma célula e se, a partir dessa célula, a alça de preenchimento for levada para as células adjacentes, será automaticamente criada uma sequência numérica a partir desse número.

(3) No MS Word, os temas são recursos que auxiliam na definição de formatos de textos por meio de estilos criados com tamanhos de fontes variados, plano de fundo, marcadores de tópicos que podem ser utilizados para caracterizar um documento ou um conjunto deles.

(4) Para se inserir uma função em uma célula de planilha do Microsoft Excel, é necessário, primeiramente, selecionar essa célula e acionar o assistente Inserir Função. Por meio dele, é possível inserir funções de diversas categorias, como as funções estatísticas média aritmética, média geométrica e desvio padrão, entre outras.

1: Errada, no modo de exibição *Layout* de Impressão é possível fazer alterações no processo de edição e impressão. **2:** Correta, tanto no Excel como no Calc, se em uma célula que contenha um número a alça de preenchimento for arrastada será gerada uma sequência numérica a partir do número em questão. **3:** Correta, um tema é um conjunto de formatações que pode ser aplicada visando agilizar a formatação geral do texto. **4:** Correta, o assistente Inserir Função permite escolher dentre todas as funções presentes no Excel para formar a operação desejada.

Gabarito "1E, 2C, 3C, 4C".

(**Enfermeiro Fiscal de Saúde – PREFEITO SENADOR CANEDO/GO – 2011 – UFG**) Considere a planilha elaborada no BrOffice Calc 3.3.1, apresentada na figura a seguir.

A fórmula utilizada na seleção apresentada (célula B7) é dada por:

(A) =SE(A7>=10; "Chá da tarde"; "Lanche")
(B) =SE(A7<=10; "Lanche"; "Chá da tarde")
(C) =SE(A7>=10; "Lanche"; SE(A7<=5; "Café da manhã"; "Chá da tarde"))
(D) =SE(A7>=10; "Lanche"; SE(A7>=5; "Café da manhã"; "Chá da tarde"))

A fórmula para a função é SE(condição; ação se verdadeiro; ação se falso), neste caso como existem 3 possíveis valores, a função deve ser usada de forma recursiva para que existam 3 condições, sendo esta =SE(A7>=10; "Lanche"; SE(A7<=5; "Café da manhã"; "Chá da tarde")), uma vez que a frase Café da manhã é usada caso o valor seja menor ou igual a 5, a palavra Lanche é usada para valores maiores ou iguais à 10 e a frase "Chá da tarde" para os demais. Portanto apenas a afirmativa C está correta.

Gabarito "C".

(**Analista – TRT/21ª – 2010 – CESPE**) Acerca dos sistemas operacionais, dos aplicativos de edição de textos, das planilhas e apresentações nos ambientes Windows e Linux, julgue o item abaixo.

(1) Em uma planilha em edição no Calc do BrOffice, se uma célula for preenchida com número e, em seguida, a alça de preenchimento dessa célula for arrastada para células seguintes na mesma linha ou coluna, as células serão automaticamente preenchidas com uma sequência numérica iniciada com número digitado.

1: Correta, utilizando-se a alça de preenchimento, as células conseguintes são preenchidas respeitando a progressão dos primeiros números selecionados.

Gabarito 1C

(**Analista – TRE/AC – 2010 – FCC**) O recurso de Autofiltro em uma planilha no *BrOffice.org Calc* pode ser usado por meio do acesso ao menu

(A) Dados e da seleção dos itens Filtro e Autofiltro.
(B) Formatar e da seleção dos itens Filtro e Autofiltro.
(C) Inserir e da seleção do item Autofiltro.
(D) Dados e da seleção do item Autofiltro.
(E) Formatar e da seleção do item Autofiltro.

A: Correta, o recurso de Autofiltro se encontra no item Filtro dentro do menu Dados. **B:** Errada, o menu correto seria o menu Dados e não o formatar. **C:** Errada, o menu correto é o menu Dados e não o menu Inserir. **D:** Errada, o menu está correto, porém o recurso se encontra dentro do item Filtro. **E:** Errada, o menu correto é o menu Dados e não o menu Formatar.

Gabarito "A".

(**Analista – TRE/AP – 2011 – FCC**) Em relação ao *BrOffice.org 3.1*, considere:

I. Em um arquivo aberto no *Writer* quando o cursor está em qualquer linha de qualquer parágrafo, ao se pressionar a tecla *Home* ele irá se posicionar no início do texto.

II. Em uma planilha do Calc, se a célula E8, que contém a fórmula =($D$2+SOMA(C3:C7))/$D$1, for copiada para a célula F9, através de Ctrl+C e Ctrl+V, a célula F9 conterá a fórmula =($D$2+SOMA(D4:D8))/$D$1.

III. No *Writer* as ações das teclas F7, Ctrl+F12 e Ctrl+F4 correspondem, respectivamente, verificar ortografia, inserir tabela e fechar documento.

IV. No Calc a fórmula =SOMA(A1:B2;B4) irá executar a soma de A1, B2 e B4.

Está correto o que se afirma, SOMENTE em

(A) I e II.
(B) I, II e IV.
(C) I, III e IV.
(D) II e III.
(E) II, III e IV.

A: Errada, a afirmativa I está incorreta, a tecla *Home* fará com que o curso se posicione no início da linha atual e não no início do texto. **B:** Errada, as afirmativas I e IV estão incorretas, a tecla *Home* fará com que o curso se posicione no início da linha atual e não no início do texto e a fórmula =SOMA(A1:B2;B4) soma os valores no intervalo A1 até B2 mais a célula B4. **C:** Errada, as afirmativas I e IV estão incorretas, a tecla *Home* fará com que o curso se posicione no início da linha atual e não no início do texto e a fórmula =SOMA(**A1**:B2;B4) soma os valores no intervalo A1 até B2 mais a célula B4. **D:** Correta, apenas as afirmativas II e III estão corretas. **E:** Errada, a afirmativa IV está incorreta, a fórmula =SOMA(**A1**:B2;B4) soma os valores no intervalo A1 até B2 mais a célula B4.

Gabarito "D".

I. Uma planilha (BrOffice.org 3.1) com as informações abaixo. A célula contendo o sinal de interrogação (incógnita) representa um valor obtido por propagação feita pela alça de preenchimento originada em A2. HIPÓTESE: O resultado da incógnita obtido com essa operação é o mesmo se a propagação for originada em B1.

	A	B
1	=42*33	=A1*2
2	=A1/2	?

(Analista – TRE/PI – 2009 – FCC) A hipótese apresentada em (I) está

(A) errada e a incógnita resulta em 1386 se originada em A2 e em 2772 se originada em B1.
(B) errada e a incógnita resulta em 693 se originada em A2 e em 1386 se originada em B1.
(C) errada e a incógnita resulta em 1386 se originada em A2 e em 693 se originada em B1.
(D) correta e a incógnita resulta em 693.
(E) correta e a incógnita resulta em 1386.

A: errada, a hipótese está correta, pois, se arrastada a partir de A2, a célula B2 teria o valor da B1 dividido por 2, portanto 1386, arrastando-se a partir de B1, seu valor seria A2 * 2, também 1386. **B:** errada, a hipótese está correta. **C:** errada, a hipótese está correta. **D:** errada, a hipótese está correta, porém o valor da incógnita será metade do valor de B1, neste caso, 1386. **E:** correta, a hipótese está correta e o resultado será metade do valor de B1, ou seja, 1386.

Gabarito "E".

(Analista – TRE/MA – 2009 – CESPE) Com relação aos aplicativos do ambiente BR Office, assinale a opção correta.

(A) O Writer é um editor de texto do BR Office cuja única limitação é não permitir a edição de documentos em código HTML.
(B) Um documento armazenado em arquivo no formato nativo padrão .odt do BR Office pode ser aberto por qualquer *software* do ambiente BR Office e também pelo Microsoft Office.
(C) O Impress, que reconhece arquivos com extensão .odt, é a ferramenta do BR Office utilizada para a criação de documentos, de forma equivalente ao aplicativo Microsoft Office Word.
(D) O BR Office é um *software* gratuito e livre, sendo encontrado em versões que podem ser executadas em diferentes plataformas de *hardware* e sistemas operacionais, incluindo Linux e Windows.
(E) O Calc é o *software* do BR Office usado para a edição de tabelas e cálculos de fórmulas, de forma semelhante ao Excel, mas que possui recursos próprios para a sintaxe das fórmulas e regras de cálculo diferentes das utilizadas no Microsoft Office Excel.

A: errada, o Writer permite a edição de documentos em código HTML. **B:** errada, o Microsoft Office não consegue abrir documentos no formato .odt. **C:** errada, o Impress é uma ferramenta de criação de apresentação de *slides* e não de documentos. **D:** correta, o BR Office é um *software* livre, gratuito e que pode ser encontrado em versões que rodam tanto em Windows como Linux. **E:** errada, a sintaxe das fórmulas e regras de cálculo não é diferente das utilizadas no Microsoft Office Excel.

Gabarito "D".

(Analista – TRE/TO – 2011 – FCC) As células A1 até A3 de uma planilha *BrOffice* (Calc) contêm, respectivamente, os números: 2, 22 e 222. A célula A4 contém a fórmula =A1*A2+A3 (resultado = 266) que arrastada pela alça de preenchimento para a célula A5 registrará, nesta última, o resultado (calculado)

(A) 510
(B) 5150
(C) 6074
(D) 10736
(E) 63936

A: Errada, a alça seguiria a progressão da função, alterando-a para =A2*A3+A4, que resulta em 5150. **B:** Correta, a alça sege a progressão da função, alterando-a para =A2*A3+A4, que resulta em 22*222+266 com resultado sendo 5150. **C:** Errada, a alça seguiria a progressão da função, alterando-a para =A2*A3+A4, que resulta em 5150. **D:** Errada, a alça seguiria a progressão da função, alterando-a para =A2*A3+A4, que resulta em 5150. **E:** Errada, a alça seguiria a progressão da função, alterando-a para =A2*A3+A4, que resulta em 5150.

Gabarito "B".

(Analista – TJ/ES – 2011 – CESPE) Com relação aos conceitos e aplicativos dos ambientes Microsoft Office e BrOffice, julgue os itens a seguir.

(1) O *Layout* de Impressão, um dos modos de exibição de arquivos no Microsoft Word, permite que se visualize o documento aberto para posterior impressão em papel, sem que seja possível, no entanto, fazer qualquer alteração do processo de edição e impressão.
(2) Em uma planilha em edição no Calc, se houver um número em uma célula e se, a partir dessa célula, a alça de preenchimento for levada para as células adjacentes, será automaticamente criada uma sequência numérica a partir desse número.
(3) No MS Word, os temas são recursos que auxiliam na definição de formatos de textos por meio de estilos criados com tamanhos de fontes variados, plano de fundo, marcadores de tópicos que podem ser utilizados para caracterizar um documento ou um conjunto deles.

(4) Para se inserir uma função em uma célula de planilha do Microsoft Excel, é necessário, primeiramente, selecionar essa célula e acionar o assistente Inserir Função. Por meio dele, é possível inserir funções de diversas categorias, como as funções estatísticas média aritmética, média geométrica e desvio padrão, entre outras.

1: Errada, o processo de edição e impressão ainda podem ser alterados no modo de exibição de *Layout* de Impressão. 2: Correta, a alça de preenchimento segue a progressão do número criando uma sequência numérica a partir das células selecionadas. 3: Correta, o tema agrupa um conjunto de configurações que podem ser aplicadas a outros documentos. 4: Correta, uma função só pode ser inserida em uma célula previamente selecionada, após isso utiliza-se a função Inserir Função ou digitar a função na linha de escrita.

Gabarito 1E, 2C, 3C, 4C

(Agente Administrativo – Ministério da Justiça – 2009 – FUNRIO) O BrOffice Calc utiliza símbolos para representar as operações matemáticas. O símbolo utilizado para representar a exponenciação é:
(A) *
(B) exp
(C) ~
(D) &
(E) ^

A: Errada, o * representa multiplicação. B: Errada, exp não é um símbolo válido no Calc. C: Errada, ~ não é um símbolo para contas no Calc. D: Errada, o símbolo & apenas concatena os valores. E: Correta, o ^ é usado para representar exponenciações.

Gabarito "E".

(Agente Administrativo – MPOG – 2009 – FUNRIO) No BrOffice Calç para calcular a soma do conteúdo das células A1, A2 e A3, devemos inserir a seguinte fórmula:
(A) Fx SUM [A1:A3]
(B) /(A1+A2+A3)
(C) =soma(A1:A3)
(D) soma (A1..A3)
(E) [A1+A2+A3]

A: Errada, as fórmulas são iniciadas por =. B: Errada, as fórmulas são iniciadas por =. C: Correta, a fórmula =soma() calcula a soma das células ou do intervalo fornecido como parâmetro. D: Errada, as fórmulas são iniciadas por =. E: Errada, as fórmulas são iniciadas por =.

Gabarito "C".

(Administrador – Ministério da Justiça – 2009 – FUNRIO) O BrOffice Calc respeita uma precedência de operações ao realizar seus cálculos matemáticos. Em uma fórmula primeiramente é resolvido
(A) a exponenciação.
(B) o que estiver entre parênteses.
(C) a multiplicação ou divisão.
(D) a soma ou subtração.
(E) o que vier na ordem da esquerda para direita.

O primeiro item a ser considerado em qualquer fórmula é o conteúdo que está entre parênteses, lembrando que quando houver um dentro de outro conjunto de parênteses, o mais interno tem precedência sobre o mais externo.

Gabarito "B".

3. EDITORES DE APRESENTAÇÃO

(Técnico – TRT/11ª – 2012 – FCC) Ao abrir o *BrOffice. org* Apresentação (*Impress*) será aberta a tela do Assistente com as opções: Apresentação vazia,
(A) Usar meus *templates* e Abrir uma apresentação existente, apenas.
(B) A partir do modelo e Abrir uma apresentação existente, apenas.
(C) A partir do modelo, Abrir uma apresentação existente e Acessar o construtor *on-line,* apenas.
(D) Usar meus *templates* Abrir uma apresentação existente e Acessar o construtor *on-line,* apenas.
(E) A partir do modelo, Usar meus *templates* Abrir uma apresentação existente e Acessar o construtor *on-line*.

As outras opções são "A partir do modelo" e "Abrir uma apresentação existente", portanto apenas a alternativa B está correta.

Gabarito "B".

(Analista – TRT/11ª – 2012 – FCC) Em um *slide* mestre do *BrOffice.org* Apresentação (*Impress*), NÃO se trata de um espaço reservado que se possa configurar a partir da janela Elementos mestres:
(A) Número da página.
(B) Texto do título.
(C) Data/hora.
(D) Rodapé.
(E) Cabeçalho.

Nos *slides* mestres, número da página, data/hora, rodapé e cabeçalho são espaços reservados que podem ser configurados, apenas o Texto do título não pode ser alterado pela janela de Elementos mestres.

Gabarito "B".

(Analista – TRE/CE – 2012 – FCC) Para salvar uma apresentação do *BrOffice Impress* com senha,
(A) clica-se no menu Arquivo e em seguida na opção Salvar como. Na janela que se abre, dá-se o nome ao arquivo no campo Nome, seleciona-se a opção Ferramentas, em seguida Opções Gerais e digita-se a senha. Para concluir, clica-se no botão Salvar.
(B) pressiona-se a combinação de teclas *Ctrl + Shift + S* e, na tela que se abre, digita-se o nome do arquivo no campo Nome, a senha no campo Senha e clica-se no botão Salvar.
(C) clica-se no menu Arquivo e em seguida na opção Salvar. Na tela que se abre, digita-se o nome do arquivo no campo Nome, a senha no campo Senha e clica-se no botão Salvar.
(D) pressiona-se a combinação de teclas *Ctrl + S* e, na tela que se abre, digita-se o nome do arquivo

no campo Nome, seleciona-se a caixa de combinação Salvar com senha e clica-se no botão Salvar. Para concluir, digita-se e redigita-se a senha e clica-se no botão OK.

(E) clica-se no menu Arquivo e em seguida na opção Salvar. Na janela que se abre, dá-se o nome do arquivo no campo Nome, seleciona-se a opção Ferramentas, em seguida Salvar com senha. Na janela que se abre, digita-se e redigita-se a senha e clica-se no botão Salvar.

No Impress, para salvar uma apresentação com senha, basta salvar o documento normalmente, por exemplo com o atalho Cltr + S; na janela exibida deve-se marcar a caixa Salvar com senha e então digitar a senha desejada, portanto apenas a alternativa D está correta.

Gabarito "D".

(Auditor Fiscal – São Paulo/SP – FCC – 2012) No MS PowerPoint, podem ser utilizados modelos prontos ou criados modelos novos. Para editar ou criar um novo modelo deve-se abrir a guia

(A) Exibir, clicar em Slide mestre e editar o *slide* mestre da apresentação e os leiautes associados.
(B) Editor de modelo e preencher um ou mais *slides* modelo.
(C) Arquivo, clicar em Modelos e preencher um ou mais *slides* modelo.
(D) Arquivo, clicar em Salvar como e selecionar o formato Modelo de apresentação.
(E) Exibir, clicar em Modelo de apresentação e preencher um ou mais *slides* modelo.

A edição e criação de modelos do MS PowerPoint é feita por meio da opção Modelos de apresentação localizada no menu Exibir, portanto apenas a alternativa E está correta.

Gabarito "E".

(Enfermeiro Fiscal de Saúde – PREFEITO SENADOR CANEDO/GO – 2011 – UFG) Considere a caixa de diálogo do BrOffice Impress 3.3.1, apresentada na figura a seguir.

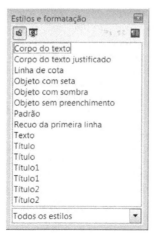

Os estilos utilizados nos esquemas automáticos apresentados na figura referem-se aos Estilos de

(A) Apresentação.
(B) Figuras.
(C) MathType.
(D) Suplementos.

Como pode ser verifica no canto superior esquerdo da imagem, o ícone relacionado as Figuras está selecionado, portanto os esquemas automáticos apresentados se referem aos Estilos de Figura, portanto apenas a alternativa B está correta.

Gabarito "B".

(Enfermeiro Fiscal de Saúde – PREFEITO SENADOR CANEDO/GO – 2011 – UFG) O Microsoft© Office PowerPoint 2007 permite que revisores incluam textos para avaliação de conteúdo dos *slides*. Para utilizar esse recurso o usuário deve acessar a guia "Revisão" e clicar no botão

(A)

(B)

(C)

(D)

A: Errada, este botão apenas permite visualizar comentários e outras anotações. B: Errada, este botão se encontra na guia Exibição e exibe a apresentação no modo de classificação de *slides*. C: Errada, este botão está na guia Arquivo e permite alterar as permissões de proteção do arquivo. D: Correta, este botão permite adicionar um comentário sobre a seleção atual.

Gabarito "D".

(Enfermeiro – FAMERP/SP – 2012 – VUNESP) A imagem a seguir foi retirada do programa MS-PowerPoint 2010, em sua configuração padrão.

Assinale a alternativa que contém o nome da guia e do grupo, respectivamente, a que pertence a imagem.

(A) Inserir; Gráficos.
(B) Inserir; Ilustrações.
(C) Gráficos; Inserir.

(D) Inserir; Objetos.
(E) Objetos; Inserir.

Os ícones apresentados representam as funções Forma, SmartArt e Gráfico, respectivamente, e podem ser encontrados no grupo Ilustrações da guia Inserir. Portanto apenas a alternativa B está correta.

Gabarito "B".

(Enfermeiro – POLÍCIA CIVIL/MG – 2013 – ACADE-POL) Sobre os tipos de diagramas disponíveis através da opção de menu "Inserir" à Diagrama... do Microsoft PowerPoint, versão português do Office 2003, analise as seguintes afirmativas.

I. O ícone ✪ representa um Diagrama de ciclo.
II. O ícone 🐝 representa um Diagrama de Venn.
III. O ícone ✲ representa um Diagrama radial.

Estão CORRETAS as afirmativas:

(A) I, II e III.
(B) I e II, apenas.
(C) I e III, apenas.
(D) II e III, apenas.

Todas as afirmativas estão corretas, portanto a alternativa A deve ser assinalada.

Gabarito "A".

(Analista – TRE/AC – 2010 – FCC) Uma apresentação elaborada no *MS PowerPoint 2003* pode ser impressa na forma de folhetos para consultas. Espaços em linhas para que se façam anotações sobre as apresentações são reservados no folheto de

(A) um slide por página.
(B) dois *slides* por página.
(C) três *slides* por página.
(D) quatro *slides* por página.
(E) seis *slides* por página.

A: Errada, na impressão de um slide por página não há linhas reservadas para comentários. **B:** Errada, na impressão de dois *slides* por página não há linhas reservadas para comentários. **C:** Correta, apenas na impressão de folhetos com três *slides* por página é reservado um espaço com linhas para a realização de comentários. **D:** Errada, na impressão de folhetos com quatro *slides* por folha não há espaço reservado para comentários. **E:** Errada, na impressão de folhetos com seis *slides* por folha não há espaço reservado para comentários.

Gabarito "C".

(Escrivão de Polícia/SP – 2010) Sobre o PowerPoint é correto dizer:

(A) o trabalho com o PowerPoint se inicia com uma das opções: Autoconteúdo, Modelo, Apresentação em Branco ou abrir um slide existente.
(B) o PowerPoint permite criar arquivos que poderão ser lidos e apresentados no Word
(C) o assistente de autoconteúdo permite a criação automática de apenas um slide. A criação de *sli-*

des subsequentes se dá pelo Modo de classificação de *slides*.
(D) o trabalho com o PowerPoint se inicia com uma das opções: Assistente de Autoconteúdo, Modelo, Apresentação em Branco ou abrir uma apresentação existente.
(E) O PowerPoint não permite alterar arquivos lidos

A: Errada, a opção correta é denominada Assistente de Autoconteúdo. **B:** Errada, os arquivos criados no PowerPoint são lidos e apresentados no próprio programa e não no Word. **C:** Errada, é possível criar mais de um slide com o Assistente de Autoconteúdo. **D:** Correta, para iniciar o uso do PowerPoint pode-se escolher entre usar o Assistente de Autoconteúdo, abrir uma apresentação existente, iniciar uma apresentação em branco ou usar um modelo existente. **E:** Errada, é possível editar arquivos lidos ou salvos anteriormente.

Gabarito "D".

(Auditor Fiscal/RO – 2010 – FCC) A criação do efeito de Persiana horizontal pode ser elaborada no aplicativo PowerPoint por meio do menu

(A) Apresentações e da Opção Transição de *slides*.
(B) Apresentações e da Opção Novo slide.
(C) Inserir e da Opção Novo slide.
(D) Inserir e da Opção Apresentação de *slides*.
(E) Editar e da Opção Apresentação de *slides*.

A: Correta, a opção Transição de *slides* controla a forma como os *slides* surgem na tela, sendo uma delas o efeito de Persiana Horizontal. **B:** Errada, a opção mencionada apenas cria um novo slide no corpo da apresentação. **C:** Errada, a opção mencionada apenas cria um novo slide no corpo da apresentação. **D:** Errada, a opção Apresentação de Slides não se encontra no menu Inserir e não controla a transição de *slides*, onde o efeito de Persiana horizontal pode ser aplicado. **E:** Errada, a opção Apresentação de Slides não se encontra no menu Editar e não controla a transição de *slides*, onde o efeito de Persiana horizontal pode ser aplicado.

Gabarito "A".

(Analista – TRE/AC – 2010 – FCC) NÃO é um componente que se apresenta na janela principal do *BrOffice.org Impress*:

(A) Estrutura de tópicos.
(B) Painel de *slides*.
(C) Classificador de *slides*.
(D) Folheto.
(E) Notas.

A: Errada, o item Estrutura de tópicos está presente como uma aba no painel central do programa. **B:** Correta, o Painel de Slides não faz parte dos componentes presentes na janela principal do programa. **C:** Errada, o Classificador de *slides* também é uma das abas presentes no painel central da janela principal do programa. **D:** Errada, o Folheto também é uma das abas presentes no painel central da janela principal do programa. **E:** Errada, Notas também é uma das abas presentes no painel central da janela principal do programa.

Gabarito "B".

(Analista – PREVIC – 2011 – CESPE) Acerca dos programas que fazem parte dos pacotes BrOffice.org e Microsoft Office, julgue os itens subsequentes.

(1) No programa PowerPoint do Microsoft Office, quando se grava um pacote de apresentações em um CD, essas apresentações são configuradas, por padrão, para serem executadas automaticamente.

(2) O programa Writer do BrOffice.org, assim como o Word do Microsoft Office, possui corretor gramatical e ortográfico de funcionamento automático.

1: Correta, quando um pacote de apresentações é gravado em CD este irá executá-las automaticamente, sendo que o usuário pode escolher em qual a ordem as apresentações serão exibidas. **2:** Errada, ambos os programas possuem auto verificação ortográfica, porém as correções gramaticais devem ser ativadas pelo usuário.

Gabarito 1C 2E

(Escrevente – TJM/SP – VUNESP – 2017) No Microsoft PowerPoint 2010, em sua configuração padrão, existe uma excelente maneira de exibir apresentações com as anotações do orador em um computador (o laptop, por exemplo), ao mesmo tempo em que o público-alvo visualiza apenas a apresentação sem anotações em um monitor diferente. Essa maneira chama-se Modo de Exibição

(A) de Classificação de Slides.
(B) Leitura.
(C) do Apresentador.
(D) Mestre.
(E) Normal.

A: Errada, o Modo de Exibição de Classificação de Slides proporciona a visualização dos slides em forma de miniaturas. **B:** Errada, o Modo de Exibição de Leitura exibe a apresentação como uma apresentação de slides que cabe na janela. **C:** Correta, o Modo de Exibição do Apresentador permite exibir a apresentação em um monitor ou projetor e em outro monitor as anotações do orador. **D:** Errada, o Modo de Exibição Mestre é usado para editar os slides mestre da apresentação. **E:** Errada, o Modo de Exibição Normal é o formato padrão de apresentação de slides e não permite o cenário descrito no enunciado.

Gabarito "C".

(Administrador – Idecan/MS – 2017) Analise as afirmativas sobre a ferramenta *Microsoft Office Power-Point 2007* (configuração padrão).

I. Os recursos Número do *slide* e Objeto estão localizados no grupo Objetos da guia Inserir.
II. O recurso Orientação do *Slide* está localizado no grupo Configurar Página da guia *Layout* da Página.
III. O recurso Ocultar *Slide* está localizado no grupo Configurar da guia Apresentação de *Slides*.

Está(ão) correta(s) apenas a(s) afirmativa(s)

(A) I.
(B) II.
(C) III.
(D) I e II.
(E) II e III.

A afirmativa I está incorreta, o nome correto do grupo onde se encontram as opções Número do slide e Objeto é Texto. A afirmativa II está incorreta, o recurso Orientação do Slide se encontra na guia Design, não existe guia Layout da Página no MS PowerPoint. A afirmativa III está correta, o recurso Ocultar Slide, que permite ocultar o slide atual da apresentação, se encontra no grupo Configurar da guia Apresentação de Slides, portanto apenas a alternativa C está correta.

Gabarito "C".

(Especialista – IBFC – 2017) O modo de exibição do Microsoft PowerPoint 2007 proporciona a visualização dos slides em forma de miniaturas. Assinale a alternativa que apresenta o modo de exibição que facilita a classificação e a organização da sequência de slides à medida que você cria a apresentação e, também, quando você prepara a apresentação para impressão:

(A) Exibição de Slides
(B) Classificação de Slides
(C) Normal
(D) Anotações
(E) Apresentação de Slides

A: Errada, "Exibição de Slides" não designa um dos modos de exibição disponíveis no MS PowerPoint. **B:** Correta, o modo de Classificação de Slides permite visualizar os slides como miniaturas e organizar a sequência dos slides de forma rápida e fácil. **C:** Errada, o modo de exibição normal é o modo padrão do PowerPoint e apresenta os slides apenas como miniaturas. **D:** Errada, o modo de anotações exibe a página de anotações do orador da forma como estarão quando forem impressas. **E:** Errada, o modo de apresentação de slides apenas utiliza toda a tela para realizar a apresentação dos slides na forma como foram preparados.

Gabarito "B".

(Analista – DPU – Cespe – 2016) Com relação às ferramentas e às funcionalidades do ambiente Windows, julgue o item que se segue.

(1) No Microsoft Power Point, para se utilizar um dos temas de modelos de layout de slides, é necessário seguir a formatação adotada pelo estilo selecionado, não sendo possível, por exemplo, alterar o tipo de fonte e de cores, ou inserir outros efeitos.

1: Errada, uma vez selecionado o modelo desejado o usuário tem liberdade de alterar a apresentação da forma que desejar, sendo possível fazer as alterações de fonte, cor e efeitos.

Gabarito 1E

(Técnico – SEDF – CESPE – 2017) Julgue o próximo item, relativo aos aplicativos para edição de textos, planilhas e apresentações do ambiente Microsoft Office 2013.

(1) Uma apresentação criada no PowerPoint 2013 não poderá ser salva em uma versão anterior a esta, visto que a versão de 2013 contém elementos mais complexos que as anteriores.

1: errada, durante o processo de salvamento é possível utilizar um formato compatível com versões anteriores do MS PowerPoint sem prejuízo para a apresentação.

Gabarito 1E

(Soldado – PM/SP – VUNESP – 2019) No Microsoft PowerPoint 2010, em sua configuração original, um usuário está em modo de apresentação, exibindo o segundo slide, em uma apresentação de 10 slides, sem nenhum slide oculto, tampouco animações, transições, ou botões de ação.
Assinale a alternativa que indica a(s) tecla(s) que deve(m) ser pressionada(s) para finalizar a apresentação.
(A) HOME
(B) ESC
(C) F5
(D) END
(E) SHIFT+F5

A: Errada, a tecla HOME levaria a apresentação para o primeiro slide. B: Correta, a tecla ESC finaliza o modo de apresentação, voltando para o modo de edição de slides. C: Errada, a tecla F5 é usada para iniciar o modo apresentação do PowerPoint. D: Errada, a tecla END faria a apresentação ir para o último slide. E: Errada, o atalho SHIFT + F5 inicia o modo de apresentação a partir do slide atualmente em edição. Portanto apenas a alternativa B está correta.
Gabarito "B".

(Soldado – PM/SE – IBFC – 2018) Para iniciar uma apresentação, desde o começo, desenvolvida no Powerpoint do pacote da Microsoft Office 2003/2007/2010, deve-se utilizar especificamente a tecla:
(A) F1
(B) F2
(C) F5
(D) F12

A: Errada, a tecla F1, em qualquer ferramenta do Office e em diversos outros programas, ativa a Ajuda. B: Errada, a tecla F2 ativa a função Selecionar Tudo. C: Correta, a tecla F5 faz o PowerPoint entrar em modo de apresentação, e o atalho Shift + F5 entra no modo de apresentação começando do slide atualmente em exibição. D: Errada, a tecla F12 ativa a função Salvar Como
Gabarito "C".

(Técnico Enfermagem – GHC/RS – 2021 – FUNDATEC) No Microsoft Word, trabalhamos com guias e com grupos de comandos. Dentro da Guia Página Inicial, temos o grupo Parágrafo que mostra vários botões de comandos. Entre esses botões, existe o comando Mostrar tudo. Esse comando é responsável por:
(A) Mostrar fontes, tamanho da fonte, cor, sublinhado e outras formatações do texto.
(B) Ativar e desativar o modo de Visualização de Impressão.
(C) Mostrar todas as margens dos documentos.
(D) Mostrar cabeçalho e rodapé quando estão ocultos.
(E) Mostrar marcas de parágrafos e outros símbolos de formatação ocultos.

Comentário: A, B, C, D e E: No Microsoft Word, assim como em outros softwares de edição de texto como o LibreOffice ou OpenOffice, o comando Mostrar tudo permite visualizar diversos símbolos ocultos no texto, como marcadores de parágrafo, espaçamento entre palavras, tabulações e outros. Portanto apenas a alternativa E está correta.
Gabarito "E".

(Técnico Enfermagem – GHC/RS – 2021 – FUNDATEC) No Word, é possível inserir vários elementos como legendas, índice, citações e muitos outros elementos textuais. Para inserir "Notas de fim", devemos clicar em qual Guia?
(A) Guia Inserir.
(B) Guia Referências.
(C) Guia Revisão.
(D) Guia Layout.
(E) Guia Exibição.

Comentário: A, B, C, D e E: No Microsoft Word, a opção para inserção de "Notas de fim", que permite a incluir comentários ou citações contendo informações sobre algo no documento, se encontra no grupo de comandos Notas de Rodapé, localizado na guia Referências. Portanto apenas a alternativa B está correta.
Gabarito "B".

(Técnico Enfermagem – Pref. Morro Agudo/SP – 2020 – VUNESP) Tem-se a imagem parcial da guia Página Inicial do Microsoft Word 2010, em sua configuração original.

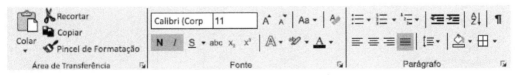

Em um documento em branco, ao iniciar a digitação, o texto estará alinhado _____ e formatado _____.
Assinale a alternativa que preenche, correta e respectivamente, as lacunas do texto.
(A) à esquerda ... tachado
(B) centralizado ... negrito e itálico
(C) justificado ... sublinhado
(D) justificado ... negrito e itálico
(E) à esquerda ... sublinhado

Comentário: A, B, C, D e E: Conforme indicado pelo ícone ![icon], o alinhamento inicial é o justificado e as formatações aplicadas, são

as de negrito e itálico, respectivamente indicadas pelos itens ![N]

e ![I] selecionados (percebe-se pelo destaque na cor). Portanto apenas a alternativa D está correta.

Gabarito "D".

(Técnico Enfermagem – Pref. Paulínia/SP – 2021 – FGV) Considere um comando de localização no MS Word, onde o texto a localizar foi

vol

e as opções de busca avançada escolhidas foram:

"Diferenciar maiús./minúsc."

"Localizar apenas palavras inteiras"

O texto objeto da busca é exibido a seguir.

Lorem ipsum dolor sit amet. Eos voluptatem dolores id mollitia dolor ad necessitatibus quia aut libero sunt non voluptatem nisi! Et modi voluptas qui rerum voluptas eos amet dicta et consequatur amet aut eligendi voluptatem ea laudantium molestias.

Assinale o número de palavras localizadas.

(A) Zero.
(B) Uma.
(C) Duas.
(D) Três.
(E) Quatro.

Comentário: **A**, **B**, **C**, **D** e **E**: Ao utilizar as opções mencionadas na busca avançada, o Word irá buscar pelo termo exatamente como foi digitado e ocorrendo como uma palavra única e não como parte de outra palavra. Como no texto informado não existe o termo "vol" como uma palavra única não seria encontrado nenhum registro, logo apenas a alternativa A está correta.

Gabarito "A".

(Técnico Enfermagem – Pref. Paulínia/SP – 2021 – FGV) No contexto do MS Word, os termos *Normal*, *Título 1*, *Título 2* são empregados para a identificação de

(A) Estilos.
(B) Fontes.
(C) Formas.
(D) Padrões ortográficos.
(E) Símbolos especiais.

Comentário: **A**, **B**, **C**, **D** e **E**: O Microsoft Word apresenta uma série de formatações pré definidas que podem ser usadas pelo usuário para agilizar a formatação de um texto. Estes elementos são conhecidos como Estilos e podem ser encontrados na guia Página Inicial do MS Word, tendo como exemplos destes estilos as opções Normal, Título 1, Título 2, subtítulo, Ênfase, Citação, entre outros. Sendo assim apenas a alternativa A está correta.

Gabarito "A".

(Técnico Enfermagem – Pref. Boa Vista/RR – 2020 – SELECON) O texto mostrado a seguir foi digitado no Word 2019 BR. Ao texto, foram aplicados os recursos listados a seguir.

I. No título, foram usados os estilos negrito e itálico e o alinhamento centralizado, por meio da execução de atalhos de teclado existentes no editor.

II. Ao texto, foi aplicado o alinhamento justificado e usado o estilo negrito às referências "telefone é 40094915" e "Centro de Referência da Saúde da Mulher", por meio do acionamento de ícones do Word.

CENTRO DE REFERÊNCIA DA SAÚDE DA MULHER

São Francisco - Boa Vista - RR Clínica Médica

Centro de Especialidades Médicas

Para entrar em contato com a Clínica Médica, Centro de Especialidades Médicas e Centro de Referência da Saúde da Mulher o **telefone é 40094915**, e se você precisar de atendimento em geral ou outras informações sobre marcação de consultas, agendamento médico ou de exames, emissão de guias ou questões comerciais, o endereço do estabelecimento é Rua Rocha Leal. S/N - São Francisco, Boa Vista - RR.

Confira todas as informações sobre o **Centro de Referência da Saúde da Mulher**, como o *horário de atendimento* e o *mapa*, para você saber como chegar até esse estabelecimento de saúde no *site* *https://cebes.com.br/centro-de-referencia-dasaude-da-mulher-3221172/*

O atalho de teclado para aplicar estilo negrito e o ícone para configurar o alinhamento justificado foram, respectivamente:

(A) Alt + N e ![icon]

(B) Alt + N e ![icon]

(C) Ctrl + N e ![icon]

(D) Ctrl + N e ![icon]

Comentário: A, B, C e D: No MS Word, o atalho Alt + N abre a guia Correspondências, enquanto o atalho Ctrl + N aplica o efeito negrito

à um texto. Quanto ao alinhamento, o ícone ![icon] ativa o alinhamento centralizado e o ícone ![icon] se refere ao alinhamento justificado, portanto apenas a alternativa C está correta.

Gabarito "C".

(Técnico Enf. – SES/RS – 2022 – FAURGS) Considere a figura a seguir, que reproduz uma parte dos ícones do Google Docs.

Para melhor visualização, destaca-se e numera-se, a seguir, apenas alguns dos ícones para identificação de suas funções.

Assinale a alternativa que descreve corretamente a função ou denominação do ícone identificado pelo número.

(A) O ícone 1 serve para escolher a cor do texto.
(B) O ícone 2 serve para escolher a cor de destaque do texto.
(C) O ícone 3 serve para sublinhar um texto.
(D) O ícone 4 serve para retirar uma parte do texto.
(E) O ícone 5 serve para inserir uma imagem no documento.

Comentário: **A, B, C, D e E:** O ícone 1 é usado para aplicar o efeito de Negrito ao texto. O ícone 2 é usado para aplicar o efeito de sublinhado ao texto. O ícone 3 é usado para alterar a cor do texto. O ícone 4 é usado para incluir um hyperlink ao texto. Por fim, o ícone 5 é usado para incluir imagens ao texto. Sendo assim, apenas a alternativa E está correta.

Gabarito "E".

(Técnico Enf. – SES/RS – 2022 – FAURGS) No Google Docs, tem-se operações como Espaçamento entre linhas e parágrafos, Marcadores e Numeração, Colunas, entre outras. Essas operações estão no menu

(A) Inserir.
(B) Formatar.
(C) Editar.
(D) Ferramentas.
(E) Ver

Comentário: A, B, C, D e E: As funções mencionadas na questão são usadas para formatar trechos do texto em edição e podem ser encontradas no menu Formatar do Google Docs, portanto a alternativa B está correta.

Gabarito "B".

(Técnico Enfermagem – Pref. Contagem/MG – 2022 – IBFC) Com base na planilha do MS-Excel, do Pacote Microsoft Office abaixo, assinale a alternativa que apresenta o resultado da fórmula:
=MÉDIA(A2:C2)+A1-MÍNIMO(B1:C1).

	A	B	C
1	1	5	10
2	3	6	9

(A) 0 (zero)
(B) 1 (um)
(C) 2 (dois)
(D) 3 (três)

Comentário: A, B, C e E: A fórmula apresentada realiza o cálculo da média das células no intervalo entre A2 e C2 ((3 + 6 + 9) / 3), somado ao valor da célula A1 (1) subtraído do menor valor presente no intervalo de B1 até C1 (5), como ((3 + 6 + 9) / 3) + 1 – 5 é igual a 2, apenas a alternativa C está correta.

Gabarito "C".

(Técnico Enfermagem – GHC/RS – 2021 – FUNDATEC) No Excel, podemos montar várias fórmulas. O uso da função SE é muito usado pelos usuários, assim, conhecer essa função facilita a aplicação e a busca de resultados, o que muitas vezes é crucial para as empresas. Na figura abaixo, temos um pequeno exemplo de uso da função SE. Observe a figura e tente identificar a fórmula certa para calcular a porcentagem do imposto sobre o salário de acordo com a tabela da figura. Para salários até 1.800, o imposto é 0%, para salários acima de 1.800 até 3.600, o imposto é de 10%, para salários acima de 3.600 até 5.600, o imposto é de 15% e, para salários acima de 5.600, o imposto será de 25%. A fórmula deve ser digitada na célula B10 e testada na célula B9. O resultado deve mostrar somente a porcentagem que corresponde ao salário. A célula B10 já está com a formatação de porcentagem.

	A	B	C
1	**Cálculo para Imposto de renda**		
2			
3	**Salário**	**% de Imposto**	
4	0 - 1800	0%	
5	1800 - 3600	10%	
6	3600 - 5600	15%	
7	Acima de 5600	25%	
8			
9	**Digite o salário:**		
10	**% de Imposto:**		
11			

A resposta correta para função SE é:

(A) =SE(B9<=1800;0%;SE(B9<=3600;10%;SE(B9<=5600;15%;25%)))
(B) =SE(B9<1800;0%;SE(B9<3600;10%;SE(B9<5600;15%;25%)))
(C) =SE(B9<=1800>3600;0%;SE(B9<=3600>5600;10%;SE(B9>5600;15%;25%)))
(D) =SE(B9>1800;0%;SE(B9>3600;10%;SE(B9>5600;15%;25%)))
(E) =SE(B9<=0;0%;SE(B9<=1800;0%;SE(B9<=3600;10%;SE(B9<=5600;15%;SE(B9>5600;25%)))))

Comentário: A fórmula SE permite realizar uma verificação lógica e retornar valores diferentes caso a verificação seja verdadeira ou falsa. Sua sintaxe é SE(condição;valor_se_verdadeiro;valor_se_falso). Considerando que o valor para verdadeiro também pode ser outra formula SE, podemos aninhá-las de forma a realizar várias verificações. Neste caso se o valor de B9 for menor ou igual a 1800 o valor retornado deve ser 0%; caso contrario se for menor ou igual a 3600 o valor a ser retornado é de 10%; caso contrário se for menor ou igual a 5600 deve-se retornar 15% e para todos os outros casos o resultado é 25%, logo a sintaxe correta é aquela exibida na alternativa A, que deve ser marcada.
Gabarito "A".

(Técnico Enfermagem – Pref. Morro Agudo/SP – 2020 – VUNESP) Tem-se a seguinte planilha criada no Microsoft Excel 2010, em sua configuração padrão.

	A
1	73
2	99
3	95
4	88
5	47
6	91
7	60
8	6
9	28
10	
11	0

A célula A11 contém a fórmula =CONTAR.VAZIO(A1:A9). Se o usuário alterar o conteúdo da célula A1 para um texto, apagar o conteúdo da célula A2, selecionando-a e pressionando a tecla DEL, alterar o conteúdo da célula A3 para o valor zero, alterar o conteúdo da célula A4 para um espaço em branco e, finalmente, ocultar a linha 5, assinale a alternativa que indica o conteúdo final da célula A11.

(A) 1
(B) 2
(C) 3
(D) 4

(E) 5

Comentário: A, B, C, D e E: A função CONTAR.VAZIO() retorna o número de células sem nenhum conteúdo em um intervalo determinado, e neste caso todas as células presente no intervalo de A1 até A9 estão preenchidas com valores. Alterar o valor de uma célula para 0 ou inserir um espaço em branco faz com que a célula tenha algum conteúdo e esconder um linha não remove o valor inserido nas células. Entretanto, remover um valor através da função de delete faz com a ela fique vazia, portanto, das ações informadas, apenas uma tornará a célula sem conteúdo fazendo com que a função retorne o valor 1, logo apenas a alternativa A está correta.

Gabarito "A".

(Técnico Enfermagem – Pref. Paulínia/SP – 2021 – FGV) Considere uma planilha LibreOffice Calc na qual

1) as células A1, A2, A3 e A4 contêm, respectivamente, os valores 10, 20, 30 e 40;
2) as células B1, B2, B3 e B4 contêm, respectivamente, os valores 100, 200, 300 e 400;
3) na célula F1 foi digitada a fórmula "=SOMA(A1:D4)";
4) a célula F1 foi selecionada, copiada e colada na célula G2;
5) nenhuma outra célula foi preenchida.

Assinale o valor que passou a ser exibido na célula G2.

(A) 90
(B) 100
(C) 900
(D) 1.000
(E) 1.100

Comentário: Ao copiar e colar uma fórmula de uma célula para outra sem o uso de referência absoluta, o Excel irá adaptar a mudança das linhas e colunas para a célula de destino. Neste caso como foi alterada uma coluna a mais (de F para G) e uma linha a mais (de 1 para 2), a fórmula passaria a ser =SOMA(B2:E5), neste intervalo apenas as células B2, B3 e B4 estão preenchidas, logo 200 + 300 + 400 = 900, sendo assim apenas a alternativa C está correta.

Gabarito "C".

(Técnico Enfermagem – Pref. Paulínia/SP – 2021 – FGV) Com relação à função *Limpar* do MS Excel 2010, disponível na guia *Página Inicial*, considere as opções presentes no menu *popup* exibido quando essa função é acionada.

Assinale a opção de limpeza que **não** faz parte das operações oferecidas.

(A) Limpar Comentários.
(B) Limpar Conteúdo.
(C) Limpar Formatos.
(D) Limpar Hiperlinks.
(E) Limpar Tabelas.

Comentário: **A, B, C, D e E:** Entre as opções da função Limpar no Excel temos: Limpar Tudo, Limpar Formatos, Limpar Conteúdo, Desmarcar Comentários e Anotações e Limpar Hiperlinks, portanto apenas a alternativa E não é uma das opções e deve ser marcada.

Gabarito "E".

(Técnico Enfermagem – Pref. Paulínia/SP – 2021 – FGV) Analise o trecho de uma planilha MS Excel na qual foram aplicados filtros em quatro colunas.

	A	B	C	D
1	X ▼	Y ▼	W ▼	Z ▼
2	1	2	3	4
3	5	6	7	8
4	9	10	11	12
5	13	14	15	16
6				

Foram selecionados os seguintes valores.

Coluna A: 1, 5, 9;

Coluna B: 2, 10;

Coluna C: nenhum dos valores foi selecionado;

Coluna D: 4.

Assinale o número de linhas exibidas após as seleções, sem contar a linha de títulos.

(A) Zero.
(B) Uma.
(C) Duas.
(D) Três.
(E) Quatro.

Comentário: A, B, C, D e E: Ao filtrar os valores 1, 5 e 9 na Coluna A a tabela passaria a exibir apenas as três primeiras linhas, em seguida ao filtrar os valores 2 e 10 da Coluna B, a primeira e a terceira linhas continuariam a ser exibidas e por fim, ao filtrar o valor 4 na Coluna D apenas a primeira linha continuaria a ser exibida, portanto apenas a alternativa B está correta.

Gabarito "B".

(Técnico Enfermagem – Pref. Boa Vista/RR – 2020 – SELECON) A planilha a seguir foi criada no Excel 2019 BR. Na célula E11, foi inserida uma expressão que usa a função SE, que mostra a mensagem "REPOR" quando o resultado do teste da condição é verdadeiro se a quantidade mínima é maior que a existente. Essa expressão mostra a mensagem "OK", em caso contrário. Para finalizar, a expressão inserida em E11 foi copiada para E12 e E13.

BOA VISTA – RR

#	NOMENCLATURA	QUANTIDADE		SITUAÇÃO
		MÍNIMA	EXISTENTE	
1	Multifuncional	2	2	OK
2	Resma 500 fls	30	19	REPOR
3	Pendrive 16 GB	25	27	OK

Nessas condições, as expressões inseridas em E11 e em E12 foram, respectivamente:

(A) =SE(C11>D11;"REPOR";"OK") e
=SE(C12>D12;"REPOR";"OK")
(B) =SE(C11<D11;"REPOR";"OK") e
=SE(C12<D12;"REPOR";"OK")
(C) =SE(C11>=D11;"REPOR";"OK") e
=SE(C12>=D12;"REPOR";"OK")
(D) =SE(C11<=D11;"REPOR";"OK") e
=SE(C12<=D12;"REPOR";"OK")

Comentário: A, B, C e D: A função realiza uma validação condicional para retornar valores diferentes em caso a condição seja verdadeira ou falsa, neste caso é necessário validar se os valores na coluna C são maiores que a da coluna D, portanto a sintaxe correta seria =SE(C11>D11;"REPOR";"OK") e =SE(C12>D12;"REPOR";"OK"), logo apenas a alternativa A está correta.

Gabarito "A".

(Técnico Enfermagem – Pref. Boa Vista/RR – 2020 – SELECON) A planilha abaixo foi elaborada no Excel 2019 BR, na qual foram realizados os procedimentos descritos a seguir.

- Em E13, foi inserida a expressão
  =SOMA(A11:D11).
- Em E15, foi inserida a expressão
  =CONT.SE(A11:D11;">=15")

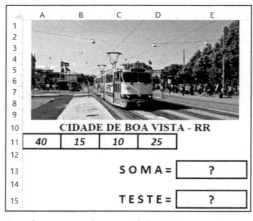

Os valores mostrados nas células E13 e E15 são, respectivamente:

(A) 65 e 2
(B) 65 e 3
(C) 90 e 2
(D) 90 e 3

Comentário: A, B, C, e D: A fórmula SOMA() permite somar os valores de uma ou mais células. Neste caso foi indicado o intervalo das células A11 até a D11, logo 40+15+10+25 é igual é 90. Já a fórmula CONT.SE() realiza a contagem de células que atendem à uma determinada condição, que neste considera apenas as células do intervalo de A11 até D11 cujo valor seja maior ou igual à 15, logo temos apenas 3 células que atendem à esta condição. Sendo assim, as respostas são 90 e 3 e apenas a alternativa D está correta.

Gabarito "D".

A	B	C
População RS (vacinável)	8.887.984,00	
	Total Pessoas vacinadas	% Faltante a vacinar
Vacinados 1ª dose	8.474.993,00	4,65%
Vacinados 2ª dose/única	6.362.379,00	28,42%
Vacinados Reforço	266.260,00	97,00%

(Técnico Enf. – SES/RS – 2022 – FAURGS) Considere a planilha a seguir, produzida no Google Planilhas, que contém dados sobre a vacinação de COVID-19 no RS, em determinada data.

Foi digitada em C4 uma fórmula para calcular o percentual ainda faltante de pessoas a vacinar, sobre a população vacinável. Depois, esta fórmula vai ser copiada e colada nas células C5 e C6. Ao final, a coluna C é formatada para formato de percentual. A fórmula que foi digitada em C4 e permite obter o resultado mostrado é

(A) 100-(B4/B$1)
(B) 100%-(B4/B1)
(C) 100-(B4/B1)
(D) 1-(B4/B$1)
(E) 1-(B4/B1)

Comentário: A, B, C, D e E: Considerando que o valor referente à população vacinável se encontra na célula B1 e na célula B4 temos o total de pessoas já vacinas, o cálculo do restante é feito pela diferença o todo e a divisão do número de pessoas já vacinadas pelo total de pessoas. Devemos levar em consideração que a fórmula será copiada e colocada em outras linhas, portanto a referência à célula B1 deve usar o indicador de referência absoluta para a linha (no formato B$1) para que se mantenha idêntica mesmo após ser colada em outra célula. Portanto a fórmula correta seria 1-(B4/B$1) e assim apenas a alternativa D está correta.

Gabarito "D".

	A	B	C	D
1	População RS (vacinável)	8.887.984,00		
2				
3		Total Pessoas vacinadas	% Faltante a vacinar	Doses faltantes
4	Vacinados 1ª dose	8.474.993,00	4,65%	825.982,00
5	Vacinados 2ª dose/única	6.362.379,00	28,42%	2.525.605,00
6	Vacinados Reforço	266.260,00	97,00%	
7			Total -->	3.351.587,00

(Técnico Enf. – SES/RS – 2022 – FAURGS) Deseja-se calcular quantas doses ainda faltam para vacinar 100% da população vacinável, que está na célula B1, com as 2 doses, sem considerar doses de reforço. A planilha, produzida no Google Planilhas, ficaria como se segue.

Para obter as doses faltantes na coluna D, as fórmulas para o cálculo de D4 e D5 seriam, respectivamente,

(A) =(B1-C4*100)*2 e =(B1-C5)
(B) =(B1-C4)*2 e =(B1-C5)
(C) =(B1-B4)*2 e =(B1-B5)
(D) =(B1-B4) e =(B1-B5)*2
(E) =(B1- C4) e =(B1-B5)

Comentário: A, B, C, D e E: Para calcular o número de doses necessárias para que ainda não tomou a primeira dose, considerando que estas pessoas precisarão ainda da segunda dose, é preciso calcular o número de pessoas faltantes e duplicar este valor, portanto a fórmula seria =(B1-B4)*2. Já para o segundo caso basta encontrar a diferença entre o número total de pessoas e o número de pessoas que já concluíram as duas doses, neste caso =(B1-B5). Portanto apenas a alternativa C está correta.

Gabarito "C".

(Técnico Enfermagem – Pref. Morro Agudo/SP – 2020 – VUNESP) Tem-se a seguinte imagem, do painel de animação de 5 AutoFormas em um slide criado no Microsoft PowerPoint 2010, em sua configuração original.

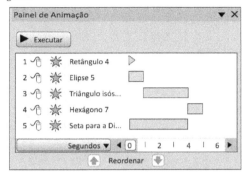

Assinale a alternativa que indica qual será a última Auto-Forma a ser exibida no slide.

(A) 1-Retângulo 4
(B) 2-Elipse 5
(C) 3-Triângulo isós...
(D) 4-Hexágono 7
(E) 5-Seta para a Di...

Comentário: A, B, C, D e E: O Painel de Animação exibe as animações que serão aplicadas em um slide de uma apresentação, a ordem que serão executadas, o que irá disparar o início de cada animação, seu tipo e duração. O ícone indica que cada animação será disparada pelo clique do mouse, portanto como todas possuem o mesmo ícone elas serão exibidas na ordem que constam no Painel, portanto a última a ser exibida é a "Seta para a Di...", assim apenas a alternativa E está correta.

Gabarito "E".

PARTE III

BANCO DE DADOS

PARTE II

BANCO DE DADOS

1. BANCOS DE DADOS

Diversos programas e sistemas necessitam de um local para armazenar informações, sejam elas estáticas ou dinâmicas, e para isso são utilizados Bancos de Dados, ou simplesmente BDs, que podemos definir como conjuntos de informações armazenados de uma forma estruturada.

O gerenciamento destes conjuntos em geral é feito a partir de um grupo de programas chamados Sistema Gerenciador de Banco de Dados (SGBD), que fornece uma interface para que se possa acessar e manipular os dados. Atualmente os SGBDs mais famosos e utilizados são:

- ✔ MySQL;
- ✔ SQL Server;
- ✔ Oracle;
- ✔ MS Access;
- ✔ PostgreSQL.

Cada um destes possui diferentes características como a quantidade de dados que suporta, velocidade de acesso às informações e custo de implantação, porém todos possuem um mesmo objetivo: fornecer um conjunto de ferramentas que permitam o armazenamento de dados, a busca por informações específicas e o gerenciamento dos dados armazenados.

A manipulação dos dados dentro de um BD é feita a partir de uma linguagem específica, chamada SQL (Structured Query Language), que possui palavras chaves usadas para seleção, inserção, remoção e atualização de informações. Os principais comandos são:

- ✔ SELECT: permite procurar por informações;
- ✔ INSERT: permite inserir novas informações;
- ✔ UPDATE: permite atualizar informações que já estão salvas;
- ✔ DELETE: permite excluir informações salvas.

Cada um destes comandos possui uma sintaxe com pequenas variações existentes entre SGBDs, vamos analisá-las utilizando o padrão adotado pelo MySQL

1.1. *Select*

Sintaxe: SELECT <campos> FROM <tabela> WHERE <condição> GROUP BY <campos> ORDER BY <campos> LIMIT < número>

Logo após a palavra chave SELECT, devemos definir quais os campos de informações queremos como resultado de nossa consulta, caso desejemos todos os campos, utiliza-se o símbolo do asterisco (*).

Em seguida definimos qual tabela de informações está sendo usada e as condições para a busca como, por exemplo, um campo possuir um certo valor ou ser maior/menor igual a um valor.

É possível também agrupar os resultados por valores de um campo através da cláusula GROUP BY, que não é um elemento necessário para a consulta e ainda o resultado pode ser ordenado por um campo através da cláusula ORDER BY e o número de resultados limitado pela cláusula LIMIT.

Vejamos agora um exemplo completo do uso do comando SELECT:

SELECT nome, idade, altura, peso FROM pessoa WHERE idade >= 18 ORDER BY nome LIMIT 10

Neste exemplo buscamos as 10 primeiras pessoas com idade igual ou superior à 18, ordenadas por nome.

1.2. *Insert*

Sintaxe: INSERT INTO <tabela> (<campos>) VALUES (<valores>)

Para a inserção basta definirmos a tabela que receberá os dados, os campos que serão alimentados e seus valores respectivos, vejamos um exemplo:

INSERT INTO pessoa (nome, idade, altura, peso) VALUES ('José da Silva', 18, 1.80,86)

1.3. *Update*

Sintaxe: UPDATE <tabela> SET <valores> WHERE <condição>

Para a atualização devemos primeiro indicar a tabela que iremos atualizar, em seguida definimos quais serão os campos que serão alterados juntamente com seus respectivos valores e por fim qual a condição será usada para buscar as entradas que serão atualizadas. Vejamos um exemplo:

UPDATE pessoa SET altura = 1.83 AND peso = 82 WHERE nome = 'José da Silva'

1.4. *Delete*

Sintaxe: DELETE FROM <tabela> WHERE <condição>

Para a exclusão de registros devemos indicar a tabela de onde a informação será removida e a condição usada para encontrar os registros que serão removidos. Vejamos um exemplo:

DELETE FROM pessoa WHERE nome = 'José da Silva'

1.5. **Tipos de bancos de dados**

Atualmente existem dois principais modelos usados por bancos de dados: os relacionais e os não relacionais.

Em um banco de dados do tipo relacional os dados são organizados em tabelas que possuem linhas e colunas. Cada linha representa um registro de informações e cada coluna um campo diferente que armazena uma informação. Para facilitar a identificação de um registro, na maioria das vezes, cada um possui um campo que é designado como Chave Primária ou Primary Key, um valor em geral numérico, único e sequencial, porém outros tipos de valores podem ser usados, como um número de CPF ou RG, uma vez que estes também não se repetem em registros diferentes e podem ser usados para identificar um registro específico.

Estas tabelas podem ser relacionadas por meio de seus campos e existem três tipos diferentes de relacionamentos:

✔ Um-para-um: um registro de uma tabela possui apenas um registro correspondente na outra tabela;

✔ Um-para-muitos: um registro de uma tabela pode possuir vários registros correspondentes na outra tabela ;

✔ Muitos-para-muitos: um registro de uma tabela possui vários registros na outra tabela e esta também pode estar relacionada a mais de um registro da primeira.

Para permitir a identificação de registros relacionados é muito comum utilizar o valor da Chave Primária de uma tabela como identificador na tabela correspondente, neste caso o registro da Chave Primária na tabela correspondente recebe o nome de Chave Estrangeira.

Já os bancos de dados não relacionais, também chamados de NoSQL (Not Only SQL), não utilizam o conceito de relacionamentos entre suas entidades. Atualmente existem diversas formas de implementação, sendo as mais conhecidas:

✔ MongoDB

✔ Redis

✔ Cassandra

Por exemplo em BDs orientados a objeto as informações são armazenadas como um objeto, um elemento que possui atributos (informações) e métodos (ações que retornam informações) e podem herdar estas características de outro objeto. Os atributos correspondem às informações que o objeto armazena e os métodos são ações que podem ser realizadas com estas informações. Quando um objeto herda de outro, ele irá possuir os mesmos atributos e métodos deste. Vejamos um exemplo:

Uma possível definição de objeto poderia ser chamada de Pessoa, os atributos de uma Pessoa poderiam ser definidos como: nome, data_de_nascimento, altura, peso, gênero. Alguns métodos que poderiam ser implementados no objeto pessoa poderiam incluir: calcularIMC() e calcularIdade(), uma vez que temos todas as informações necessárias para obter estas informações. Pessoa também pode herdar do objeto chamado Mamífero, portanto também terá como atributos pelos e glândulas_mamárias e o método amamentar().

Os modelos não relacionais são mais recomendados para armazenamento de informações de alta complexidade que não sejam apenas bidimensionais ou que necessitam de alta escalabilidade.

1.6. Outros conceitos

Quando falamos de banco de dados, principalmente no contexto de grandes organizações ou quando trabalhamos com grandes volumes de informação, existem outros conceitos muito usados e cujo significado é importante conhecermos, são eles Datamining, Data Warehouse e Data Lake.

Dataming é o processo de explorar grandes conjuntos de dados em busca de padrões, tendências, relações ou informações ocultas. É como encontrar "tesouros" escondidos nos dados, utilizando algoritmos e técnicas estatísticas para extrair informações valiosas que podem ser usadas para tomar decisões informadas ou fazer previsões.

O termo Data Warehouse se refere há tipos de bancos de dados projetado para armazenar grandes volumes de dados de diferentes fontes em um único local centralizado. Geralmente, os dados são organizados de forma estruturada e otimizados para consultas e análises de dados. Os data warehouses são usados para armazenar dados históricos e atuais, permitindo que as organizações realizem análises complexas e tomem decisões baseadas em dados.

Por fim, Data Lakes são repositórios de dados que armazenam grandes volumes de dados em sua forma bruta, não estruturada ou semiestruturada. Diferentemente dos data warehouses, os data lakes permitem a ingestão de dados de diversas fontes sem a necessidade de estruturá-los previamente. Os data lakes oferecem flexibilidade na análise dos dados, permitindo que as organizações explorem diferentes formas de dados e extraiam insights valiosos deles.

QUESTÕES COMENTADAS DE BANCOS DE DADOS

(Analista – TJ/MA – 2009 – IESES) A extensão padrão de um arquivo do Microsoft Access 2007 é:

(A) .dbf
(B) .mdb
(C) .accdb
(D) .csv

A: errada, .dbf é a extensão-padrão do *software* dBASE. **B:** errada, .mdb é a extensão do Microsoft Access nas versões anteriores ao Access 2007. **C:** correta, a extensão-padrão do Microsoft Access 2007 é .accdb. **D:** errada, .csv é uma extensão para arquivo que armazena dados tabelados.

Gabarito "C".

(Escrivão de Polícia/SC – 2008 – ACAFE) Sobre o Banco de Dados, marque V para verdadeiro ou F para falso.

( ) *Banco de Dados pode ser definido como um conjunto de informações inter-relacionadas e organizadas de forma estruturada.*
( ) *O Sistema Gerenciador de Banco de Dados, conhecido também como SGBD, fornece uma interface entre o usuário e o banco de dados permitindo que tarefas como consultas ou alterações de dados sejam realizadas.*
( ) *Microsoft SQL Server e Oracle são exemplos de Sistemas Gerenciadores de Banco de Dados amplamente utilizados por empresas de grande porte.*
( ) *Pode-se citar como exemplo de Modelos de Dados o Modelo Relacional e o Modelo Orientado a Objetos.*

A sequência correta, de cima para baixo, é:

(A) V - V - V - V
(B) F - V - V - F
(C) V - V - V - F
(D) F - F - V – V

A: Correta, todas as afirmativas estão corretas. **B:** Errada, a primeira e última afirmativas também estão corretas. **C:** Errada, a última afirmativa também está correta. **D:** Errada, a primeira e segunda afirmativas também estão corretas.

Gabarito "A".

(Escrevente Policial/SC – 2008 – ACAFE) Em relação à Banco de Dados, marque V ou F, conforme as afirmações a seguir sejam verdadeiras ou falsas.

( ) *Banco de Dados é um conjunto de informações organizadas de forma estruturada, como por exemplo, uma lista telefônica.*
( ) *O Sistema Gerenciador de Banco de Dados, conhecido também como SGBD, é um sistema informatizado que gerencia um banco de dados.*
( ) *Empresas de grande porte mantêm suas informações organizadas em Bancos de Dados de forma que todos os seus empregados tenham acesso a elas.*
( ) *O Windows Server e o Linux são Gerenciadores de Banco de Dados que utilizam a linguagem de manipulação de dados SQL.*

A sequência correta, de cima para baixo, é:

(A) F - F - V - V
(B) V - F - V - F
(C) F - V - F - F
(D) V - V - F – F

A: Errada, a primeira afirmativa está correta. **B:** Errada, a segunda afirmativa está correta. **C:** Errada, a primeira afirmativa está correta. **D:** Correta, Bancos de Dados são conjuntos de informações estruturadas e organizadas, os SGBDs são sistemas capazes de gerenciar bancos de dados, em grandes empresas o acesso ao banco de dados é restrito a um pequeno grupo responsável por seu gerenciamento e Linux é um sistema operacional e não um SGBD.

Gabarito "D".

PARTE IV

INTERNET

1. INTERNET

Como vimos anteriormente, a Internet é basicamente uma grande rede de computadores espalhados por todo o mundo e conectados pelas mais diversas formas e tecnologias. Ela também serve de base para outro tipo de rede, as chamadas VPNs.

Uma VPN (*Virtual Private Network*) é uma tecnologia que permite criar uma conexão segura e criptografada entre dois dispositivos através de uma rede pública, como a Internet. Ela é usada para proteger a privacidade e a segurança dos dados transmitidos pela rede.

Através de uma VPN, os dados são criptografados, o que significa que são codificados em uma forma ilegível durante a transmissão, tornando-os inacessíveis a terceiros não autorizados. Além disso, a VPN cria um túnel virtual que conecta os dispositivos, isolando a comunicação dos demais dispositivos na rede pública.

A principal finalidade de uma VPN é proteger a privacidade dos dados dos usuários e garantir a segurança da informação, especialmente em redes públicas, como Wi-Fi em cafés, aeroportos ou hotéis, que são consideradas inseguras. Além disso, a VPN pode ser usada para acessar recursos restritos, como conteúdos geograficamente bloqueados ou redes corporativas, de forma segura e remota.

A Intranet é uma rede física similar em funcionamento à Internet, porém com a diferença de ser uma rede particular. Em geral uma Intranet é criada dentro de um ambiente empresarial ou educacional e tem seu acesso restrito a este, podendo haver alguma forma de comunicação externa com a Internet.

1.1. Navegação

A navegação na Internet é feita através de páginas que são interligadas por meio de *hyperlinks*, que são ponteiros que indicam a localização de outra página. O protocolo utilizado neste processo é chamado de HTTP (*Hypertext Transfer Protocol*) ou sua versão segura o HTTPS (*Hypertext Transfer Protocol Secure*) que permite que transferência das informações pela Internet seja feita de forma criptografada.).

Para que uma página possa ser acessada são utilizados endereços chamados de URLs (*Uniform Resource Location*), que possuem o seguinte formato: <protocolo>://<subdomínio>.<domínio>/<pagina>. Vejamos alguns exemplos de URLs:

- http://www.google.com/translate
- http://maps.google.com
- http://gmail.com

Note que no último exemplo não foi especificado um subdomínio, em alguns casos este pode estar suprimido. O subdomínio padrão é www, mas pode ser substituído por qualquer outra palavra, como no caso do segundo exemplo.

Existem diversas empresas que permitem o registro de domínios na Internet. No Brasil a entidade responsável pelos domínios .br é o Registro.br.

Uma página pode conter textos e outros elementos multimídia, como imagens, fotos, vídeos e áudio. Elas são criadas utilizando uma linguagem de marcação chamada HTML (*Hypertext Markup Language*) auxiliada por outras linguagens como o CSS (*Cascade Style Sheet*), que dá controle a forma como os elementos são apresentados, e o JavaScript, linguagem que permite aumentar a interação da página com o usuário além de linguagens de programação como PHP, Java ou C# que permitem criar páginas com conteúdo dinâmico.

Além disso, é possível também realizar a troca de arquivos, processo que é chamado de *Download* quando o arquivo é recebido pelo usuário e de *Upload* quando é o usuário quem envia o arquivo.

1.2. Navegadores

Para permitir o acesso a páginas web, são utilizados programas específicos chamados de navegadores web ou *browsers*. Eles permitem acessar o conteúdo de páginas *on-line* e também fornecem uma série de funções que facilitam a experiência de uso do usuário. Vejamos alguns dos recursos e conceitos que estão relacionados à navegação em páginas web que são importantes de termos familiaridade:

Cookies

Durante a navegação, uma página pode precisar guardar por algum tempo alguns detalhes do acesso, para isso são utilizados arquivos chamados *Cookies*, que são pequenos arquivos de texto que um website salva no seu navegador enquanto você o usa. Esse arquivo contém informações sobre a sua visita ao site, como suas preferências de idioma, histórico de navegação e outras informações que ajudam a personalizar a sua experiência naquele site.

É importante notar que nem todos os cookies são criados iguais. Existem dois tipos principais de cookies: os de sessão e os persistentes. Os cookies de sessão são temporários e são apagados quando você fecha o navegador, enquanto os cookies persistentes são armazenados no seu computador por um período de tempo específico (geralmente determinado pelo site que os criou).

Cache

Para facilitar e tornar a navegação mais rápida o próprio *browser* pode salvar localmente alguns arquivos da página como imagens e arquivos estáticos usados pelo site, como folhas de estilo, assim, caso a página seja aberta novamente, não será necessário carregá-los outra vez. Estes arquivos salvos são chamados de *Cache*.

O cache pode ser muito útil para acelerar a navegação na internet, mas também pode ser um problema em alguns casos. Se o seu cache ficar muito cheio, ele pode ocupar espaço desnecessário no seu disco rígido e tornar o seu computador mais lento. Além disso, às vezes o cache pode armazenar informações desatualizadas, o que pode levar a problemas de exibição no site. Por este motivo é recomendado realizar a limpeza do Cache de tempos em tempos.

Pop-ups

Muitas vezes durante a navegação uma página adicional em outra janela é aberta em decorrência de alguma ação da página em que se está navegando, esta nova janela é denominada de *Pop-up*. Os pop-ups podem ser úteis em algumas situações, como para exibir informações importantes ou para solicitar a confirmação de uma ação que você está prestes a tomar.

Histórico de Navegação

O navegador também armazena, em sua configuração padrão, todos os *sites* visitados pelo usuário. A esta listagem damos o nome de Histórico de Navegação. Caso o usuário esteja utilizado algum modo de navegação anônima as páginas não serão salvas no Histórico. Outra listagem possível recebe o nome de Favoritos e nela o usuário pode adicionar endereços para que possam ser facilmente acessados posteriormente.

Modos de Navegação

Outra função que os navegadores mais atuais possuem é a Navegação Anônima, onde não é registrada nenhuma informação referente às páginas acessadas, campos preenchidos em formulários ou arquivos baixados.

Também temos a Navegação *Offline*, que permite que uma página seja acessada mesmo sem conexão com a Internet, neste processo os arquivos da página são salvos localmente no computador.

Por fim, a Navegação em Abas é o conceito que permite que cada página acessada pelo usuário, ao invés de ser aberta em uma nova janela, seja exibida dentro de uma nova aba na janela atual, que pode ser facilmente alternada pelo usuário facilitando a utilização da ferramenta quando trabalhando com várias páginas ao mesmo tempo.

Os navegadores mais famosos e utilizados atualmente são:

✔ Google Chrome;

✔ Microsoft Edge;

✔ Mozilla Firefox.

Outros que também merecem ser citados são: Safari (usado pelos sistemas da Apple) e Opera. Além disso, temos o Microsoft Internet Explorer, antecessor do Microsoft Edge, que embora tenha sido descontinuado ainda pode ser encontrado em computadores rodando versões mais antigas do Microsoft Windows.

Os navegadores possuem também atalhos que facilitam seu uso, sendo os principais:

✔ F5: atualiza a página atual;

✔ Ctrl + F5: atualiza a página atual sem considerar os arquivos de cache;

✔ Ctrl + F: permite procurar trechos de texto na página;

✔ Ctrl + N: abre uma nova janela do navegador;

✔ Ctrl + *Shift* + N: abre uma nova janela no modo de navegação anônima;

- ✔ Ctrl + T: abre uma nova aba na janela atual;
- ✔ Ctrl + J: listagem dos *downloads* feitos;
- ✔ Ctrl + *Shift* + T: abre a última aba fechada.

O Internet Explorer foi um dos navegadores mais usados no mundo e era o navegador padrão do Microsoft Windows.

Vejamos exemplos das telas do navegador nas versões 8 e 11, respectivamente:

Exemplo de Interface do Internet Explorer 8

Exemplo de Interface do Internet Explorer 11

Note que mesmo com as mudanças na interface os mesmos símbolos são utilizados para indicar funções, como por exemplo:

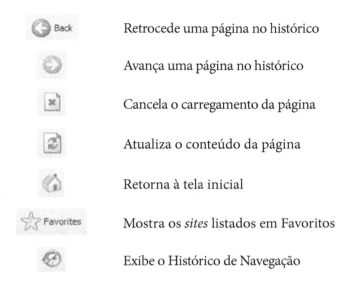

Ao se deparar com questões relacionadas a este navegador é importante prestar atenção à versão informada do *software*. Muitas das questões fazem referência a localização de funções nos menus.

Seu sucessor, o Microsoft Edge, possui uma interface mais simplista e em linha com seus concorrentes:

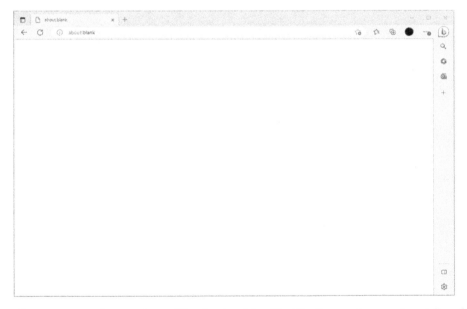

Outro navegador muito utilizado é o Mozilla Firefox, software de código livre, criado pela Fundação Mozilla, permite a adição de diversas extensões, navegação em abas e anônima.

Veja um exemplo da interface do Firefox:

Por fim, o Google Chrome é o navegador mais utilizado atualmente, permitindo todas as funções dos outros navegadores e tendo por principal característica a integração com os serviços do Google e seu alto grau de segurança em comparação com seus concorrentes. Ele possui versões específicas para smartphones e tablets.

Veja um exemplo da interface do Chrome:

1.3. Motores de busca

Os motores de busca são ferramentas *on-line* que permitem pesquisar na internet por qualquer tipo de conteúdo a partir de algumas palavras chaves. Atualmente os mais famosos e utilizados são:

- ✔ Google;
- ✔ Bing;
- ✔ Yahoo.

Alguns caracteres podem ser adicionados às palavras chaves de forma a garantir um resultado mais próximo do desejado, vamos analisar estes caracteres:

- ✔ Nenhum caractere especial: a busca é feita com base em todas as palavras- chave utilizadas, não necessariamente na mesma ordem em que se encontram;
- ✔ Aspas: caso as palavras estejam entre aspas a busca é feita exatamente como elas se encontram;
- ✔ Sinal de menos (-): a palavra chave diretamente após o sinal é excluída dos resultados;
- ✔ Dois pontos finais (..): indicam um intervalo a ser pesquisado, ex.: 2020, 2023

1.4. Comunicação *on-line*

Existem diversas formas de comunicação *on-line*, seja de forma instantânea, através de mensagens curtas ou longos textos. Podemos dividir esses métodos em quatro grupos:

1. Correio Eletrônico;

2. Redes Sociais;

3. Fórum;

4. Mensagens instantâneas.

Correio Eletrônico

Quando falamos em e-mails é importante destacar que todo domínio registrado na Internet pode possuir endereços de correio eletrônicos (*e-mails*) atrelados a ele. O formato padrão de um *e-mail* é: <usuário>@<domínio>. Lembrando que podem existir usuários iguais, porém em domínios diferentes. Os endereços também podem existir dentro de uma rede Intranet, porém neste caso não possuem comunicação com a Internet.

Uma mensagem, além de conteúdo, destinatário e remetente, pode possuir os seguintes elementos:

- ✔ Anexo: arquivo enviado juntamente com a mensagem;
- ✔ Cópia (Cc): cópia da mensagem para outro destinatário;
- ✔ Cópia Oculta (Cco, Bcc): Cópia da mensagem para outro destinatário sem que os outros tenham conhecimento.

O mínimo de informação necessária para o envio de um e-mail é o endereço de correio eletrônico do destinatário, sendo possível inclusive enviar uma mensagem sem nenhum conteúdo ou assunto.

Para realizar o acesso a uma caixa de mensagens um usuário pode utilizar os recursos de *Webmail*, interface web disponibilizada pelo servidor de *e-mails*, ou por meio de um software gerenciador de *e-mails*, programas especializados na manipulação de mensagens eletrônicas.

Os gerenciadores mais famosos atualmente são: Microsoft Outlook e Mozilla Thunderbird.

O Outlook possui integração com diversos programas e dispositivos. A instalação padrão do Windows possui uma versão chamada Outlook Express, que não possui a função de calendário. O *software* permite gerenciar múltiplas contas de *e-mail*, criar regras de recebimento e envio, gerenciar contatos e tarefas além do envio de mensagens com criptografia.

Veja um exemplo da tela do Microsoft Outlook 2010:

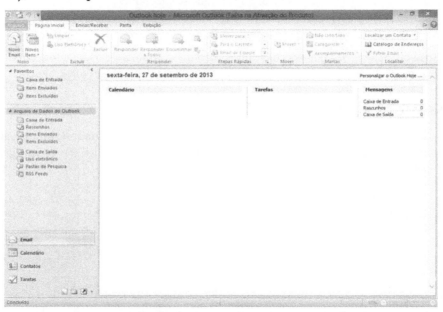

Já o Thunderbird é um concorrente gratuito do gerenciador da Microsoft. Ele permite a adição de extensões com funções adicionais que recebem o nome de complementos. Nele também é possível utilizar temas para alterar a aparência do gerenciador, possui um filtro *anti-spam* e anti-*phising* instalado por padrão e permite, assim como o Outlook, a assinatura de *feeds* RSS (forma de obtenção de notícias de *sites* e *blog*s na forma de mensagens compactas).

Veja um exemplo da interface do Thunderbird:

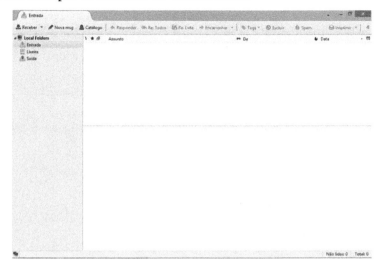

Para que um *e-mail* seja manipulado são usados alguns protocolos específicos, sendo eles:

✔ POP3: controla o recebimento de mensagens;
✔ SMTP: controla o envio de mensagens;
✔ IMAP: permite gerenciar as mensagens diretamente no servidor de *e-mails*;
✔ HTTP: permite gerenciar as mensagens através de um *Webmail*.

Redes sociais

As redes sociais são *sites* que possuem uma estrutura compostas por pessoas conectadas através de suas relações sociais. Ela permite aos usuários compartilhar mensagens, imagens, vídeos e interagir com seu grupo de contatos. As principais existentes são:

✔ Facebook: a mais famosa no mundo, conecta as pessoas por suas relações de amizade ou parentesco;
✔ Twitter: principal característica é o compartilhamento de mensagens de até 140 caracteres;
✔ *LinkedIn*: rede social voltada para relações de trabalho;
✔ TikTok: rede social caracterizada pela distribuição de vídeos de curta duração;
✔ Instagram: usada principalmente para o compartilhamento de fotos e vídeos.

Fórum

Os fóruns são páginas que permitem a criação de tópicos de discussões organizados por categorias. Permitem a comunicação em grupo, em geral, focados em uma temática específica, podendo ser públicos ou particulares. Possui regras internas que são definidas pelos moderados, pessoas responsáveis por monitorar o conteúdo dos fóruns.

Comunicadores instantâneos

Os comunicadores instantâneos permitem a troca de mensagens em tempo real, os mais famosos atualmente são:

✔ Skype: permite também a troca de mensagens de voz e a realização de chamadas telefônicas convencionais;

✔ WhatsApp: programa usado em smartphones para a troca de mensagens, imagens, vídeos, texto e áudio;

✔ Telegram: muito similar ao WhatsApp, permite a criação de grupos e conversas privadas usando o número de telefone como base de cadastro.

QUESTÕES COMENTADAS DE INTERNET

1. REDE, INTERNET E INTRANET

(Agente – DPU – CESPE - 2016) Acerca dos conceitos e das tecnologias relacionados à Internet, ao Internet Explorer 8 e à segurança da informação, julgue o item subsequente.

(1) O Modo de Exibição de Compatibilidade do Internet Explorer 8, quando ativado, faz que páginas web desenvolvidas a partir de versões anteriores ao Internet Explorer 8 sejam exibidas como se estivessem usando uma versão mais recente do navegador.

1: correta, o Modo de Exibição de Compatibilidade presente no Internet Explorer 8 e versões posteriores permite corrigir problemas de compatibilidade na exibição de algumas páginas. Entre esses problemas podemos destacar partes do site e textos fora do lugar ou imagens não sendo exibidas corretamente.

Gabarito 1C

(Analista – DPU – Cespe - 2016) A respeito da Internet e suas ferramentas, julgue o item a seguir.

(1) O Internet Explorer é um navegador oferecido gratuitamente pela Microsoft junto ao sistema operacional Windows e que, por ser de código aberto, pode ser instalado em qualquer computador.

1: errada, embora o Internet Explorer seja uma ferramenta oferecida de forma gratuita pela Microsoft ele não é um software de código aberto.

Gabarito 1E

(Analista – INSS – 2016 - CESPE) Cada um dos próximos itens, que abordam procedimentos de informática e conceitos de Internet e intranet, apresenta uma situação hipotética, seguida de uma assertiva a ser julgada.

(1) Ao iniciar seu dia de trabalho, Daniel se deparou com inúmeros aplicativos abertos em seu computador de trabalho, o que deixava sua máquina lenta e sujeita a travamentos frequentes. Ele constatou, ainda, que somente um desses aplicativos era necessário para a execução de suas atividades. Nessa situação, para melhorar o desempenho do seu computador, Daniel deve utilizar um aplicativo de antivírus instalado localmente, para eliminar os aplicativos que estiverem consumindo recursos além do normal.

(2) A área administrativa do INSS informou a todos os servidores públicos lotados nesse órgão que o acesso a determinado sistema de consulta de dados cadastrais seria disponibilizado por meio da Internet, em substituição ao acesso realizado somente por meio da intranet do órgão. Nessa situação, não haverá similaridade entre os sistemas de consulta, porque sistemas voltados para intranet, diferentemente dos voltados para Internet, não são compatíveis com o ambiente web.

1: errada, um aplicativo antivírus tem como objetivo remover ameaças do computador e impedir que o elas infectem não tendo qualquer relação com a eliminação de arquivos que estão consumindo recursos da máquina e sendo ela própria um software que irá consumir certa quantidade de recursos; **2:** errada, uma intranet é uma rede com todas as características da Internet com a diferença de ter seu acesso limitado a um determinado ambiente, portanto, é totalmente compatível com o ambiente web.

Gabarito 1E, 2E

(Técnico – INSS - 2016 - CESPE) Com relação a informática, julgue os itens que se seguem.

(1) A infecção de um computador por vírus enviado via correio eletrônico pode se dar quando se abre arquivo infectado que porventura esteja anexado à mensagem eletrônica recebida.

(2) Na Internet, os endereços IP (Internet Protocol) constituem recursos que podem ser utilizados para identificação de microcomputadores que acessam a rede.

(3) Em um texto ou imagem contido em slide que esteja em edição no programa Libre Office Impress, é possível, por meio da opção Hyperlink, criar um link que permita o acesso a uma página web.

(4) Para se editar o cabeçalho de um documento no Writer, deve-se clicar o topo da página para abrir o espaço para edição. Por limitações técnicas desse editor de textos, não é possível colar textos ou imagens nesse espaço.

(5) A ferramenta OneDrive do Windows 10 é destinada à navegação em páginas web por meio de um browser interativo.

1: correta, para que um vírus enviado por email infecte o computador é necessário que o usuário execute o anexo infectado; **2:** correta, o endereço IP é o identificador de um computador em uma rede, permitindo que ele se comunique com os outros equipamentos presentes nela; **3:** correta, todas as ferramentas do pacote LibreOffice e Microsoft Office permitem a inserção de um hyperlink em seus documentos que apontem para uma página na internet; **4:** errada, não há limitação técnica que impossibilite a inserção de imagens e textos nos cabeçalhos de documentos editados no Writer; **5:** errada, a ferramenta OneDrive é permite o armazenamento de arquivos em nuvem, de forma semelhante a outros softwares como iCloud e Dropbox.

Gabarito 1C, 2C, 3C, 4E, 5E

(Analista – TRT – FCC - 2017) Considere a barra de endereços do navegador, abaixo, exibida no Google Chrome.

🔒 https://portal.trt11.jus.br ☆

Os ícones do cadeado fechado e da estrela servem, respectivamente, para mostrar que o portal do TRT11

(A) é seguro e para adicionar este portal aos favoritos.
(B) está criptografado e para acessar as configurações do navegador.
(C) está bloqueado para acesso e para adicionar este portal aos favoritos.
(D) é certificado digitalmente e para acionar o modo de navegação anônima.
(E) é seguro e para acessar as configurações do navegador.

O símbolo de cadeado exibido indica que o site utiliza um certificado digital válido do tipo SSL e, portanto, é seguro e o símbolo da estrela é usado para adicionar o site a lista de sites favoritos, portanto, apenas a alternativa A está correta.

Gabarito "A".

(Tecnico – TRT11 – FCC - 2017) Um usuário está utilizando o navegador Google Chrome em português, em condições ideais, e deseja desativar o mecanismo de salvar senhas da *web* automaticamente. Para acessar este serviço, o usuário deve digitar na barra de endereços do navegador:

(A) chrome://system/
(B) chrome://inspect/#devices
(C) chrome:// configurações/
(D) chrome:// components/
(E) chrome://settings/

A: Errada, esta opção irá exibir detalhes sobre o sistema operacional do computador. **B:** Errada, esta opção irá exibir as opções de desenvolvedor relacionadas ao dispositivo em que o navegador está sendo executado. **C:** Errada, esta opção não leva o usuário a nenhuma tela de configuração do Chrome. **D:** Errada, esta opção irá exibir os componentes instalados no navegador e permitir sua atualização se necessário. **E:** Correta, esta opção irá exibir as configurações do navegador.

Gabarito "E".

(Eletrobras – FCC - 2016) Para utilizar a internet de forma segura, um colaborador da Eletrosul deve

(A) habilitar as opções que permitem abrir ou executar automaticamente arquivos ou programas anexados às mensagens.
(B) evitar usar criptografia para a conexão entre o leitor de *e-mails* e os servidores de *e-mail* do provedor.
(C) configurar opções de recuperação de senha fornecendo o endereço de *e-mail* corporativo e nunca fornecer o seu número de telefone celular.
(D) utilizar conexões seguras sempre que acessar o *webmail* e configurá-lo para que, por padrão, sempre seja utilizada conexão segura httpssl.
(E) evitar acessar o *webmail* em computadores de terceiros e, caso seja realmente necessário, ativar o modo de navegação anônima.

A: Errada, a execução automática não é recomendada uma vez que pode ativar algum tipo de arquivo malicioso enviado via e-mail. **B:**

Errada, o uso da criptografia irá aumentar a segurança na troca de informações e é recomendada. **C:** Errada, a utilização de um celular em autenticações do tipo "Two-factor" ajudam a aumentar a segurança do usuário. **D:** Errada, não existem conexões do tipo httpssl mas sim https. **E:** Correta, é importante tentar evitar utilizar contas de e-mail em computadores de terceiros, porém, se necessário, a navegação anônima ajuda a minimizar os riscos.

Gabarito "E".

(Especialista – IBFC - 2017) Assinale, das alternativas abaixo, a única que identifica, corretamente, o que equivale ao conceito básico do que seja URL (*Uniform Resource Locator*):

(A) site virtual
(B) endereço virtual
(C) memória virtual
(D) processador virtual
(E) arquivo virtual

Um URL é um endereço virtual utilizado para se referir a um documento ou recurso web, portanto apenas a alternativa B está correta.

Gabarito "B".

(Analista – TRT – FCC - 2016) Um Analista realizou a seguinte sequência de comandos em um navegador *web* em sua versão em português:

• clicou no botão Ferramentas e em Opções da Internet
• na guia Geral, em Home page, digitou http://www.trt20.jus.br/
• clicou em Aplicar e OK

O Analista

(A) estava utilizando o Google Chrome e incluindo a *home page* digitada nos Favoritos.
(B) estava utilizando o Mozilla Firefox e marcando a *home page* digitada como página confiável.
(C) terá a *home page* digitada carregada automaticamente nas próximas vezes que abrir o navegador.
(D) estava utilizando o Internet Explorer 11 e liberando a *home page* digitada da verificação do antivírus.
(E) fará a *home page* digitada bloquear *cookies* automaticamente na próxima vez que abrir o navegador.

A opção home page, localizada na guia Geral dentro de Opções da Internet, que pode ser acessada a partir do Painel de Controle ou do menu Ferramentas do Internet Explorer, permite alterar a página inicial do navegador, aquela que é aberta sempre que ele é iniciado, portanto apenas a alternativa C está correta.

Gabarito "C".

(Tecnico – TER/SP – FCC - 2017) Um Técnico Judiciário precisa mudar o nome e a senha da rede *wireless* do escritório onde trabalha, pois desconfia que ela está sendo utilizada por pessoas não autorizadas. Para isso, ele deve entrar na área de configuração do *modem* que recebe a internet e que também é roteador. Para acessar essa área, no computador ligado ao modem-roteador, deve abrir o navegador web e, na linha de endereço, digitar o

(A) comando http://ipconfig.
(B) endereço de memória do roteador.
(C) comando http://setup.
(D) comando http://settings.
(E) IP de acesso ao roteador.

Para acessar um dispositivo na rede como um roteador é necessário saber seu endereço de IP e digitá-lo no navegador, assim você terá acesso a sua interface de configuração, portanto, apenas a alternativa E está correta.

Gabarito "E".

(Agente – FCC - 2016) A figura abaixo apresenta parte de uma janela do navegador de internet Google Chrome.

Na janela, o ícone representado por uma figura de estrela

(A) indica que o *site* atual está armazenado na lista de favoritos.
(B) indica que o *site* atual é acessado com muita frequência.
(C) indica que o *site* atual está presente no histórico de navegação.
(D) é utilizado para abrir o *site* atual em uma nova janela.
(E) é utilizado para armazenar o *site* atual na lista de favoritos.

No navegador Google Chrome o ícone de uma estrela presente na barra de endereços é utilizado para adicionar o site atual à lista de favoritos de forma rápida e fácil. Caso o site já esteja presente nesta lista o ícone irá mudar do contorno de uma estrela para uma estrela amarela. Portanto, apenas a alternativa E está correta.

Gabarito "E".

(Técnico – SEDF – CESPE – 2017) Com relação aos conceitos básicos e modos de utilização de tecnologias, ferramentas, aplicativos e procedimentos associados à Internet e à intranet, julgue os próximos itens.

(1) Na Internet, existem ferramentas que otimizam a tarefa de manipular arquivos, como o Google Docs, que permite o armazenamento online e o compartilhamento de arquivos, dispensando a necessidade, por exemplo, de um usuário enviar um mesmo arquivo por e-mail para vários destinatários.

(2) Embora exista uma série de ferramentas disponíveis na Internet para diversas finalidades, ainda não é possível extrair apenas o áudio de um vídeo armazenado na Internet, como, por exemplo, no Youtube (http://www.youtube.com).

(3) É correto conceituar intranet como uma rede de informações internas de uma organização, que tem como objetivo compartilhar dados e informações para os seus colaboradores, usuários devidamente autorizados a acessar essa rede.

(4) Cookies são arquivos enviados por alguns sítios da Internet aos computadores dos usuários com o objetivo de obter informações sobre as visitas a esses sítios; no entanto, o usuário pode impedir que os cookies sejam armazenados em seu computador.

(5) Embora os gerenciadores de downloads permitam que usuários baixem arquivos de forma rápida e confiável, essas ferramentas ainda não possuem recursos para que arquivos maiores que 100 MB sejam baixados.

1: correta, o Google Docs é um editor de texto online fornecido pelo Google que fornece as mesmas funcionalidades de outros editores de texto convencionais e que permite editar, armazenar, visualizar e compartilhar, de forma rápida e simples, documentos de texto com outros usuários; **2:** errada, existem ferramentas e sites que permitem realizar o download de um vídeo hospedado no Youtube ou apenas o conteúdo de áudio; **3:** correta, uma intranet funciona exatamente como a internet, porém com a diferença de ter sua área de atuação restrita à um ambiente. Nela é possível acessar documentos, páginas, enviar e-mails entre os usuários membros da rede; **4:** correta, os cookies são arquivos utilizados por diversos sites na internet para armazenar informações sobre o usuário, sendo permitido ao usuário bloquear o seu uso através das configurações do navegador; **5:** errada, não há qualquer tipo de restrição de tamanho para os arquivos baixados pelo usuário através de um navegador.

Gabarito 1C, 2E, 3C, 4C, 5E.

(Eletrobras – FCC - 2016) Nos computadores com o sistema operacional Windows instalado, os controles de *zoom* permitem aumentar ou diminuir o tamanho de uma página *web* e, consequentemente, o tamanho do texto, podendo melhorar a legibilidade e prover acessibilidade a pessoas com baixa visão. Para aumentar o *zoom* no

(A) Chrome mantém-se pressionada a tecla Ctrl e pressiona-se a tecla Z até se atingir o tamanho desejado.
(B) Firefox clica-se no menu Ferramentas e na opção Mais zoom até se atingir o tamanho de fonte desejado.
(C) Chrome, Firefox e Internet Explorer mantém-se pressionada a tecla Ctrl e aperta-se a tecla + no teclado numérico até se atingir o tamanho desejado.
(D) Firefox pressiona-se Ctrl + Z, no Chrome pressiona-se Ctrl + seta para cima e no Internet Explorer pressiona-se a tecla F11 até se atingir o tamanho desejado.
(E) Internet Explorer mantém-se pressionada a tecla Alt e pressiona-se a seta para cima até se atingir o tamanho de fonte desejado.

Para ativar a função zoom através do teclado basta pressionar a tecla Ctrl seguida da tecla + (mais) para aumentar o zoom, da tecla – (menos) para diminuir o zoom ou 0 (zero) para voltar ao zoom padrão, portanto apenas a alternativa C está correta.

Gabarito "C".

(Técnico – TRT/11ª – 2012 – FCC) Em relação à tecnologia e aplicativos associados à *internet,* é correto afirmar:

(A) Na internet, o protocolo HTTP (*Hypertext Transfer Protocol*) é usado para transmitir documentos formatados em HTML (*Hypertext Mark-up Language*).
(B) No *Internet Explorer 8* é possível excluir o histórico de navegação apenas pelo menu Ferramentas.
(C) Intranet pode ser definida como um ambiente corporativo que importa uma coleção de páginas de internet e as exibe internamente, sem necessidade do uso de senha.
(D) Serviços de *webmail* consistem no uso compartilhado de *software* de grupo de discussão instalado em computador.
(E) No *Thunderbird* 2, a agenda permite configurar vários tipos de alarmes de compromissos.

A: Correta, o HTTP é usado na navegação em páginas de *hyperlink*. **B:** Errada, também é possível excluir o histórico através do Painel de Controle. **C:** Errada, a intranet não importa páginas da internet por definição. **D:** Errada, o *webmail* é uma ferramenta que permite visualizar os *e-mails* através do navegador. **E:** Errada, o Thunderbird não possui função própria de agenda.

Gabarito "A".

(Técnico – TRE/PR – 2012 – FCC) Uma barreira protetora que monitora e restringe as informações passadas entre o seu computador e uma rede ou a Internet e fornece uma defesa por *software* contra pessoas que podem tentar acessar seu computador de fora sem a sua permissão é chamada de

(A) *ActiveX.*
(B) Roteador.
(C) Chaves públicas.
(D) Criptografia.
(E) *Firewall.*

A: Errada, o ActiveX é uma tecnologia da Microsoft para o desenvolvimento de páginas dinâmicas. **B:** Errada, roteador é um dispositivo de rede que conecta vários outros computadores e realiza o gerenciamento dos pacotes da rede. **C:** Errada, Chave pública é um termo relacionado a criptografia de dados. **D:** Errada, Criptografia é uma tecnologia usada na proteção de arquivos e dados. **E:** Correta, o Firewall é uma ferramenta que auxilia na prevenção de pragas virtuais controlando o acesso de programas à rede.

Gabarito "E".

(Técnico – TRE/SP – 2012 – FCC) Para que o computador de uma residência possa se conectar à Internet, utilizando a rede telefônica fixa, é indispensável o uso de um *hardware* chamado

(A) *hub.*

(B) *modem.*
(C) *access point.*
(D) *adaptador 3G.*
(E) *switch.*

A: Errada, o *hub* é um item de *hardware* usado para conectar vários computadores em rede por meio de cabo ethernet. **B:** Correta, o *modem dial-up* é usado para a conexão de Internet por meio da rede telefônica convencional. **C:** Errada, o *access point* é usado em conexões de rede *Wi-fi*. **D:** Errada, o adaptador 3G é usado para conexões por meio da rede de telefonia móvel. **E:** Errada, o *switch* é um equipamento de rede usado para interligar vários computadores.

Gabarito "B".

(Delegado/SP – 2011) A razão de se configurar um número específico de proxy no navegador da internet

(A) permite bloquear acesso de crianças a *sites* inadequados.
(B) impede a contaminação por vírus e malwares em geral.
(C) objetiva um determinado acesso específico na rede
(D) é condição essencial para se navegar na internet por qualquer provedor
(E) funciona como endereço favorito para posterior acesso.

O servidor proxy é um tipo de servidor intermediário que atende requisições de navegação e as repassa ao servidor responsável, ele não faz verificações de malware ou outros pragas virtuais e não é requisito essencial para navegação, embora possa impedir o acesso a algum serviço isso não é um requisito para sua existência ou sua principal funcionalidade. Portanto apenas a alternativa C está correta.

Gabarito "C".

(Técnico Judiciário – STM – 2011 – CESPE) Com relação a Windows XP, Microsoft Office, Internet e *intranet*, julgue os itens a seguir.

(1) Na Internet, *backbones* correspondem a redes de alta velocidade que suportam o tráfego das informações.
(2) Em uma *intranet*, utilizam-se componentes e ferramentas empregadas na Internet, tais como servidores *web* e navegadores, mas seu acesso é restrito à rede local e aos usuários da instituição proprietária da *intranet*.
(3) Por meio da ferramenta Windows Update, pode-se baixar, via Internet, e instalar as atualizações e correções de segurança disponibilizadas pela Microsoft para o sistema operacional Windows XP.
(4) O Microsoft Word 2003 não possui recursos para sombrear ou destacar parágrafos em documentos nele produzidos.
(5) No Microsoft Excel 2003, por meio da função lógica *Se*, pode-se testar a condição especificada e retornar um valor caso a condição seja verdadeira ou outro valor caso a condição seja falsa.

1: Correta, os *backbones* formam a espinha dorsal da internet, interligando as várias redes de alta velocidade. **2:** Correta, as intranets funcionam de maneira idêntica à internet com a diferença de ter o acesso restrito às redes locais. **3:** Correta, a ferramenta do Windows Update automatiza a realização de atualizações do sistema operacional Windows. **4:** Errada, o Microsoft Word 2003 possui os recursos mencionados. **5:** Correta, a função lógica SE realiza verificações para a tomada de ações dependendo das condições indicadas na função.

Gabarito 1C, 2C, 3C, 4E, 5C

(Técnico Judiciário – TRT/4ª – 2011 – FCC) A principal finalidade dos navegadores de Internet é comunicar-se com servidores *Web* para efetuar pedidos de arquivos e processar as respostas recebidas. O principal protocolo utilizado para transferência dos hipertextos é o

(A) SMTP.
(B) HTTP.
(C) HTML.
(D) XML.
(E) IMAP.

A: Errada, o SMTP é um protocolo utilizado para o envio de correios eletrônicos. **B:** Correta, o HTTP é o protocolo de transferência de páginas de hypertexto. **C:** Errada, o HTML é um linguagem de marcação utilizada para exibição de documentos web. **D:** Errada, o XML é uma linguagem de marcação utilizada para troca de informações. **E:** Errada, o IMAP é um protocolo utilizado em correios eletrônicos.

Gabarito "B".

(Técnico Judiciário – TRT/14ª – 2011 – FCC) Em relação à Internet, é INCORRETO afirmar:

(A) *Chat* é um fórum eletrônico no qual os internautas conversam em tempo real.
(B) *Upload* é o processo de transferência de arquivos do computador do usuário para um computador remoto.
(C) *Download* é o processo de transferência de arquivos de um computador remoto para o computador do usuário.
(D) *URL* é a página de abertura de um *site*, pela qual se chega às demais.
(E) *Html* é a linguagem padrão de criação das páginas da *Web*.

A: Errada, em um *chat* pessoas podem conversar em tempo real, estando organizadas de maneira semelhante a um fórum. **B:** Errada, a definição está correta, em um *upload* se envia um arquivo de um computador para outro. **C:** Errada, a definição está correta, em um *download* um arquivo é transferido de outro computador para o do usuário. **D:** Correta, a página de abertura de um *site* se chama index, o URL é o endereço de um documento web. **E:** Errada, o HTML é uma linguagem de marcação utilizada a criação de páginas web.

Gabarito "D".

(Técnico Judiciário – TRT/14ª – 2011 – FCC) O sítio do Tribunal Regional do Trabalho da 14ª Região disponibiliza, entre outros, o *link* para o *twitter* TRT. *Twitter* é:

(A) um cliente de *e-mails* e notícias que permite a troca de opiniões sobre o assunto em pauta entre usuários previamente cadastrados.
(B) uma rede social na qual os usuários fazem atualizações de textos curtos, que podem ser vistos publicamente ou apenas por um grupo restrito escolhido pelo usuário.
(C) um *site* em que é possível enviar recados, arquivos, *links* e itens de calendário criados diretamente no programa.
(D) um mensageiro instantâneo que permite a troca de mensagens entre usuários previamente cadastrados.
(E) um *site* cuja estrutura permite a atualização rápida a partir de acréscimos de artigos, *posts* e diários *on-line*.

A: Errada, o twitter é uma rede social e não um cliente de *e-mails*. **B:** Correta, o twitter é uma rede social que consiste o envio de mensagens curtas de até 140 caracteres. **C:** Errada, não é possível enviar arquivos ou itens de calendário pelo twitter, apenas *links* podem ser compartilhados. **D:** Errada, o twitter é uma rede social e não um mensageiro instantâneo. **E:** Errada, o twitter permite apenas o compartilhamento de mensagens curtas, não sendo possível a utilização mencionada.

Gabarito "B".

(Técnico Judiciário – TRT/20ª – 2011 – FCC) Angela recebeu um *e-mail* de Ana Luiza, direcionado a vários destinatários. Após fazer a leitura do *e-mail*, Angela resolve enviá-lo a Pedro, seu colega de trabalho. Considerando que Pedro não estava na lista de destinatários do *e-mail* enviado por Ana Luiza, para executar essa tarefa Angela deverá selecionar a opção

(A) Responder.
(B) Encaminhar.
(C) Adicionar destinatário.
(D) Localizar destinatário.
(E) Responder a todos.

A: Errada, a opção Responder é utilizada para enviar uma resposta a pessoa que lhe enviou o *e-mail*. **B:** Correta, a opção encaminhar envia a mensagem para alguém que não estava na lista. **C:** Errada, a opção adicionar destinatário não realiza o envio de mensagens. **D:** Errada, a opção localizar destinatário não realiza o envio de mensagens. **E:** Errada, a opção responder a todos envia a resposta a todas as pessoas para as quais foi endereçado o *e-mail*.

Gabarito "B".

(Técnico Judiciário – TRT/20ª – 2011 – FCC) É INCORRETO afirmar que o modo de navegação privativo no *Firefox 3*

(A) permite navegar na Internet sem guardar informações sobre os *sites* e páginas que foram visitadas.
(B) não adiciona páginas visitadas à lista de endereços.
(C) não guarda arquivos temporários da Internet ou arquivos de *cache*.
(D) torna o internauta anônimo na Internet. Dessa forma o fornecedor de serviços de internet, entidade patronal, ou os próprios *sites* não poderão saber as páginas que foram visitadas.

(E) não salva o que foi digitado em caixas de texto, formulários, ou nos campos de pesquisa.

A: Errada, a afirmação está correta, na navegação privativa não são armazenadas informações sobre os *sites* visitados. **B:** Errada, a afirmação está correta, a páginas visitadas não são registradas. **C:** Errada, a afirmação está correta, os arquivos temporários não são armazenados ou qualquer arquivo de *cache*. **D:** Correta, a navegação privativa torna a navegação do usuário anônima. **E:** Errada, esses são apenas alguns dos efeitos da navegação privativa.

Gabarito "D".

(Técnico Judiciário – TRE/AC – 2010 – FCC) Caso algum *site* não esteja preparado para o *Internet Explorer 8*, usar no menu Ferramentas o item

(A) Diagnosticar Problemas de Conexão.
(B) Modo de Exibição de Compatibilidade.
(C) Configurações de Filtragem *InPrivate*.
(D) Navegação *InPrivate*.
(E) Gerenciar Complementos.

A: Errada, a compatibilidade de exibição de uma página não está relacionada a função Diagnosticar Problemas de Conexão. **B:** Correta, a opção Modo de Exibição de Compatibilidade faz com que os *sites* apareçam como se fossem exibidos em uma versão anterior do Internet Explorer. **C:** Errada, o item Configurações de Filtragem *InPrivate* gerencia os parâmetros da navegação InPrivate. **D:** Errada, a navegação *InPrivate* tem como função manter o usuário anônimo durante a navegação. **E:** Errada, a opção de Gerenciar Complementos permite administrar os complementos e lug-ins instalados no navegador.

Gabarito "B".

(Técnico Judiciário – TRE /AL – 2010 – FCC) A velocidade das redes de computadores normalmente é medida em megabits por segundo (Mbps), que pode ser indicada em gigabits por segundo (Gbps) ou *megabytes* por segundo (MB/s). Uma rede com velocidade de 1Gbps corresponde a uma taxa de transmissão teórica de

(A) 1000 Mbps ou 12,5 MB/s.
(B) 1000 Mbps ou 125 MB/s.
(C) 125 Mbps ou 1024 MB/s.
(D) 100 Mbps ou 1000 MB/s.
(E) 12,5 Mbps ou 1024 MB/s.

A: Errada, a taxa em MB/s seria de 125, pois é necessário dividir a taxa em Mbps por 8 para converter bits em *bytes*. **B:** Correta, 1 Gbps equivale a 1000Mbps que, em *bytes*, equivalem a 125Mb/s. **C:** Errada, 1 Gbps equivale a 1000Mbps. **D:** Errada, 1 Gbps equivale a 1000Mbps. **E:** Errada, 1 Gbps equivale a 1000Mbps.

Gabarito "B".

(Técnico Judiciário – TRE/AP – 2011 – FCC) Quando se utiliza o *Webmail*, os *e-mails* que chegam, via de regra, são

(A) armazenados no servidor de recebimento.
(B) descarregados no computador do usuário.
(C) armazenados no servidor de saída.
(D) descarregados no servidor de arquivos, na pasta do usuário.
(E) armazenados no servidor de páginas da internet.

A: Correta, todas as mensagens recebidas em um *e-mail* ficam armazenadas no servidor até que sejam retiradas pelo usuário. **B:** Errada, as mensagens só são descarregadas quando algum gerenciador de *e-mails* é utilizado. **C:** Errada, o servidor de saída armazena apenas mensagens enviadas e não as recebidas. **D:** Errada, as mensagens recebidas em um *e-mail* ficam armazenadas no servidor de recebimento do domínio do *e-mail*. **E:** Errada, servidores de páginas da internet não armazenam *e-mails* recebidos por um domínio.

Gabarito "A".

(Técnico Judiciário – TER/RS – 2010 – FCC) Duplicar Guia, Nova Janela e Nova Sessão estão disponíveis no Internet Explorer 8 no menu

(A) Arquivo.
(B) Editar.
(C) Exibir.
(D) Formatar.
(E) Ferramentas.

A: Correta, as opções de guia, janela e sessão estão localizadas no menu Arquivo. **B:** Errada, no menu Editar se encontram opções de edição como Copiar e Colar. **C:** Errada, no menu Exibir se encontram opções de exibição como *zoom* e tamanho do texto. **D:** Errada, não há um menu com este nome no IE8. **E:** Errada, no menu Ferramentas se encontram opções de configuração do IE8, como opções da Internet e Bloqueador de *Pop-ups*.

Gabarito "A".

(Técnico Judiciário – TRE/BA – 2010 – CESPE) Acerca de navegação, correio eletrônico, grupos de discussão, ferramentas de busca e pesquisa na Internet, julgue os itens que se seguem.

(1) Ao verificar a caixa postal de correio eletrônico, na realidade, o usuário acessa o servidor central de *e-mail* da Internet, chamado de cliente de *e-mail*, o qual direciona as mensagens que possuem o endereço do usuário reconhecido por sua senha pessoal e intransferível.

(2) Uma das formas de busca de informações na Internet utilizando os sítios de busca, como o Google, é por meio da utilização de operadores booleanos, os quais podem variar dependendo da ferramenta de busca utilizada.

(3) Um sítio de *chat* ou de bate-papo é um exemplo típico de grupo de discussão em que os assuntos são debatidos em tempo real. Para essa finalidade, a comunicação pode ser de forma assíncrona, o que significa que é desnecessária a conexão simultânea de todos os usuários.

1: Errada, ao verificar a caixa postal de correio eletrônico, o usuário acessa o servidor que está hospedando seu domínio de correio; **2:** Correta, os operadores booleanos ajudam a refinar as buscas feitas em *sites* de busca, melhorando o resultado da pesquisa; **3:** Errada, os *sites* de *chat* ou bate-papo são comunicadores instantâneos que requer a conexão simultânea de seus participantes.

Gabarito 1E, 2C, 3E

(Técnico Judiciário – TRF/1ª – 2011 – FCC) Em um *e-mail*, é prática comum usar o campo *Bcc* ou *Cco* quando se deseja endereçá-lo com o objetivo de

(A) revelar às pessoas que não ocupam cargos de confiança, quem recebeu o *e-mail*.
(B) diminuir o impacto na rede, no caso de textos maiores que cem caracteres.
(C) agilizar o encaminhamento no caso de textos menores que cem caracteres porque assim vai por uma linha especial.
(D) ocultar a lista de destinatários.
(E) revelar a lista de destinatários.

A: Errada, a função Bcc ou Cco oculta os *e-mails* que são adicionados como destinatário, portanto não os revelando aos outros destinatários. **B:** Errada, a utilização da cópia oculta não impacta a rede de forma alguma. **C:** Errada, o uso de cópias ocultas não agiliza o envio de mensagens eletrônicas. **D:** Correta, a função Bcc ou Cco oculta os destinatários adicionados. **E:** Errada, o objetivo é o oposto, ocultar a lista de destinatários.

Gabarito "D".

(Técnico Judiciário – TRF/1ª – 2011 – FCC) *World Wide Web* (que em português significa rede de alcance mundial), também conhecida como *Web* ou *WWW* é

(A) um método para copiar e elaborar *sites* padronizados.
(B) a forma de encaminhar *e-mails* por uma rede sem fio, somente.
(C) um sistema de arquivos utilizado unicamente nas *intranets*.
(D) um sistema de rede utilizado unicamente nas *intranets*.
(E) um sistema de documentos em hipermídia que são interligados e executados na Internet.

A: Errada, a WWW é um sistema e não um método. **B:** Errada, a WWW não está associada a mensagens de correio eletrônico. **C:** Errada, a WWW é um sistema de documentos em hipermídia e não um sistema de arquivos para intranet. **D:** Errada, a WWW não é um sistema de rede, mas sim de documentos em hipermídia. **E:** Correta, a WWW é um sistema de arquivos em hipermídia que são executados na Internet e permite a navegação entre páginas.

Gabarito "E".

(Técnico Judiciário – TRF/1ª – 2011 – FCC) Dispositivo de entrada e saída, modulador e demodulador, utilizado para transmissão de dados entre computadores através de uma linha de comunicação. Utilizado nas conexões *internet*. Trata-se de

(A) banda larga.
(B) *modem*.
(C) provedor de serviços.
(D) placa de rede.
(E) cabo coaxial.

A: Errada, banda larga descreve a capacidade de transmissão que é superior a 1.2 ou 2 Megabits por segundo. **B:** Correta, o *modem* é um modulador e demodulador que permite a comunicação entre computadores através de uma linha de comunicação convencional. **C:** Errada, um provedor de serviço é uma instituição que permite a

seus usuários utilizar certos serviços da internet. **D:** Errada, a placa de rede é utilizada para interligar computadores através de rede ethernet e não linhas convencionais. **E:** Errada, o cabo coaxial é um meio de transmissão de dados apenas.

Gabarito "B".

(Técnico Judiciário – TRF/1ª – 2011 – FCC) Um sistema de envio de notícias de um *site* para outro, também conhecido como *Feeds*, ocorre de forma automática. Para ter um *site* alimentado por outro, basta ter ...... do gerador de notícias para inserir chamadas das notícias no *site* receptor. Completa corretamente a lacuna:

(A) o *e-mail*
(B) um computador igual ao
(C) o endereço RSS
(D) o mesmo provedor internet
(E) a mesma linha de comunicação

A: Errada, o *e-mail* não é utilizado no envio de *Feeds* de noticias. **B:** Errada, não é necessário um computador igual ao do gerador, não é necessário nem que o dispositivo seja um computador, podendo ser um simples smartphone. **C:** Correta, através do endereço RSS do gerador de notícias é possível obter as chamadas de notícia de forma automática. **D:** Errada, o envio de *feeds* independe do provedor de internet sendo utilizado em qualquer das pontas. **E:** Errada, a linha de comunicação sendo utilizada em qualquer das pontas não interfere no recebimento dos *feeds*.

Gabarito "C".

(Técnico Judiciário – TJ/GO – 2010 – UFG) No uso de correio eletrônico, o Filtro *Antispam* e *Webmail* permitem, respectivamente,

(A) a remoção de vírus e a prevenção de mensagens indesejáveis.
(B) a tradução de mensagens em uma determinada língua e o serviço de envio de mensagens automáticas.
(C) o compartilhamento de mensagens e o redirecionamento de mensagens.
(D) o bloqueio de mensagens indesejáveis e o gerenciamento de *e-mail* por meio de navegadores de Internet.

A: Errada, o Filtro Anti*spam* tem como função inibir a o recebimento de mensagens indesejadas. **B:** Errada, o Anti*spam* serve para que mensagens não requisitadas não sejam recebidas, ele não faz tradução de textos. **C:** Errada, o Anti*spam* não compartilha mensagens, apenas impede que mensagens não solicitadas sejam recebidas. **D:** Correta, o Anti*spam* bloqueia mensagens indesejadas e o *Webmail* permite o gerenciamento de uma conta através do navegador.

Gabarito "D".

(Técnico Judiciário – TJ/SC – 2010) Assinale a alternativa que indica um formato de endereço válido para uma conta de *e-mail*:

(A) joaquim@empresa@com@br
(B) www.joaquim.empresa.com.br

(C) joaquim@empresa.com.br
(D) http://joaquim.empresa.com.br
(E) @joaquim.empresa.com.br

A: Errada, endereços de e-mail válidos só podem possuir o símbolo da arroba uma vez. **B:** Errada, o endereço apresentado representa uma URL. **C:** Correta, o formato correto de um endereço de e-mail é usuário@dominio.extensão. **D:** Errada, o endereço apresentado representa uma URL. **E:** Errada, o nome do usuário de destino deve vir antes do símbolo da arroba.

Gabarito "C".

(Escrevente Técnico Judiciário – TJ/SP – 2011 – VUNESP) Analise os parágrafos a seguir, sabendo que eles contêm afirmações sobre os serviços e os recursos disponíveis aos usuários da Internet.

I. No endereço eletrônico reginaldo27@terra.com.br, o campo reginaldo27, que precede o símbolo @, identifica o usuário de *e-mail* de maneira única dentro do provedor de acesso terra.com.br.

II. O termo *SPAM* é usado para designar as mensagens eletrônicas não solicitadas, que geralmente são enviadas para um grande número de pessoas, e que causam grandes transtornos aos destinatários.

III. Hypertext Markup Language ou HTML é a linguagem utilizada na elaboração das páginas de hipertexto da World Wide Web, que permite aos *browsers* navegar pelos *sites* e exibir os seus conteúdos.

É correto o que se afirma em

(A) I, apenas.
(B) II, apenas.
(C) I e III, apenas.
(D) II e III, apenas.
(E) I, II e III.

A: Errada, as afirmativas II e III também estão corretas. **B:** Errada, as afirmativas I e III também estão corretas. **C:** Errada, a afirmativa II também está correta. **D:** Errada, a afirmativa I também está correta. **E:** Correta, todas as afirmativas estão corretas.

Gabarito "E".

(Escrevente Técnico – TJ/SP – 2010 – VUNESP) Assinale a alternativa que contém a correta afirmação sobre os serviços e recursos disponíveis aos usuários da Internet.

(A) A *World Wide Web* é o nome do serviço que primeiro permitiu aos internautas trocar mensagens eletrônicas.

(B) O termo *download* refere-se às ferramentas de busca que são úteis para a pesquisa de informações na rede.

(C) *Site* é a localidade da Internet onde os *spammers* armazenam as mensagens indesejáveis a serem postadas.

(D) URL é a linguagem de marcação utilizada para produzir páginas Web que podem ser interpretadas por *browsers*.

(E) Um *hyperlink* permite a um internauta migrar para outra página ou para outra posição no mesmo documento.

A: Errada, a World Wide Web, também conhecida como WWW é uma rede de documentos de hipermídia interligados por *hyperlinks*. **B:** Errada, o termo *download* se refere a ação de extrair um arquivo da Internet para seu computador. **C:** Errada, *site* é um termo que designa uma página web. **D:** Errada, a URL é o caminho que aponta para um documento ou página web. A linguagem de marcação descrita se chama HTML. **E:** Correta, o *hyperlink* é um apontamento de um documento web para outro, permitindo a navegação entre eles.

Gabarito "E".

(Técnico Judiciário – MPU – 2010 – CESPE) A respeito de Internet e intranet, julgue os itens subsequentes.

(1) O acesso autorizado à intranet de uma instituição restringe-se a um grupo de usuários previamente cadastrados, de modo que o conteúdo dessa intranet, supostamente, por vias normais, não pode ser acessado pelos demais usuários da Internet.

(2) Um *modem* ADSL permite que, em um mesmo canal de comunicação, trafeguem sinais simultâneos de dados e de voz. Por isso, com apenas uma linha telefônica, um usuário pode acessar a Internet e telefonar ao mesmo tempo.

1: Correta, as intranets possuem conteúdo restrito e não podem ser acessadas pela Internet; **2:** Correta, os modens ADSL modulam o sinal de forma que possam trafegar conjuntamente com voz sem que um interfira no outro.

Gabarito 1C, 2C.

(Delegado/PB – 2009 – CESPE) Assinale a opção correta com relação a conceitos de Internet.

(A) A tecnologia WWWD (*world wide web duo*) substituirá a WWW, acrescentando realidade virtual e acesso ultrarrápido.

(B) HTTPS é um protocolo que permite fazer *upload* de arquivos para serem disponibilizados na Internet.

(C) Para se disponibilizar arquivo de dados na Internet, é necessário comprimir os dados por meio do aplicativo ZIP.

(D) O MP3 utiliza uma técnica de compressão de áudio em que a perda de qualidade do som não é, normalmente, de fácil percepção pelo ouvido humano.

(E) Para se transferir um texto anexado a um *e-mail*, deve-se utilizar aplicativo PDF.

A: Errada, o conceito de *World Wide Web Duo* não existe atualmente. **B:** Errada, o HTTPS é um protocolo que provê segurança na navegação web. **C:** Errada, qualquer arquivo pode ser disponibilizado na Internet, não há necessidade que estejam em um formato específico. **D:** Correta, o formato MP3 se refere à compressão de arquivos de áudio com pouca perda de qualidade. **E:** Errada, os arquivos anexados em *e-mail* não necessitam de um formato específico.

Gabarito "D".

(Delegado/PI – 2009 – UESPI) Considere as afirmações abaixo sobre navegação na Internet e correio eletrônico.

(1) No navegador Microsoft Internet Explorer, um atalho de teclado que permite recarregar a página atual é a tecla F3.
(2) *Webmail* é um aplicativo para a leitura e envio de mensagens de correio eletrônico off-line (isto é, quando não se está conectado à Internet).
(3) Para toda mensagem de correio eletrônico que desejarmos enviar, devemos preencher obrigatoriamente pelo menos os campos "Para:" e "Assunto:". O campo "De:" é preenchido automaticamente.
(4) Numa URL que começa com https://, estaremos instruindo o navegador a acessar um *site* usando um mecanismo de segurança que protege a troca de informações.

Está (ão) correta(s) apenas:

(A) 1 e 2
(B) 2 e 3
(C) 3
(D) 2 e 4
(E) 4

A: Errada, as afirmativas 1 e 2 estão incorretas, o atalho que permite recarregar a página atual é F5 e não F3 e *Webmail* não é um aplicativo, mas, um *site* que permite a consulta aos *e-mails* de maneira online. B: Errada, as afirmativas 2 e 3 estão incorretas, *Webmail* não é um aplicativo, mas é um *site* que permite a consulta aos *e-mails* de maneira online e o único campo obrigatório é o campo "Para:". C: Errada, o único campo obrigatório é o campo "Para:". D: Errada, a afirmativa 2 está incorreta, *Webmail* não é um aplicativo, mas sim um *site* que permite a consulta aos *e-mails* de maneira online. E: Correta, a afirmativa 4 está correta, o protocolo HTTPS garante uma troca de informações segura entre o servidor e o computador.
Gabarito "E."

(Delegado/RN – 2009 – CESPE) A Internet consiste em um conjunto de computadores, recursos e dispositivos interligados por meio de uma série de tecnologias e protocolos. Na Internet, utiliza-se uma pilha de protocolos denominada

(A) OSI.
(B) ADSL.
(C) TCP/IP.
(D) HTTP.
(E) SMTP.

A: Errada, OSI designa as diferentes camadas da comunicação em rede. B: Errada, ADSL se refere a conexões de internet de banda larga. C: Correta, o protocolo TCP/IP é a camada de protocolo na qual se baseia a internet. D: Errada, o protocolo HTTP é o protocolo de comunicação para navegação web. E: Errada, o protocolo SMTP se encarrega do envio de mensagens eletrônicas.
Gabarito "C".

(Delegado/RN – 2009 – CESPE) O envio e o recebimento de mensagens de correio eletrônico contendo documentos e imagens anexos podem ser realizados por meio do *software*

(A) Microsoft Publisher.
(B) Hyper Terminal.
(C) Skype.
(D) Adobe Acrobat.
(E) Microsoft Outlook.

A: Errada, o Microsoft Publisher tem como objetivo criar e manter publicações na web. B: Errada, o Hyper Terminal é um *software* de acesso remoto. C: Errada, o Skype é um programa de comunicação instantânea. D: Errada, o Adobe Acrobat é um programa de apresentação de documentos em formato PDF. E: Correta, o Microsoft Outlook é um programa gerenciador de *e-mail* e tem a capacidade de enviar e receber mensagens de correio eletrônico.
Gabarito "E".

(Agente de Polícia Federal – 2009 – CESPE) Julgue os itens subsequentes, a respeito de Internet e intranet.

(1) As intranets, por serem redes com acesso restrito aos usuários de empresas, não utilizam os mesmos protocolos de comunicação usados na Internet, como o TCP/IP.
(2) Um *cookie* é um arquivo passível de ser armazenado no computador de um usuário, que pode conter informações utilizáveis por um *website* quando este for acessado pelo usuário. O usuário deve ser cuidadoso ao aceitar um *cookie*, já que os navegadores da Web não oferecem opções para excluí-lo.

1: Errada, a intranet é baseada nos mesmos protocolos utilizados para a Internet, principalmente o TCP/IP. 2: Errada, todo navegador permite a exclusão dos *cookies* por meio de função interna.
Gabarito 1E, 2E

(Agente de Polícia Federal – 2009 – CESPE) A figura acima mostra a parte superior de uma janela do Internet Explorer 7 (IE7), em execução em um computador com sistema operacional Windows Vista, em que a página da Web http://www.google.com.br está sendo acessada. Com relação a essa janela, ao IE7 e a conceitos de Internet, julgue os itens que se seguem.

(1) Ao se clicar o botão [ícone], a página que estiver sendo exibida no navegador passará a ser a página inicial do IE7 sempre que este navegador for aberto.
(2) O Google é um instrumento de busca que pode auxiliar a execução de diversas atividades, como, por exemplo, pesquisas escolares.

1: Errada, o botão mencionado leva o usuário para a página inicial configurada no navegador. 2: Correta, a Google é um dos *sites* de buscas mais utilizado no mundo e auxilia em atividades como pesquisas de forma muito eficiente.
Gabarito 1E, 2C

(Agente de Polícia Federal – 2009 – CESPE) Com relação a conceitos de Internet, julgue o item abaixo.

(1) A sigla FTP designa um protocolo que pode ser usado para a transferência de arquivos de dados na Internet.

1: Correta, o protocolo FTP trata do envio de arquivos em rede.
Gabarito 1C

(Escrivão de Polícia Federal – 2009 – CESPE) Com relação à Internet, julgue o item abaixo.

(1) Na tecnologia TCP/IP, usada na Internet, um arquivo, ao ser transferido, é transferido inteiro (sem ser dividido em vários pedaços), e transita sempre por uma única rota entre os computadores de origem e de destino, sempre que ocorre uma transmissão.

1: Errada, os arquivos são divididos em várias partes quando transferidos e nem sempre fazem o mesmo caminho, tomando sempre o caminho mostrado pelo roteador onde os pacotes passam.
Gabarito 1E

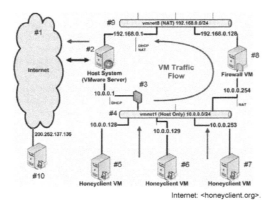

Internet: <honeyclient.org>.

(Escrivão de Polícia Federal – 2009 – CESPE) Considerando a figura acima, que apresenta o esquema de uma rede de computadores conectada à Internet, na qual se destacam elementos nomeados de 1 a 10, julgue os itens a seguir, a respeito de redes de computadores, segurança de redes e segurança da informação.

(1) Caso uma aplicação em execução no elemento 10 envie com sucesso um pedido http para um servidor web em funcionamento em 6 e receba como resposta uma página HTML com centenas de kilo*bytes*, o fluxo de pacotes estabelecido entre os dois hosts será filtrado obrigatoriamente pelo dispositivo 3.

(2) O endereço IP 10.0.0.253 deve ser usado na URL inserida em um *browser* em funcionamento em 10 para viabilizar a comunicação entre esse *browser* e um servidor http em funcionamento na porta 80 do dispositivo 7, caso não seja possível usar um servidor de DNS em 10.

(3) Se uma aplicação cliente de correio eletrônico, em funcionamento em 5, recupera o conjunto de *e-mails* de um usuário de serviço de *e-mail* do tipo POP3 localizado em 10, então o fluxo de pacotes UDP deve ser estabelecido entre esses computadores.

1: Errada, o tráfego entre a internet e os servidores é filtrado no dispositivo 8 e não no dispositivo 3, este segundo apenas encaminha os dados. **2:** Errada, o IP 10.0.0.253 é um IP interno, não possuindo acesso direto pela internet, apenas na rede local em que se encontra. **3:** Errada, o tipo de pacote utilizado pelo protocolo POP3 é o TCP e não o UDP, pois ele precisa garantir a entrega da informação ao host requisitante.
Gabarito 1E, 2E, 3E

(Agente de Polícia/DF – 2009 – UNIVERSA) A conexão ADSL (*asymmetrical digital subscriber line*) oferece várias vantagens sobre a conexão convencional. Assinale a alternativa que apresenta apenas vantagem(ens) da ADSL.

(A) Tem velocidade superior à da obtida pelo acesso convencional e deixa a linha telefônica disponível para uso durante o acesso.
(B) Deixa a rede imune aos vírus e possui *antispam*.
(C) Aumenta o desempenho do processador e da memória RAM.
(D) Reduz o consumo de energia e chega a ser 75% mais econômica do que o acesso convencional.
(E) Dispensa o uso do *modem* e da placa de rede.

A: Correta, a conexão ADSL permite transmitir dados e voz pelo mesmo meio ao mesmo tempo e possui velocidades muito superiores a conexão *dial-up*; **B:** Errada, nenhum tipo de conexão imuniza um computador contra vírus; **C:** Errada, nenhum tipo de conexão tem efeito qualquer sobre a memória RAM do computador; **D:** Errada, a diferença de consumo do computador é muito pequena, não havendo economia significativa; **E:** Errada, a conexão ADSL depende de um *modem* e uma placa de rede.
Gabarito "A".

(Agente de Polícia/ES – 2009 – CESPE) Considerando os conceitos de Internet, intranet e correio eletrônico, julgue os itens a seguir.

(1) As redes *wireless* possuem a vantagem de permitir conexão à Internet, mas não permitem a conexão à intranet por se tratar de rede corporativa local.
(2) O navegador Internet Explorer 7.0 possibilita que se alterne de um sítio para outro por meio de separadores no topo da moldura do *browser*, fato que facilita a navegação.
(3) O Outlook Express possui recurso para impedir a infecção de vírus enviados por *e-mail*.
(4) Para se fazer *upload* e *download* de arquivos na intranet é necessário que o usuário tenha o sistema zip*driver* instalado no computador.

1: Errada, tanto a Internet como a intranet podem ser acessadas por meio de redes *wireless*. **2:** Correta, o IE7 apresenta a navegação por meio de abas que se encontram na parte superior da página, facilitando a navegação quando o usuário deseja abrir várias páginas. **3:**

Errada, o Outlook Express em sua configuração padrão não conta com nenhum sistema antivírus. **4:** Errada, o sistema zipdrive é apenas uma interface de entrada e saída que permite o uso de disquetes de capacidade superior aos disquetes de 3½".

Gabarito 1E, 2C, 3E, 4E

(Inspetor de Polícia/MT – 2010 – UNEMAT) A Internet é um conjunto de redes interligadas ao redor do mundo, que fornecem as mais diversas informações e os mais variados serviços. O correio eletrônico é um desses serviços.

Sobre correio eletrônico, é correto afirmar.

I. O correio eletrônico serve também para a editoração e processamento de documentos.

II. Através do correio eletrônico é possível enviar diferentes tipos de arquivos com diferentes extensões.

III. Com o uso do correio eletrônico, é possível ter acesso a outros serviços da Internet, bastando apenas a digitação do endereço de *e-mail* e uma senha.

IV. O correio eletrônico é um dos serviços mais antigos, disponibilizados desde a criação da Internet.

Assinale a alternativa cujas afirmações estão corretas.

(A) Apenas I e II estão corretas.
(B) Apenas II e III estão corretas.
(C) Apenas I, II e III estão corretas.
(D) Apenas II, III e IV estão corretas.
(E) Apenas I, II e IV estão corretas.

A: Errada, a afirmativa I está incorreta, o correio eletrônico tem como função a comunicação entre indivíduos e não o processamento de documentos; **B:** Errada, a afirmativa IV também está correta; **C:** Errada, a afirmativa I está incorreta, o correio eletrônico tem como função a comunicação entre indivíduos e não o processamento de documentos; **D:** Correta, apenas as afirmativas II, III e IV estão corretas; **E:** Errada, a afirmativa I está incorreta, o correio eletrônico tem como função a comunicação entre indivíduos e não o processamento de documentos.

Gabarito "D".

(Investigador de Polícia/PA – 2009 – MOVENS) A internet é uma ferramenta importante para o trabalho, porém existem diversos riscos, o seu mau uso pode causar perda ou vazamento de Informações e prejuízos financeiros, Por esse motivo, é importante saber como acessá-la de forma segura.

A respeito da segurança no uso da internet. assinale a opção correta.

(A) O acesso à internet por redes sem fio (*Wireless* ou *Wi-Fi*) abertas é perigoso e deve ser evitado.
(B) O filtro de linha é um equipamento muito utilizado para evitar vírus e *hackers*. Ele faz a verificação dos dados que passam pela linha telefônica.
(C) O uso de antivírus é fundamental e 100% seguro; por isso, suas atualizações podem ser feitas somente quando uma nova ameaça é divulgada na mídia.
(D) Utilizar senhas pequenas, com até quatro letras e/ou números, é eficiente, pois são mais fáceis de lembrar.

A: Correta, o acesso a redes abertas, sem proteção, podem permitir que um terceiro intercepte a comunicação e obtenha informações pessoais ou confidenciais; **B:** Errada, o filtro de linha não tem efeito qualquer sobre os itens de *software* do computador; **C:** Errada, as atualizações devem ser feitas constantemente para evitar a maior quantidade de pragas possíveis; **D:** Errada, senhas não podem ser pequenas ou ligadas a datas ou nomes, devem conter pelo menos um caractere que não seja alfanumérico no mínimo 8 dígitos para proverem uma boa segurança.

Gabarito "A".

(Investigador de Polícia/PA – 2009 – MOVENS) O Internet Explorer 7 é um dos programas mais utilizados para navegar na Internet. A respeito do seu funcionamento, assinale a opção INCORRETA.

(A) Caso a tela do computador esteja pequena para visualizar o *site*, pode-se utilizar a função "Tela Cheia".
(B) Com o Internet Explorer é possível configurar quais programas serão utilizados para outros serviços de internet, como correio eletrônico, grupos de notícias, calendário e contatos.
(C) O Internet Explorer pode ser configurado para realizar conexão discada com um provedor de acesso à internet, caso não haja conexão disponível.
(D) O ícone ⭐ aparece toda vez que se visita um endereço eletrônico protegido.

A: Errada, a afirmativa está correta; **B:** Errada, a afirmativa está correta; **C:** Errada, a afirmativa está correta, **D:** Correta, a alternativa deverá ser marcada, pois o ícone ⭐ permite acesso aos *sites* favoritos.

Gabarito "D".

(Escrivão de Polícia/PA – 2009 – MOVENS) Diante das diversas formas para acessar a internet atualmente, cada nova tecnologia propõe-se como mais rápida e mais barata que a anterior. Considerando os diferentes meios de acesso à internet, assinale a opção correta.

(A) A tecnologia 3G permite o acesso à internet em qualquer lugar, porém sua velocidade é limitada a 56Kbps.
(B) O acesso por cable *modem* é um dos mais rápidos, e sua disponibilidade é apenas para empresas.
(C) O acesso discado ainda é muito popular devido ao baixo custo e à alta velocidade de transmissão.
(D) Uma das vantagens da tecnologia ADSL é a possibilidade de utilizar a mesma linha telefônica, simultaneamente, para acesso à internet e para ligações de voz.

A: Errada, a velocidade de conexão 3G pode ultrapassar a barreira de 1Mbps; **B:** Errada, conexão por cable *modem* também são possíveis em residências; **C:** Errada, o acesso discado está caindo em desuso e possui uma velocidade de conexão muito baixa; **D:** Correta, a tecnologia DSL permite o tráfego de voz e dados pelo mesmo meio de comunicação de forma simultânea.

Gabarito "D".

(Escrivão de Polícia/PA – 2009 – MOVENS) Considere a figura abaixo, que apresenta uma página em funcionamento do Internet Explorer 7.

A respeito do funcionamento do Internet Explorer 7 e da figura acima, julgue os itens abaixo e, em seguida, assinale a opção correta.

I. Clicar o botão e depois Adicionar a Favoritos tem o mesmo efeito do atalho Ctrl + D.
II. O Internet Explorer não é capaz de transferir arquivos por FTP. Para isso, é preciso um *software* especializado.
III. Existem duas abas de navegação em uso no mesmo aplicativo do Internet Explorer.
IV. O botão é utilizado para voltar aos *sites* anteriores.

Estão certos apenas os itens
(A) I e III.
(B) I e IV.
(C) II e III.
(D) II e IV.

A: Correta, apenas as afirmativas I e III estão corretas; **B:** Errada, a afirmativa IV está incorreta, o botão tem como função recarregar a página atual; **C:** Errada, a afirmativa II está incorreta, o IE pode funcionar como um cliente FTP, acessando um servidor remoto e realizando transferências; **D:** Errada, as afirmativas II e IV estão incorretas, o botão tem como função recarregar a página atual e o IE pode funcionar como um cliente FTP, acessando um servidor remoto e realizando transferências.
Gabarito "A".

(Escrivão de Polícia/SP – 2010) O protocolo mais comum utilizado para dar suporte ao correio eletrônico é
(A) HTTP
(B) NTFS
(C) FTP
(D) TELNET
(E) SMTP

A: Errada, o protocolo HTTP é utilizado para páginas web; **B:** Errada, o protocolo NTFS é um sistema de arquivos e não um protocolo de Internet; **C:** Errada, o FTP é um protocolo utilizado na troca de arquivos em rede; **D:** Errada, o Telnet é um protocolo de acesso remoto; **E:** Correta, o protocolo SMTP cuida do envio de mensagens de correio eletrônico.
Gabarito "E".

(Escrivão de Polícia/SP – 2010) A configuração de rede mais adequada para conectar computadores de um edifício, uma cidade, um país, respectivamente, é:
(A) LAN,LAN, WAN
(B) LAN, LAN, LAN.
(C) WAN, WAN , LAN
(D) LAN, WAN, LAN
(E) LAN, WAN,WAN

A: Errada, LANs têm alcance limitado e não podem cobrir uma cidade inteira; **B:** Errada, LANs têm alcance limitado e não podem cobrir cidades ou países; **C:** Errada, um edifício é um ambiente de rede pequeno e é coberto facilmente por uma LAN; **D:** Errada, países não podem ser cobertos por LANs por possuírem alcance limitado; **E:** Correta, LANs têm um alcance pequeno mas podem cobrir com facilidade um edifício, cidades e países necessitam de WANs, rede com alcance muito maior e maior capacidade.
Gabarito "E".

(Escrivão de Polícia/SP – 2010) Ao configurar um *firewall* para proteger e permitir acesso a uma DMZ que hospeda apenas um servidor WWW deve(m)-se liberar:
(A) a porta de comunicação 20
(B) a porta de comunicação 80
(C) a porta de comunicação 25
(D) as portas de comunicação 110 e 21
(E) todas as portas de comunicação

A: Errada, a porta de comunicação 20 é usada para troca de arquivos e não para servidores web; **B:** Correta, a porta 80 é utilizada para acesso a páginas web; **C:** Errada, a porta 25 é usada por servidores de *e-mail* e não servidores de *sites*; **D:** Errada, a porta 21 é usada para troca de arquivos e a 110 para recebimento de mensagens de correio eletrônico; **E:** Errada, deixar todas as portas de comunicação é um risco muito grande, devendo apenas as portas a serem utilizadas permanecerem abertas.
Gabarito "B".

(Escrivão de Polícia/SP – 2010) Em uma rede pode ser necessário que o mesmo endereço IP possa ser usado em diferentes placas de rede em momentos distintos. Isto pode ser feito pelo protocolo
(A) DHCP
(B) SMTP
(C) SNMP
(D) FTP anônimo
(E) RIP

A: Correta, o protocolo DHCP entrega um endereço de IP para o computador conforme os endereços em sua tabela de endereços estão livres ou ocupados; **B:** Errada, o protocolo SMTP controla o envio de mensagens de correio eletrônico; **C:** Errada, o protocolo SNMP é usado no monitoramento de redes; **D:** Errada, o FTP é usado apenas para transferência de dados entre computadores; **E:** Errada, o protocolo RIP é usado em redes para determinar o número máximo de saltos que um pacote pode fazer durante o roteamento.
Gabarito "A".

(Escrivão de Polícia/SP – 2010) A velocidade de transmissão de dados via *modem* é medida em
(A) bits por segundo .
(B) hertz por megahertz .
(C) *bytes* por minuto .
(D) *bytes* por segundo
(E) mega*byte* por segundo.

A: Correta, as transferências em rede são calculadas em bits por segundo; **B:** Errada, hertz por megahertz não é uma unidade de medida; **C:** Errada, são usadas as menores unidades para a medição, neste caso *bytes* são maiores que bits e minutos mais que segundos; **D:** Errada, são usadas as menores unidades para a medição, neste caso *bytes* são maiores que bits; **E:** Errada, são usadas as menores unidades para a medição, neste caso *megabytes* são muito maiores que bits.

Gabarito "A".

(Escrivão de Polícia/SP – 2010) Voz sobre IP, telefonia IP e telefonia internet é a tecnologia que nos permite a voz sobre banda larga e é denominada

(A) Skype
(B) VOIP
(C) MSN
(D) GSM
(E) EDGE

A: Errada, Skype é um programa que utiliza a telefonia IP para comunicação entre seus usuários; **B:** Correta, o protocolo VOIP permite a comunicação de voz por meio de redes de dados; **C:** Errada, o MSN é um programa de comunicação instantânea; **D:** Errada, GSM é uma tecnologia usada em redes móveis de telefonia convencional; **E:** Errada, EDGE é uma tecnologia usada em redes móveis de telefonia convencional.

Gabarito "B".

(Escrivão de Polícia/SP – 2010) O SMTP e o POP3 são protocolos de comunicação utilizados na troca de *e-mail*. No processo de configuração de um *firewall* os protocolos SMTP e POP3 estão relacionados, respectivamente, por padrão às portas

(A) UDP 35 e TCP 80
(B) UDP 25 e UDP 110
(C) UDP 53 e UDP 80
(D) TCP 25 e TCP 110
(E) TCP 53 e TCP 80

A: Errada, a porta UDP 35 é utilizada por impressoras e a porta 80 pelo protocolo HTTP; **B:** Errada, o protocolo SMTP usa a porta TCP 25 e não a UDP 25; **C:** Errada, a porta 53 é usada pelo protocolo DNS; **D:** Correta, o SMTP usa a porta TCP 25 (para garantir a entrega da mensagem) e o POP3 a porta TCP 110 (para garantir o recebimento da mensagem); **E:** Errada, a porta 53 é usada pelo protocolo DNS.

Gabarito "D".

(Escrivão de Polícia/PR – 2010) Considere as afirmativas a seguir:

I. Uma das funcionalidades presentes no Internet Explorer 7.0 é a navegação em abas.
II. Cavalo de Troia é o nome dado a uma categoria de vírus que se apresenta sob a forma de um *software* útil, mas cuja real intenção é provocar algum tipo de dano ao computador do usuário.
III. O Outlook Express 6.0 não possui o recurso de envio de mensagens com cópia oculta.
IV. O Outlook Express 6.0 permite o gerenciamento de várias contas de *e-mail*.

Assinale a alternativa correta.

(A) Somente as afirmativas I e IV são corretas.
(B) Somente as afirmativas II e III são corretas.
(C) Somente as afirmativas III e IV são corretas.
(D) Somente as afirmativas I, II e III são corretas.
(E) Somente as afirmativas I, II e IV são corretas.

A: Errada, a afirmativa II também está correta; **B:** Errada, a afirmativa III está incorreta, é possível enviar cópias ocultas pelo Outlook Express 6 normalmente; **C:** Errada, a afirmativa III está incorreta, é possível enviar cópias ocultas pelo Outlook Express 6 normalmente; **D:** Errada, a afirmativa III está incorreta, é possível enviar cópias ocultas pelo Outlook Express 6 normalmente; **E:** Correta, apenas as afirmativas I, II e IV estão corretas.

Gabarito "E".

(Agente de Polícia/RO – 2009 – FUNCAB) Dependendo do *status* de sua conexão de rede local, a aparência do ícone na pasta Conexões de rede é alterada ou um ícone separado é exibido na área de notificação. Em qual situação, NÃO será exibido nenhum ícone de conexão de rede local na pasta Conexões de rede?

(A) Se a conexão da rede local estiver ativa.
(B) Se o *driver* estiver ativado.
(C) Se um adaptador de rede não for detectado pelo computador.
(D) Se a mídia estiver desconectada.
(E) Se o *driver* estiver desativado.

A: Errada, nesta situação um ícone será exibido indicando que a conexão está ativa; **B:** Errada, nesta situação um ícone será exibido indicando a conexão de rede; **C:** Correta, caso não haja uma placa de rede detectada não será exibido nenhum ícone referente a ela; **D:** Errada, mesmo com a mídia desconectada é exibido um ícone indicando este fato; **E:** Errada, mesmo com o *driver* desativado é exibido um ícone indicando este fato.

Gabarito "C".

(Investigador de Polícia/SP – 2009) O que é HTML?
(A) Linguagem de formatação de texto.
(B) Linguagem de programação.
(C) Tecnologia usada em monitores de cristal líquido.
(D) Porta encontrada na maioria dos hubs, que permite interligar dois hubs utilizando um cabo de rede comum.
(E) Tecnologia de transmissão de dados sem fio.

A: Correta, o HTML é uma linguagem de marcação usada para definir a estrutura de documentos web; **B:** Errada, o HTML é uma linguagem de marcação e não de programação; **C:** Errada, o HTML é uma linguagem de marcação e não uma tecnologia para elementos de hardware; **D:** Errada, o HTML é uma linguagem e não uma porta física; **E:** Errada, a tecnologia mencionada é denominada *wireless*.

Gabarito "A".

(Investigador de Polícia/SP – 2009) O que é HTTP?
(A) Programa geralmente fornecido como parte dos processadores de texto que faz a separação silábica de palavras.
(B) Linguagem de programação, também conhecida como Java.
(C) Linguagem de formatação de texto.

(D) Protocolo de comunicação usado para transferir informação entre um servidor e um cliente.

(E) Linguagem de programação, também conhecida como Visual Basic.

A: Errada, HTTP é um protocolo e não um programa; **B:** Errada, o HTTP é um protocolo de rede e não uma linguagem; **C:** Errada, o HTTP é um protocolo de rede e não uma linguagem; **D:** Correta, HTTP é um protocolo de rede usado para navegação em páginas web; **E:** Errada, o HTTP é um protocolo de rede e não uma linguagem.

Gabarito "D".

(Investigador de Polícia/SP – 2009) O que é IP?

(A) Navegador da internet para acesso a *sites* de conteúdo livre.

(B) *Software* de desenvolvimento que combina a função de editor e compilador de forma perfeitamente integrada.

(C) Endereço que indica o local de um determinado equipamento (geralmente computadores) em uma rede privada ou pública.

(D) Processo segundo o qual um computador faz contato com um terminal, a fim de dar a este a oportunidade de transmitir uma mensagem que esteja pronta.

(E) Protocolo de comunicação usado para movimentar dados entre dois servidores ou programas em estações de trabalho.

A: Errada, o IP é um endereço lógico de rede e não um *software*; **B:** Errada, o IP é um endereço lógico de rede e não um *software*; **C:** Correta, o IP é um endereço que identifica um computador em uma rede, seja ela pública ou privada; **D:** Errada, o IP é um endereço lógico de rede e não um processo de computador; **E:** Errada, o protocolo mencionado é o protocolo TCP.

Gabarito "C".

(Investigador de Polícia/SP – 2009) O que é *Cookie*?

(A) Um sistema de máquina virtual que gera interação geral de tempo compartilhado.

(B) Arquivo do tipo "biscoito" que evita que o servidor possa rastrear padrões e preferências do usuário.

(C) Circuitos integrados, com formato de "biscoito", que trabalham com baixa corrente elétrica, diminuindo o calor durante o funcionamento.

(D) Ferramenta que evita, em uma visita posterior ao mesmo *site*, utilizar informação armazenada para personalizar o que será enviado ao usuário.

(E) Um grupo de dados trocados entre navegador e o servidor, colocado num arquivo de texto criado no computador do utilizador.

A: Errada, *cookies* são arquivos de armazenamento simples e não têm conexão com máquinas virtuais; **B:** Errada, o objetivo do *cookie* é justamente o oposto do descrito; **C:** Errada, *cookies* são arquivos e não itens físicos de hardware; **D:** Errada, o objetivo do *cookie* é justamente o oposto do descrito; **E:** Correta, os *Cookies* são arquivos salvos no computador do usuário de um *website* que têm por objetivo armazenar as preferências do usuário de modo a personalizar a experiência do usuário.

Gabarito "E".

(Investigador de Polícia/SP – 2009) Qual o nome do endereço de um recurso ou página, disponível em uma rede (internet ou intranet)?

(A) dns

(B) dot

(C) url

(D) config

(E) wps

A: Errada, o DNS é um protocolo que transforma o endereço da página em um endereço IP correspondente ao servidor em que ela está localizada; **B:** Errada, dot não é uma sigla relacionada a página ou endereços web mas sim com arquivos do Microsoft Excel; **C:** Correta, o URL corresponde ao endereço de uma página na internet; **D:** Errada, config não é um termo utilizado para designar elementos de páginas web; **E:** Errada, wps não é uma sigla relacionada a página ou endereços web.

Gabarito "C".

(Investigador de Polícia/SP – 2009) Qual a função dos serviços, como TinyURL.com, micURL ou 1URL?

(A) Servidores de *webmail*.

(B) Provedores para conversas on-line, através de url.

(C) Organizar grupos de discussão.

(D) Encurtadores de url.

(E) Servidores de *e-mail*, através de url.

A: Errada, os serviços mencionados não provêm serviços de *e-mail*; **B:** Errada, os serviços mencionados não tem qualquer relação com sistemas de mensagem instantânea; **C:** Errada, os serviços mencionados não possuem qualquer relação com grupos de discussões; **D:** Correta, os serviços mencionados permite diminuir o tamanho da URL de um outro *site* para que possa ser distribuído de forma mais fácil; **E:** Errada, os serviços mencionados não provêm serviços de *e-mail*.

Gabarito "D".

(Investigador de Polícia/SP – 2009) Qual o nome da ferramenta que permite descobrir o caminho feito pelos pacotes de dados por uma rede de computadores, desde a sua origem até o seu destino?

(A) Traceroute.

(B) Inetd.

(C) Ipconfig.

(D) Telnet.

(E) Home.

A: Correta, o Traceroute permite identificar a rota que os pacotes percorrem de um ponto a outro; **B:** Errada, o inetd gerencia conexões para diversos daemons do sistema operacional; **C:** Errada, o ipconfig permite obter as configurações de IP do computador; **D:** Errada, o Telnet é um programa usado para acesso remoto; **E:** Errada, *home* não é um comando válido.

Gabarito "A".

(Investigador de Polícia/SP – 2009) Como é chamada a tecnologia de acesso rápido que usa a linha telefônica para a transmissão de dados do servidor para o cliente?

(A) Iden.

(B) *Wi-Fi*.

(C) ADSL.

(D) *Dial-up.*

(E) Adware.

A: Errada, Iden não é uma tecnologia de acesso a internet; **B:** Errada, o *Wi-Fi* é utilizado para conexões sem fio e não utilizada a linha telefônica; **C:** Correta, as conexões ADSL utilizam a rede telefônica convencional para a transmissão de dados em alta velocidade; **D:** Errada, a conexão *dial-up* utiliza a rede telefônica porém não consegue obter altas velocidades; **E:** Errada, Adware é um tipo de vírus de computador e não um meio de conexão com a Internet.

Gabarito "C".

(Investigador de Polícia/SP – 2009) Qual o nome da ferramenta que serve para traduzir nomes de domínio para os números de IP correspondentes, consultando os servidores de DNS?

(A) Ping.

(B) Recall.

(C) Callip.

(D) Nslookup.

(E) Babel.

A: Errada, o ping é utilizado para testar a conectividade entre equipamentos de rede; **B:** Errada, recall não é um comando válido em ambientes de rede; **C:** Errada, callip não é um comando válido em ambientes de rede; **D:** Correta, o comando nslookup é usado para obter informações de registro de DNS de um determinado domínio, host ou IP; **E:** Errada, babel não é um comando válido para redes.

Gabarito "D".

(Investigador de Polícia/SP – 2009) Qual o nome da ferramenta, comum ao Windows, Unix e Linux, utilizada para se obterem informações sobre as conexões de rede (saída e entrada), tabelas de roteamento e informações sobre a frequência de eventos da utilização da interface na rede?

(A) Whois.

(B) Ipstat.

(C) Lsof.

(D) Netstat.

(E) Figer.

A: Errada, whois não é um comando válido no Windows; **B:** Errada, ipstat não é um comando válido no Windows; **C:** Errada, losf não é um comando válido no Windows; **D:** Correta, o comando netstat é usado para obter informações sobre conexões de rede, tabelas de roteamento e várias informações sobre as interfaces de rede; **E:** Errada, figer não é um comando válido no Windows.

Gabarito "D".

(Investigador de Polícia/SP – 2009) Qual o nome da ferramenta ou programa usado para monitorar o tráfego de redes e descobrir portas abertas ou outras falhas de segurança?

(A) Single System.

(B) SMTP.

(C) SIMM.

(D) SNMP.

(E) Sniffer.

A: Errada, Single System não designa uma ferramenta ou programa de monitoramento de redes; **B:** Errada, o SMTP é um protocolo de rede ligado ao envio de mensagens de correio eletrônico; **C:** Errada,

o SIMM designa um tipo de memória RAM utilizada na década de 80; **D:** Errada, o SNMP é um protocolo de gerenciamento de rede não uma ferramenta ou *software*; **E:** Correta, o Sniffer é um tipo de programa que monitora os pacotes enviados à rede e pode encontrar portas abertas ou outras falhas de segurança.

Gabarito "E".

(Fiscal da Receita/CE – 2010) Com relação aos navegadores de Internet Firefox 3.5 e Internet Explorer 6.0 (IE6), assinale a opção correta.

(A) Complementos são programas que ampliam os recursos dos navegadores web. No IE6, é possível ativar ou desativar um complemento a partir da opção Gerenciar Complementos, encontrada no menu Editar.

(B) O Firefox, por padrão, bloqueia janelas *popup* inconvenientes em sítios da Web. Caso se deseje que determinados sítios utilizem *popup*s, é possível habilitar permissão específica por meio de funcionalidades disponibilizadas na aba Conteúdo, da janela Opções..., acessada no menu Ferramentas.

(C) No Firefox, ao se pressionar as teclas `Ctrl` e `D`, abre-se a janela Gerenciador de *Download*s, que apresenta uma lista com os *download*s em andamento e também os *download*s finalizados.

(D) Ao se clicar o botão ⟲, presente na barra de ferramentas do IE6, obtém-se a versão mais recente da página web exibida.

A: Errada, no IE6 não há opção "Gerenciar Complementos" no menu Editar. **B:** Correta, os *pop-ups* podem ser habilitados por meio de funcionalidade disponibilizada na aba Conteúdo, da janela Opções..., acessada no menu Ferramentas. **C:** Errada, as teclas `Ctrl` e `D` abrem a janela "Novo Favoritos", as teclas que ativam o Gerenciados de *Download*s são `Ctrl` e "F". **D:** Errada, o botão ⟲ abre a janela "Histórico de Navegação".

Gabarito "B".

(Fiscal de Rendas/RJ – 2010 – FGV) O twitter é definido como uma rede social e servidor para *microblogging* que permite aos usuários o envio e a leitura de atualizações pessoais de outros contatos utilizando a web e outros meios específicos em dispositivos portáteis.

As alternativas a seguir apresentam algumas características dessa tecnologia, à exceção de uma. Assinale-a.

(A) Pode ser chamado de como o *"SMS da Internet"*.

(B) Possibilita seguir pessoas entrando na página deles e clicando em *"follow"*.

(C) Utiliza textos de até 140 caracteres conhecidos como *"tweets"*.

(D) Emula o funcionamento do *software "Outlook Express"*.

(E) Usa @*usuariodapessoa* no começo da mensagem para enviá-la especificamente a uma pessoa.

A: Errada, a afirmativa está correta, por se tratar de textos curtos ele pode ser chamado de "SMS da Internet" em uma alusão bem construída. **B:** Errada, a afirmativa está correta, é possível seguir as atualizações de outras pessoas por meio da função "follow". **C:** Errada, a afirmativa está correta, os textos que podem ter até 140 caracteres são chamados "tweets". **D:** Errada, o *software* "Outlook Express" é um gerenciador de correio eletrônico e trabalha com mensagens de tamanho muito superior ao suportado pelo Twitter. **E:** Errada, a afirmativa está correta, a utilização de @usuariodapessoa envia o tweet para uma pessoa específica.

Gabarito "D".

(Auditor Fiscal/RO – 2010 – FCC) No Internet Explorer, o Bloqueador de *Pop-ups* pode ser habilitado ou desativado mediante acesso ao menu

(A) Arquivo.
(B) Exibir.
(C) Ferramentas.
(D) Editar.
(E) Favoritos.

A: Errada, o *menu* "Arquivo" dá acesso a opções referentes à janela atual como Abrir nova Página ou Nova Aba, não sendo o Bloqueador de *Pop-ups* parte deste *menu*. **B:** Errada, o *menu* "Exibir" dá acesso a opções de exibição da página atual, não sendo o Bloqueador de *Pop-ups* parte deste *menu*. **C:** Correta, o Bloqueador de *Pop-ups* é um dos recursos disponíveis no *menu* "Ferramentas". **D:** Errada, o *menu* "Editar" dá acesso a opções de edição da página, como Copiar e Colar por exemplo, não sendo o Bloqueador de *Pop-ups* parte deste *menu*. **E:** Errada, o *menu* "Favoritos" dá acesso a opções de *sites* classificados como Favoritos, não sendo o Bloqueador de *Pop-ups* parte deste *menu*.

Gabarito "C".

(Técnico – ANATEL – 2009 – CESPE) A respeito da Internet e de *intranets*, julgue os itens subsequentes.

(1) *As intranets* possuem as características e fundamentos semelhantes aos da Internet e baseiam-se no mesmo conjunto de protocolos utilizados na Internet. Entre outros, são exemplos de protocolos para *intranets*: *transmission control protocol* (TCP) e *internet protocol* (IP).

(2) As máquinas na Internet comunicam-se entre si por meio do conjunto de protocolos TCP/IP, o qual permite que sistemas heterogêneos operem por meio de redes inteiramente diversas. O *domain name system* (DNS) pode ser compreendido como um esquema de atribuição de nomes que possui estrutura hierárquica e natureza distribuída.

1: Correta, tanto a Internet quanto a Intranet são baseadas nos mesmos preceitos, o que faz a diferenciação entre elas é o tipo de acesso que os usuários possuem, sendo a Internet pública e a Intranet privada; **2:** Correta, o DNS permite a tradução dos nomes de URLs de serviços e máquinas em endereços de IP, que são usados no roteamento das informações na rede. Todo este processo é suportado pelo protocolo TCP/IP, que é a base da Internet.

Gabarito 1C, 2C

(Agente Administrativo – Ministério do Des. Agrário – 2009 – COSEAC) Na Internet, um documento HTML ou outra informação é localizada na WWW por um identificador conhecido como:

(A) *Gateway*;
(B) *Firewall*;
(C) URL;
(D) *Frame*;
(E) *Broadcast*.

A: Errada, *gateway* é uma parte de saída usada por um computador para chegar a Internet. **B:** Errada, o *Firewall* é uma ferramenta que ajuda a proteger o computador contra-ataques. **C:** Correta, a URL é o endereço que identifica um documento na Internet. **D:** Errada, *Frame* não é um termo relacionado à identificação de itens na Internet. **E:** Errada, *Broadcast* é uma mensagem enviada em massa na rede.

Gabarito "C".

(Agente Administrativo – Ministério da Educação – 2009 – CESPE) Com relação a Internet e intranet, julgue os itens seguintes.

(1) Os usuários que desejam trocar mensagens de *e-mail* pela Internet precisam estar cadastrados em um provedor de caixas postais de mensagens eletrônicas, pelo qual o usuário tem o direito de utilizar um endereço de *e-mail* particular, com nome e senha exclusivos.

(2) No Internet Explorer 7, o acesso a páginas em HTML é feito por meio do protocolo HTTP. O nome da página, por exemplo, http://www.cespe.unb.br, deve ser obrigatoriamente digitado no campo endereço para que o sistema identifique o protocolo do serviço em uso.

(3) A *intranet* é uma tecnologia utilizada nas grandes empresas apenas para a disponibilização de documentos internos de interesse exclusivo da própria empresa; logo, essa ferramenta não pode disponibilizar nenhuma informação que já esteja na Internet, a fim de que não haja duplicidade de informações.

1: Correta, provedores de *e-mail* permitem, por meio de usuário e senha exclusivos, que pessoas cadastradas realizem o envio e recebimento de mensagens eletrônicas; **2:** Errada, caso o protocolo não seja informado o navegador adota o http como padrão, portanto o endereço www.cespe.unb.br também é válido, **3:** Errada, a intranet pode ser usada para a disponibilização de qualquer tipo de conteúdo, inclusive de algum que já esteja na Internet.

Gabarito 1C, 2E, 3E

(Técnico – TCU – 2009 – CESPE) Acerca de conceitos e tecnologias relacionados à Internet, julgue os itens subsequentes.

(1) A Internet é controlada no Brasil pela ANATEL, órgão governamental regulamentador de telecomunicação no país.

(2) Intranet e extranet são redes de computadores em que se utiliza a tecnologia da Internet para o fornecimento de serviços.

1: Errada, a ANATEL apenas dita as regras pelas quais os provedores devem se basear para definir os serviços prestados; **2:** Correta, ambas são baseadas nos mesmo protocolos e permitem o fornecimento de serviços em redes.

Gabarito 1E, 2C

(Analista – ANATEL – 2009 – CESPE) Com referência ao funcionamento da Internet e das *intranets*, julgue os itens a seguir.

(1) O funcionamento da Internet depende de três camadas de protocolos base: o protocolo de Internet IP, definidor de datagramas que carregam dados de um nó a outro da rede; os protocolos TCP, UDP e ICMP, responsáveis pela transmissão de dados; e, na camada final, os protocolos definidores de mensagens específicas e de formatos digitais, como os DNS, POP3 e HTTP, entre outros.

(2) Baseada nos padrões de comunicação da Internet, uma intranet pode ser caracterizada como uma rede privada de computadores, acessível apenas a membros de uma mesma organização. Mesmo assim, sua utilização requer componentes básicos, como sistemas de proteção e servidores web, sem, no entanto, ser obrigatório o uso do protocolo TCP/IP.

1: Correta, essas três camadas dão base ao funcionamento das redes e por consequência à Internet. O protocolo IP se encarrega da localização na transmissão dos dados, os protocolos TCP, UDP e ICMP fazem a transmissão dos pacotes e os protocolos de camada superior gerenciam os serviços utilizados; **2:** Errada, a Intranet, assim como a Internet, é baseada no protocolo TCP/IP, portanto seu uso é indispensável.

Gabarito 1C, 2E

(Administrador – FUNASA – 2009 – CESGRANRIO) A figura a seguir apresenta uma página sendo visualizada no Microsoft Internet Explorer em sua configuração padrão.

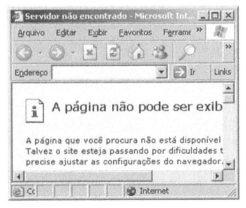

Sobre a figura acima e os recursos do Microsoft Internet Explorer é FALSO afirmar que

(A) o ícone ![] é utilizado para acessar o Windows *Messenger*.

(B) a figura apresenta o Microsoft Internet Explorer com quatro guias abertas.
(C) os Favoritos são páginas cujos *links* foram salvos pelo usuário para posterior acesso.
(D) no campo Endereço pode ser digitado a URL do *site* que o usuário deseja navegar.
(E) através do Microsoft Internet Explorer é possível navegar em *sites* que não são seguros.

A: Errada, a afirmativa está correta. **B:** Correta, a afirmativa está incorreta, a versão apresentada do Internet Explorer não possui suporte a navegação por guias. **C:** Errada, a afirmativa está correta. **D:** Errada, a afirmativa está correta. **E:** Errada, a afirmativa está correta.

Gabarito "B".

(Analista – Ministério da Int. Nacional – 2012 – ESAF) Nos sistemas de conexão à Internet,

(A) o acesso discado permite uso simultâneo da linha telefônica para transmissão de voz.
(B) no acesso DSL, a linha telefônica conduz exclusivamente dados.
(C) o acesso a cabo utiliza-se do sinal da televisão por antena.
(D) no acesso DSL, o cabo conduz simultaneamente sinais telefônicos e sinais de televisão.
(E) o acesso discado à Internet bloqueia a linha telefônica comum do usuário.

A: Errada, no acesso discado apenas uma das atividades é possível por vez. **B:** Errada, no acesso DSL a linha telefônica transmite simultaneamente voz e dados. **C:** Errada, o acesso a cabo, como o próprio nome sugere, utiliza cabeamento físico para a transmissão de dados. **D:** Errada, no acesso DSL o cabo conduz voz e dados de forma simultânea. **E:** Correta, o acesso discado utiliza a rede telefônica para transmissão de dados exclusivamente.

Gabarito "E".

(Analista – Ministério da Int. Nacional – 2012 – ESAF) Uma rede privada virtual

(A) envia dados através da Internet, dispensando criptografia para garantir privacidade.
(B) envia dados através da Internet, mas criptografa transmissões entre *sites* para garantir privacidade.
(C) define um programa para um roteador em um *site* e usa encapsulamento *Pop-em-Ip*.
(D) não envia dados através da Internet e criptografa dados para uso local para garantir privacidade.
(E) define um túnel através da Intranet entre um roteador em um *site* e um roteador em outro e usa encapsulamento *drag-and-drop*.

A: Errada, as redes privadas usando obrigatoriamente a criptografia para garantir a privacidade. **B:** Correta, as redes privadas virtuais (VPN) criptografam os dados durante a transmissão pela Internet. **C:** Errada, a VPN é uma rede virtual que utiliza criptografia para a transmissão de dados de modo a garantir a segurança dos dados trafegados e não um programa de roteador. **D:** Errada, as VPNs enviam dados criptografados pela Internet. **E:** Errada, a comunicação é feita pela Internet e não por meio de uma Intranet.

Gabarito "B".

(Administrador – Ministério da Justiça – 2009 – FUNRIO) O Protocolo da Internet responsável pelo recebimento de mensagens, copiando-as para o computador é o

(A) SMTP
(B) http
(C) *Webmail*
(D) FTP
(E) POP3

A: Errada, o protocolo SMTP é responsável pelo envio de mensagens eletrônicas. **B:** Errada, o protocolo HTTP é responsável pela navegação em páginas web. **C:** Errada, *Webmail* é uma ferramenta que permite visualizar as mensagens armazenadas no servidor de *e-mails*. **D:** Errada, o FTP é um protocolo usado na transferência de dados pela rede. **E:** Correta, o protocolo POP3 é responsável pelo recebimento de mensagens eletrônicas.

Gabarito "E".

(Administrador – Ministério da Justiça – 2009 – FUNRIO) O protocolo HTTPS é considerado seguro porque

(A) verifica com um *AntiSpyware* o endereço acessado.
(B) *escane*ia os arquivos procurando por vírus antes de baixá-los.
(C) só funciona dentro de uma Intranet.
(D) utiliza criptografia.
(E) impede o uso de *Spoofing*.

A: Errada, não é usado nenhum tipo de *software* externo na navegação por meio do protocolo HTTPS. **B:** Errada, não é usado nenhum tipo de *software* externo na navegação por meio do protocolo HTTPS. **C:** Errada, o protocolo HTTPS funciona tanto na Intranet como na Internet. **D:** Correta, o protocolo é considerado seguro por usar criptografia na transmissão dos dados na rede. **E:** Errada, ele é considerado seguro pelo uso de criptografia na transmissão dos dados.

Gabarito "D".

(Administrador – Ministério da Justiça – 2009 – FUNRIO) Os serviços disponíveis através da Internet são controlados por protocolos, isto é, conjuntos de regras e convenções utilizados para estabelecer a comunicação entre computadores. Quais protocolos listados nas alternativas abaixo são protocolos de *e-mail*, utilizados na configuração de ferramentas de correio eletrônico como Microsoft Outlook Express e Mozilla Thunderbird?

(A) PPP, UDP e SSH.
(B) FTP, UTP e DNS.
(C) TCP, IRC e WAP.
(D) TCP, IRC e WAP.
(E) SMTP, POP3 e IMAP.

A: Errada, SSH é um tipo de protocolo de acesso remoto. **B:** Errada, o FTP é um protocolo usado na transferência de arquivos. **C:** Errada, WAP um padrão internacional para aplicações que utilizam comunicações de dados sem fio. **D:** Errada, IRC é um protocolo usado para comunicação instantânea. **E:** Correta, todos os protocolos mencionados são usados para troca de mensagens de correio eletrônico, o SMTP é responsável pelo envio, POP3 responsável pelo recebimento e IMAP é um protocolo de sincronização com servidores de *e-mail*.

Gabarito "E".

(Analista – MPOG – 2009 – FUNRIO) O serviço da Internet responsável por "traduzir" um nome (por exemplo www.funrio.org.br) em um número IP é:

(A) DHCP.
(B) FTP.
(C) SSL.
(D) URL.
(E) DNS.

A: Errada, DHCP é um serviço responsável pela atribuição de endereços IP de forma automática em uma rede. **B:** Errada, o FTP é um protocolo de transferência de arquivos em rede. **C:** Errada, o SSL é um protocolo de encriptação de dados para transmissão em rede. **D:** Errada, a URL é o endereço de locais na internet. **E:** Correta, o DNS é o protocolo responsável pela tradução das URLs em seus endereços de IP correspondentes.

Gabarito "E".

(Analista – PREVIC – 2011 – CESPE) Julgue os itens subsecutivos, referentes a conceitos de Internet e intranet.

(1) Apesar de o HTTP (Hypertext Transfer Protocol) ser normalmente utilizado para acessar páginas web, em alguns casos ele também é usado na transferência de mensagens de correio eletrônico do computador do usuário final para o servidor de correio eletrônico.

(2) Por meio do uso de certificados digitais, é possível garantir a integridade dos dados que transitam pela Internet, pois esses certificados são uma forma confiável de se conhecer a origem dos dados.

(3) Para que as aplicações disponibilizadas na intranet de uma empresa possam ser acessadas por usuários via Internet, é suficiente incluir tais usuários no grupo de usuários com acesso autorizado à intranet.

1: Correta, por meio de sistemas de *Webmail* a mensagem pode ser enviada do computador do usuário até o servidor de *e-mail* por meio do protocolo HTTP. **2:** Errada, quem pode garantir a origem de um documento é a assinatura digital por meio de chave privada. **3:** Errada, para que Intranets sejam acessadas por meio da Internet é necessário o uso de uma rede virtual privada (VPN).

Gabarito 1C, 2E, 3E.

2. FERRAMENTAS E APLICATIVOS DE NAVEGAÇÃO

(Técnico – TRT/11ª – 2012 – FCC) Quando um navegador de Internet apresenta em sua barra de *status* um ícone de cadeado fechado, significa que

(A) somente *spams* de *sites* confiáveis serão aceitos pelo navegador.
(B) o navegador está protegido por um programa de antivírus.
(C) a comunicação está sendo monitorada por um *firewall*.
(D) o *site* exige senha para acesso às suas páginas.
(E) a comunicação entre o navegador e o *site* está sendo feita de forma criptografada.

O ícone de um cadeado fechado indica que a comunicação entre seu navegador e o servidor no qual a página está hospedada está sendo feita utilizando criptografia, em geral a página também usará o protocolo HTTPS ao invés do HTTP, portanto apenas a alternativa E está correta.

Gabarito "E".

(Técnico – TRE/CE – 2012 – FCC) Para fazer uma pesquisa na página ativa do navegador *Mozila Firefox 8.0*, selecione no menu

(A) Editar a opção Visualizar.

(B) Exibir a opção Selecionar.

(C) Editar a opção Selecionar.

(D) Exibir a opção Localizar.

(E) Editar a opção Localizar.

Para fazer uma pesquisa na página basta usar a opção Localizar que se encontra no menu Editar, portanto apenas a alternativa E está correta.

Gabarito "E".

(Técnico – TRE/PR – 2012 – FCC) Devido ao modo de armazenamento do histórico de acesso em navegadores, é possível para diferentes usuários acessando um mesmo computador visualizar e até utilizar informações de outro usuário deste histórico ou arquivos armazenados pelos navegadores (*Cookies*). No *Internet Explorer* 8, é possível navegar de forma privada onde não será mantido o histórico de navegação. Este recurso é chamado de

(A) Trabalhar *Offline*.

(B) *InPrivate*.

(C) Modo de compatibilidade.

(D) Gerenciador de Favoritos.

(E) *Incognito*.

A navegação no IE8, e versões posteriores, não são registrados dados como *sites* visitados e outras informações temporárias se chama InPrivate, portanto apenas a alternativa B está correta. A navegação Incognito pertence ao Google Chrome.

Gabarito "B".

(Técnico – TRE/SP – 2012 – FCC) No Internet Explorer 8 é possível alterar o tamanho do texto a ser exibido em páginas *web* compatíveis com esse recurso. O texto que normalmente é exibido no tamanho médio pode ser alterado para o tamanho grande ou pequeno, dentre outros. Essa alteração é possível por meio do item Tamanho do Texto, localizado no menu

(A) Editar.

(B) Exibir.

(C) Visualizar.

(D) Favoritos.

(E) Ferramentas.

As opções de alteração do tamanho do texto usado no navegador podem ser alteradas através de opções presente no menu Exibir, portanto apenas a alternativa B está correta.

Gabarito "B".

(Analista – TRT/11ª – 2012 – FCC) Em relação a tecnologia e aplicativos associados à internet, é correto afirmar.

(A) Navegação por abas, *find as you type* (mecanismo de busca interna na página) e motor de busca são recursos existentes tanto no *Mozilla Firefox* quanto no *Internet Explorer 8*.

(B) A opção de bloqueio a *pop-ups*, um recurso presente no *Mozilla Firefox*, inexiste no *Internet Explorer 8*.

(C) No ambiente *Web*, o uso de teclado virtual em aplicativos tem como objetivo facilitar a inserção dos dados das senhas apenas com o uso do *mouse*.

(D) Em ambiente *Wi-Fi*, os elementos de rede que fazem a comunicação entre os computadores dos usuários utilizam fibras óticas, conectadas a um *hub*.

(E) No *Thunderbird 2,* o acionamento do botão Encaminhar exibirá uma janela de opções, entre as quais a Lixeira de mensagens.

A: Correta, ambos os navegadores possuem navegação por abas e função de pesquisa na página conforme o usuário digita o texto. **B:** Errada, o IE8 possui função de bloqueio de *pop-up*. **C:** Errada, a função é aumentar a segurança para evitar ataques de *keyloggers*, pragas que gravam tudo que o usuário digita. **D:** Errada, em ambientes Wifi não são utilizados cabos. **E:** Errada, a função Encaminhar encaminha uma mensagem para outro destinatário, e não para outra pasta ou para a lixeira.

Gabarito "A".

(Analista – TRE/CE – 2012 – FCC) Sobre o Filtro *SmartScreen* do Internet *Explorer 9*, analise:

I. Enquanto você navega pela Web, ele analisa as páginas da Web e determina se elas têm alguma característica que possa ser considerada suspeita. Se encontrar páginas da Web suspeitas, o *SmartScreen* exibirá uma mensagem dando a você a oportunidade de enviar um comentário e sugerindo que você proceda com cautela.

II. Verifica os *sites* visitados e os compara com uma lista dinâmica de *sites* de *phishing* e *sites* de *softwares* mal-intencionados relatados. Se encontrar uma correspondência, o Filtro *SmartScreen* exibirá um aviso notificando-o que o *site* foi bloqueado para a sua segurança.

III. Verifica os arquivos baixados da Web e os compara com uma lista de *sites* de *softwares* mal--intencionados relatados e programas conhecidos como inseguros. Se encontrar uma correspondência, o Filtro *SmartScreen* o avisará que o *download* foi bloqueado para a sua segurança.

IV. É um recurso no *Internet Explorer* que ajuda a detectar *sites* de *phishing*. Pode ajudar também a protegê-lo contra o *download* ou a instalação de *malware* (*software* mal-intencionado).

Está correto o que se afirma em

(A) I, II, III e IV.

(B) I e II, apenas.
(C) I, II e III, apenas.
(D) III e IV, apenas.
(E) IV, apenas.

Todas as afirmativas sobre o SmartScreen estão corretas, portanto apenas a alternativa A está correta.

Gabarito "A".

(Analista – TRE/PR – 2012 – FCC) Devido ao modo de armazenamento do histórico de acesso em navegadores, é possível para diferentes usuários acessando um mesmo computador visualizar e até utilizar informações de outro usuário deste histórico ou arquivos armazenados pelos navegadores (*Cookies*). No *Internet Explorer* 9 é possível navegar de forma privada onde não será mantido o histórico de navegação por uso do modo *InPrivate*. Uma das maneiras de iniciar a navegação nesse modo é clicar no botão

(A) Arquivo, clicar na opção Segurança e clicar em *InPrivate*.
(B) Segurança e clicar em Modo de Compatibilidade.
(C) Arquivo e clicar em *InPrivate*.
(D) Modo de Compatibilidade e clicar em Navegação *InPrivate*.
(E) Nova Guia e, no corpo da página, clicar em Navegação *InPrivate*.

Para iniciar a navegação *InPrivate* no IE9 basta abrir uma nova guia, a opção de Navegação *InPrivate* estará no corpo da página, portanto apenas a alternativa E está correta.

Gabarito "E".

(Enfermeiro – STM – 2010 – CESPE) Com relação ao Microsoft Excel, Internet Explorer (IE) e Microsoft Outlook, julgue os itens a seguir.

(1) O navegador IE não permite aumentar ou reduzir o tamanho dos textos visualizados em uma página acessada na Internet.
(2) No Excel, a função AGORA( ) permite obter a data e hora do sistema operacional.

1: Errada, é possível aumentar e diminuir a fonte de exibição no IE, isso pode ser feito por exemplo pelas teclas Ctrl e +. **2:** Correta, a função AGORA() retorna a data e hora do sistema operacional em que o Excel está sendo executado.

Gabarito "1E, 2C".

(Enfermeiro – ESTÂNCIA/SE – 2011 – EXATUS) Ao visitar determinado restaurante, você observa a seguinte imagem fixada junto a parede: Isto significa que neste estabelecimento:

(A) Há sinal de internet (sem fio) disponível.
(B) Há locais para conectar um computador a internet (cabos de rede).
(C) É permitido o uso de computadores, *tablets* e celulares (*smartphones*).
(D) Há tomadas para conectar um computador (ou celular) para recarregar a(s) bateria(s).

A: Correta, a imagem mencionada significa que no local onde foi encontrada existe uma rede de internet sem fio disponível para uso. **B:** Errada, como é possível ver no símbolo mencionado a forma de conexão disponibilizada é via rede sem fio (WiFi). **C:** Errada, este símbolo não faz menção a nenhum dos itens descritos mas sim a existência de uma rede sem fio disponível no local. **D:** Errada, o símbolo não tem relação com elementos de energia mas sim com redes de computador.

Gabarito "A".

(Enfermeiro Fiscal de Saúde – PREFEITO SENADOR CANEDO/GO – 2011 – UFG) Considere a janela do navegador Mozilla Firefox 3.6.13, apresentada na figura a seguir.

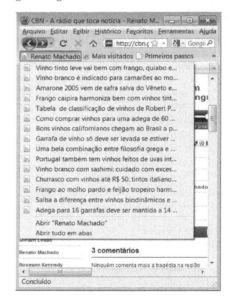

A lista apresentada na figura refere-se a um serviço em que o usuário pode economizar tempo para receber conteúdo Web de seus sítios e *blog*s prediletos. Esse serviço é conhecido por

(A) *Feeds* RSS.
(B) Janela *pop-up*.
(C) *Messenger*.
(D) *Wi-Fi*.

A: Correta, o serviço de *Feeds* RSS permite receber conteúdo de um provedor de forma mais rápida e fácil. **B:** Errada, uma janela *pop-up* é uma janela aberta pela aba atual com outro tipo de conteúdo. **C:** Errada, Messeger é um programa de troca de mensagens instantâneas. **D:** Errada, *Wi-Fi* é um termo usado para se referir a redes sem fio.

Gabarito "A".

(Enfermeiro – MP/RO – 2012 – FUNCAB) Observe a imagem parcial do *site* da FUNCAB na internet e considere que, ao posicionar o cursor sobre a palavra CONCURSOS, o formato do cursor é alterado para o formato de uma mão. Na configuração padrão do Windows Internet Explorer, ao clicar sobre a imagem:

(A) a imagem será impressa.
(B) a imagem será ampliada.
(C) a imagem será salva no seu computador.
(D) uma página *web* será exibida.
(E) a imagem será adicionada à lista de favoritos.

Na configuração padrão do Windows, quando o cursor se torna o símbolo de uma mão quer dizer que o *mouse* está sobre um *hyperlink* e este se clicado deverá exibir o conteúdo de uma nova página, portanto apenas a alternativa D está correta.

Gabarito "D".

(Enfermeiro – TJ/AL – 2012 – CESPE) Em relação aos conceitos básicos, ferramentas e aplicativos da Internet, assinale a opção correta.

(A) Por questões de segurança entre as mensagens trocadas, o programa Eudora não permite anexar arquivos executáveis às mensagens de *e-mail*.
(B) iCloud é um sistema da Apple que permite ao usuário armazenar determinadas informações que, por sua vez, poderão ser acessadas por meio de diversos dispositivos, via Internet.
(C) No Google, ao se iniciar uma pesquisa com a palavra *allintext*, a busca vai restringir os resultados a páginas que se encontram armazenadas fora do país onde a consulta foi originada.
(D) O HTTP (*Hypertext Transfer Protocol*) é uma linguagem de descrição por hipertexto que foi desenvolvida para a criação e o armazenamento de páginas web acessíveis por *browser* ou navegador. Para que o navegador permita a seus usuários interagirem com páginas web criadas com o HTTP, é necessário que essas páginas tenham sido associados endereços eletrônicos da Internet (URL ou URI).
(E) O Twitter é uma rede social na qual é permitido escrever mensagens de até duzentos caracteres. Essas mensagens podem ser recebidas por pessoas que estejam acessando diferentes redes sociais.

A: Errada, o Eudora permite a inclusão de anexos executáveis. B: Correta, o iCloud é um sistema da Apple que permite compartilhar arquivos e configurações entre seus dispositivos. C: Errada, ao utili-

zar a palavra allintext o Google irá restringir a pesquisa a resultados que contenham todos os termos da consulta. D: Errada, HTTP é um protocolo de comunicação e não uma linguagem. E: Errada, o limite de caracteres para as mensagens do Twitter é de 140.

Gabarito "B".

(Enfermeiro – TJ/AL – 2012 – CESPE) Assinale a opção que cita apenas exemplos de navegadores *web*.

(A) Google Chrome, Opera, Mozilla Firefox e Dropbox
(B) Mozilla Firefox, Safari, Opera e Shiira
(C) Shiira, Windows Explorer, Google Chrome e Mozilla Thunderbird
(D) Dropbox, Mozilla Thunderbird, Outlook Express e Google
(E) Windows Explorer, Mozilla Firefox, Safari e Outlook Express

A: Errada, Dropbox é um programa de armazenamento virtual. B: Correta, todos os programas mencionados nesta alternativa são navegadores web. C: Errada, o Windows Explorer é um programa que permite visualizar a estrutura de pastas do Windows e Thunderbird é um gerenciador de mensagens eletrônicas. D: Errada, Dropbox é um programa de armazenamento virtual, Thunderbird é um gerenciador de mensagens eletrônicas e Google é um motor de buscas. E: Errada, Windows Explorer é um programa que permite visualizar a estrutura de pastas do Windows e Outlook Express é um gerenciador de mensagens eletrônicas.

Gabarito "B".

(Enfermeiro – POLÍCIA CIVIL/MG – 2013 – ACADEPOL) Em relação aos botões de comando do Internet Explorer 7, versão português, correlacione as colunas a seguir, numerando os parênteses:

Ícone	Opção
I. ⭐	( ) Página inicial
II. ⚡	( ) Adicionar a favoritos
III. ⚙	( ) Atualizar
IV. 🏠	( ) Configurações

A sequência CORRETA, de cima para baixo, é:
(A) II, I, IV, III.
(B) III, I, II, IV.
(C) IV, II, I, III.
(D) IV, I, II, III.

O ícone I representa a ação de Adicionar a favoritos, o ícone II a ação de Atualizar, o ícone III a opção Configurações e o ícone IV a opção de Página inicial, portanto apenas a alternativa D está correta nas associações.

Gabarito "D".

(Analista – TRT/14ª – 2011 – FCC) No Mozilla Thunderbird 2.0,

(A) uma conexão segura pode ser configurável por meio do protocolo SMTP.

(B) o campo Cco é utilizado para criptografar a mensagem a ser enviada.

(C) a agenda permite configurar vários tipos de alarmes de compromissos.

(D) contas de usuários de *webmail* podem ser acessadas pelo *Thunderbird* simplesmente fornecendo o nome de usuário e senha.

(E) tentativas de golpe, no qual a mensagem recebida é usada para convencer o usuário a fornecer dados pessoais, são alertadas pela ferramenta *anti-spam*.

A: Errada, o protocolo SMTP apenas lida com o envio de mensagens de correio eletrônico. **B:** Errada, o campo Cco é utilizado para enviar cópias ocultas da mensagem. **C:** Errada, o Thunderbird não possui uma agenda integrada. **D:** Correta, o Thunderbird é um cliente de *e-mail* que permite a visualização das mensagens contidas em um *webmail*. **E:** Errada, o objetivo do *anti-spam* é barrar as mensagens indesejadas, nem toda tentativa de phishing é identificada pelo *anti-spam*, esta função é exercida pelo *anti-phishing*.

Gabarito "D".

(Analista – TRT/14ª – 2011 – FCC) Na Internet,

(A) uma forma de se fazer uma pesquisa com maior objetividade e se obter respostas mais próximas do tema pesquisado em *sites* de busca é fazer uma pergunta direta, encerrada com ponto de interrogação.

(B) o *download* é uma transferência de arquivos de algum ponto da Internet para o computador do usuário, por meio do servidor SMTP.

(C) *Cookies* são grupos de dados gravados no servidor de páginas, acerca de costumes de navegação do usuário para facilitar seu próximo acesso ao *site*.

(D) um serviço de banda larga ADSL pode disponibilizar velocidade superior a 10 MB, quando conectado à porta serial.

(E) um serviço hospedado em um servidor pode ser acessado pela URL ou pelo seu endereço IP.

A: Errada, pesquisas desta forma retornam resultados que contenham aquelas palavras não necessariamente na mesma ordem, o correto é utilizar a frase de busca entre aspas. **B:** Errada, o protocolo SMTP trata apenas o envio de mensagens de correio eletrônico, a troca de arquivos é feita pelo protocolo FTP. **C:** Errada, os *cookies* são gravados no computador do usuário e não em um servidor web. **D:** Errada, serviços ADSL utilizam da porta Ethernet e não serial para conexões de rede. **E:** Correta, serviços em servidores na Web são acessados pela URL de conexão ou pelo endereço IP do servidor onde está hospedado.

Gabarito "E".

(Analista – TRT/20ª – 2011 – FCC) É um exemplo de URL (*Uniform Resource Locator*) INCORRETO:

(A) smtp://www.map.com.br/força/brasil.html

(B) https://www.uni.br/asia/china.php

(C) http://dev.doc.com/*download*s/manuais/doc.html

(D) ftp://ftp.foo.com/home/foo/homepage.html

(E) file://localhost/dir2/file.html

A: Correta, uma URL não começa com o protocolo SMTP, pois este trata o envio de mensagens de correio eletrônico. **B:** Errada, este formate de URL é válido. **C:** Errada, este exemplo de URL é válido. **D:** Errada, este formate de URL é válido, o protocolo ftp trata a troca de arquivos entre computadores em uma rede. **E:** Errada, o exemplo de URL é valido.

Gabarito "A".

(Analista – TRT/21ª – 2010 – CESPE) Julgue os itens a seguir, relativos a conceitos e modos de utilização da Internet e de intranets, assim como a conceitos básicos de tecnologia e segurança da informação.

(1) Considere a estrutura do seguinte URL hipotético: www.empresahipotetica.com.br. Nessa estrutura, os caracteres br indicam que o endereço é de uma página de uma organização brasileira e os caracteres com indicam que o sítio web é de uma empresa especializada no comércio e(ou) na fabricação de computadores.

(2) O protocolo SMTP permite que sejam enviadas mensagens de correio eletrônico entre usuários. Para o recebimento de arquivos, podem ser utilizados tanto o protocolo Pop3 quanto o IMAP.

(3) Se um usuário enviar um *e-mail* para outro usuário e usar o campo cc: para enviar cópias da mensagem para dois outros destinatários, então nenhum destinatário que receber a cópia da mensagem saberá quais outros destinatários também receberam cópias.

(4) No sítio web google.com.br, se for realizada busca por "memórias póstumas" — com aspas delimitando a expressão memórias póstumas —, o Google irá realizar busca por páginas da Web que contenham a palavra memórias ou a palavra póstumas, mas não necessariamente a expressão exata memórias póstumas. Mas se a expressão memórias póstumas não foi delimitada por aspas, então o Google irá buscar apenas as páginas que contenham exatamente a expressão memórias póstumas.

1: Errada, por meio dos caracteres com não é possível especificar o ramo de atuação da empresa detentora do domínio; **2:** Correta, o protocolo SMTP realiza o envio de mensagens de correio eletrônico, enquanto os protocolos POP3 e IMAP fazem o recebimento destas mensagens; **3:** Errada, para que nenhum destinatário tenha conhecimento do envio de cópias deve-se utilizar o campo Bcc; **4:** Errada, a realização de uma busca no sítio web google.com.br com a utilização de aspas faz com que o resultado contenha a expressão na forma como foi digitada, neste caso ela deve conter as palavras memórias póstumas, escritas desta forma e nesta mesma ordem.

Gabarito 1E, 2C, 3E, 4E.

(Analista – TRE/AC – 2010 – FCC) A prevenção contra *sites* que agem monitorando a navegação de usuários na *Internet* é realizada no *Internet Explorer 8* por meio do recurso

(A) *Data Execution Prevention*.

(B) *Automatic Crash Recovery*.

(C) *Cross Site Scripting*.

(D) Filtro do *SmartScreen*.

(E) Filtragem *InPrivate*.

A: Errada, o DEP é um recurso do Windows e não do Internet Explorer. **B:** Errada, o Automatic Crash Recovery ajuda a prevenir que o usuário perca uma página que esteja aberta caso o programa trave. **C:** Errada, Cross *Site* Scripting é um tipo de vulnerabilidade do sistema de segurança de um computador, encontrado normalmente em aplicações web. **D:** Errada, o Filtro do SmartScreené um recurso no Internet Explorer que ajuda a detectar *sites* de phishing. **E:** Correta, a Filtragem *InPrivate* previne que *sites* monitorem a navegação do usuário.

Gabarito "E".

(Analista – TRE/AC – 2010 – FCC) NÃO se trata de um componente da área de trabalho padrão do *Mozilla Firefox*:

(A) Abas de Navegação.
(B) Barra de Navegação.
(C) Barra de *Status*.
(D) Barra de Menus.
(E) Barra de Tarefas.

A: Errada, as Abas de Navegação não só estão presentes como são um dos principais elementos do navegador. **B:** Errada, a Barra de Navegação está presente na área de trabalho-padrão do navegador. **C:** Errada, a Barra de *Status* também está, por padrão, presente na área de trabalho do Firefox. **D:** Errada, a Barra de Menus é outro componente presente por padrão na área de trabalho do Mozilla Firefox. **E:** Correta, apenas a Barra de Tarefas não é um componente-padrão presente na área de trabalho do navegador.

Gabarito "E".

(Analista – TRE/AP – 2011 – FCC) No *Internet Explorer 8* o internauta pode navegar por:

(A) guias, janelas, guias duplicadas e sessões.
(B) janelas, guias e guias duplicadas, somente.
(C) janelas e sessões, somente.
(D) janelas e janelas duplicadas, somente.
(E) guias, guias duplicadas e sessões, somente.

A: Correta, podem ser usadas janelas, guias e guias duplicadas ou sessões durante a navegação no IE8, todos acessíveis por meio do menu Arquivo. **B:** Errada, o IE8 também permite o uso de sessões. **C:** Errada, não há a opção de janelas duplicadas mas sim guias duplicadas, também é possível utilizar guias e sessões. **D:** Errada, também podem ser usadas sessões e guias. **E:** Errada, também podem ser usadas janelas.

Gabarito "A".

(Analista – TRE/RS – 2010 – FCC) A *web* permite que cada documento na rede tenha um endereço único, indicando os nomes do arquivo, diretório e servidor, bem como o método pelo qual ele deve ser requisitado. Esse endereço é chamado de

(A) DNS.
(B) FTP.
(C) TCP/IP.
(D) URL.
(E) IMAP.

A: Errada, o DNS designa um servidor de nomes, responsável por transformar endereços web em endereços IP. **B:** Errada, o FTP é um protocolo de troca de arquivos. **C:** Errada, o TCP/IP é um conjunto de regras e protocolos no qual se baseiam as conexões de rede. **D:** Correta, o URL é um endereço amigável que identifica um endereço na rede, nele é possível definir o tipo de acesso que está sendo ao

servidor requisitado por meio do protocolo utilizado. **E:** Errada, o IMAP é um protocolo de recebimento de correio eletrônico.

Gabarito "D".

(Analista – TRE/RS – 2010 – FCC) O computador de um provedor de acesso à Internet (ISP), encarregado de enviar as mensagens aos provedores de destino é um servidor

(A) PROXY.
(B) *WEBMAIL*.
(C) DNS.
(D) SMTP.
(E) POP3.

A: Errada, proxy é um servidor que atende a requisições repassando os dados do cliente à frente. **B:** Errada, *Webmail* é uma forma de acessar um endereço de *e-mail* sem a necessidade de um *software* gerenciador de *e-mails*. **C:** Errada, o DNS é um protocolo responsável pela tradução de um endereço web em seu endereço IP correspondente. **D:** Correta, o SMTP é o protocolo responsável pelo envio de mensagens eletrônicas. **E:** Errada, o POP3 é um protocolo responsável pelo recebimento de mensagens eletrônicas.

Gabarito "D".

(Analista – TRE/TO – 2011 – FCC) A operação de transferência de um arquivo gravado no computador pessoal para um computador servidor de um provedor da Internet é conhecida por

(A) *Extraction*.
(B) *Copy*.
(C) *Download*.
(D) *Upload*.
(E) *Move*.

A: Errada, Extraction é a ação feita em um arquivo comprimido, onde os dados são extraídos no mesmo para a unidade de armazenamento local. **B:** Errada, Copy é a ação de cópia de um arquivo dentro da própria máquina. **C:** Errada, *Download* é a ação de transferência de um arquivo de um servidor ou máquina na rede para o computador local. **D:** Correta, o *Upload* é a ação de envio de um arquivo de um computador local para outro na rede. **E:** Errada, Move é a ação de mover um arquivo de um local para outro dentro do mesmo computador.

Gabarito "D".

(Analista – TRE/TO – 2011 – FCC) No Internet Explorer, o bloqueio ou desbloqueio de *Pop-ups* pode ser realizado por intermédio do menu

(A) Arquivo.
(B) Editar.
(C) Exibir.
(D) Ferramentas.
(E) Opções.

A: Errada, o menu Arquivo concentra a opções de gerenciamento da janela, abertura de novas abas e impressão. **B:** Errada, o menu Editar concentra opções de manipulação como Copiar e Colar. **C:** Errada, o menu Exibir concentra opções de exibição do documento atual, como *zoom* e tamanho da fonte. **D:** Correta, as opções de bloqueio e desbloqueio de *Pop-ups* se encontram no menu Ferramentas. **E:** Errada, não há o menu Opções no IE.

Gabarito "D".

(Analista – TRE/TO – 2011 – FCC) Os dispositivos que têm como principal função controlar o tráfego na Internet são denominados

(A) *switch*es.
(B) comutadores.
(C) roteadores.
(D) *firewall*s.
(E) web servers.

A: Errada, os *switch*es tem como função segmentar redes e direcionar o tráfego de pacotes. **B:** Errada, os comutadores são sinônimos de *switches*, que apenas segmentam a rede e reencaminham pacotes. **C:** Correta, os roteadores fazem o gerenciamento da rede, controlando todo o tráfego que por ele passa. **D:** Errada, os *firewall* são apenas barreiras de proteção para um rede, limitando o acesso a certas portas ou serviços. **E:** Errada, os web servers são servidores web que fornecem algum serviço.
Gabarito "C".

(Analista – TRE/BA – 2010 – CESPE) Com relação ao uso seguro das tecnologias de informação e comunicação, julgue os itens subsequentes.

(1) No acesso à Internet por meio de uma linha digital assimétrica de assinante (ADSL), a conexão é feita usando-se uma linha de telefone ligada a um *modem* e os dados trafegam em alta velocidade.

(2) *Firewall* é um recurso utilizado para a segurança tanto de estações de trabalho como de servidores ou de toda uma rede de comunicação de dados. Esse recurso possibilita o bloqueio de acessos indevidos a partir de regras preestabelecidas.

1: Correta, as conexões ADSL utilizam um *modem* que codifica os dados que trafegam pela linha telefônica convencional, sua velocidade é muito superior à de conexões do tipo *dial-up*; **2:** Correta, o *Firewall* é um dos principais itens de segurança de uma rede ou computador pessoal, ele permite bloquear o acesso a portas específicas e assim garantir a integridade da rede.
Gabarito 1C, 2C

(Analista – TRE/MT – 2010 – CESPE) Assinale a opção que apresenta um protocolo responsável pelo envio de mensagens eletrônicas na Internet.

(A) UDP
(B) POP3
(C) SNMP
(D) SMTP
(E) RTP

A: Errada, UDP designa um tipo de pacote sem confirmação de entrega que transita em redes de computador. **B:** Errada, o POP3 é um protocolo destinado ao recebimento de mensagens eletrônicas. **C:** Errada, o SNMP é um protocolo de monitoramento de rede utilizado para controle e gestão de redes de computadores. **D:** Correta, o protocolo SMTP é o protocolo utilizado no envio de mensagens eletrônicas. **E:** Errada, o RTP é um protocolo utilizado em aplicações em tempo real como transmissão de vídeo ou áudio via rede.
Gabarito "D".

(Analista – TRE/MT – 2010 – CESPE) Considerando os conceitos básicos de tecnologias e ferramentas associadas à Internet e intranet, assinale a opção correta.

(A) Para se acessar a Internet ou uma intranet, é suficiente que o usuário tenha o Internet Explorer instalado em seu computador.

(B) A tecnologia 3G disponibiliza serviços de telefonia e transmissão de dados a longas distâncias, em um ambiente móvel, incluindo o acesso a Internet.

(C) O Outlook Express possui mais funcionalidades do que o Microsoft Outlook, como, por exemplo, Agenda e Contatos.

(D) A intranet disponibiliza serviços semelhantes aos da Internet dentro de uma rede local, mas não permite que esses serviços sejam acessados de outros locais.

(E) ADSL é um serviço implementado pelo Internet Explorer que permite aumentar a velocidade de acesso a Internet.

A: Errada, é necessária também uma conexão de rede com a Internet ou com a intranet desejada. **B:** Correta, a conexão 3G permite que a transmissão de dados e telefonia seja feitos com maior velocidade. **C:** Errada, o Outlook Express é uma versão com menos funcionalidades que o Microsoft Outlook. **D:** Errada, uma intranet pode ser acessada de outros locais por meio de uma VPN por exemplo. **E:** Errada, ADSL é um tipo de conexão de banda larga que utiliza a linha telefônica como meio de transmissão.
Gabarito "B".

(TJ/SC – 2010) Assinale a alternativa que NÃO INDICA um recurso disponível no navegador Internet Explorer:

(A) Bloqueador de *pop-ups*.
(B) Navegação com guias.
(C) Barra de favoritos.
(D) Botões de avançar e retroceder páginas.
(E) Função "User Location". Trata-se de um botão que, ao ser clicado, mostra automaticamente o mapa da cidade onde se encontra o computador.

A: Errada, o bloqueador de *pop-ups* é um recurso disponível no Internet Explorer. **B:** Errada, a navegação com guias é um recurso disponível nas versões mais atuais do Internet Explorer. **C:** Errada, a barra de favoritos também é um recurso disponível no Internet Explorer. **D:** Errada, o Internet Explorer possui botões de avançar e retroceder páginas durante a navegação. **E:** Correta, a função "User Location" não é um recurso presente no Internet Explorer.
Gabarito "E".

I. Usar ferramentas de comunicação apropriadas, via Internet, sempre que a comunicação entre pessoas tiver caráter de urgência (tipo pergunta e resposta instantânea).

(Analista – TRE/PI – 2009 – FCC) De acordo com o recomendado em (I), é adequado o uso das funções de

(A) correio eletrônico.
(B) correio eletrônico e *chat*.
(C) *chat*.
(D) página web.

(E) feeds.

A: errada, correio eletrônico não é a forma mais rápida de comunicação em caráter de urgência. B: errada, correio eletrônico não é a forma mais rápida de comunicação em caráter de urgência. C: correta, sistemas de *chat* possibilitam comunicação instantânea, o que melhora o tempo de comunicação quando em caráter de urgência. D: errada, páginas web não são a forma mais rápida de comunicação em caráter de urgência. E: errada, *feeds* não são a forma mais rápida de comunicação em caráter de urgência, seu uso é mais comum na atualização frequente de conteúdo como *blog*s e *site*s de notícia.

Gabarito "C".

(Analista – TRE/MA – 2009 – CESPE) Acerca das ferramentas de navegação na Internet, assinale a opção correta.

(A) É possível configurar qual será o navegador padrão usado para navegação na Web, caso haja mais de um *software* com essa finalidade instalado no computador.
(B) O Firefox é um *browser* que não precisa de *plug-ins* para executar arquivos de som ou vídeo.
(C) O Internet Explorer é uma ferramenta utilizada para navegar na Internet que também disponibiliza opções de edição de arquivos e tratamento de imagens no formato HTML.
(D) Os *pop-ups* são janelas adicionais abertas automática e obrigatoriamente pelo *browser* para apresentar ao usuário recursos como confirmar senha, imprimir ou enviar uma página por *e-mail*.
(E) O Outlook Express é um *software* de *webmail* do sistema Windows que pode ser usado para gerenciar caixas de correio eletrônico e acessar páginas HTML e que também permite o envio destas a destinatários incluídos no catálogo de endereços do usuário.

A: correta, existindo mais de um navegador instalado no computador o usuário pode definir qual será o navegador-padrão. B: errada, são necessários *plug-ins* para a execução de alguns arquivos de som ou vídeo. C: errada, ele não disponibiliza opções de edição de arquivos e tratamento de imagens no formato HTML. D: errada, os recursos apresentados pelos *pop-ups* para o usuário não se limitam a confirmação de senha, impressão ou envio de página por *e-mail*. E: errada, o Outlook Express é um gerenciador de *e-mails* e não um *software* de *webmail*.

Gabarito "A".

(Analista – TRE/MA – 2009 – CESPE) Considerando a figura acima, que ilustra uma janela do Internet Explorer 6 (IE6), assinale a opção correta.

(A) O botão ✖ é utilizado para atualizar a página acessada pelo usuário.
(B) Para se abrir uma nova guia de navegação, deve-se selecionar o botão ou acessar a opção Abrir nova guia, no *menu* Arquivo.
(C) O botão disponibiliza funcionalidade que permite bloquear ou desbloquear *pop-ups*.
(D) A opção de pesquisa na barra de endereço é acionada pelo botão .
(E) O IE6 não pode ser usado para a navegação pela estrutura de diretórios e arquivos armazenados localmente na máquina do usuário.

A: errada, o botão ✖ fecha a janela atual do IE6. B: errada, a versão 6 do IE não possui suporte a guias de navegação. C: correta, disponibiliza acesso a funcionalidade que permite bloquear ou desbloquear *pop-ups*. D: errada, o botão inicia o acesso à página digitada na barra de endereço. E: errada, o IE6 pode ser utilizado para navegar na estrutura de arquivos armazenados localmente na máquina do usuário.

Gabarito "C".

(Analista – TRF/1ª – 2011 – FCC) Dados distribuídos na internet, frequentemente no formato RSS, em formas de comunicação com conteúdo constantemente atualizado, como *sites* de notícias ou *blog*s. Trata-se de

(A) hiperlinks.
(B) ripertextos.
(C) web Feed.
(D) web designer.
(E) canal aberto.

A: Errada, *hiperlinks* são ligações entre documentos web que permitem a navegação entre páginas. B: Errada, ripertexto não é uma nomenclatura utilizada na internet. C: Correta, os web *Feeds* fornecem informação em forma de RSS para as pessoas que os assinam. D: Errada, web designer é uma pessoa que cria designs e *layouts* para *websites*. E: Errada, canal aberto não é um termo que designa uma função relacionada a internet.

Gabarito "C".

I. Utilizar, preferencialmente, um navegador livre (*Software* Livre) para acesso a páginas da Internet.

(Analista – TJ/PI – 2009 – FCC) Para atender à recomendação disposta em I é correto o uso do

(A) W*eblog*.
(B) Mozilla Firefox.
(C) Skype.
(D) Internet Explorer.
(E) Flash.

A: errada, o W*eblog* não é um navegador web, e sim um *site* de *blog*s. B: correta, o Mozilla Firefox é um navegador web livre. C: errada, o Skype não é um navegador web, mas sim um *software* de comunicação instantânea. **D:** errada, o Internet Explorer é um navegador e um *software* de licença proprietária da Microsoft. **E:** errada, o Flash não é um navegador web, mas sim uma plataforma de animações.

Gabarito "B".

(MPU – 2010 – CESPE) A figura anterior mostra uma janela do IE 8.0 aberta em um computador com o Windows XP e conectado à Internet. Com base nessa figura, julgue os itens que se seguem, acerca da utilização de tecnologias, ferramentas, aplicativos e procedimentos associados à Internet.

(1) Ao se clicar a opção Página e, em seguida, a opção *Zoom*, serão exibidas opções que permitem ampliar ou reduzir a exibição da página da Web mostrada na figura.

(2) Ao se clicar o botão Ferramentas, será apresentada a opção Adicionar a Favoritos... Esta, por sua vez, ao ser clicada, permite adicionar o endereço www.mpu.gov.br na lista de favoritos.

(3) Antes de permitir a execução do complemento MSXML 5.0, recomenda-se que o usuário clique a opção e, em seguida, clique Ativar Filtragem *InPrivate* para executar o antivírus do IE 8.0.

1: Correta, a opção Página permite acesso a opções de *zoom* da página atual assim como tamanho da fonte e outras opções referentes à página em exibição; **2:** Correta, a descrição apresentada descreve corretamente a maneira pela qual se pode adicionar a URL do *site* em exibição à lista de favoritos; **3:** Errada, a Filtragem *InPrivate* não é um antivírus, e sim uma funcionalidade que permite que o usuário navegue protegido de monitoramento.

Gabarito 1C, 2C, 3E.

I. Em uma situação na qual se tenha iniciado uma sessão de pesquisa no Internet Explorer (versão 8), é desejável reproduzir a guia atual, a fim de não perder as informações obtidas. Iniciando o trabalho em nova guia, deve-se proceder corretamente para obter o resultado desejado.

(Técnico Judiciário – TRE/PI – 2009 – FCC) O procedimento correto recomendado em (I) é acionar o menu Arquivo e escolher

(A) Duplicar página.
(B) Nova Guia.
(C) Nova Sessão.
(D) Salvar como.

(E) Duplicar Guia.

A: errada, não há a opção Duplicar página no menu Arquivo. **B:** errada, a opção Nova Guia apenas cria uma guia em branco. **C:** errada, a opção Nova Sessão abre uma nova sessão do Internet Explorer. **D:** errada, a opção Salvar como apenas salva a página atual para exibição off-line. **E:** correta, a opção Duplicar Guia cria uma nova aba com o mesmo conteúdo da página atual.

Gabarito "E".

(Técnico Judiciário – TRE/MA – 2009 – CESPE) Acerca de conceitos relacionados à Internet e intranet, assinale a opção correta.

(A) A Internet é uma rede mundial de computadores, administrada pelo governo norte-americano, para disponibilizar informações do mundo inteiro.
(B) *Intranet* é a mesma coisa que Internet, só que ela foi criada para ser acessada apenas por usuários externos a determinada instituição.
(C) Para se acessar a Internet, basta ter um computador conectado na rede elétrica, pois, com o advento das redes sem fio, atualmente não são mais necessários cabos ou fios de telefonia para o acesso.
(D) Fazer parte da Internet significa usufruir de diversos serviços, como correio eletrônico, acesso a conteúdo livre ou pago, sendo necessário, para tanto, utilizar o protocolo TCP/IP.
(E) O endereço **www.minhaempresa.com.br** identifica uma intranet que só pode ser acessada por usuários comerciais no Brasil.

A: errada, a Internet não é administrada pelo governo norte-americano. **B:** errada, Intranet é uma rede local interna, a Internet é uma rede de alcance global. **C:** errada, é necessário um meio específico de conexão para se acessar a Internet. **D:** correta, fazer parte da Internet significa poder utilizar vários serviços, pagos ou livres, utilizando o protocolo TCP/IP. **E:** errada, o endereço www.minhaempresa.com.br é um endereço da Internet que pode ser acessado por qualquer usuário no mundo.

Gabarito "D".

(Técnico – ANATEL – 2009 – CESPE) Com referência a navegação na Internet, julgue os itens a seguir.

(1) No Internet Explorer 7, ao se selecionar o *menu* Ferramentas, diversas opções de configuração do navegador serão apresentadas. Entre elas, por meio de Opções da Internet, é possível selecionar uma página *web* como página inicial do navegador.

(2) Para se acessar a Internet, é necessário, entre outros: se dispor de conexão à rede que dê acesso à Internet; abrir um navegador disponível; e digitar um endereço eletrônico pretendido. No navegador Internet Explorer 7 (IE7), algumas das ferramentas básicas que auxiliam na navegação na Internet são: o botão , que atualiza informações referentes a uma página que esteja sendo visualizada; o botão , que interrompe algum processo no IE7 em andamento, fechando a janela do aplicativo.

1: Correta, por meio da opção "Opões da Internet", presente no menu Ferramentas do IE7 é possível definir qual será a página inicial

Manual Completo de Informática para Concursos **133**

do navegador assim como outras configurações como proxy e opções de níveis de segurança; **2:** Correta, para que se possa acessar a Internet é indispensável o acesso a uma conexão de rede que possua acesso à Internet, o navegador é a ferramenta que permite a navegação entre páginas e os botões apresentados estão presentes no IE7 estando também suas funções bem descritas.

Gabarito 1C, 2C

(CODIFICADOR – IBGE – 2011 – CONSULPLAN) É um aplicativo que tem a função específica de *browser* navegador de Internet:

(A) Mozilla Firefox
(B) Windows Explorer.
(C) Microsoft PowerPoint.
(D) Wordpad.
(E) Microsoft Access.

A: Correta, o Mozilla Firefox é um navegador web em grande ascensão no mercado. **B:** Errada, o Windows Explorer é usado para navegador pelo sistema de pastas do Windows. **C:** Errada, o Microsoft PowerPoint é um editor de apresentações do pacote Office. **D:** Errada, o Wordpad é um editor de textos que faz parte do Windows. **E:** Errada, o Microsoft Access é um gerenciador de bancos de dados.

Gabarito "A".

(CODIFICADOR – IBGE – 2011 – CONSULPLAN) No *browser* navegador Internet Explorer, a combinação de teclas de atalho que têm a função de localizar conteúdo de texto na página atual, é:

(A) Ctrl + L
(B) Alt + L
(C) Ctrl + P
(D) Ctrl + F
(E) Alt + P

A: Errada, o atalho Ctrl + L leva o usuário à barra de endereços. **B:** Errada, o atalho Alt + L não tem função específica. **C:** Errada, o atalho Ctrl + P é usado para configurar impressão. **D:** Correta, o atalho Ctrl + F ativa a função que permite um conteúdo de texto. **E:** Errada, o atalho Alt + P não possui função específica.

Gabarito "D".

(Agente Administrativo – FUNASA – 2009 – CESGRANRIO) Qual das descrições abaixo define corretamente um *Software* Livre?

(A) Um programa semelhante aos programas demo com a diferença de ter as funcionalidades disponíveis por determinado período de tempo.
(B) Um programa de computador disponibilizado gratuitamente, porém com algum tipo de limitação.
(C) Qualquer material promocional que é uma fração de um produto maior, lançado com a intenção de dar oportunidade de o produto ser avaliado por possíveis clientes.
(D) Qualquer programa de computador que pode ser usado, copiado, estudado, modificado e redistribuído, sem nenhuma restrição.
(E) Qualquer programa de computador cuja utilização não implica o pagamento de licenças de uso ou *royalties*.

A: Errada, esta definição se assemelha mais a definição de programas do tipo Shareware. **B:** Errada, estes são os programas de demonstração.

C: Errada, esta definição descreve melhor versões beta de programas. **D:** Correta, o *Software* Livre é um *software* que pode ser manipulado livremente pelo usuário, incluindo modificações e redistribuições deste. **E:** Errada, o *Software* Livre não necessariamente é gratuito.

Gabarito "D".

(Agente Administrativo – Ministério da Justiça – 2009 – FUNRIO) Os arquivos armazenados pelo navegador para agilizar a abertura de páginas já visualizadas recentemente recebem o nome de

(A) Favoritos.
(B) JavaScript.
(C) *Download*.
(D) Histórico.
(E) Arquivos temporários.

A: Errada, Favoritos é uma denominação dada a *sites* salvos pelo usuário para facilitar seu acesso. **B:** Errada, JavaScript é uma linguagem cliente-side executada pelos navegadores que dão interatividade a páginas web. **C:** Errada, Dowload é a ação de copiar um arquivo da Internet para o computador local. **D:** Errada, Histórico define a lista de *websites* visitados pelo usuário. **E:** Correta, arquivos temporários são armazenados pelo navegador a fim de agilizar a navegação da Internet na medida que estes não precisam ser baixados novamente.

Gabarito "E".

(Soldado – PM/SE – IBFC – 2018) Quanto ao Windows 7 e também aos principais navegadores da Internet, analise as afirmativas abaixo, dê valores Verdadeiro (V) ou Falso (F):

( ) Google Chrome não pode ser instalado no Windows 7. ( ) Windows Explorer é o principal navegador do Windows 7.

( ) O navegador Opera pode ser instalado no Windows 7.

Assinale a alternativa que apresenta a sequência correta de cima para baixo:

(A) V - F - F
(B) V - V - F
(C) F - V - V
(D) F - F - V

A, B, C e E: Não há restrições de instalação do Google Chrome na versão 7 ou posterior do Windows; O Windows Explorer é usado para visualizar a estrutura de pastas e arquivos do computador e não para navegar na Internet; O navegador Opera pode ser instalado no Windows 7 ou qualquer outra versão posterior. Portanto a ordem correta de preenchimento é F – F – V e assim apenas a alternativa D está correta, devendo ser assinalada.

Gabarito "D".

(Administrador Judiciário – TJ/SP – 2019 – VUNESP) Um usuário precisa verificar os sites recentemente visitados por meio do Microsoft Edge, em sua configuração padrão, para organizar um relatório contendo as fontes usadas para consultar normas de recursos humanos nos sites oficiais do governo. O atalho por teclado para abrir a janela de histórico é:

(A) Ctrl + J
(B) Ctrl + H

(C) Alt + F4

(D) Alt + F1

(E) Ctrl + F

A: Errada, o atalho Ctrl + J abre a lista de downloads recentes feitos pelo navegador. **B:** Correta, o atalho Ctrl + H abre a visualização do histórico de navegação do usuário. **C:** Errada, o atalho Alt + F4 faria com que a janela do Microsoftt Edge fosse fechada. **D:** Errada, o atalho Alt + F1 não possui função específica no Microsoft Edge. **E:** Errada, o atalho Ctrl + F ativa a função Pesquisar, permitindo que o usuário encontre determinado texto na página atual.

Gabarito "B".

3. CORREIO ELETRÔNICO

(Tecnico – TRT11 – FCC - 2017) No computador de uma empresa, um usuário pode ter acesso à internet, à intranet, ao serviço de *webmail* e a uma ferramenta de gerenciamento de *e-mails* (como o Microsoft Outlook), ambos para o seu *e-mail* corporativo. Neste cenário,

(A) sempre que o usuário acessar a intranet e a internet ao mesmo tempo, a intranet ficará vulnerável, deixando as informações corporativas em risco.

(B) o usuário deve configurar a ferramenta de gerenciamento de *e-mails* para que não esteja habilitada a opção de apagar o *e-mail* do *site* assim que ele for recebido, senão não poderá acessá-lo mais pelo *webmail*.

(C) a senha do *e-mail* corporativo deve ser diferente quando este for acessado pelo *webmail* e quando for acessado pelo Microsoft Outlook.

(D) devem ser instalados no computador um navegador *web* para acesso à internet e outro navegador *web* para acesso à intranet, para evitar conflitos de *software*.

(E) o acesso ao *webmail* somente poderá ser feito através da intranet.

A: Errada, o acesso a ambos os tipos de rede (intranet e internet) não trás vulnerabilidades a primeira, já que este fato não trará interações entre elas. **B:** Correta, para que as mensagens estejam disponíveis no webmail mesmo após terem sido obtidas através do gerenciador de e-mail, este deve estar configurado para manter uma cópia das mensagens no servidor. **C:** Errada, webmail e o Microsoft Outlook são apenas formas diferentes de acessar a conta de e-mail, portanto, a senha será a mesma para ambos. **D:** Errada, ambas as redes (intranet e internet) podem ser acessadas pelo mesmo navegador, uma vez que as configurações de rede se encarregam de evitar conflitos. **E:** Errada, o acesso ao webmail pode ser feito através de ambas as redes.

Gabarito "B".

(Escrevente – TJM/SP – VUNESP – 2017) Um usuário preparou uma mensagem de correio eletrônico usando o Microsoft Outlook 2010, em sua configuração padrão, e enviou para o destinatário. Porém, algum tempo depois, percebeu que esqueceu de anexar um arquivo. Esse mesmo usuário preparou, então, uma nova mensagem com o mesmo assunto, e enviou

para o mesmo destinatário, agora com o anexo. Assinale a alternativa correta.

(A) A mensagem original, sem o anexo, foi automaticamente apagada no computador do destinatário e substituída pela segunda mensagem, uma vez que ambas têm o mesmo assunto e são do mesmo remetente.

(B) Como as duas mensagens têm o mesmo assunto, a segunda mensagem não foi transmitida, permanecendo no computador do destinatário apenas a primeira mensagem.

(C) A segunda mensagem não pode ser transmitida e fica bloqueada na caixa de saída do remetente, até que a primeira mensagem tenha sido lido pelo destinatário.

(D) O destinatário recebeu 2 mensagens, sendo, a primeira, sem anexo, e a segunda, com o anexo.

(E) O remetente não recebeu nenhuma das mensagens, pois não é possível transmitir mais de uma mensagem com o mesmo assunto e mesmo remetente.

O envio de mais de uma mensagem para um mesmo destinatário com um mesmo assunto não acarreta em nenhuma ação específica no destinatário, as mensagens não têm relação entre si e serão recebidas normalmente pelo destinatário, portanto apenas a alternativa D está correta.

Gabarito "D".

(Agente – DPU – CESPE - 2016) Com relação ao sistema operacional Windows 7 e ao Microsoft Office 2013, julgue o item a seguir.

(1) No Microsoft Outlook 2013, desde que configurado adequadamente, um e-mail excluído acidentalmente pode ser recuperado, mesmo depois de a pasta Itens Excluídos ter sido esvaziada.

1: correta, mesmo após uma mensagem ter sido removida da pasta Itens Excluídos o usuário ainda pode consultar a pasta Itens Recuperáveis, uma pasta oculta que armazena os itens que se encontravam em Itens Excluídos após esta ter sido esvaziada. Para isso deve-se utilizar a opção Recuperar Itens Excluídos do Servidor, presente na guia Página Inicial.

Gabarito 1C

(Técnico – TRE/SP – 2012 – FCC) Em relação ao formato de endereços de *e-mail*, está correto afirmar que

(A) todos os endereços de *e-mail* possuem o símbolo @ (arroba).

(B) todos os endereços de *e-mail* terminam com .br (ponto br).

(C) dois endereços de *e-mail* com o mesmo texto precedendo o símbolo @ (arroba) são da mesma pessoa.

(D) o texto após o símbolo @ (arroba) especifica onde o destinatário trabalha.

(E) uma mesma pessoa não pode ter mais de um endereço de *e-mail*.

A: Correta, todo e qualquer endereço de e-mail deve possuir o símbolo de @. **B:** Errada, apenas os e-mails de domínios brasileiros terminam com .br. **C:** Errada, pessoas diferentes podem possuir o mesmo precedente do símbolo de @ caso sejam de domínios diferentes. **D:** Errada, o texto depois da arroba especifica o domínio a que pertence o *e-mail*. **E:** Errada, uma pessoa pode possuir vários endereços de *e-mail*.

Gabarito "A".

(Delegado/SP – 2011) Para se configurar o acesso ao servidor de *e-mail* por meio de um aplicativo gerenciador e necessário conhecer, em regra,

(A) os protocolos de envio POP e recebimento SMTP, além do IP da máquina.

(B) os protocolos de envio SMTP e recebimento POP, além do endereço de *e-mail*.

(C) os protocolos 1MAP e SMTP, além do IP da máquina. V

(D) os protocolos de envio POP e recebimento SMTP, além do endereço de *e-mail*.

(E) os protocolos IMAP e POP, o IP da máquina, além do endereço de *e-mail*.

A: Errada, sabendo-se os protocolos POP e SMTP não é necessário nenhum outro tipo de protocolo. **B:** Correta, com os endereços de POP e SMTP mais usuário e senha é possível acessar sua conta de *e-mail* por meio de um gerenciador de mensagens eletrônicas. **C:** Errada, neste caso não é necessário o endereço IP da máquina, apenas os endereços de IMAP e SMTP. **D:** Errada, o protocolo POP é usado no recebimento e o SMTP no envio de mensagens. **E:** Errada, o protocolo IMAP substitui o protocolo POP.

Gabarito "B".

(Delegado/PA – 2012 – MSCONCURSOS) Analise as seguintes proposições sobre correio eletrônico e assinale a alternativa correta:

I. É possível enviar e receber mensagens de forma síncrona.

II. É necessário um programa de correio eletrônico para ler, escrever e organizar os *e-mails*.

III. *Webmail* é um servidor de correio eletrônico.

IV. *Spam* é uma mensagem de correio eletrônico com fins publicitários, indesejada e não solicitada.

(A) Somente as proposições I e II são falsas.

(B) Somente as proposições I e III são falsas.

(C) Somente as proposições II e IV são falsas.

(D) Somente as proposições I, II e III são falsas.

(E) Somente as proposições II, III e IV são falsas.

Apenas a afirmativa IV está correta, as mensagens de correio eletrônico são enviadas de forma assíncrona (não é necessário que remetente e destinatário estejam conectados simultaneamente), é possível utilizar todos os recursos de correio eletrônico através de *webmail*s, que é um sistema de acesso a um servidor de correio eletrônico e não o servidor em si. Portanto apenas a alternativa D está correta.

Gabarito "D".

(Analista – TRE/SP – 2012 – FCC) Sobre *webmail* é INCORRETO afirmar:

(A) É a forma de acessar o correio eletrônico através da *Web*, usando para tal um navegador (*browser*) e um computador conectado à Internet.

(B) Exige validação de acesso, portanto requer nome de usuário e senha.

(C) Via de regra, uma de suas limitações é o espaço em disco reservado para a caixa de correio, que é gerenciado pelo provedor de acesso.

(D) HTTP (Hypertext Transfer Protocol) é o protocolo normalmente utilizado no *webmail*.

(E) É a forma de acessar o correio eletrônico através da *Web*, desde que haja um *software* cliente de *e-mail* instalado no computador.

A: Errada, a afirmativa está correta. **B:** Errada, a afirmativa está correta. **C:** Errada, a afirmativa está correta. **D:** Errada, a afirmativa está correta. **E:** Correta, a afirmativa está errada, não é necessário nenhum tipo de *software* além do navegador para utilizar um *webmail*.

Gabarito "E".

(Auditor Fiscal – São Paulo/SP – FCC – 2012) Atualmente, é possível a utilização de serviços de correio eletrônico por meio da Internet, os chamados *webmails*. Para usar este tipo de serviço, o computador do usuário necessita apenas de um navegador e conexão com a Internet, não sendo necessária a instalação de outros programas. Porém, alguns serviços de *webmail* possibilitam que se utilize programas tradicionais como *Thunderbird* ou *Outlook Express* para a leitura e envio de *e-mails*, pois disponibilizam acesso a servidores

(A) UDP e TCP.

(B) DNS e NTP.

(C) IMAP e UDP.

(D) HTTP e FTP.

(E) POP3 e SMTP.

A: Errada, UDP e TCP são protocolos de rede e não de envio de mensagens eletrônicas. **B:** Errada, NTP é um protocolo de sincronização de horário e DNS é um protocolo de conversão de nomes. **C:** Errada, o UDP é um protocolo de transmissão de dados em rede e não de mensagens eletrônicas. **D:** Errada, o FTP é um protocolo de transferência de arquivos em rede. **E:** Correta, os protocolos POP3 e SMTP gerenciam o recebimento e envio, respectivamente, de mensagens eletrônicas.

Gabarito "E".

(Enfermeiro – STM – 2010 – CESPE) Julgue os itens seguintes, acerca de correio eletrônico, do Outlook 2003 e do Internet Explorer 7.

(1) O Outlook tem a capacidade de gerar arquivos de catálogo de endereços no formato .pab.

(2) O Internet Explorer 7 não permite que o usuário se inscreva em um RSS *feeds*, procure notícias ou filtre a sua exibição.

(3) Para o funcionamento de um serviço de correio eletrônico, são necessários cliente e servidor. A função do cliente de *e-mail* é de acesso do usuário a mensagens, e o servidor tem a função de envio, recebimento e manutenção das mensagens.

(4) Um *firewall* pessoal instalado no computador do usuário impede que sua máquina seja infectada por qualquer tipo de vírus de computador.

1: Correta, os arquivos do tipo pab (*Personal Address Book*) contêm catálogos de endereço e pode ser gerado pelo Outlook. **2:** Errada, o Internet Explorer 7 permite a assinatura de *feeds* RSS e tem funções de manipulações destes. **3:** Correta, o servidor realiza as funções de envio, recebimento e manutenção das mensagens, permitindo que o correio eletrônico exista, o cliente apenas acessa as informações contidas no servidor. **4:** Errada, a função do *Firewall* não é impedir a infecção por vírus mas sim monitorar as portas de comunicação para possíveis intrusos.

Gabarito "1C, 2E, 3C, 4E."

(Enfermeiro – TJ/ES – 2011 – CESPE) Com referência a aplicativos e conceitos relacionados à Internet, julgue os itens que se seguem.

(1) O Microsoft Outlook é uma ferramenta de correio eletrônico que facilita o gerenciamento de mensagens por meio de opções avançadas. Porém, sua desvantagem é a necessidade de o computador estar conectado à Internet ou à *intranet* da organização quando for preciso acessar as pastas de mensagens recebidas.

(2) O Mozilla Thunderbird é um programa livre e gratuito de *e-mail* que, entre outras funcionalidades, possui um recurso de *anti-spam* que identifica as mensagens indesejadas. Essas mensagens podem ser armazenadas em uma pasta diferente da caixa de entrada de *e-mail* do usuário.

(3) No Internet Explorer, a opção Adicionar a Favoritos permite armazenar localmente uma página visitada frequentemente. Assim, em acessos futuros, essa página adicionada a Favoritos estará disponível, mesmo que o computador não esteja conectado à Internet.

1: Errada, uma vez que as mensagens foram baixadas para o Outlook não é necessário acesso a Internet ou Intranet para ler o conteúdo destas. **2:** Correta, o Mozilla Thunderbird é um gerenciador de mensagens eletrônicas livre e gratuito que possui diversas funcionalidades, entre elas a de *anti-spam*. **3:** Errada, a opção Adicionar a Favoritos apenas adiciona o *site* a uma lista de *sites* considerados Favoritos visando agilizar o acesso a estes, o conteúdo das páginas não são salvas localmente.

Gabarito "1E, 2C, 3E."

(Enfermeiro – MP/RO – 2012 – FUNCAB) Nos principais aplicativos de correio eletrônico, caso sua caixa de entrada alcance o limite de armazenamento, é possível que você não possa receber mais mensagens. Algumas práticas são recomendadas para ajudá-lo a gerenciar a sua conta a fim de manter um espaço razoável de armazenamento, EXCETO:

(A) criar um arquivo morto.

(B) configurar uma pasta no disco rígido do seu computador na qual você possa salvar anexos grandes e excluí-los da Caixa de Entrada.

(C) esvaziar a pasta Lixo Eletrônico.

(D) esvaziar a pasta Mensagens Excluídas.

(E) salvar os arquivos na pasta *archive* já que ela compacta os *e-mails* armazenados, reduzindo o consumo de espaço de armazenamento.

Todas as práticas mencionadas são recomendadas exceto a da alternativa E, que deve ser assinalada. Não existe uma pasta chamada *archive* que compacte os *e-mails* nela armazenados.

Gabarito "E."

(Enfermeiro – FAMERP/SP – 2012 – VUNESP) Considere as afirmações apresentadas a seguir.

I. *Popup* é uma janela adicional que se abre ao se acessar algumas páginas da internet.

II. O programa Internet Explorer, versão 8, em sua configuração padrão, possui recursos para bloquear janelas *popup* e para salvar os *sites* favoritos.

III. Para anexar arquivos a um *e-mail*, é necessário que o nome do arquivo contenha o símbolo "@".

Está correto o que se afirma em

(A) I, apenas.

(B) II, apenas.

(C) I e II, apenas.

(D) I e III, apenas.

(E) I, II e III.

Apenas a afirmativa III está incorreta, arquivos não precisam de um nome específico para serem anexados à um *e-mail*, além disso o @ é um caracter inválido em alguns sistemas operacionais. Portanto apenas a alternativa C está correta.

Gabarito "C."

(Analista – TRE/AC – 2010 – FCC) Novos "temas" podem ser instalados na área de trabalho do *Thunderbird* a partir da ferramenta

(A) Edição.

(B) Propriedades.

(C) Complementos.

(D) Extensões.

(E) Aparência.

A: Errada, não há tal ferramenta no Thunderbird. **B:** Errada, não há item no menu Ferramentas no Thunderbird. **C:** Correta, a partir da opção Complementos no menu Ferramentas pode-se adicionar novos temas ao programa. **D:** Errada, a função de adicionar extensões não altera a configuração de temas do programa. **E:** Errada, a opção Aparência permite apenas a alteração do esquema de cores e fontes e não de temas no programa.

Gabarito "C."

(Analista – TRE/BA – 2010 – CESPE) Acerca de navegação, correio eletrônico, grupos de discussão e ferramentas de busca e pesquisa, julgue o próximo item.

(1) A caixa postal de correio eletrônico é um diretório criado no servidor de *e-mail*, o qual fica localizado no computador do usuário. Ao ser ligada à máquina, esse servidor recebe da Internet, via provedor de acesso, as mensagens que foram enviadas para o endereço do usuário.

1: Errada, a caixa postal não fica no computador do usuário, mas sim no servidor da empresa que hospeda este *e-mail*. Ao ligar o computador o usuário apenas recebe as mensagens lá armazenadas.

Gabarito 1E

(Analista – STM – 2011 – CESPE) Julgue os itens seguintes, referentes a correio eletrônico, Outlook 2003 e Internet Explorer 7.

(1) Uma ferramenta *anti-spam* tem a capacidade de avaliar as mensagens recebidas pelo usuário e detectar se estas são ou não indesejadas.

(2) Caso o usuário tenha uma lista de contatos de e--mail em uma planilha Excel, esta poderá ser utilizada pelo Outlook, sem que haja necessidade de usar os recursos de exportação do Excel e de importação do Outlook.

(3) O Internet Explorer passou a ter o recurso de navegação por guias a partir da versão 7.

(4) Se o administrador de rede de uma empresa tiver registrado o domínio empresa.com.br e for criar um endereço eletrônico de *e-mail* para um novo colaborador, cujo primeiro nome seja Marcelo, então o endereço eletrônico necessariamente deverá ter o formato marcelo@marcelo.empresa.com.br.

1: Correta, os *anti-spam* atuando detectando e diminuindo a quantidade de mensagens indesejadas recebidas pelos usuários por meio de vários filtros. **2:** Correta, por meio da opção Arquivo, Importar e Exportar do Outlook é possível carregar os contatos diretamente do Excel. **3:** Correta, a navegação por guias foi uma das novidades presentes em todas as versões do Internet Explorer a contar da versão 7. **4:** Errada, o nome do usuário vem apenas antes do símbolo da arroba (@) portanto o correto seria marcelo@empresa.com.br.

Gabarito 1C, 2C, 3C, 4E

(Analista – STM – 2011 – CESPE) Com relação a Windows XP, Microsoft Office, Internet e *intranet*, julgue os itens de 1 a 3.

(1) Para registro de um nome pertencente ao domínio de uma instituição no Brasil, como, por exemplo, o nome instituição.com.br, é necessário contatar o registro.br, organização responsável pelo registro de domínios para a Internet no Brasil.

(2) Considere que um membro da área de recursos humanos de determinada empresa tenha publicado, no espaço acessível de *intranet* da empresa, documentos relativos às avaliações de desempenho dos departamentos e dos servidores aí lotados. Nesse caso, em função da natureza do meio em que foram disponibilizados, os documentos serão de acesso público e irrestrito para outros usuários da *Internet*.

(3) A ferramenta Painel de controle do Windows XP não possui recursos capazes de adicionar impressora para imprimir documentos produzidos a partir de *software* instalado nesse sistema operacional.

1: Correta, o registro.br é uma entidade que controla o registro de domínios .br, estando ligada diretamente ao Nic.br, entidade civil, sem fins lucrativos, que implementa as decisões e projetos do Comitê Gestor da Internet no Brasil. **2:** Errada, por terem sido disponibilizados dentro de uma intranet, o acesso a eles está restrito ao domínio da intranet, não sendo publico ou de acesso irrestrito. **3:** Errada, um dos itens do Painel de Controle tem por função justamente a instalação e gerenciamento de impressoras.

Gabarito 1C, 2E, 3E

(Analista – TRE/AP – 2011 – FCC) Para se criar uma nova mensagem no Thunderbird 2, basta clicar no ícone da barra de ferramentas NovaMSG, ou clicar no menu

(A) Editar ¨ Nova mensagem.

(B) Arquivo ¨ Novo ¨Mensagem.

(C) Mensagem ¨ Editar como nova.

(D) Exibir ¨ Opções de nova mensagem.

(E) Ferramentas ¨ Editar ¨ Mensagem.

A: Errada, o menu correto onde se encontra a função de criar nova mensagem é o menu Arquivo. **B:** Correta, por meio da opção Mensagem no item Novo do menu Arquivo é possível criar uma nova mensagem de correio eletrônico. **C:** Errada, , o menu correto onde se encontra a função de criar nova mensagem é o menu Arquivo. **D:** Errada, o correto é a opção Mensagem no item Novo do menu Arquivo. **E:** Errada, o menu correto onde se encontra a função de criar nova mensagem é o menu Arquivo.

Gabarito "B".

(Analista – TRE/TO – 2011 – FCC) *Webmail* é um serviço de mensagens eletrônicas na Internet que permite a leitura ou envio de mensagens. Para acessá-lo é necessário instalar no computador

(A) um programa cliente de correio eletrônico.

(B) um programa cliente de correio eletrônico e um navegador.

(C) um servidor de correio IMAP.

(D) um navegador, apenas.

(E) um servidor de correio POP3.

A: Errada, o *webmail* não necessita de nenhum *softwares* específico além do navegador. **B:** Errada, o *webmail* não necessita de nenhum *softwares* específico além do navegador. **C:** Errada, os servidores de correio ficam localizados no provedor de *e-mails* do usuário. **D:** Correta, para utilizar um *webmail* basta possuir acesso a um navegador web. **E:** Errada, os servidores de correio ficam localizados no provedor de *e-mails* do usuário.

Gabarito "D".

(Analista – TJ/MA – 2009 – IESES) Dentre os protocolos apresentados abaixo, qual se caracteriza por ser um protocolo padrão para o envio de *e-mails* na internet?

(A) IMAP

(B) POP3

(C) IRC

(D) SMTP

A: errada, o protocolo IMAP é um protocolo de gerenciamento de correio eletrônico. **B:** errada, o POP3 é um protocolo de recebimento de mensagem de correio eletrônico. **C:** errada, o IRC é um protocolo de comunicação *online* via *chat*. **D:** correta, o SMTP é um protocolo de envio de *e-mails*.

Gabarito "D".

(Agente Administrativo – FUNASA – 2009 – CES-GRANRIO) Mensagens de *e-mail* não desejadas e enviadas em massa para múltiplas pessoas são conhecidas como

(A) anexo.
(B) hotmail.
(C) mime.
(D) *spam.*
(E) vírus.

A: Errada, anexos são arquivos enviados juntamente com um *e-mail*. **B:** Errada, Hotmail é um provedor de *e-mails* gratuitos. **C:** Errada, mime é uma norma que padroniza mensagens de *e-mail*. **D:** Correta, as mensagens não solicitadas, geralmente enviadas para múltiplos endereços, são chamadas de *SPAM*. **E:** Errada, vírus é um tipo de ameaça virtual que pode afetar o funcionamento de um computador.

Gabarito "D".

(CODIFICADOR – IBGE – 2011 – CONSULPLAN) Na utilização do gerenciador de correio eletrônico Microsoft Outlook (versão 2003 – configuração padrão), são campos de preenchimento válidos de uma nova mensagem de correio eletrônico,EXCETO:

(A) Para...
(B) Cc...
(C) Cco...
(D) Assunto:
(E) *E-mail*:

A: Errada, Para é um dos campos existentes na criação de mensagens eletrônicas. **B:** Errada, o campo Cc é usado para enviar cópias do *e-mail* sendo criado. **C:** Errada, o campo Cco é usado para envio de cópias ocultas do *e-mail* sendo enviado. **D:** Errada, o campo Assunto é um dos campos existentes durante a criação de mensagens eletrônicas. **E:** Correta, não há o campo *E-mail* durante a criação de mensagens de correio eletrônico.

Gabarito "E".

(Técnico – INSS – 2012 – CESPE) Paulo trabalha na área administrativa da Empresa XPT. Realiza boa parte do seu trabalho por meio do seu *e-mail* corporativo. Com o crescimento da empresa, a demanda de trabalho de Paulo aumentou, mas sua caixa de *e-mail* continuou com a mesma capacidade, 100 MB. Frequentemente a caixa de *e-mail* de Paulo enche e ele tem que parar suas atividades profissionais para excluir os *e-mails* maiores e menos importantes, liberando assim espaço para novas mensagens.

Certo dia, em um procedimento para liberar espaço na sua caixa de *e-mail* corporativo, Paulo apagou, por engano, diversos *e-mails* importantes, necessários para fechar a folha de pagamento de funcionários do mês. Como não tinha uma cópia desses *e-mails*, teve que solicitar aos emissores que enviassem os *e-mails* novamente.

Para tentar resolver o problema de espaço em sua caixa de *e-mail*, Paulo abriu uma Ordem de Serviço para a área de TI, pedindo o aumento de sua caixa de *e-mail* para 200 MB. A TI negou o pedido, argumentando limitações de espaço em seus servidores.

Como solução alternativa, para a cópia de segurança de seus *e-mails* corporativos, reduzindo dessa forma os riscos relacionados às exclusões que deverá fazer periodicamente devido a essa limitação de espaço e considerando que as políticas da empresa não impõem nenhuma restrição para o acesso e guarda dos *e-mails* em outros computadores ou ambientes, Paulo pensou em realizar as seguintes ações:

I. Criar um *e-mail* pessoal em um servidor de *e-mail* da Internet, com *capacidade* de armazenamento suficiente para manter uma cópia de seus *e-mails* corporativos por um tempo maior que os limitados pelo tamanho de sua caixa de *e-mail* corporativo e estabelecer regras na sua caixa de *e-mails* corporativo para enviar uma cópia automática de todos os *e-mails* recebidos para este novo endereço.

II. Instalar o *Microsoft Office Outlook* no computador que utiliza na empresa (caso não esteja instalado), criar seu perfil (caso não exista), fazer as configurações necessárias no *Outlook* para baixar os *e-mails* de sua caixa de *e-mail* corporativo para o computador e, por fim, baixar os *e-mails*.

III. Criar pastas na sua caixa de entrada do *e-mail* corporativo e separar os *e-mails* recebidos entre essas pastas.

IV. Criar regras na sua caixa de *e-mail* corporativo para excluir automaticamente todas as mensagens que chegarem trazendo arquivos anexados.

As possíveis ações que podem resolver o problema de Paulo, evitando que ele perca *e-mails* importantes, estão presentes em

(A) I, II, III e IV.
(B) II e III, apenas.
(C) I e II, apenas.
(D) I, apenas.
(E) II, apenas.

A: Errada, as afirmativas III e IV estão incorretas, criar uma nova posta no servidor de *e-mails* e mover as mensagens para ela não faz com que estas deixem de ocupar espaço e excluir automaticamente *e-mails* com anexo poderá causar perda de informações importantes. **B:** Errada, a afirmativa III está incorreta, criar uma nova posta no servidor de *e-mails* e mover as mensagens para ela não faz com que estas deixem de ocupar espaço. **C:** Correta, apenas as afirmativas I e II estão corretas. **D:** Errada, a afirmativa II também está correta. **E:** Errada, a afirmativa I também está correta.

Gabarito "C".

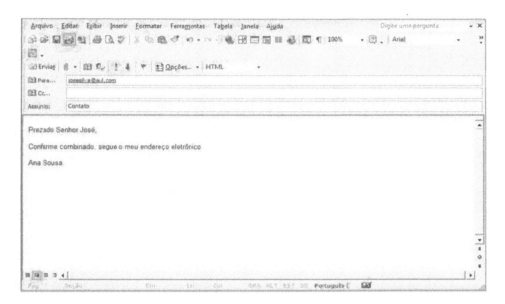

(Analista – ANATEL – 2009 – CESPE) Considerando a figura anterior, que ilustra uma janela do Microsoft Outlook 2003 sendo executada, julgue os itens seguintes.

(1) Se uma pessoa quiser enviar mensagem a destinatário específico com cópia para outros destinatários, deve considerar que o Microsoft Outlook não permite que a mensagem seja enviada simultaneamente a terceiros sem que o destinatário tenha conhecimento. Em contrapartida, o programa permite a inclusão de diversos endereços de *e-mail* no campo [Cc...] que receberão uma cópia da mesma mensagem com conhecimento do destinatário.

(2) Caso um remetente, usando o Microsoft Outlook, queira enviar uma mensagem a um contato salvo em lista criada por ele, basta clicar no ícone [ ]. A ferramenta encontrará o endereço eletrônico do contato a partir da digitação de seu nome.

1: Errada, o campo Cco... permite o envio de uma mensagem a vários destinatários sem que o destinatário principal tenha conhecimento dos outros; **2:** Errada, para acessar a lista de endereços salvos ele deve usar o catálogo de endereços por meio do ícone [ ].
Gabarito 1E, 2E

(Soldado – PM/SP – VUNESP – 2019) No Microsoft Outlook 2010, em sua configuração padrão, tem-se os dados de uma mensagem que foi enviada.

De: Antonio Para: Andrea Cc: Rodrigo Cco: Fernando

Ao receber a mensagem, Rodrigo clicou no botão Encaminhar. Assinale a alternativa que indica a quantidade de destinatários que o aplicativo automaticamente preenche na nova mensagem que será preparada.

(A) 0
(B) 2
(C) 4
(D) 3
(E) 1

A, B, C, D e E: Ao usar a função Encaminhar, não haverá nenhum endereço automaticamente preenchido, ficando a cargo do usuário indicar para quem a mensagem será encaminhada. Se fosse utilizada a função Responder, os endereços do campo "De" viriam preenchidos como destinatários e se fosse usada a função Responder a Todos, além dos endereços do campo "De" o campo "Cc" também viria preenchido com os mesmo destinatários, apenas o campo "Cco" relativo à cópia oculta não seriam considerados. Portanto apenas a alternativa A está correta.
Gabarito "A".

4. GRUPOS DE DISCUSSÃO

(Analista – TRE/TO – 2011 – FCC) Na Internet, ela é uma rede social que permite comunicar com um grupo de amigos predefinido, aceitando os amigos e restringindo o acesso de estranhos aos seus dados:

(A) Correio Eletrônico.
(B) *Twitter*.
(C) *Blog*.
(D) *Facebook*.
(E) *Weblog*.

A: Errada, o correio eletrônico não é uma rede social, apenas um método de comunicação na rede. **B:** Errada, o Twitter é um micro*blog* de compartilhamento de informações, não sendo possível restringir o acesso aos seus dados. **C:** Errada, os *blogs* não são redes sócias, apenas funcionam como um diário virtual. **D:** Correta, o Facebook é uma rede social onde pode se definir grupos de amigos, aceitando seus pedidos de amizade e restringindo o acesso aos dados conforme as configurações de privacidade. **E:** Errada, o We*blog* é um sinônimo de *blog*, que não são redes sociais.
Gabarito "D".

(Analista – TRF/1ª – 2011 – FCC) *Link*edin é

(A) uma rede de negócios principalmente utilizada por profissionais.
(B) um aplicativo de correio eletrônico pago.
(C) uma forma de configurar perfis no correio eletrônico do Google.
(D) um aplicativo antivírus de amplo uso na web.
(E) uma forma de conexão entre o computador pessoal e o provedor internet.

A: Correta, o *Linked*In é uma rede social voltada para contatos de negócios. **B:** Errada, o *Linked*In é uma rede social e não um aplicativo de correio eletrônico. **C:** Errada, o *Linked*In é um serviço web que não está relacionado ao Google. **D:** Errada, o *Linked*In é uma rede social e não um *software* antivírus. **E:** Errada, o *Linked*In é um serviço web e não uma forma de conexão física.

Gabarito "A".

5. BUSCA E PESQUISA

I. Utilizar, ao fazer pesquisa no Google, preferencialmente, uma opção que traga as palavras pesquisadas em destaque dentro das páginas encontradas.

(Analista – TRE/PI – 2009 – FCC) Ao receber a lista das páginas encontradas na pesquisa, a opção a ser escolhida, de acordo com o recomendado em (I) é

(A) Páginas semelhantes.
(B) Encontrar mais.
(C) Em *cache*.
(D) Preferências.
(E) Mais.

A: errada, a opção "páginas semelhantes" apenas realiza uma nova busca. **B:** errada, a opção "encontrar mais" estende a busca para procurar mais resultados. **C:** correta, a opção "em cache" exibe as palavras pesquisadas em destaque na página. **D:** errada, a opção "preferências" não possui qualquer relação com destaque de textos na pesquisa. **E:** errada, a opção "mais" apenas muda para a próxima página com os resultados da pesquisa.

Gabarito "C".

(Analista – TRE/MA – 2009 – CESPE) Com relação às ferramentas de busca na Internet, assinale a opção correta.

(A) O Mozzila é uma ferramenta de busca avançada na Internet que oferece acesso a páginas que não são apresentadas pelo Google.
(B) Na opção de páginas em português do Google, o usuário poderá ter acesso apenas a conteúdos disponíveis no domínio .pt, de Portugal.
(C) O Google é uma ferramenta de busca para acesso a páginas indexadas pelo sítio Wikipedia em qualquer idioma.
(D) As ferramentas de busca disponíveis na Internet evoluíram para permitir o acesso aos arquivos armazenados em máquinas pessoais de todos

os usuários que estejam, no momento da busca, conectados à rede.
(E) As opções avançadas de busca do Google permitem a combinação de diversas palavras para formar um nome, seja com todas as palavras informadas no campo de busca, seja com qualquer uma das palavras ou até sem uma palavra específica que se deseja utilizar para filtrar a pesquisa.

A: errada, o Mozzila é um navegador, e não uma ferramenta de busca. **B:** errada, na opção de páginas em português do Google, o usuário terá como resposta da busca páginas em português. **C:** errada, o Google não se limita a pesquisa de páginas do sítio Wikipedia. **D:** errada, não é possível acessar arquivos armazenados em qualquer computador pessoal da internet. **E:** correta, as opções avançadas de busca do Google permitem refinar a busca para qualquer uma das palavras, todas as palavras ou até sem uma certa palavra informada pelo usuário.

Gabarito "E".

(Tecnico – TRT – FCC - 2016) Uma das funções da lógica de programação é definir os passos para se resolver problemas do mundo real através de programas de computador criados nas linguagens de programação. Considere, nesse contexto, a estrutura de passos em pseudolinguagem abaixo.

```
var salary: real
início
  leia(salary)
  se(salary<1000)
    então salary ← salary + 100
    senão se (salary<2000)
          então salary  ← salary + 200
          senão se (salary<3000){
                então salary ← salary + 300
                senão se (salary<4000){
                      então salary ← salary + 400
                      senão  salary ← salary + 1000
                      fim_se
          fim_se
    fim_se
  fim_se
  exiba(salary)
fim
```

Se for informado o valor 4000 para a variável salary será exibido o valor

(A) 4400
(B) 4300
(C) 5000
(D) 4200
(E) 9000

O código escrito em pseudolinguagem se inicia pela declaração de uma variável que deve armazenar um valor real, em seguida é recebido um valor que neste caso foi definido como 4000. Após isso começando a ser feitas verificações lógicas encadeadas na forma de verificações do tipo "se .. senão" onde caso a condição seja atingida é realizada uma função, caso não seja é feita outra verificação. Seguindo a lógica do código apresentado e considerando um valor inicial de 4000, a primeira validação lógica seria a comparação salary < 1000, que resultaria em falso, passando então para a clausula "senão se" que faria a comparação salary<2000, que também resultaria em falso, passando então para próxima clausula "senão se" que realiza a comparação salary<3000, que novamente resulta em falso e leva para uma nova verificação "senão se" que compara salary<4000 que novamente retornaria falso levando então a última clausula "senão se" que faria o cálculo salary = salary + 1000 e exibindo então o valor final que resultaria em 5000. Portanto apenas a alternativa C está correta.

Gabarito "C".

(Analista Judiciário – TRE/PA – 2020 – IBFC) No século XXI houve a criação de diversas redes sociais para diferentes públicos e finalidades. Sobre redes sociais para profissionais, assinale a alternativa correta.

(A) Facebook
(B) LinkedIn
(C) Orkut
(D) Twitter

A: Errada, o Facebook, principal rede social do mundo atualmente, foi criado com o foco em estudantes universitários, porém acabou sendo expandida para todos os públicos. B: Correta, o LinkedIn tem como foco principal a criação de perfis profissionais e conexões voltadas ao mercado de trabalho. C: Errada, o Orkut criada em 2004 e posteriormente adquirida pelo Google, por quem foi descontinuada em 2014, tinha como foco o público em geral. D: Errada, o Twitter é uma rede social com foco na troca de mensagens curtas entre um público diverso.

Gabarito "B".

(Técnico Enfermagem – Pref. Contagem/MG – 2022 – IBFC) Quanto aos aplicativos que são executados na Internet, ou seja, os aplicativos web, analise as afirmativas abaixo e assinale a alternativa correta.

I. O conceito de aplicativos web está relacionado com o armazenamento na nuvem.
II. A rede social Facebook é um dos exemplos típicos de um aplicativo web.
III. Aplicativos web geralmente não precisam ser instalados no computador.

(A) Apenas as afirmativas I e II são tecnicamente verdadeiras
(B) Apenas as afirmativas II e III são tecnicamente verdadeiras
(C) Apenas as afirmativas I e III são tecnicamente verdadeiras
(D) As afirmativas I, II e III são tecnicamente verdadeiras

Comentário: A, B, C e D: Aplicativos web são sistemas, programas ou serviços que são executados em servidores em nuvem e consumidos pelos usuários através da Internet, por este motivo não necessitam ser instalados no computador, sendo utilizados através de navegador web as redes sociais, incluindo o Facebook, são um exemplo desta categoria. Portanto todas as afirmativas estão corretas, e a alternativa D deve ser marcada.

Gabarito "D".

(Técnico Enfermagem – Pref. Contagem/MG – 2022 – IBFC) A Microsoft possui sua própria Ferramentas de Busca e é considerada como uma das mais utilizadas no mundo. Essa específica Ferramenta de Busca da Microsoft é denominada:

(A) Access
(B) Bing

(C) Ask
(D) Edge

Comentário: A: Errada, o Microsoft Access é uma aplicação que faz parte do pacote Office e é usada como um banco de dados. B: Correta, o Bing é o nome do buscar desenvolvido pela Microsoft e utilizado por padrão por seu navegador, o Microsoft Edge. C: Errada, o Ask era um serviço de busca independente criado nos Estados Unidos em 1996 e encerrado em 2010. D: Errada, o Edge é um navegador web moderno, criado pela Microsoft para suceder o antigo Microsoft Internet Explorer.

Gabarito "B".

(Técnico Enfermagem – Pref. Contagem/MG – 2022 – IBFC) Quanto às principais características em comum dos principais navegadores (browsers) da Internet, analise as afirmativas abaixo e dê valores Verdadeiro (V) ou Falso (F).

( ) Existe a possibilidade de abrir várias abas.
( ) Não possuem espaço para ser digitado a URL.
( ) Descartam diariamente o histórico dos sites navegados.

Assinale a alternativa que apresenta a sequência correta de cima para baixo.

(A) V - F - F
(B) V - V - F
(C) F - V - V
(D) F - F - V

Comentário: A, B, C e D: Os navegadores web modernos permitem a navegação através de abas, de forma com o usuário pode acessar várias páginas através de apenas uma janela do navegador. O acesso aos sites é feito através da digitação de sua URL na barra de endereços do software, que pode armazenar o histórico de navegação por vários dias a depender da configuração escolhida pelo usuário. Portanto apenas a primeira afirmativa está correta e a alternativa A deve ser marcada.

Gabarito "A".

(Técnico Enfermagem – Pref. Paulínia/SP – 2021 – FGV) Considere um grande banco comercial cujo domínio na Internet é *bancox.com.br*. Como é muito popular, há vários fraudadores que enviam mensagens falsas para clientes e não clientes do banco, inventando motivos e pedindo que cliquem num certo link.

Alguns desses links são exibidos a seguir.

www.atendimento.bancox.br.ouvidoria.com

www.bancox.com.br.atendimento.com

www.ouvidoria.atendimento.bancox.br

www.atendimento.bancox.com.br/dividas

Assinale o número de links que poderiam ser links genuinamente ligados ao referido banco.

(A) Zero.
(B) Um.
(C) Dois.
(D) Três.
(E) Quatro.

Comentário: A, B, C, D e E: Um endereço da internet é formado por um subdomínio, seguido de um domínio e um domínio do topo, como por exemplo www.bancox.com.br ou minha.conta.bancox.com.br, onde minha.conta é um subdomínio, bancox é o domínio e com.br é o domínio de topo. Um mesmo domínio pode possuir vários subdomínios. Portanto das opções apresentadas, apenas a última utiliza o domínio e domínio de topo original do banco e portanto pode ser um link genuíno da instituição. Assim apenas a alternativa B está correta.

Gabarito "B".

(Técnico Enfermagem – Pref. Boa Vista/RR – 2020 – SELECON) No que diz respeito aos conceitos de internet e e-mail, é correto afirmar que:

I. um *software* é necessário para possibilitar a navegação em sites na internet, como o Google Chrome, o Firefox Mozilla, o Edge e o Internet Explorer;

II. uma caixa postal é padrão para armazenar os e-mails direcionados a um destinatário como *ouvidoria@boavista.rr.gov.br*, por exemplo, em uma infraestrutura de *webmail*.

Os termos pelos quais são conhecidos esse software e o nome dessa caixa postal são, respectivamente:

(A) *webmaster* e Entrada
(B) *browser* e Entrada
(C) *webmaster* e Msg
(D) *browser* e Msg

Comentário: A, B, C e D: Os softwares utilizados para navegação em sites na internet são conhecidos como navegadores ou browsers. Em uma conta de e-mail as mensagens são separadas em caixas para melhor organização, por padrão as mensagens recebidas são enviadas para a caixa de entrada do usuário. Portanto, apenas a alternativa B está correta.

Gabarito "B".

(Técnico Enf. – SES/RS - 2022 – FAURGS) Considere as afirmações abaixo sobre o Disco Virtual – Google drive e OneDrive, *upload* de arquivos e pastas para o Google Drive.

I - Quando o usuário faz *upload* de um arquivo para o Google Drive, ele consome espaço de armazenamento, mesmo se o *upload* for feito para uma pasta de outra pessoa.

II - Se o usuário fizer *upload* de um arquivo com o mesmo nome de um arquivo do Google Drive, o arquivo será salvo como uma revisão do item existente.

III - No computador, é possível fazer *upload* de arquivos para pastas particulares ou compartilhadas.

Quais estão corretas?

(A) Apenas I.
(B) Apenas II.
(C) Apenas III.
(D) Apenas I e II.

(E) I, II e III.

Comentário: A, B, C, D e E: Em serviços de Disco Virtual como o Google Drive ou OneDrive é possível compartilhar uma pasta com outros usuários e permitem que estes também enviem ou modifiquem os arquivos nestas pasta. No Google Drive está ação faz com que o espaço em disco usado pela pasta também seja consumido do usuário com quem a pasta foi compartilhada. Outra característica do Google Driove "e permitir realizar o versionamento de um arquivo, de forma que se um arquivo é enviado para uma pasta que já contém um arquivo com aquele nome, este é transformado em uma nova versão ou revisão do arquivo existente. Portanto todas as afirmativas estão corretas e a alternativa E deve ser marcada.

Gabarito "E".

(Técnico Enfermagem – Pref. Contagem/MG – 2022 – IBFC) Nos Correios Eletrônicos é muito comum o uso do símbolo @ para ser utilizado nos endereços de e-mails. Por padrão, em um e-mail, após o caractere @ representa:

(A) o nome do destinatário que será enviado o e-mail
(B) o nome fantasia da rede social do destinatário
(C) o nome do aplicativo que foi desenvolvido o correio eletrônico
(D) o nome do provedor onde está hospedada a conta de e-mail

Comentário: A, B, C e D: O padrão de um endereço de e-mail consiste no nome do usuário e o símbolo @ seguido do domínio ou provedor do serviço de e-mail. Neste contexto, o caractere @, em inglês pronunciado "at" (que significa "no" ou "em"), indica que se está enviado uma mensagem para determinado usuário no provedor indicado após o arroba, portanto apenas a alternativa D está correta.

Gabarito "D".

(Técnico Enfermagem – Pref. Morro Agudo/SP – 2020 – VUNESP) João recebeu uma mensagem de correio eletrônico por meio do aplicativo Microsoft Outlook 2010, em sua configuração padrão. No entanto, João era o único que estava relacionado no campo Cco. Isso significa que todos os demais destinatários não sabem que João recebeu a mensagem. Assinale a alternativa que indica a pasta em que, por padrão, a mensagem foi gravada no aplicativo de João.

(A) Rascunhos
(B) Caixa de Entrada
(C) Itens Lidos
(D) Caixa de Itens Ocultos
(E) Caixa Confidencial

Comentário: A, B, C, D e E: Independentemente de ser o destinatário principal, estar como cópia ou cópia oculta, ao receber uma mensagem eletrônica ela é alocada na Caixa de Entrada do usuário, a não ser que tenha sido identificada como lixo eletrônico pelo servidor responsável pelo serviço de e-mail, quando então pode ser enviada diretamente para uma pasta de lixo eletrônico ou spam. Portanto apenas a alternativa B está correta.

Gabarito "B".

PARTE V

SISTEMAS OPERACIONAIS

1. SISTEMAS OPERACIONAIS

Sistemas Operacionais são conjuntos de *softwares* que gerenciam os recursos de um computador e servem como uma interface entre o usuário e a máquina, seja na forma textual ou gráfica.

Entre as principais tarefas do Sistema Operacional, ou simplesmente SO, temos:

- ✔ Gerenciamento dos processos;
- ✔ Gerenciamento da memória;
- ✔ Gerenciamento da entrada e saída de dados;
- ✔ Gerenciamento do sistema de arquivos.

Estas tarefas são executadas pelo Kernel, que é o núcleo do sistema operacional, recebendo os pedidos dos dispositivos, transformando-os em requisições e gerenciando todos estes processos.

Existem várias formas de classificar os SOs, como por exemplo quanto ao suporte a processos e usuários, utilizando as seguintes denominações, respectivamente:

- ✔ Monotarefa: permite a realização de um processo por vez. Ex.: MS-DOS, Windows 3.1;
- ✔ Multitarefa: permite a realização de diversos processos de forma simultânea. Ex.: Linux, Windows 95/98/XP/7/8;10;11;
- ✔ Monousuário: permite apenas um usuário por vez. Ex.: MS-DOS, Windows 95/98;
- ✔ Multiusuário: permite diversos usuários conectados por vez. Ex.: Linux, Windows XP/7/8;10;11.

Outra classificação possível para estes sistemas se refere à sua forma de distribuição, podendo ser Proprietário (é necessário pagar por uma cópia do *software*) ou Open Source (pode ser usado, modificado e distribuído de forma gratuita).

Para armazenar arquivos cada SO utiliza um tipo de Sistema de Arquivos, estes definem principalmente a forma de organização dos arquivos e o tamanho dos *clusters*, que são as menores porções lógicas de espaço em um disco.

O Windows utiliza os seguintes sistemas de arquivos:

- ✔ FAT16: MS-DOS e Windows 95;
- ✔ FAT32: Windows 98/ME;
- ✔ NTFS: Windows XP/Vista/7/8;10;11.

O Linux possui sistemas diferentes, que são:

- ✔ Ext;
- ✔ Ext2;
- ✔ Ext3;
- ✔ Ext4.

Outro elemento muito importante que não faz parte de um SO, mas da base para eles, se chama BIOS (Basic Input/Ouput System), um programa armazenado na memória ROM do computador e fornece suporte básico ao *hardware*, realiza o chamado teste básico para inicialização do sistema (POST) e inicializa o sistema Operacional (processo de *BOOT*).

Além dos sistemas Windows e Linux, os mais utilizados no mercado atualmente, é importante mencionar alguns outros como o Mac OS, sistema utilizado em equipamentos da Apple e o Solaris, sistema baseado em UNIX desenvolvido pela Sun Microsystems.

1.1. Linux

Vamos agora entender um pouco melhor o funcionamento do Linux.

O Linux é um sistema Open Source, baseado em UNIX, um outro sistema operacional, por este motivo compartilham diversas semelhanças embora sejam sistemas diferentes. Ele é classificado como multiusuário e multitarefa e foi desenvolvido pelo engenheiro Linus Torvalds.

Sendo um sistema Open Source existem diversas distribuições diferentes para este SO, cada distribuição compreende um pacote de modificações no sistema original e possui um grupo que o mantêm e atualiza. Os principais pacotes existentes atualmente são:

✔ Red hat;
✔ Debian;
✔ Ubuntu;
✔ SuSE;
✔ Mandriva.

Cada distribuição é composta pelos principais elementos do Linux que compreendem:

✔ Kernel: núcleo do Sistema Operacional, gerencia os processos, memória e requerimentos;
✔ Biblioteca de Sistema: conjunto padrão de funções usadas para interação com o Kernel;
✔ Utilitários do Sistema: programas especializados que realizam outras tarefas.

As principais características do Linux são:

✔ Sistema de grande estabilidade;
✔ Possui ótimos níveis de segurança;
✔ Permite múltiplas sessões de acesso (incluindo utilizando-se o mesmo usuário).

Por estes motivos ele é uma das principais escolhas para a utilização em servidores ou computadores provedores de serviços, ainda sim, existem muitos usuários domésticos que optam por utilizar este sistema, que também possui sistemas de interface gráfica como KDE, Gnome e BlackBox.

Por possuir um sistema de arquivos diferentes além de outras diferenças, programas feitos para Windows não podem ser executados diretamente no Linux, a menos que seja utilizado algum tipo de emulador ou uma versão específica para este SO.

A forma como os arquivos são organizados dentro do Linux também difere do Windows. Este organiza os arquivos em diretórios agrupados por funções, sendo eles:

✔ /bin/: armazena os executáveis de programas básicos do sistema;
✔ /boot/: armazena o Kernel e arquivos usados na inicialização do sistema;
✔ /dev/: ponteiros para os dispositivos de *hardware* do computador;
✔ /etc/: arquivos de configuração do sistema e programas;

✔ /home/: cada usuário possui um diretório próprio dentro deste, onde ficam armazenados seus arquivos pessoais;

✔ /lib/: bibliotecas compartilhadas pelos programas do sistema e módulos do Kernel;

✔ /media/: ponto de montagem para as mídias removíveis como CDs e Pendrives;

✔ /mnt/: pontos de montagem temporários para unidades removíveis e volumes de rede;

✔ /opt/: *softwares* adicionais instalados de maneira não padrão ou que não fazem parte do sistema original;

✔ /root/: diretório pessoal do usuário root, administrador do sistema;

✔ /sbin/: diretório de programas utilizados pelo administrador do sistema (superuser ou su) para administração e controle do funcionamento do sistema;

✔ /srv/: dados de serviços fornecidos pelo sistema;

✔ /tmp/: arquivos temporários gerados pelo sistema;

✔ /usr/: local onde são armazenados a maioria dos programas do usuário;

✔ /var/: informações variáveis do sistema como spool de impressora, caixas postais, logs do sistema, etc.

Por fim, a interação do usuário com um sistema Linux pode ser feita de duas formas, através de interfaces gráficas como é feito no Microsoft Windows (embora nem todas as distribuições possuam uma interface gráfica de forma padrão) ou através de comandos digitados em um terminal. Cada comando em geral é seguido de parâmetros que podem ser necessários para complementar a ação desejada pelo usuário. Vejamos alguns dos comandos mais comumente usados no Linux, lembrando que embora podem haver variações a depender da distribuição sendo utilizada vários delas funcionam independentemente dela:

✔ apt-get: (advanced package tool) usado para instalar outros pacotes e programas

✔ cat: (concatenate) usado para adicionar conteúdo a um arquivo

✔ cd: (change directory) utilizado para acessar determinado diretório dentro do sistema.

✔ clear: usado para limpar a tela do terminal

✔ chmod: (change mode) altera as permissões de leitura, escrita e execução de arquivos e diretórios

✔ chown: (change owner) altera o dono de um arquivo ou diretório

✔ cp: (copy) usado para criar uma cópia de um arquivo ou diretório

✔ curl: (cliente URL) usado para realizar requisições web para endereços de rede

✔ df: (disk free) usado para visualizar o espaço disponível nas unidades de disco ligadas ao sistema

✔ exit: usado para encerrar a sessão do terminal

✔ find: usado para encontrar arquivos

✔ head: usado para visualizar o início de um arquivo

✔ history: usado para visualizar uma listagem com os últimos comandos digitados pelo usuário

✔ kill: usado para parar (ou matar) um processo que esteja em execução

✔ ln: (link) usado para criar um atalho para um arquivo ou diretório

- ✔ ls: (list) lista o conteúdo de um diretório
- ✔ man: (manual) usado para visualizar o manual de uso de outros comandos
- ✔ mkdir: (make directory) usado para criar um diretório
- ✔ mv: (move) usado para mover ou renomear um arquivo ou diretório
- ✔ ping: usado para enviar uma requisição até outro endereço de rede, muito usado para validar a conectividade com pontos de rede
- ✔ ps: (process status) usado para visualizar os processos em execução no sistema
- ✔ pwd: (print work directory) exibe o caminho do diretório atual
- ✔ rm: (remove) usado para remover arquivos e também diretórios
- ✔ rmdir: (remove directory) usado para excluir um diretório
- ✔ scp: (securo copy) usado para copiar arquivos para outro computador em uma rede
- ✔ service: usado para iniciar, desligar, reiniciar ou verificar o status de um serviço do sistema
- ✔ shutdown: usado para desligar o sistema
- ✔ ssh: (secure shell) usado para acessar outros terminais na rede
- ✔ sudo: (superuser do) usado para obter permissões de administrador ao executar comandos
- ✔ tail: usado para visualizar a parte final de um arquivo
- ✔ touch: usado para criar um novo arquivo vazio
- ✔ wget: usado para obter conteúdo de um documento na rede

1.2. Windows

O Windows é um dos sistemas mais utilizados mundialmente. É um sistema proprietário desenvolvido pela Microsoft. Veja a lista em ordem cronológica das versões deste SO:

- ✔ MS-DOS;
- ✔ Windows 3.11;
- ✔ Windows 95;
- ✔ Windows 98;
- ✔ Windows 2000;
- ✔ Windows ME;
- ✔ Windows XP;
- ✔ Windows Vista;
- ✔ Windows 7;
- ✔ Windows 8;
- ✔ Windows 10;
- ✔ Windows 11.

Existem outras versões feitas para uso em servidores, que são:

- ✔ Windows Server 2003;
- ✔ Windows Server 2008;

✔ Windows Server 2012;

✔ Windows Server 2016;

✔ Windows Server 2019;

✔ Windows Server 2022.

O Windows 10, lançado em Julho de 2015, trouxe mudanças profundas com a reescrita completa do software e uma série de novos recursos para o sistema operacional da Microsoft, dentre os quais podemos destacar:

✔ Assistente de voz – A assistente de voz, chamada de Cortana, está presente nesta versão do sistema operacional. Ela permite que o usuário interaja com o computador através de comandos de voz, de forma similar ao assistente dos sistemas da Apple chamada de Siri.

✔ Task View – o recurso permite visualizar todas as janelas abertas atualmente em uma área de trabalho, permitindo que o usuário alterne entre os aplicativos.

✔ Retorno do menu Iniciar – O menu iniciar, famoso nas versões anteriores, retornou ao Windows nesta versão, trazendo o formato já conhecido dos usuários com a adição dos mosaicos dinâmicos apresentados no Windows 8.

✔ Suporte à autenticação biométrica – Através das plataformas Windows Hello e Passport, o Windows trás também suporte a reconhecimento de face ou íris e impressões digitais, desde que haja *hardware* específico no computador para coletar esses dados. É possível inclusive acessar redes, programas e autenticar sites utilizando-se o PIN ou login biométrico do usuário através do Passport.

Em sua última versão, o Windows 11 também trouxe inovações importantes em relação às versões anteriores, como:

1. Nova interface de usuário: o Windows 11 tem uma interface de usuário mais moderna, com novos ícones, transparências e efeitos visuais.

2. Nova Central de Notificações e Central de Ações: a Central de Notificações foi redesenhada e agora inclui uma seção de Ações Rápidas para facilitar o acesso a configurações importantes.

3. Melhorias na barra de tarefas: a barra de tarefas agora está centralizada e inclui ícones arredondados. Também é possível fixar ícones para acesso rápido.

4. Suporte a widgets: o Windows 11 inclui um novo recurso de widgets que permite acessar rapidamente informações como notícias, clima e esportes.

5. Melhorias em multitarefa: o Windows 11 traz recursos de snap layout e snap groups para facilitar a organização de várias janelas abertas.

6. Novo menu Iniciar: o menu Iniciar foi redesenhado e agora inclui acesso rápido a aplicativos recentes, arquivos e configurações.

7. Suporte a telas táteis: o Windows 11 foi projetado para funcionar melhor em dispositivos com telas táteis, com suporte a gestos e navegação por toque.

8. Melhorias em desempenho: o Windows 11 tem várias otimizações de desempenho, incluindo inicialização mais rápida, melhorias em multitarefa e gerenciamento de memória.

1.3. Interface

A interface foi um dos fatores que ajudou a popularizar o Windows. Ela é composta de uma área de trabalho onde são exibidas as janelas que representam os programas em execução. Há também uma barra de tarefas (1) na parte inferior que exibe o menu Iniciar (2), a assistente virtual Cortana (3) e os programas abertos, miniaturas que representam programas sendo executados em segundo plano (4), o relógio do sistema (5) e a central de notificações (6), que permite um rápido acesso à diversas configurações e alertas enviadas pelo sistema. Veja um exemplo da interface do Windows 10 abaixo:

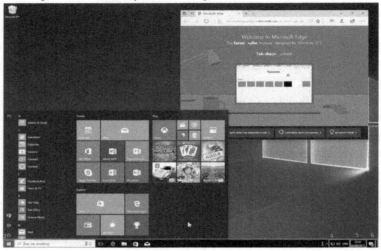

Esta interface possui pequenas diferenças entre uma versão e outra, porém, a localização geral dos itens se mantém praticamente idêntica. Já no Windows 11 temos uma interface mais minimalista, porém compartilhando os mesmos princípios já conhecidos dos usuários, veja:

Vejamos exemplos da interface nas versões XP e 7 do Windows, respectivamente.

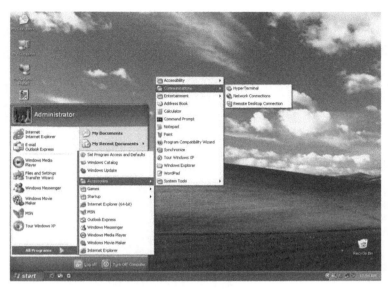

Exemplo de Interface do Windows XP

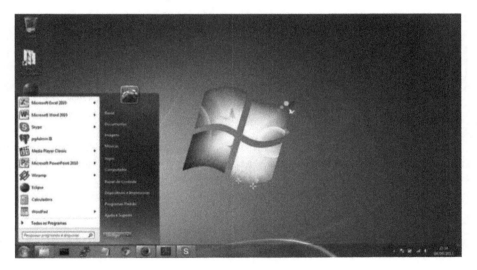

Exemplo de Interface do Windows 7

A interface utilizada pelo Windows Vista e 7 recebe o nome de Aero, que fornece também diversos efeitos gráficos como transparências e o Windows *Flip* 3D. No Windows 8 uma outra interface denominada Metro foi utilizada, muito semelhante ao que se encontra na versão Phone do Windows, utilizando blocos para representar os programas e aplicativos, este recurso foi incorporado ao menu Iniciar na versão 10. Com estas exceções, não houve grandes mudanças visuais no sistema.

Um dos pontos que contribuiu para o sucesso deste sistema operacional é seu sistema de janelas, que apresenta uma barra de rolagem na lateral na direita e na parte inferior (1) quando o conteúdo da tela excede o tamanho disponível e a barra de títulos

(2) no topo de cada janela, que exibe o nome da aplicação e algumas outras informações sobre a atual sessão de uso e a barra de ferramentas (3), presente na maioria dos programas, com diversos atalhos para funções de cada *software*. Vejamos estes elementos em uma janela do Microsoft Windows Explorer:

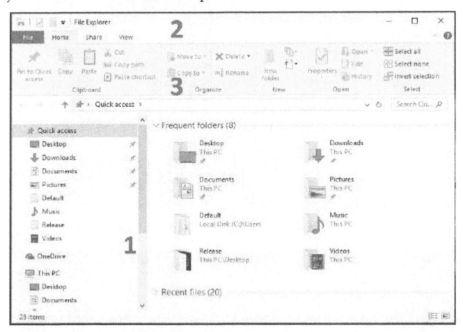

1.4. Ícones

Como parte da representação gráfica, o Windows utiliza um Sistema de ícones para seus arquivos e diretórios. Em geral cada arquivo exibe o ícone referente ao programa utilizado para executar este tipo de arquivo. Há também alguns modificadores que podem indicar que um arquivo ou pasta está sendo compartilhado ou é um atalho.

Vejamos exemplos destes casos:

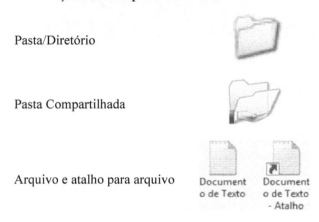

Pasta/Diretório

Pasta Compartilhada

Arquivo e atalho para arquivo   Documento de Texto   Documento de Texto - Atalho

1.5. Interação via *mouse*

Outro item importante na interação gráfica do Windows é o *mouse*. Por meio dele se torna possível selecionar, executar e arrastar arquivos e diretórios apenas com cliques, sendo que um clique simples com o botão esquerdo seleciona um item, um clique duplo abre o arquivo ou diretório e um clique simples com o botão direito exibe um menu com opções que podem ser feitas com o item selecionado.

Algumas teclas modificadoras podem alterar a forma como os cliques respondem ao usuário. Vejamos alguns exemplos:

✔ Botão Esquerdo + Ctrl, arrastando: copia o arquivo ou pasta selecionada;
✔ Botão Esquerdo + Ctrl, clicando: seleciona arquivos não adjacentes;
✔ Botão Esquerdo + *Shift*, arrastando: move o arquivo ou pasta selecionada;
✔ Botão Esquerdo + *Shift*, clicando: seleciona arquivos adjacentes;
✔ Botão Esquerdo + Alt: cria um atalho do item selecionado.

É importante lembrar que ao arrastar um arquivo de uma unidade de disco para outra unidade de disco sem utilizar qualquer botão modificador a ação padrão é de copiar o arquivo. Se a pasta de destino for na mesma unidade de disco a ação padrão é de mover o arquivo.

1.6. Atalhos do teclado

Outras teclas quando pressionadas em conjunto com as teclas modificadores, funcionam como atalhos que ativam algumas funções especiais, estes atalhos são muito úteis durante a utilização do Windows, pois facilitam o acesso a estas funções. Em geral os atalhos são compostos de combinações com uma ou mais das teclas Ctrl, Alt e *Shift*. Vejamos os principais atalhos:

✔ Ctrl + Esc ou Tecla Windows: abrem o menu Iniciar;
✔ Ctrl + Alt + Del: abrem o Gerenciador de Tarefas do Windows;
✔ Ctrl + C: ativa a função copiar;
✔ Ctrl + V: ativa a função colar;
✔ Ctrl + X: ativa a função recortar;
✔ Ctrl + Z: desfaz a última ação realizada;
✔ Windows + M: minimiza todas as janelas abertas;
✔ Windows + D: exibe a área de trabalho minimizando todas as janelas abertas;
✔ *Shift* + Delete: exclui um arquivo ou diretório sem que passe pela Lixeira;
✔ Alt + Tab: permite alternar entre os programas abertos através de uma janela de diálogo;
✔ Alt + F4: fecha a janela atualmente aberta;
✔ Alt + Esc: permite alternar entre os programas abertos sem o uso de uma janela de diálogo;
✔ F1: abre a ajuda do programa atualmente aberto;
✔ F2: permite renomear um arquivo ou diretório selecionado.

1.7. Principais programas

Na instalação padrão do Windows existem alguns programas muito úteis durante o uso do sistema. Eles permitem alterar as configurações do sistema, explorar a hierarquia de pastas e visualizar detalhes do sistema. Vejamos quais são estes importantes programas:

✔ Lixeira: local onde os arquivos excluídos ficam armazenados até que sejam definitivamente removidos;

✔ Meu Computador: permite acesso as unidades de disco rígido e armazenamento removível, além de atalhos para algumas configurações do computador;

✔ Windows Explorer: permite visualizar toda a estrutura de pastas e arquivos do computador. Existem várias formas de exibir os arquivos, como exibição em detalhes, blocos, lista e ícones. A exibição padrão é a em Detalhe e permite visualizar o nome, tamanho, tipo de arquivo e data de modificação, sendo possível ordenar os arquivos por qualquer um destes itens clicando-se no cabeçalho respectivo;

✔ Gerenciador do Sistema: aplicativo que permite visualizar todos os processos em execução, usuários conectados e dados de performance da rede, memória e discos;

✔ Limpeza de disco: permite remover arquivos temporários ou desnecessários para aumentar o espaço em disco;

✔ Restauração do Sistema: permite retornar as configurações do Windows para as mesmas de um dia anterior onde existir um ponto de restauração;

✔ Desfragmentador de Disco: reorganiza fisicamente os arquivos no disco de forma que estejam armazenados de forma contígua;

✔ Painel de Controle: local onde se encontram todos os itens referentes às configurações do SO.

A partir do Painel de Controle o usuário pode alterar diversas opções de configuração. Existem diversos itens que agrupam configurações semelhantes, sendo os principais:

✔ Adicionar ou Remover Programas: maneira correta de excluir um programa instalado no computador, removendo não só os arquivos, mas também dados do registro;

✔ Atualizações automáticas: permite configurar as opções de atualização do Windows;

✔ Conexões de Rede: exibe todas as conexões de rede do computador, seja através da placa de rede, redes *wireless* ou *bluetooth*;

✔ Contas de Usuário: permite gerenciar os usuários que têm acesso ao computador;

✔ *Firewall* do Windows: permite configurar as opções de *Firewall* nativas do Windows;

✔ Impressoras e aparelhos de fax: permite acessar as configurações referentes a impressoras e aparelhos de fax;

✔ Opções da Internet: permite configurar uma série de opções relacionadas à navegação, como limpeza de *cookies*, históricos, arquivos temporários. Este item também pode ser acessado pelo Internet Explorer;

✔ Opções regionais e de idioma: permite configurar formatos usados para exibição de datas, horas, valores monetários e alterar o idioma de escrita do teclado;

✔ Sistema: exibe diversas configurações relacionadas ao computador e ao Windows;

✔ Vídeo: permite alterar configurações de vídeo como resolução da tela, papel de parede e uso de múltiplos monitores.

1.8. Sistema de pastas e arquivos

O Windows utiliza um sistema de pastas organizadas hierarquicamente para armazenar seus arquivos. O diretório principal é denominado de diretório raiz e a partir dele são dispostos todos os outros diretórios.

Cada unidade de disco recebe um identificador, em geral a unidade principal é designada como C: e as outras seguem a ordem alfabética. As unidades A: e B: são reservadas para unidades de disquete.

Com relação a nomenclatura de pastas e arquivos, existem algumas restrições. Letras, números e espaços são aceitos, porém alguns caracteres especiais são proibidos, sendo eles os seguintes: < > \ / | ? * : "

Cada arquivo além de seu nome possui também uma extensão, que define as características do arquivo e o programa necessário para sua execução. Vejamos quais as extensões mais comuns para diversos tipos de arquivos:

- ✔ Programas: exe, bat, com;
- ✔ Imagens: jpg, jpeg, bmp, png, gif;
- ✔ Pacote Office: doc, docx, ppt, pptx, xls, xlsx;
- ✔ Músicas: mp3, wmv, wav;
- ✔ Arquivos de sistema: dll, tmp, reg;
- ✔ Web: html. htm, php, asp, js;
- ✔ Vídeos: mpg, mpeg, avi, mov, mvk;
- ✔ Outros: pdf, txt, zip, rar.

1.9. Outros conceitos

Quando um item é copiado ou recortado no Windows ele é armazenado temporariamente na chamada Área de transferência. A ação de colar, na verdade transfere o conteúdo da área de transferência para o local indicado pelo usuário.

Como método de prevenção o Windows possui um Modo de Segurança, onde apenas os módulos mais básicos são carregados. Este modo permite ao usuário tentar recuperar o Windows de algum possível erro ou configuração que previna a inicialização normal do sistema.

Outro ponto importante de mencionar se refere à exclusão de arquivos localizados em unidades de armazenamento removível como *pendrives*. Ao excluir um arquivo de uma dessas unidades ele não é enviado para a Lixeira mas sim excluído permanentemente.

QUESTÕES COMENTADAS DE SISTEMAS OPERACIONAIS

(Agente – DPU – CESPE - 2016) Com relação ao sistema operacional Windows 7 e ao Microsoft Office 2013, julgue os itens a seguir.

(1) No Word 2013, a opção Controlar Alterações, disponível na guia Exibição, quando ativada, permite que o usuário faça alterações em um documento e realize marcações do que foi alterado no próprio documento.

(2) O Windows 7, por meio dos recursos de pesquisa, permite que o usuário, em um computador, localize arquivos e pastas armazenados em outros computadores a ele conectados.

1: errada, embora a descrição da opção esteja correta ela se encontra na guia Revisão e não na guia Exibição; 2: correta, a função de pesquisa permite localizar arquivos e pastas não só nas unidades de disco do computador local como também em outros computadores que contenham pastas compartilhadas na rede da qual este computador faz parte.

Gabarito 1E, 2C

(Analista – DPU – Cespe - 2016) Com relação às ferramentas e às funcionalidades do ambiente Windows, julgue o item que se segue.

(1) Por meio da tecla [⊞], é possível acessar diretamente algumas funcionalidades do ambiente Windows. Essa opção no teclado permite ações rápidas quando associada simultaneamente a outras teclas, por exemplo, se associada à tecla "E", acessa-se o Windows Explorer; se à tecla "D", visualiza-se a Área de Trabalho.

1: correta, a tecla Windows quando utilizada sozinha abre o menu Iniciar do computador e quando utilizada em conjunto com outras teclas podem ativas funções como as descritas na afirmativa, além delas temos por exemplo a associação a tecla "R", ativando a função Executar e com a tecla "M", permitindo minimizar as janelas abertas.

Gabarito 1C

(Analista – INSS – 2016 - CESPE) Acerca de aplicativos para edição de textos e planilhas e do Windows 10, julgue o próximo item.

(1) No explorador de arquivos do Windows 10, é possível fixar as pastas favoritas na funcionalidade acesso rápido, que lista, além das pastas fixadas, as usadas com frequência e também os arquivos usados recentemente.

1: correta, a funcionalidade "Acesso Rápido" permite acessar de maneira fácil as pastas mais utilizadas pelo usuário, além de pastas fixadas pelo usuário para estarem nesta lista e os itens mais recentes usados.

Gabarito 1C

(TRE/PE – CESPE - 2016) Em sua instalação padrão, o sistema operacional Windows 8.1 suporta o sistema de arquivos

(A) EXT4.
(B) EXT3.
(C) NTFS.
(D) REISERFS.
(E) XFS.

A: Errada, o sistema de arquivos EXT4 é utilizado pelo Linux. B: Errada, o sistema de arquivos EXT3 é utilizado pelo Linux. C: Correta, a partir da versão XP o Windows utiliza o sistema de arquivos NTFS. D: Errada, o sistema de arquivos REISERFS é geralmente utilizado pelo Linux. E: Errada, o sistema de arquivos XFS é utilizado pelo Linux e pelo IRIX.

Gabarito "C"

(Analista – TRE/SP – FCC - 2017) No Windows 7 Professional em português foram exibidos arquivos no formato abaixo.

> 🖳 › Este Computador › Downloads › Arquivos ›

| arq1 | arq2 | arq3 | arq4 | arq5 | arq6 |

Para mudar a forma de exibição, mostrando além do ícone e do nome dos arquivos a data de modificação, tipo e tamanho, deve-se clicar

(A) com o botão direito do mouse sobre a área de exibição, selecionar a opção **Relatório** e, em seguida, a opção **Analítico**.
(B) no menu **Exibir** e selecionar a opção **Propriedades**.
(C) com o botão direito do mouse sobre o nome de um dos arquivos e selecionar a opção **Exibir Tudo**.
(D) no menu **Arquivo** e selecionar a opção **Exibir Detalhes**.
(E) com o botão direito do mouse sobre a área de exibição, selecionar a opção **Exibir** e, em seguida, a opção **Detalhes**

A: Errada, ao clicar com o botão direito no mouse na área indicada não há opção chamada "Relatório". B: Errada, não há opção chamada Propriedades no menu Exibir. C: Errada, ao clicar com o botão direito sobre um dos itens não haverá opção chamada Exibir. D: Errada, não há modos de exibição disponíveis para serem escolhidos a partir do menu Arquivo. E: Correta, o modo de exibição Detalhes permite visualizar o nome do arquivo, seu tipo, seu tamanho e a última data de modificação.

Gabarito "E".

(Analista – TRT – FCC - 2017) Considerando-se que o Windows 7 Professional, em português, está instalado na unidade C de um computador,

(A) não será permitido salvar arquivos na raiz desta unidade, mas somente em pastas e subpastas criadas a partir da raiz.

(B) clicando-se com o botão direito do *mouse* sobre esta unidade, será possível acessar uma opção para particionar (dividir) o disco.

(C) será permitido formatar esta unidade a partir do Windows, porém, todos os arquivos e pastas serão apagados e não poderão ser recuperados.

(D) se uma pasta que contém 9 MB em documentos for apagada do HD, ela será enviada para a lixeira e poderá ser posteriormente recuperada.

(E) a pasta onde o Windows está instalado ficará oculta e não poderá ser acessada, para evitar que arquivos importantes sejam apagados.

A: Errada, é permitido, embora não recomendado, salvar arquivos direto na raiz da unidade de disco. **B:** Errada, o particionamento não pode ser realizado através do próprio Windows em uma unidade de disco atualmente em uso pelo sistema operacional. **C:** Errada, não é possível formatar a unidade de disco atualmente em uso pelo Windows enquanto ele é executado. **D:** Correta, independente do tamanho dos arquivos contidos em uma pasta, se ela for excluída será encaminhada para a lixeira e poderá ser recuperada posteriormente. **E:** Errada, a pasta onde o Windows é instalado, em geral em C:\Windows, não é oculta e pode ser acessada normalmente pelo usuário.

Gabarito "D".

(Eletrobras – FCC - 2016) É possível se conectar a um computador com o Windows a partir de outro computador com o Windows 7, em português, que esteja conectado à mesma rede ou à internet e acessar todos os programas, arquivos e recursos de rede remotamente.

Para conectar-se a um computador à distância, esse computador deverá estar ligado, deverá ter uma conexão de rede, a **I** deverá estar habilitada, deve-se ter acesso de rede ao computador remoto (isso pode ocorrer por meio da internet) e deve-se ter permissão para se conectar (estar **II**). Antes de iniciar uma conexão, é recomendável pesquisar o nome do computador ao qual está se conectando e verificar se este tipo de conexão é permitida por meio **III**.

Caso a conta de usuário não exija uma senha para entrar, será necessário **IV** antes de iniciar uma conexão com o computador remoto.

As lacunas de **I** a **IV** são, correta e respectivamente, preenchidas com:

(A) Área de Trabalho Remota – na lista de usuários – do *firewall* – adicionar uma senha

(B) Interface Assistência à Distância – em Usuários ou Grupos – do *hardware* – reiniciar o computador

(C) Interface de Acesso Remoto – em Grupos de Trabalho – da internet – digitar ENTER

(D) Área de Acesso à Distância – na lista de computadores – da rede– adicionar uma senha

(E) Interface de Acesso à Distância – em Usuários Remotos – do *firewall* – desativar o *firewall*

Para realizar o acesso a outro computador é necessário que este tenha a Área de Trabalho Remota habilitada e deve-se utilizar um usuário que esteja em sua lista de usuários. Além disso o *firewall* do computador deve permitir tal conexão e o usuário utilizado deve possuir uma senha cadastrada. Portanto, apenas a alternativa A está correta.

Gabarito "A".

(Escrevente – TJM/SP – VUNESP – 2017) Usando o Microsoft Windows 7, em sua configuração padrão, um usuário abriu o conteúdo de uma pasta no aplicativo Windows Explorer no modo de exibição *Detalhes*. Essa pasta contém muitos arquivos e nenhuma subpasta, e o usuário deseja rapidamente localizar, no topo da lista de arquivos, o arquivo modificado mais recentemente. Para isso, basta ordenar a lista de arquivos, em ordem decrescente, por

(A) Data de modificação.

(B) Nome.

(C) Tipo.

(D) Tamanho.

(E) Ordem.

A exibição por Detalhes permite visualizar o nome dos arquivos, seu tipo, tamanho e data de modificação, para ordená-los a partir de um deste critérios basta clicar sobre o nome do critério, portanto a apenas a alternativa A está correta.

Gabarito "A".

(Especialista – IBFC - 2017) Quanto aos conceitos básicos de pastas, diretórios e arquivos, analise as afirmativas abaixo, dê valores Verdadeiro (V) ou Falso (F) e assinale a alternativa que apresenta a sequência correta de cima para baixo:

( ) os diretórios são arquivos não estruturados que contêm pastas.

( ) um arquivo de registro é formado por várias pastas e diretórios.

( ) diretórios são também, frequentemente, chamados de pastas no Windows.

(A) V – V – V

(B) V – V – F

(C) V – F – V

(D) F – F – V

(E) F – F – F

Diretórios são sinônimos de pastas, estruturas que podem armazenar arquivos ou outros diretórios; arquivos de registro são arquivos que armazenam informações sensíveis de aplicativos, portanto a sequência correta seria F – F – V e assim apenas a alternativa D está correta.

Gabarito "D".

(Analista – TRT – FCC - 2016) Um Analista deseja definir como padrão uma das impressoras disponíveis. Seu computador tem o sistema operacional Windows 7 em português instalado. Ele deve clicar no botão **Iniciar**, em **Painel de Controle** (configurado para o modo de exibição por ícones) e

(A) em **Hardware e Sons**, clicar em **Dispositivos e Impressoras**. Ao surgirem as impressoras, clicar com o botão direito do *mouse* sobre a impressora desejada e selecionar **Definir como impressora padrão**.

(B) clicar em **Impressoras e Dispositivos**. Na janela que se abre clicar em **Adicionar Impressora**, localizar a impressora desejada e selecionar **Definir como impressora padrão**.

(C) clicar em **Dispositivos de Hardware**. Ao surgirem as impressoras, clicar com o botão esquerdo do *mouse* sobre a impressora desejada e selecionar **Definir como impressora padrão**.

(D) clicar em **Adicionar Impressora**. Na janela que se abre, localizar a impressora desejada e selecionar **Definir como impressora padrão**.

(E) em **Hardware e Sons**, clicar em **Adicionar Dispositivo**. Ao surgirem as impressoras, clicar com o botão esquerdo do *mouse* sobre a impressora desejada e selecionar **Definir como impressora padrão**.

Para acessar, através do Painel de Controle, a listagem de impressoras disponíveis o usuário deve acessar a opção Dispositivos e Impressoras dentro do item Hardware e Sons. Após localizar a impressora que deseja definir como padrão, basta clicar com o botão direito sobre seu respectivo ícone e escolher a opção "Definir como impressora padrão". Portanto apenas a alternativa A está correta.

Gabarito "A".

(Agente – FCC - 2016) Um funcionário da Assembleia Legislativa do Estado de Mato Grosso do Sul, usuário de um computador com sistema operacional MS-Windows, armazenou o arquivo **manual.docx** na pasta Documentos e deseja criar um Atalho para acesso ao arquivo na Área de Trabalho. Para isso, ele deve abrir a pasta Documentos, selecionar o arquivo **manual.docx**,

(A) arrastar para a Área de Trabalho e soltar pressionando a tecla Alt.

(B) pressionar as teclas Ctrl+c, posicionar o ponteiro do *mouse* na Área de Trabalho e pressionar as teclas Ctrl+v.

(C) arrastar para a Área de Trabalho e soltar pressionado a tecla Ctrl.

(D) pressionar as teclas Ctrl+c, posicionar o ponteiro do *mouse* na Área de Trabalho e pressionar as teclas Ctrl+n.

(E) arrastar para a Área de Trabalho e soltar pressionado a tecla Shift.

A: Correta, ao arrastar e soltar um arquivo ou pasta enquanto se pressiona a tecla Alt o resultado final é a criação de um link para o arquivo original no diretório de destino. **B:** Errada, este procedimento irá apenas criar uma cópia do arquivo original na área de trabalho, uma vez que Ctrl + C é o atalho de teclado para a função Copiar e Ctrl + V o atalho para a função colar. **C:** Errada, ao arrastar e soltar um arquivo ou pasta enquanto se pressiona a tecla Ctrl o resultado final é a criação de uma cópia do arquivo original no diretório de destino. **D:** Errada, o atalho Ctrl + C ativa a função Copiar e o atalho Ctrl + N abre a visualização da Área de Trabalho no Windows Explorer. **E:** Errada, ao arrastar e soltar um arquivo ou pasta enquanto se pressiona a tecla Shift o item de origem será movido para o diretório de destino.

Gabarito "A".

(Agente – FCC - 2016) No MS-Windows, caso um arquivo armazenado no *pen drive* seja arrastado para a Lixeira da Área de Trabalho,

(A) esse arquivo será transferido para a Lixeira da Área de Trabalho.

(B) esse arquivo será excluído do *pen drive* mas será possível recuperá-lo da Lixeira da Área de Trabalho.

(C) esse arquivo será transferido para a pasta Lixeira do *pen drive*.

(D) será apresentada uma mensagem solicitando a confirmação da exclusão permanente do arquivo.

(E) uma cópia desse arquivo será criada na Lixeira da Área de Trabalho.

A: Errada, ao arrastar um arquivo para a Lixeira o Windows sempre exibe uma mensagem de confirmação de exclusão, a menos que a tecla Shift esteja sendo pressionada durante o processo. **B:** Errada, arquivos de unidades de armazenamento externo são removidos permanentemente ao invés de serem armazenados na Lixeira. **C:** Errada, unidades de armazenamento não possuem suas próprias Lixeiras, sendo esta uma funcionalidade do Windows. **D:** Correta, ao mover arquivos de unidades de armazenamento externo para a Lixeira o Windows irá exibir uma mensagem de confirmação de exclusão permanente do arquivo. **E:** Errada, ao mover um arquivo para a Lixeira a ação sendo realizada é de exclusão e não cópia.

Gabarito "D".

(Tecnico – TRT – FCC - 2016) Um Técnico precisa enviar 80 arquivos que estão na pasta relatórios de um computador com Windows 7 Professional em português, pelo *webmail*. Antes de compactar o conteúdo da pasta, para verificar o tamanho em disco ocupado pelos arquivos, o Técnico deve clicar

(A) no menu **Propriedades** e selecionar a opção **Tamanho**.

(B) com o botão direito do *mouse* sobre o nome da pasta e selecionar a opção **Propriedades**.

(C) no menu **Arquivo** e na opção **Propriedades**.

(D) com o botão direito do *mouse* sobre o nome da pasta e selecionar a opção **Resumo**.

(E) no menu **Opções** e na opção **Propriedades**.

Para verificar o tamanho de um arquivo ou pasta no Windows Explorer é necessário clicar sobre o item desejado com o botão direito do mouse e selecionar a opção Propriedades, que além do tamanho também apresenta informações sobre a data de criação e modificação do item além de outros dados, portanto apenas a alternativa B está correta.

Gabarito "B".

(Tecnico – TRT – FCC - 2016) Um usuário está navegando na intranet da organização onde trabalha utilizando um computador com o Windows 7, quando ocorre um erro. Ao entrar em contato com o suporte técnico, foi solicitado a tirar um *print* da tela e enviar por *e-mail* para que o problema seja analisado e resolvido. Para tirar o *print* da tela, o usuário deve

(A) pressionar **Ctrl + P** e, em seguida, selecionar a opção **Enviar** por *e-mail*.

(B) clicar no botão **Iniciar** e, em seguida, na opção **Print Screen** do menu **Acessórios**.

(C) pressionar a tecla **Print Screen**, que pode estar abreviada, dependendo do teclado.

(D) pressionar a tecla **Windows**, a opção **Tela** e, em seguida, a opção **Fotografar**.

(E) clicar no botão **Iniciar**, na opção **Acessórios** e, em seguida, na opção **Quadro Instantâneo**.

O ato de capturar a tela do computador em forma de imagem chamamos de Print Screen. No Windows há algumas formas de realizar essa ação, entre elas temos a Ferramenta de Captura, um programa nativo do Windows que permite selecionar a área da tela que deseja capturar e também o botão do teclado chamado Print Screen, que também pode ser apresentado como "Prt Sc" dependendo do teclado utilizado, que armazena na área de transferência uma imagem da tela sendo exibida. Portanto apenas a alternativa C está correta.

Gabarito "C".

(Técnico – SEDF – CESPE – 2017) Acerca do sistema operacional Windows 8.1, julgue os itens subsequentes.

(1) O Windows 8.1 é um sistema operacional com desempenho superior às versões anteriores devido ao fato de restringir a instalação de dois ou mais programas para a mesma finalidade como, por exemplo, navegadores de Internet.

(2) Por questões de segurança, a tela de logon do Windows 8.1 não pode ser personalizada.

(3) Na tela inicial do Windows 8.1, ao se clicar um bloco com o botão direito do mouse, serão exibidas algumas opções, como, por exemplo, Desafixar da Tela Inicial e Desinstalar.

(4) Um dos recursos que se manteve no Windows 8.1, em relação às versões anteriores desse sistema operacional, é o de ocultar automaticamente a barra de tarefas.

1: errada, não há qualquer tipo de restrições quando ao número de programas que podem realizar a mesma ação no Windows 8.1 e demais versões; **2:** errada, é possível personalizar a tela de logon do Windows 8.1 com imagens de fundo e esquema de cores de acordo com o gosto do usuário; **3:** correta, a tela inicial do Windows 8.1 exibe blocos chamados Live Tiles que representam programas instalados no computador. Ao se clicar com o botão direito dos mouse são exibidas algumas opções como Desinstalar, Desafixar da Tela Inicial e Redimensionar; **4:** correta, assim como em outras versões do Windows é possível configurar a barra de tarefas para que ela seja ocultada na tela do usuário. Lembrando que a barra de tarefas fica localizada na parte inferior da tela.

Gabarito 1E, 2E, 3C, 4C.

(Técnico – SEDF – CESPE – 2017) A respeito dos conceitos de organização, de segurança e de gerenciamento de informações, arquivos, pastas e programas, julgue os itens a seguir.

(1) No sistema Windows 8.1, os arquivos ocultos não ocupam espaço em disco.

(2) O programa Otimizar unidades, do Windows 8.1, além de organizar os arquivos no disco, tem o ob-

jetivo de melhorar o desempenho desse dispositivo de armazenamento.

(3) O tipo de um arquivo armazenado em disco e já definido não poderá ser alterado.

(4) Em geral, o tempo de duração para se transferir um arquivo compactado de um computador para outro ou para um dispositivo qualquer de armazenamento é superior ao tempo de transferência dos arquivos descompactados.

(5) No Explorador de Arquivos do Windows 8.1, ao se clicar uma pasta com o botão direito do mouse, selecionar a opção Propriedades e depois clicar a aba Segurança, serão mostradas algumas opções de permissões para usuários autorizados como, por exemplo, Controle total, Modificar e Leitura.

1: errada, em qualquer versão do Windows, os arquivos ocultos ocupam espaço normalmente, sua única diferença se deve ao fato de não serem exibidos na configuração padrão do Windows Explorer; **2:** correta, o programa Otimizar unidades permite desfragmentar os arquivos da unidade de armazenamento, processo onde os arquivos são reorganizados no disco de forma a maximizar a eficiência de leitura e escrita o que melhora o desempenho da unidade; **3:** errada, é possível alterar o tipo de um arquivo através da troca de sua extensão, processo que na maioria dos casos pode prejudicar a execução ou abertura do arquivo; **4:** errada, arquivos compactados são transferidos de forma mais rápida, pois por estar compactado terá um tamanho menor que os arquivos em separado e também pelo fato do número de ações de transferência ser menor; **5:** correta, a partir da aba Segurança acessada através das Propriedades de um arquivo é possível definir permissões de leitura, modificação, gravação ou controle total para cada um dos usuários do sistema operacional.

Gabarito 1E, 2C, 3E, 4E, 5C.

(Técnico – TRT/11ª – 2012 – FCC) No *Windows Explorer* do *Windows XP,* teclas e *mouse* podem ser usados para copiar ou mover arquivos entre pastas, na mesma unidade (*drive*) de disco. Dessa forma, é INCORRETO afirmar que

(A) ao se manter pressionada a tecla *Shift* e arrastar e soltar o arquivo com o botão esquerdo do *mouse,* o arquivo é movido.

(B) ao se manter pressionada a tecla *Ctrl* e arrastar e soltar o arquivo com o botão esquerdo do *mouse,* o arquivo é copiado.

(C) ao se manter pressionada a tecla *Alt* e arrastar e soltar o arquivo com o botão esquerdo do *mouse,* apenas o atalho para o arquivo é copiado.

(D) simplesmente arrastar e soltar o arquivo com o botão esquerdo do *mouse* faz com que o arquivo seja copiado.

(E) simplesmente arrastar e soltar o arquivo com o botão direito do *mouse* faz com que seja exibido um menu *pop-up* para escolha da ação a ser tomada.

Todas as afirmativas estão corretas menos a afirmativa D, devendo ser assinalada, pois arrastar e soltar o arquivo com o botão esquerdo do *mouse* simplesmente o muda de lugar.

Gabarito "D".

(Técnico – TRE/PR – 2012 – FCC) No *Windows* XP, com a utilização do *Windows Explorer*, é possível definir qual aplicação padrão irá abrir um determinado arquivo caso o usuário efetue um duplo clique sobre o mesmo, ou ao clicar com o botão direito do *mouse* e escolher a opção Abrir. Para alterar a aplicação padrão de um arquivo, é necessário entrar no menu

(A) Arquivo, clicar em Propriedades e em seguida clicar em Alterar.
(B) Ferramentas, clicar em Opções de Pasta e em seguida Programas Padrão.
(C) Visualizar, clicar em Opções e em seguida Opções de Abertura.
(D) Editar, clicar em Programas Padrão e escolher a aplicação na listagem.
(E) Visualizar, clicar em Programas Padrão e em seguida Opções de Abertura.

Para alterar o programa de execução padrão de um arquivo é necessário clicar no arquivo com o botão direito, escolher a opção Propriedades e então clicar em Alterar, portanto apenas a alternativa A está correta.

Gabarito "A".

(Técnico – TRE/PR – 2012 – FCC) No *Windows* XP, com a utilização do *Windows Explorer*, é possível associar uma pasta compartilhada em uma rede a uma letra de unidade no computador. Para efetuar esse procedimento, é necessário escolher no menu Ferramentas a opção

(A) Criar Atalho de rede.
(B) Inserir compartilhamento.
(C) Mapear unidade de rede.
(D) Adicionar *Drive* Remoto.
(E) Novo atalho de Rede.

A função que permite mapear pastas compartilhadas como se fossem unidades de disco se chama Mapear unidade de rede, portanto apenas a alternativa C está correta.

Gabarito "C".

(Técnico – TRE/SP – 2012 – FCC) Sobre o *Microsoft Windows XP*, analise:

I. A configuração do idioma e do tipo de teclado é feita exclusivamente por meio do ícone de teclado no Painel de Controle.
II. *Windows Product Activation* (WPA) é um recurso do *Windows XP* que atua como um meio de assegurar que uma cópia original esteja instalada em apenas uma máquina. Com esse recurso, toda a configuração de *hardware* do computador e o *status* de ativação do *Windows* ficam gravados e são enviados à *Microsoft* toda vez que o computador for ligado e estiver conectado à Internet.
III. O Editor do Registro do *Windows* (regedit.exe) permite visualizar, pesquisar e alterar as configurações no registro do sistema, que contém informações sobre o funcionamento do computador.
IV. O ícone Opções Regionais e de Idioma do Painel de Controle permite selecionar o formato da moeda, data e número, porém não permite outras

configurações, como o tipo e idioma do teclado, resolução da tela etc.

Está correto o que consta em

(A) III, apenas.
(B) I e IV, apenas.
(C) II e IV, apenas.
(D) I, II e III, apenas.
(E) I, II, III e IV.

As afirmativas I, II e IV estão incorretas, o ícone correto para troca de configuração do idioma se chama Opções Regionais e de Idioma e também permite trocar opções como formato da moeda, data e número, e WPA não envia dados do computador à Microsoft, portanto apenas a alternativa A está correta.

Gabarito "A".

(Técnico – TRE/SP – 2012 – FCC) No *Microsoft Windows* XP é possível indexar arquivos para agilizar sua pesquisa. Uma das maneiras de habilitar ou desabilitar este recurso é por meio dos atributos avançados do arquivo. Nessa tela de atributos avançados também é possível

(A) alterar o arquivo utilizado para a abertura e edição deste arquivo.
(B) alterar as propriedades para os diversos níveis de segurança.
(C) alterar os atributos de somente leitura e arquivo oculto.
(D) criptografar o conteúdo para proteger os dados.
(E) efetuar o compartilhamento do arquivo.

A: Errada, isso é feito na tela de propriedades na aba Geral clicando-se no botão Alterar. **B:** Errada, isso é feito na tela de propriedades na aba Segurança. **C:** Errada, isso pode ser feito na tela de propriedades na aba Geral. **D:** Correta, nas propriedades avançadas de um arquivo é possível criptografar o conteúdo para protegê-lo. **E:** Errada, o compartilhamento é feito na opção "Compartilhar com" ao se clicar com o botão direito no arquivo.

Gabarito "D".

(Delegado/SP – 2011) A denominada licença GPL (já traduzida para o português: Licença Pública Geral)

(A) garante as liberdades de execução, estudo, redistribuição e aperfeiçoamento de ´programas assim licenciados, permitindo a todos o conhecimento do aprimoramento e acesso ao código fonte
(B) representa a possibilidade da Administração Pública em utilizar gratuitamente de certos *softwares* em face da supremacia do interesse público.
(C) representa a viabilidade do público em geral aproveitar o *software* em qualquer sentido porém preservando a propriedade intelectual do desenvolvedor.
(D) garante ao desenvolvedor os direitos autorais em qualquer país do mundo. Jk
(E) assegura apenas a distribuição gratuita de programas. X

A licença do tipo GPL é uma designação de *software* livre, que indica que este pode ser executado para qualquer propósito, pode-se estudar seu código fonte bem como modifica-lo, distribuí-lo com ou sem modificações desde que a licença GPL seja usada, portanto apenas a alternativa A está correta.

Gabarito "A".

Manual Completo de Informática para Concursos

(Delegado/SP – 2011) Constituem sistemas operacionais de código aberto

(A) Free Solaris, MAC OS, Open BSD
(B) DOS, Linux e Windows.
(C) Linux, Mac OS, Windows e OS 2.
(D) Linux, Open BSD e Free Solaris.
(E) Windows, Mac OS, Open BSD

A: Errada, o MAC OS não é um sistema operacional de código aberto. **B:** Errada, o Windows não é um sistema operacional de código aberto. **C:** Errada, o Windows não é um sistema operacional de código aberto. **D:** Correta, todos os sistemas operacionais apresentados possuem seu código aberto. **E:** Errada, o Windows e o MAC OS não são sistemas operacionais de código aberto.

Gabarito "D".

(Analista – TRT/11ª – 2012 – FCC) No *Windows Vista*

(A) uma janela maximizada só pode ter suas dimensões alteradas através do botão Restaurar, exibido no canto superior direito ou clicando duas vezes, rapidamente, na barra de título.
(B) todas as janelas podem ser maximizadas e redimensionadas.
(C) é possível alternar entre as duas últimas janelas ativadas ou navegar através de todas as janelas abertas, usando conjuntamente as teclas *Alt* e *Tab*.
(D) para fechar uma janela minimizada é necessário torná-la ativa, clicando no seu respectivo botão da barra de tarefas.
(E) é possível, manualmente, organizar as janelas de várias maneiras na área de trabalho. Porém, podem ser organizadas automaticamente pelo *Windows*, apenas nas formas em cascata e lado a lado.

A: Errada, existem atalhos que também permitem tais ações como o botão Windows e a seta para cima ou para baixo. **B:** Errada, algumas janelas possuem essa opção bloqueada pelo sistema operacional. **C:** Correta, o atalho Alt + *Tab* permite alternar entre todas as janelas abertas de forma rápida e fácil. **D:** Errada, não é necessário que ela esteja ativa, um simples clique com o botão direito já exibe a opção de fechar a janela. **E:** Errada, existem ainda outras formas de organização.

Gabarito "C".

(Analista – TRE/CE – 2012 – FCC) Sobre sistemas operacionais, é INCORRETO afirmar:

(A) O sistema operacional é uma camada de *hardware* que separa as aplicações do *software* que elas acessam e fornece serviços que permitem que cada aplicação seja executada com segurança e efetividade.
(B) Na maioria dos sistemas operacionais um usuário requisita ao computador que execute uma ação (por exemplo, imprimir um documento), e o sistema operacional gerencia o *software* e o *hardware* para produzir o resultado esperado.
(C) Um usuário interage com o sistema operacional via uma ou mais aplicações de usuário e, muitas vezes, por meio de uma aplicação especial denominada *shell* ou interpretador de comandos.
(D) Primordialmente, são gerenciadores de recursos – gerenciam *hardware* como processadores, me-

mória, dispositivos de entrada/saída e dispositivos de comunicação.
(E) O *software* que contém os componentes centrais do sistema operacional chama-se núcleo *(kernel)*.

Todas as afirmativas estão corretas menos a afirmativa A, devendo ser assinalada, o sistema operacional não é um item de hardware, mas sim de *software*.

Gabarito "A".

(Analista – TRE/PR – 2012 – FCC) No *Windows XP*, sempre que um programa, pasta ou um arquivo é aberto, ele aparece na tela em uma caixa ou moldura chamada janela, e um botão associado a essa janela é criado na barra de tarefas. Para selecionar a janela corrente, basta clicar no botão correspondente na barra de tarefas. A alternância entre a última janela aberta e a janela corrente é possível por um atalho de teclado, pressionando-se simultaneamente as teclas

(A) ALT e TAB.
(B) CTRL e ALT.
(C) CTRL e *SHIFT*.
(D) *SHIFT* e DEL.
(E) CTRL, ALT e DEL.

O atalho que, no Windows, permite alternar entre todas as janelas abertas na sessão de uso atual é o Alt + Tab, portanto apenas a alternativa A está correta.

Gabarito "A".

(Analista – TRE/PR – 2012 – FCC) Sobre o *Firewall* do *Windows XP*, considere:

I. É um recurso para ajudar a impedir que *hackers* ou *softwares* mal-intencionados obtenham acesso ao seu computador através de uma rede ou da Internet.
II. Pode impedir, quando corretamente configurada, que o computador envie *software* mal-intencionado para outros computadores.
III. Pode analisar o conteúdo de mensagens enviadas por uma rede local e bloqueá-las, caso partes da mensagem apresentem conteúdo nocivo.

(A) II e III, apenas.
(B) I, II e III.
(C) I e III, apenas.
(D) I e II, apenas.
(E) III, apenas.

As afirmativas I e II estão corretas, porém o *firewall* não tem capacidade de verificar o conteúdo de mensagens enviadas, logo a afirmativa III está incorreta e, portanto, apenas a alternativa D está correta.

Gabarito "D".

(Analista – TRE/PR – 2012 – FCC) Sobre o Sistema Operacional *Windows XP*, considere:

I. No *Windows Explorer* é possível criar atalhos para arquivos em sua área de trabalho ao clicar com o botão direito do *mouse* sobre o arquivo desejado e escolher a opção **Enviar para** e em seguida **Área de Trabalho**.

II. Além de adicionar atalhos à área de trabalho, também é possível adicionar atalhos ao menu Iniciar. Os atalhos para os arquivos favoritos podem aparecer ao lado dos programas.

III. Os atalhos incluem uma imagem chamada de ícone, que pode ajudá-lo a localizar o programa ou arquivo com mais rapidez. Quando você altera o tema do *Windows*, o novo tema pode incluir um conjunto de ícones personalizados que complementam a aparência da nova área de trabalho.

IV. Os atalhos são *links* para programas, documentos, arquivos ou *sites*. Em vez de pesquisar pastas ou a Internet, sempre que você quiser abrir um arquivo ou um *site* em particular, basta criar um atalho.

Está correto o que consta em

(A) I, II e III, apenas.

(B) I, II, III e IV.

(C) I e IV, apenas.

(D) II, III e IV, apenas.

(E) II e III, apenas.

Todas as afirmativas apresentadas estão corretas, logo temos somente a alternativa B correta.

Gabarito "B."

(Analista – TRE/SP – 2012 – FCC) Em relação à organização de arquivos, é correto afirmar:

(A) Uma pasta pode conter apenas arquivos.

(B) Arquivos e pastas de sistemas podem ser renomeados ou movidos, mas nunca excluídos.

(C) Dois arquivos com o mesmo nome podem coexistir desde que estejam em pastas ou subpastas diferentes.

(D) Arquivos podem ser classificados e exibidos de diversas formas, exceto por data da criação.

(E) Arquivos e pastas de documentos do usuário podem ser renomeados, mas não podem ser movidos.

A: Errada, uma pasta também pode conter outras pastas. **B:** Errada, alguns arquivos de sistema não podem ser renomeados ou movidos ou excluídos de seus locais de origem. **C:** Correta, estando em pastas diferentes podem haver vários arquivos que possuam o mesmo nome. **D:** Errada, os arquivos podem também ser organizados por data de criação. **E:** Errada, arquivos e pastas de documentos do usuário podem ser renomeados, movidos e excluídos livremente.

Gabarito "C."

(Auditor Fiscal – São Paulo/SP – FCC – 2012) Na rede do *MS Windows*,

(A) não é possível acessar arquivos ou impressoras presentes em outros computadores da mesma rede. Estes recursos são disponibilizados apenas pelos servidores centrais de rede.

(B) é possível acessar arquivos e impressoras presentes em outros computadores da mesma rede, desde que seus donos ativem o compartilhamento.

(C) é possível acessar todos os arquivos e todas as impressoras presentes em outros computadores da mesma rede, mesmo que seus donos não ativem o compartilhamento.

(D) é possível acessar todos os arquivos presentes em outros computadores da mesma rede, mesmo que seus donos não ativem o compartilhamento e as impressoras que foram compartilhadas.

(E) não é possível acessar arquivos presentes em outros computadores da mesma rede, apenas as impressoras que foram compartilhadas pelos seus donos.

Em redes do MS Windows é possível acessar arquivos e impressoras de outros computadores que se encontram na mesma rede apenas se seus donos ativaram o compartilhamento e as configurações de *Firewall* permitirem tal compartilhamento, portanto apenas a opção B está correta.

Gabarito "B."

(Auditor Fiscal – São Paulo/SP – FCC – 2012) No *MS Windows Vista*, para exibir a fila de impressão remota caso o ícone de impressora não esteja visível na área de notificação, deve-se clicar no botão Iniciar, em

(A) Rede, em Compartilhamento e Redes e em Impressoras, e selecionar a impressora da lista clicando duas vezes.

(B) Configurações de Impressoras e selecionar a impressora da lista clicando duas vezes.

(C) Painel de Controle, em *Hardware* e Som e em Impressoras, e selecionar a impressora da lista clicando duas vezes.

(D) Rede e em Impressoras, e selecionar a impressora da lista clicando duas vezes.

(E) Computador e em Impressoras, e selecionar a impressora da lista clicando duas vezes.

Para ver a lista de impressão remota é necessário aplicar um duplo clique na impressora em questão, para isso é necessário ir até o Painel de Controle, opção *Hardware* e Sons e subitem Dispositivos e Impressoras, portanto apenas a letra C está correta.

Gabarito "C."

(TRE/PE – CESPE - 2016) Considerando que o sistema operacional Linux pode ser configurado de modo que ao iniciá-lo sejam criados pontos de montagem automaticamente, assinale a opção que representa o arquivo localizado em /etc/ a ser ajustado para que isso seja possível.

(A) fstab

(B) hosts

(C) resolv.conf

(D) nsswitch.conf

(E) syslog.conf

A: Correta, no Linux o fstab é um arquivo de texto puro para configuração de dispositivos de armazenamento e pontos de montagem.

B: Errada, o arquivo hosts é usado pelo sistema operacional para relacionar endereços IP e hostnames. **C:** Errada, o arquivo resolv.conf é usado para armazenar as configurações de DNS do computador. **D:** Errada, o arquivo nsswitch.conf determina a ordem das buscas realizadas quando uma informação é requisitada. **E:** Errada, o arquivo syslog.conf é o arquivo principal de configuração para o syslogd que armazena logs do sistema.

Gabarito "A".

(Poder Judiciário – TRE/PI – CESPE - 2016) Assinale a opção que apresenta o comando que um usuário deve utilizar, no ambiente Linux, para visualizar, em um arquivo de texto (nome-arquivo), apenas as linhas que contenham determinada palavra (nome-palavra).

(A) pwd nome-arquivo | locate nome-palavra
(B) find nome-palavra | ls -la nome-arquivo
(C) cat nome-arquivo | grep nome-palavra
(D) lspci nome-arquivo | find nome-palavra
(E) cd nome-arquivo | search nome-palavra

A: Errada, o comanho pwd é usado para alterar a senha de um usuário e o comando locate para localizar um arquivo por seu nome. **B:** Errada, o comando find é usado para encontrar arquivos o comando ls é usado para listar os arquivos de um diretório. **C:** Correta, o comando cat permite exibir o conteúdo de arquivo de texto e o comando grep é usado para visualizar as linhas que contenham uma determinada palavra. **D:** Errada, o comando lspci exibe informações sobre os dispositivos PCI do computador e o comando find é usado para encontrar arquivos no computador. **E:** Errada, o comando cd é usado para acessar um diretório e o comando search não é um comando válido do Linux.

Gabarito "C".

(Enfermeiro – STM – 2010 – CESPE) Com relação a Windows XP, Microsoft Office, Internet e intranet, julgue o item a seguir.

(1) A ferramenta **Painel de controle** do Windows XP não possui recursos capazes de adicionar impressora para imprimir documentos produzidos a partir de *software* instalado nesse sistema operacional.

1: Errada, é possível adicionar impressoras e outros dispositivos através da opção "Impressoras e Aparelhos de Fax".

Gabarito 1E.

(Enfermeiro – TJ/ES – 2011 – CESPE) Julgue os itens a seguir, acerca do sistema operacional Windows XP.

(1) A criação de novas pastas no Windows Explorer pode ser feita pelo usuário, de modo a facilitar a forma com que os arquivos possam ser armazenados.
(2) O recurso de atualização do Windows Update permite, entre outras coisas, baixar automaticamente novas versões do Windows, efetuar atualização de *firewall* e antivírus, assim como registrar os programas em uso mediante pagamento de taxa de administração para a empresa fabricante desse sistema operacional no Brasil.
(3) Por meio das **Opções de energia** no **Painel de Controle** do Windows XP, o usuário pode ajustar as opções de gerenciamento de energia à configuração de *hardware* exclusiva suportada pelo seu computador.

1: Correta, o Windows Explorer permite a criação de novas pastas para que o usuário organize seus dados da maneira que melhor de convier. **2:** Errada, o Windows Update não permite o *download* de novas versões do sistema operacional ou registrar programas em uso. **3:** Correta, o item Opções de Energia permite que o usuário configure vários itens relacionados ao consumo de energia do computador.

Gabarito "1C, 2E, 3C".

(Enfermeiro – ESTÂNCIA/SE – 2011 – EXATUS) No sistema operacional Windows, os arquivos podem ser classificados de acordo com sua extensão. Todas as extensões abaixo remetem a arquivos de texto, exceto:

(A) txt
(B) doc
(C) tes
(D) docx

Todas a alternativas mencionam extensões de arquivos de texto exceto a extensão tes, que é um extensão usada em alguns CDs. Portanto a afirmativa C deve ser assinalada.

Gabarito "C".

(Enfermeiro Fiscal de Saúde – PREFEITO SENADOR CANEDO/GO – 2011 – UFG) Considere a caixa de diálogo "Escolher Detalhes" apresentada na figura a seguir.

Na caixa de diálogo apresentada, as propriedades aparecem no topo da lista "Detalhes". Que propriedade é sempre exibida?

(A) Nome
(B) Data
(C) Tipo
(D) Tamanho

O único item que é sempre exibido independente do tipo de exibição é o Nome, portanto apenas a alternativa A está correta.

Gabarito "A".

(Enfermeiro Fiscal de Saúde – PREFEITO SENADOR CANEDO/GO – 2011 – UFG) Considere as informações de um terminal de console Linux, apresentadas na figura a seguir.

O comando, presente na distribuição Linux 2.6.28-11-generic #42-Ubuntu SMP, que permite exibir as informações do usuário "fulano", conforme mostrado na figura, é

(A) find.
(B) finger.
(C) useradd.
(D) usermod.

A: Errada, o comando 'find' é usado para encontrar em arquivo ou diretório. B: Correta, o comando 'finger' exibe o *login* do usuário, seu nome e outras informações. C: Errada, o comado useradd é usado para criar ou atualizar um usuário. D: Errada, o comando usermod é usado para modificar a conta do usuário.

Gabarito "B".

(Enfermeiro – MP/RO – 2012 – FUNCAB) Ao clicar no botão ▭ de uma janela, o Windows XP irá:

(A) minimizar a janela.
(B) maximizar a janela.
(C) fechar a janela.
(D) salvar o conteúdo da janela.
(E) restaurar a janela a seu tamanho original.

A: Correta, o botão ▭ minimiza a janela para a barra de tarefas. B: Errada, o botão que maximiza a janela é o ▭. C: Errada, o botão que fecha a janela é o ▭. D: Errada, o botão usado para salvar o conteúdo da janela é ▭. E: Errada, o botão que restaura a janela para o tamanho original é o ▭.

Gabarito "A".

(Enfermeiro – TJ/AL – 2012 – CESPE) Com relação aos conceitos de organização e de gerenciamento de arquivos e pastas, assinale a opção correta.

(A) No Linux, a nomeação de arquivos e diretórios é irrestrita, não havendo limitação de comprimento ou caracteres não permitidos.
(B) No Windows 7, ao contrário das versões anteriores, é possível examinar o conteúdo de várias pastas em uma única janela do Windows Explorer, desde que as subpastas estejam compartilhadas.
(C) Todo arquivo ou diretório tem propriedades associadas. Independentemente do sistema operacional, quaisquer dessas propriedades podem ser alteradas diretamente pelo proprietário do arquivo.
(D) No Linux, um diretório pode conter referências a arquivos e a outros diretórios, que podem também conter outras referências a arquivos e diretórios. Todavia, nesse sistema, os arquivos contidos em um diretório devem ser do mesmo tipo.
(E) Muitos sistemas operacionais suportam vários tipos de arquivos. Linux e Windows, por exemplo, apresentam os arquivos de texto, os arquivos de dados, os arquivos executáveis e as bibliotecas compartilhadas como arquivos do tipo regular.

A: Errada, no Linux existem caracteres restritos para a nomeação de arquivos como, por exemplo, @, #, $, %, &, entre outros. B: Errada, o Windows Explorer permite a visualização de apenas uma pasta por vez. C: Errada, algumas propriedades só podem ser alteradas com permissão específica. D: Errada, um diretório pode conter arquivos de tipos diferentes. E: Correta, os tipos de arquivos mencionados são considerados arquivos regulares, enquanto named pipes, sockets, dispositivos são considerados arquivos especiais.

Gabarito "E".

(Enfermeiro – FAMERP/SP – 2012 – VUNESP) O programa acessório do MS-Windows 7, em sua configuração padrão, que permite consultar a quantidade de espaço disponível do(s) disco(s) rígido(s) do computador é o(a)

(A) Windows Explorer.
(B) Bloco de Notas.
(C) Calculadora.
(D) Ferramentas.
(E) Microsoft Excel.

A: Correta, o Windows Explorer permite visualizar o espaço em disco e toda a estrutura de arquivos. B: Errada, o Bloco de Notas é um editor de textos simples. C: Errada, a Calculadora tem por função a realização de cálculos matemáticos. D: Errada, Ferramentas não é um programa padrão do Windows. E: Errada, o Microsoft Excel não vem instalado no Windows 7 de forma padrão e não permite a visualização do espaço em disco.

Gabarito "A".

(Enfermeiro – POLÍCIA CIVIL/MG – 2013 – ACADEPOL) Em relação à estrutura básica dos diretórios do sistema operacional Linux, correlacione as colunas a seguir, numerando os parênteses:

Diretório	Finalidade
I. /boot	( ) Contém arquivos para acessar periféricos.
II. /dev	( ) Contém os diretórios dos usuários.
III. /lib	( ) Contém arquivos necessários para a inicialização do sistema.
IV. /home	( ) Contém bibliotecas compartilhadas por programas.

A sequência CORRETA, de cima para baixo, é:

(A) I, III, II, IV.
(B) II, III, I, IV.
(C) II, IV, I, III.
(D) III, IV, I, II.

O diretório /boot contém os dados relacionados a inicialização do sistema operacional, o diretório /dev contém dados relativos aos periféricos do computador, o diretório /lib contém as bibliotecas compartilhadas por programas e o diretório /home é onde os arquivos dos usuários são armazenados, portanto apenas a alternativa C está correta as associações.

Gabarito "C".

(Analista – STM – 2011 – CESPE) Acerca do Windows XP, do Microsoft Office, da Internet e de *intranet*, julgue os itens a seguir.

(1) A *intranet* é um tipo de rede de uso restrito a um conjunto de usuários específicos de determinada organização.

(2) O Windows XP possui recurso interativo de ajuda que pode ser acionado a partir de *menus* ou teclas de atalho.

(3) Com os recursos do Microsoft Word 2003 é possível manipular estruturas em forma de tabelas, com linhas e colunas. Todavia, as linhas de grade não podem ser ocultadas.

(4) A Internet não possui recursos que permitam a interligação entre computadores e a consequente disponibilização ou compartilhamento de arquivos entre os usuários.

1: Correta, as intranets são como uma versão privada da Internet, tendo seu acesso limitado a uma rede ou grupo de usuários. **2:** Correta, todo programa assim como o próprio sistema operacional conta com um recurso de ajuda, geralmente ativado pela tecla F1. **3:** Errada, é possível ocultar as linhas em tabelas do Word. **4:** Errada, a Internet é baseada justamente no conceito de compartilhamento de recursos, arquivos e serviços entre computadores.

Gabarito 1C, 2C, 3E, 4E

(Analista – TRT/14ª – 2011 – FCC) Em relação a organização e gerenciamento de arquivos e pastas no ambiente *Windows* XP, é correto afirmar:

(A) A renomeação de uma pasta ou arquivo pode ser feita tanto no painel esquerdo quanto no painel direito do *Windows Explorer*.

(B) Usar o *mouse* para arrastar um arquivo de uma pasta para outra, dentro do mesmo *drive* de disco é uma operação de recortar e colar, sucessivamente.

(C) No *Windows Explorer*, o bloqueio de uma pasta para uso apenas de seu proprietário é indicado pela presença da figura de uma mão integrada ao respectivo ícone.

(D) O uso combinado das teclas *Shift, Alt e Del* serve para apagar um arquivo, sem que ele seja encaminhado para a lixeira.

(E) A organização de pastas e arquivos pode ser feita dentro do painel esquerdo do *Windows Explorer*.

A: Errada, a renomeação só é acessível a partir do painel direito do Windows Explorer. **B:** Correta, quando um arquivo é arrastado de uma pasta para outro no mesmo drive, ele é retirado da origem e colocado no destino, o mesmo efeito de recortá-lo e colá-lo. **C:** Errada, a presença da figura de uma mão integrada ao respectivo ícone demonstra que a pasta ou arquivo em questão está compartilhada na rede. **D:** Errada, o atalho correto é composto apenas de *Shift* + Del. **E:** Errada, o painel esquerdo apenas exibe a árvore de pastas, a organização deve ser feita no painel direito.

Gabarito "B".

(Analista – TRT/21ª – 2010 – CESPE) Acerca dos sistemas operacionais, dos aplicativos de edição de textos, das planilhas e apresentações nos ambientes Windows e Linux, julgue os itens abaixo.

(1) Arquivos no formato txt têm seu conteúdo representado em ASCII ou UNICODE, podendo conter letras, números e imagens formatadas. São arquivos que podem ser abertos por editores de textos simples como o bloco de notas ou por editores avançados como o Word do Microsoft Office ou o Writer do BROffice.

(2) No Windows, um arquivo ou pasta pode receber um nome composto por até 255 caracteres quaisquer: isto é, quaisquer letras, números ou símbolos do teclado. Além disso, dois ou mais objetos ou arquivos pertencentes ao mesmo diretório podem receber o mesmo nome, pois o Windows reconhece a extensão do arquivo como diferenciador.

1: Errada, em função de sua simplicidade, arquivos txt não suportam a utilização de imagens formatadas; **2:** Errada, nem todo símbolo é permitido na nomenclatura de pastas ou arquivos para evitar conflitos no sistema.

Gabarito 1E, 2E

(Analista – TRT/21ª – 2010 – CESPE) Julgue o item a seguir, relativo a conceitos e modos de utilização da Internet e de intranets, assim como a conceitos básicos de tecnologia e segurança da informação.

(1) No Windows XP, o gerenciamento de conexões de rede, presente no menu Iniciar ou também por meio da opção de Conexões de rede via Acessórios – Comunicações, permite ao usuário configurar dados do protocolo TCP/IP nas conexões de rede existentes, configurar uma rede local doméstica ou também fazer as configurações do *Firewall* do Windows.

1: Correta, por meio do gerenciamento de conexões de rede o usuário pode configurar uma rede local, realizar ajustes no *Firewall* do Windows ou alterar configurações do protocolo TCP/IP.

Gabarito 1C

(Analista – TRT/21ª – 2010 – CESPE) Acerca dos sistemas operacionais, dos aplicativos de edição de textos, das planilhas e apresentações nos ambientes Windows e Linux, julgue o item abaixo.

(1) No Linux, o diretório raiz, que é representado pela barra /, e o diretório representado por /dev servem para duas funções primordiais ao funcionamento do ambiente: o primeiro é onde fica localizada a estrutura de diretórios e subdiretórios do sistema; o segundo é onde ficam os arquivos de dispositivos de *hardware* do computador em que o Linux está instalado.

1: Correta, o diretório raiz contém toda estrutura de pastas do sistema operacional, enquanto o /dev armazena drives e outros arquivos de dispositivos de hardware.

Gabarito 1C

(Analista – TRE/AC – 2010 – FCC) Ao abrir um menu de um aplicativo do *Windows XP*, a presença de três pontos (...) no final de um item do menu indica que

(A) existem mais itens do menu.
(B) existe um atalho de teclado.
(C) se trata de um recurso ativo.
(D) abrirá uma caixa de diálogo.
(E) abrirá um submenu.

A: Errada, quando existem mais itens naquele menu, uma seta será a indicação. **B:** Errada, os atalhos de teclado são indicados de forma escrita no item correspondente. **C:** Errada, recursos ativos possuem um símbolo de visto antes de sua descrição. **D:** Correta, itens que possuem três pontos após sua descrição são abertos em uma caixa de diálogo. **E:** Errada, itens que possuem três pontos após suas descrições são abertos em uma caixa de diálogo.
„Gabarito "D".

(Analista – TRE/AL – 2010 – FCC) Todas as janelas abertas e exibidas pelo Windows XP podem ser organizadas, em cascata ou lado a lado, clicando-se com o botão direito do *mouse* a partir

(A) do menu Arquivo.
(B) do menu Exibir.
(C) da Área de trabalho.
(D) da Barra de tarefas.
(E) da Barra de ferramentas.

A: Errada, o menu Arquivo possui apenas funções relativas ao programa aberto. **B:** Errada, o menu Exibir possui apenas funções relativas a exibição da janela atual. **C:** Errada, as opções obtidas clicando-se com o botão direito na Área de trabalho dizem respeito aos ícones nela presentes. **D:** Correta, a partir da Barra de tarefas pode-se organizar a exibição de todas as janelas abertas. **E:** Errada, as janelas abertas são controladas pela Barra de tarefas e não pela Barra de Ferramentas.
„Gabarito "D".

(Analista – TRE/AM – 2010 – FCC) Para copiar um arquivo de uma pasta para outra, dentro da mesma unidade (*drive*), pode-se arrastar o arquivo com o *mouse* da pasta de origem para a pasta de destino, mantendo pressionada a tecla

(A) *Insert*.
(B) *Shift*.
(C) Ctrl.
(D) Tab.
(E) Alt.

A: Errada, o *Insert* não tem função na cópia ou transferência de arquivos. **B:** Errada, o *Shift* faz com que o arquivo seja movido e não copiado. **C:** Correta, o Ctrl faz com que um arquivo seja copiado quando movido de uma pasta a outra. **D:** Errada, o *Tab* não tem função na cópia ou transferência de arquivos. **E:** Errada, o Alt cria um *link* para o arquivo em seu local original quando este é arrastado para outra pasta.
„Gabarito "C".

(Analista – TRE/AM – 2010 – FCC) A seleção do esquema de energia com as configurações mais adequadas ao computador poderá ser executada no Windows XP por meio da janela Propriedades de Vídeo, na guia

(A) Configurações.
(B) Temas.
(C) Aparência.
(D) Proteção de tela.
(E) Área de trabalho.

A: Errada, a guia Configurações define as configurações de resolução e cores do monitor. **B:** Errada, a guia Temas altera o tema do Windows, um conjunto composto por papel de parede, esquema de cores, proteção de tela e outros componentes que personalizam o computador. **C:** Errada, a guia Aparência altera o esquema de cores e estilo de janelas e botões. **D:** Correta, na guia Proteção de tela é possível alterar as configurações do esquema de energia do Windows por meio do botão Energia. **E:** Errada, a guia Área de trabalho altera o fundo de tela e suas propriedades.
„Gabarito "D".

(Analista – TRE/AM – 2010 – FCC) Ao digitar a letra de uma unidade e o nome de uma pasta (por exemplo, C:\Arquivos de programas) na barra de Endereços do Internet Explorer e pressionar ENTER,

(A) uma nova janela em branco será aberta.
(B) o conteúdo da pasta será exibido em uma nova janela.
(C) o conteúdo da pasta será exibido na mesma janela.
(D) nada acontecerá porque o comando não é reconhecido.
(E) uma mensagem de erro será exibida.

A: Errada, a pasta digitada será aberta em uma janela do Windows Explorer. **B:** Correta, o conteúdo será exibido a partir de uma nova janela do Windows Explorer. **C:** Errada, o conteúdo da pasta será exibido a partir do Windows Explorer em uma nova janela. **D:** Errada, o comando é válido e abrirá uma nova janela com o conteúdo da pasta digitada. **E:** Errada, não será exibida mensagem de erro, pois o comando digitado é válido.
„Gabarito "B".

(Analista – TRE/AP – 2011 – FCC) O mesmo modo de exibição (Listas, Lado a lado, Detalhes, etc) que está sendo apresentado na pasta atual, pode ser aplicado a todas as pastas do *Windows XP*, na janela Meu computador, clicando-se com o *mouse* em

(A) Tarefas do sistema ¨ Modo de exibição.
(B) menu Arquivo ¨ Opções de pastas ¨ Modo de exibição.
(C) menu Ferramentas ¨ Opções de pastas ¨ Modo de exibição.
(D) menu Ferramentas ¨ Mapear opções de pasta ¨ Modo de exibição.
(E) Tarefas do sistema ¨ Mapear opções de pasta ¨ Modo de exibição.

A: Errada, a opção Modo de exibição se encontra no menu Ferramentas. **B:** Errada, as opções de pasta onde se encontra o item Modo de exibição está localizada no menu Ferramentas. **C:** Correta, por meio

Manual Completo de Informática para Concursos

da guia Modo de exibição no item Opções de pastas no menu Ferramentas é possível aplicar o modo de exibição atual para todas as pastas. **D:** Errada, a guia Modo de exibição está localizada no item Opções de Pasta. **E:** Errada, a guia Modo de exibição está localizada no item Opções de Pasta.

Gabarito "C".

Texto para responder as quatro questões seguintes.

I. Desabilitar a exibição do relógio na Área de notificação a título de economia de espaço nessa área, utilizando o modo de exibição clássico do Painel de controle do Windows XP (edição doméstica).

II. Modificar o tamanho das fontes do Windows XP (edição doméstica) para "Fontes grandes" a fim de melhorar a visibilidade das letras, quando a resolução do monitor for posicionada em 1024 por 768 pixels.

III. Inibir a exibição de pastas e arquivos ocultos no Windows XP (edição doméstica).

IV. Em caso de instalação de *software* duvidoso, devem ser adotados, no Windows XP, procedimentos para garantir a recuperação do sistema, se necessário.

(Analista – TRE/PI – 2009 – FCC) Para cumprir com a solicitação do item (I) deve-se

(A) escolher o ícone Barra de tarefas e menu Iniciar.
(B) ativar a opção Bloquear a Barra de tarefas.
(C) escolher o ícone Sistema e a aba Data e hora.
(D) escolher o ícone Data e hora, apenas.
(E) escolher o ícone Opções regionais e de idioma, apenas.

A: correta, no ícone Barra de tarefas pode-se ocultar a exibição do relógio do computador. **B:** errada, ao bloquear a Barra de tarefas o usuário irá bloquear a barra na sua posição atual, assim como o tamanho e posição de qualquer barra de ferramentas exibida na barra de tarefas. **C:** errada, o ícone Sistema oferece opções de controle do sistema para o usuário, como alteração plano de fundo, *descanso* de tela, entre outros. **D:** errada, a opção de Data e hora faz alterações na data e hora atuais do computador e não possibilita ocultá-las. **E:** errada, as Opções regionais e de idioma alteram opções de idioma e configurações inerentes a regiões como moeda corrente, formato de horário, entre outros.

Gabarito "A".

(Analista – TRE/PI – 2009 – FCC) A modificação das fontes, solicitada no item (II), é resolvida por meio das ações: clicar com o botão direito (destro) do *mouse* na área de trabalho, escolher a opção Propriedades e a guia

(A) Área de trabalho e abrir a caixa Posição.
(B) Configurações e abrir a caixa Modificar fonte.
(C) Configurações e abrir a caixa Aumentar fonte.
(D) Aparência e abrir a caixa Tamanho da fonte.
(E) Aparência e abrir a caixa Configurar fonte.

A: errada, na guia Área de trabalho o usuário pode alterar o fundo de tela do computador. **B:** errada, na guia configurações o usuário pode alterar a resolução da tela do computador e a quantidade de cores. **C:** errada, na guia configurações o usuário pode alterar a resolução da tela do computador e a quantidade de cores. **D:** correta, para alterar o tamanho da fonte o usuário deve ir até a guia Aparência e abrir a caixa Tamanho da Fonte. **E:** errada, para alterar o tamanho da fonte o usuário deve ir até a guia Aparência e abrir a caixa Tamanho da Fonte e não Configurar fonte.

Gabarito "D".

(Analista – TRE/PI – 2009 – FCC) Uma das formas de atender à recomendação em (III) é acessar o Painel de controle, escolher

(A) Opções de pasta e a guia Tipos de arquivo.
(B) Opções de pasta e a guia Modo de exibição.
(C) Opções de pasta e a guia Geral.
(D) Contas de usuário e a guia Modo de exibição.
(E) Contas de usuário e a guia Tipos de arquivo.

A: errada, a guia Tipos de arquivos lida com quais programas devem abrir cada tipo de arquivo. **B:** correta, a exibição de pastas e arquivos ocultos podem ser inibida na guia Modo de Exibição do menu Opções de Pasta. **C:** errada, na guia Geral o usuário pode alterar opções de tarefas, procura nas pastas e a forma com que os itens respondem aos cliques do *mouse*. **D:** errada, em Contas de usuário um usuário pode apenas alterar configurações de conta do Windows. **E:** errada, em Contas de usuário um usuário pode apenas alterar configurações de conta do Windows.

Gabarito "B".

(Analista – TRE/PI – 2009 – FCC) Para atender à recomendação contida em (IV), deve-se optar pelo modo de exibição do Painel de controle por categoria; escolher Desempenho e manutenção e, após,

(A) Restauração do sistema, procedendo à opção Criar *backup*.
(B) Restauração do sistema, procedendo à opção Criar um ponto de restauração.
(C) Reestruturação do sistema, procedendo à opção Reparar o sistema.
(D) Reestruturação do sistema, procedendo à opção Reinstalar o Windows.
(E) Recuperação em caso de perda, procedendo à opção Criar um ponto de manutenção.

A: errada, não há opção de Criar *backup* no item Restauração do Sistema. **B:** correta, o usuário deve Criar um ponto de restauração no item Restauração do Sistema para que seja possível recuperar o sistema se necessário. **C:** errada, não existe o item Reestruturação do sistema. **D:** errada, não existe o item Reestruturação do sistema. **E:** errada, não existe o item Reestruturação em caso de perda.

Gabarito "B".

(Analista – TRE/RS – 2010 – FCC) O Windows XP é um sistema operacional que possibilita ao processador de um computador processar as informações utilizando somente

(A) 32 ou 64 bits.
(B) 64 ou 128 bits.
(C) 32 bits.
(D) 64 bits.
(E) 128 bits.

A: Correta, o Windows XP suporta processadores de 32 e 64 bits. **B:** Errada, não existem processadores com arquitetura de 128bits. **C:** Errada, o Windows XP também suporta processadores com arquitetura de 64 bits. **D:** Errada, o Windows XP também suporta processadores com arquitetura de 32 bits. **E:** Errada, não existem processadores com arquitetura de 128bits.

Gabarito "A".

(Analista – TRE/TO – 2011 – FCC) No *Linux*, quando um processo recebe um determinado sinal, via de regra, executa as instruções contidas naquele sinal. O *kill*, que é um comando utilizado para "matar" um processo, pode, também, ser usado para enviar qualquer sinal. Entretanto, se for usado sem o parâmetro de um sinal, ele executará a mesma função do sinal

(A) STOP.
(B) SEGV.
(C) TERM.
(D) CONT.
(E) ILL.

A: Errada, o comando stop tem a função de interromper a execução de um processo e só reativá-lo após o recebimento do sinal CONT. **B:** Errada, o comando SEGV informa erros de endereços de memória. **C:** Correta, o comando TERM tem a função de terminar completamente o processo, ou seja, este deixa de existir após a finalização. **D:** Errada, CONT tem a função de instruir a execução de um processo após este ter sido interrompido. **E:** Errada, informa erros de instrução ilegal, por exemplo, quando ocorre divisão por zero.

Gabarito "C".

(Analista – TRE/TO – 2011 – FCC) Usada para desfazer alterações feitas e para retornar as configurações do computador a uma etapa anterior, preservando os trabalhos recentes, sendo um processo totalmente reversível. No *Windows*, trata-se de

(A) Gerenciador de tarefas.
(B) Restauração do sistema.
(C) Painel de controle.
(D) Atualizações automáticas.
(E) Central de segurança.

A: Errada, o Gerenciador de tarefas tem por função controlar os processos em execução no sistema operacional. **B:** Correta, a Restauração do Sistema permite retornar as configurações do Windows para um estado anterior sem afetar os arquivos pessoais do usuário, senda está uma ação reversível. **C:** Errada, o Painel de Controle concentra uma série de opções que são utilizadas para o gerenciamento e manutenção do sistema operacional. **D:** Errada, as Atualizações Automáticas tratam apenas do controle das atualizações do sistema operacional. **E:** Errada, a Central de Segurança tem por função agrupar funções que auxiliam na segurança do sistema, como o *firewall* e políticas de acesso.

Gabarito "B".

(Analista – TRE/TO – 2011 – FCC) Um arquivo movido para a Lixeira do *Windows*

(A) é recuperável desde que tenha sido excluído mediante o uso combinado das teclas *shift* + del.
(B) só pode ser restaurado para o local original.
(C) é excluído permanentemente.
(D) pode ser restaurado.
(E) só pode ser recuperado dentro dos três primeiros meses após a movimentação.

A: Errada, a combinação *Shift* + Del remove um arquivo sem que ele passe pela Lixeira do Windows. **B:** Errada, o arquivo pode ser movido normalmente para qualquer diretório. **C:** Errada, os arquivos movidos para a Lixeira podem ser recuperados normalmente.

D: Correta, qualquer arquivo na Lixeira do Windows pode ser recuperado. **E:** Errada, não há tempo limite para que o arquivo seja restaurado, basta que esteja presente na Lixeira.

Gabarito "D".

(Analista – TRE/TO – 2011 – FCC) Em relação à restauração de um estado anterior do Windows XP, é correto afirmar:

(A) a restauração somente tem efeito se realizada em tempo de inicialização do *Windows*.
(B) dependendo do problema, a restauração pode ser realizada em tempo de inicialização do sistema operacional ou de dentro da própria seção ativa do Windows.
(C) a restauração somente tem efeito se realizada na própria seção ativa do *Windows*.
(D) quando a restauração é realizada em tempo de inicialização do sistema operacional, o CD de instalação sempre será requisitado.
(E) em qualquer situação de restauração, o sistema operacional requisitará o CD de instalação.

A: Errada, a restauração pode ser feita a qualquer momento. **B:** Correta, a restauração também é possível após o inicio da seção ativa do Windows. **C:** Errada, ela também tem efeito normal caso feita antes do inicio da seção ativa. **D:** Errada, o CD de instalação do Windows não é necessário na restauração do sistema. **E:** Errada, o CD de instalação não é necessário na restauração do sistema.

Gabarito "B".

(Analista – TRE/BA – 2010 – CESPE) Julgue o item que se segue, a respeito dos sistemas operacionais Windows XP e Linux.

(1) No Windows XP, é possível tornar um diretório restrito, usando-se funcionalidade encontrada na aba Compartilhamento, que é acessada a partir da opção Propriedades do menu Arquivo do Windows Explorer.

1: Correta, marcando-se a caixa de seleção "Tornar esta pasta particular" é possível limitar o acesso a um diretório e suas subpastas.

Gabarito 1C

(Analista – TRE/MT – 2010 – CESPE) Considerando os sistemas operacionais Windows XP e Linux, assinale a opção correta.

(A) Gnome é o sistema gerenciador de usuário do Linux.
(B) A opção Meu computador no Windows XP apresenta as características do usuário atual.
(C) No Linux, para se acessar a Internet é suficiente entrar no Windows Explorer.
(D) O Painel de controle do Linux possibilita a criação de arquivos e pastas.
(E) Nautilus é um programa semelhante ao Windows Explorer que permite gerenciar arquivos.

A: Errada, Gnome é é um projeto de *software* livre abrangendo o Ambiente de Trabalho GNOME. **B:** Errada, a opção Meu Computador exibe as unidades de armazenamento e outras funções de administração do computador. **C:** Errada, o Windows Explorer é um manipulador de arquivos do Windows, e não um navegador web. **D:**

Errada, O Painel de Controle é um componente do Windows, e não do Linux. **E:** Correta, o Nautilus é um gerenciador de arquivos, semelhante ao Windows Explorer, para ambientes baseados em Linux.

Gabarito "E".

(Analista – TRE/MA – 2009 – CESPE) Entre as diferentes distribuições do sistema operacional Linux estão

(A) Debian, Conectiva, Turbo Linux e Slackware.
(B) Fedora, RedHat, Kurumim e Posix.
(C) Conectiva, OpenOffice, StarOffice e Debian.
(D) GNU, Conectiva, Debian e Kernel.
(E) KDE, Blackbox, Debian e Pipe.

A: correta, todos os nomes mencionados são diferentes distribuições do sistema operacional Linux. **B:** errada, Posix refere-se a normas que garantem portabilidade de código. **C:** errada, OpenOffice se refere à suíte de programas de escritório. **D:** errada, Kernel refere-se ao núcleo do sistema operacional. **E:** errada, Pipe refere-se ao redirecionamento da saída padrão de um programa para a entrada padrão de outro.

Gabarito "A".

(Analista – TRE/MA – 2009 – CESPE) A respeito do sistema operacional Windows, assinale a opção correta.

(A) A opção de propriedades de disco local, contida na janela Meu computador, apresenta a lista dos arquivos armazenados localmente, para facilitar a execução de um programa sem a necessidade de se usar o botão Iniciar.
(B) A central de segurança do Windows XP oferece duas opções de configuração do *firewall* do Windows: ativado (não recomendada), que não permite exceções; e desativado (recomendada), que oferece uma lista de exceções disponibilizadas pelo fabricante.
(C) O Painel de controle do Windows é uma ferramenta de gerenciamento de arquivos e diretórios utilizada para localizar, armazenar e excluir arquivos, bem como compactar ou fazer *backup* de informações.
(D) A área de trabalho (*desktop*) é composta por diversos itens, entre eles, o botão Iniciar, a barra de tarefas, a área de notificação da barra de tarefas, o relógio, assim como os ícones criados pelo usuário.
(E) Para se fazer a troca de usuários cadastrados no Windows, deve-se acionar o botão Fazer *logoff* e imediatamente reiniciar o computador para que o novo usuário não tenha acesso aos documentos de outros usuários.

A: errada, a opção propriedades de disco local exibe informações sobre o estado do disco rígido do computador, como sistema de arquivos, espaço utilizado etc. **B:** errada, a configuração recomendada para o *firewall* do Windows é estar ativado e não desativado; além disso, existe uma possibilidade de lista de exceções para o modo ativado e não para o modo desativado. **C:** errada, o Painel de Controle é uma ferramenta de gerenciamento do Windows cujas configurações podem ser alteradas. **D:** correta, a área de trabalho é composta por botão Iniciar, a barra de tarefas, a área de notificação da barra de tarefas, o relógio e ícones criados pelo usuário. **E:** errada, para fazer a troca de usuários deve-se acionar o botão Fazer *logoff* e após isso a opção Trocar de usuário; não é necessário reiniciar o sistema.

Gabarito "D".

(Analista – TJ/ES – 2011 – CESPE) Julgue os itens a seguir, acerca do sistema operacional Windows XP.

(1) A criação de novas pastas no Windows Explorer pode ser feita pelo usuário, de modo a facilitar a forma com que os arquivos possam ser armazenados.
(2) O recurso de atualização do Windows Update permite, entre outras coisas, baixar automaticamente novas versões do Windows, efetuar atualização de *firewall* e antivírus, assim como registrar os programas em uso mediante pagamento de taxa de administração para a empresa fabricante desse sistema operacional no Brasil.
(3) Por meio das Opções de energia no Painel de Controle do Windows XP, o usuário pode ajustar as opções de gerenciamento de energia à configuração de *hardware* exclusiva suportada pelo seu computador.

1: Correta, a organização por pastas ajuda a manter os arquivos organizados e o armazenamento dos mesmos. **2:** Errada, o Windows Update apenas baixa pacotes de correção da versão atual do Windows, não atualizando o sistema para uma versão mais atual ou atualizando outros programas. **3:** Correta, as Opções de Energia do Painel de Controle permitem gerenciar vários aspectos do uso de energia do computador.

Gabarito 1C, 2E, 3C.

(Analista – TJ/MA – 2009 – IESES) O Windows Vista *Home* Premium é uma edição dentre as disponíveis para o sistema operacional Windows Vista. Quando comparada com a versão Windows Vista Business, ela tem como diferença:

(A) Que o Windows Vista *Home* Premium não permite, sem o uso de programas aplicativos adicionais ao pacote, o uso do serviço de *backup* agendado.
(B) Que o Windows Vista *Home* Premium não possui Windows Media Center.
(C) Que o Windows Vista *Home* Premium não dá suporte à associação a um domínio.
(D) Que o Windows Vista *Home* Premium não permite acesso simultâneo a um número ilimitado de programas.

A: errada, o serviço de *backup* agendado está disponível na versão *Home* Premium. **B:** errada, o Windows Media Center está presente no Windows Vista *Home* Premium. **C:** correta, a versão *Home* Premium não dá suporte à associação a um domínio. **D:** errada, o Windows Vista *Home* Premium permite o acesso simultâneo a um número ilimitado de programas.

Gabarito "C".

(Analista – TJ/MA – 2009 – IESES) O Microsoft Windows Vista permite aos usuários criptografar pastas e arquivos armazenados nos discos rígidos. Quando exibidos no gerenciador de arquivos do sistema operacional, estes arquivos aparecerão destacados na cor:

(A) Verde
(B) Preta
(C) Azul
(D) Vermelha

A: correta, os arquivos criptografados são exibidos em verde. **B:** errada, os arquivos exibidos em preto não possuem uma característica especial. **C:** errada, os arquivos exibidos em azul são arquivos compactados para ocupar menos espaço. **D:** errada, arquivos na cor vermelha não representam arquivos criptografados.
Gabarito "A".

(Analista – TJ/MA – 2009 – IESES) São distribuições de LINUX todas as seguintes, **EXCETO**:

(A) Ubuntu
(B) SuSE
(C) FreeBSD
(D) Red Hat

A: errada, Ubuntu é uma distribuição de Linux. **B:** errada, SuSE é uma distribuição de Linux. **C:** correta, FreeBSD é um sistema baseado em UNIX, porém não é uma distribuição de Linux. **D:** errada, Red Hat é uma distribuição de Linux.
Gabarito "C".

(Analista – TJ/PR – 2009) Ao realizar uma impressão a partir do comando Imprimir no menu Arquivo, podemos ter a alternativa de imprimir um conjunto de páginas. Nesse caso, se quisermos imprimir as páginas 1 e 4 e da página 6 à página 10, a sintaxe a ser utilizada é:

(A) 1,4,6-10
(B) 1;4;6-10
(C) 1:4,6,10
(D) 1-4,6-10
(E) Todas as alternativas estão erradas.

A: errada, o ";" separa as páginas escolhidas e o "-" uma sequência de páginas, portanto o correto seria "1-4;" e não "1,4". **B:** correta, como ";" separa as páginas escolhidas e o "-" uma sequência de páginas, o correto é "1-4;6-10". **C:** errada, o ";" separa as páginas escolhidas e o "-" uma sequência de páginas, portanto o correto seria "1-4;6-" e não "1:4,6,". **D:** errada, o ";" separa as páginas escolhidas e o "-" uma sequência de páginas, portanto o correto seria "4;6" e não "4,6". **E:** errada, apenas a alternativa B está correta.
Gabarito "B".

(Analista – TJ/PR – 2009) Os atalhos de teclado são combinações de duas ou mais teclas que, ao serem pressionadas, podem ser usadas para executar uma tarefa que normalmente exigiria um *mouse* ou dispositivo apontador. Os atalhos de teclado podem facilitar a interação com o computador, poupando seu tempo e esforço com o Windows e a internet. Supondo que você precisa abrir o menu iniciar, o *mouse* não funciona, e no seu teclado não existe a tecla com o logotipo ⊞. A alternativa que possibilita o acesso ao menu iniciar por meio de um atalho de teclado é:

(A) ALT+I
(B) CTRL+I
(C) CTRL+ESC
(D) F1
(E) ALT+TAB

A: errada, as teclas ALT + I não possuem nenhuma função no Windows. **B:** errada, as teclas CTRL + I não possuem nenhuma função no Windows. **C:** correto, as teclas CTRL + ESC possibilita o acesso ao menu Iniciar. **D:** errada, a tecla F1 inicia a ajuda do Windows. **E:** errada, as teclas ALT + *TAB* iniciam o alternador de tarefas.
Gabarito "C".

Atenção: Figura para as duas questões seguintes.

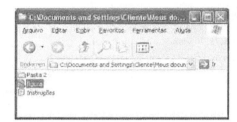

(Técnico Judiciário – TRT/4ª – 2011 – FCC) No Windows XP, a janela Meu Computador pode ser configurada para exibir seus elementos de diversas formas, EXCETO

(A) Conteúdo.
(B) Detalhes.
(C) Listas.
(D) Lado a Lado.
(E) Ícones.

A: Correta, esta opção só está disponível para ser utiliza no Meu Computador em versões mais novas que o Windows XP. **B:** Errada, detalhes é uma dar formas que se pode utilizar para organizar os elementos no Meu Computador. **C:** Errada, listas é uma dar formas que se pode utilizar para organizar os elementos no Meu Computador. **D:** Errada, lado a lado é uma dar formas que se pode utilizar para organizar os elementos no Meu Computador. **E:** Errada, ícones é uma dar formas que se pode utilizar para organizar os elementos no Meu Computador.
Gabarito "A".

(Técnico Judiciário – TRT/14ª – 2011 – FCC) No *Windows XP*, o *Windows Explorer* permite o gerenciamento da árvore de diretórios e tem como uma de suas funções organizar

(A) apenas pastas, no painel direito da janela.
(B) apenas arquivos, no painel direito da janela.
(C) arquivos e pastas no painel esquerdo da janela.
(D) apenas arquivos, no painel esquerdo da janela.
(E) arquivos e pastas no painel direito da janela.

A: Errada, o Windows Explorer organiza pastas e arquivos. **B:** Errada, o Windows Explorer organiza pastas e arquivos. **C:** Errada, o Windows Explorer organiza as pastas e arquivos no painel da direita, ficando o da esquerdo reservado para a exibição da árvore de pastas. **D:** Errada, o Windows Explorer organiza pastas e arquivos. **E:** Correta, os arquivos e pastas podem ser organizados a partir do painel da direita do Windows Explorer.
Gabarito "E".

(Técnico Judiciário – TRT/20ª – 2011 – FCC) No *Windows XP* é possível configurar números, unidades monetárias, horários e datas acessando-se o painel de controle e dando 2 cliques em

(A) Sistema.
(B) Ferramentas administrativas.
(C) Opções regionais e de idioma.
(D) Opções de acessibilidade.
(E) Gerenciador de configurações.

A: Errada, em Sistema estão localizadas opções de configuração do Windows XP. **B:** Errada, em Ferramentas administrativas estão localizadas várias opções de configuração avançada do Windows. **C:** Correta, em opções regionais e de idioma é possível definir os formatos padrão de exibição de várias informações, entre elas números, unidades monetárias, datas e horários. **D:** Errada, as opções de acessibilidade são um conjunto de configurações voltadas para usuários com necessidades especiais. **E:** Errada, não há tal opção no Painel de controle do Windows XP.

Gabarito "C".

(Técnico Judiciário – TRE /AP – 2011 – FCC) No *Windows XP Service Pack 3,* além do Painel de Controle é possível adicionar ou remover programas na respectiva opção existente na janela Meu computador. Ela está localizada

(A) no menu Arquivo.
(B) em Tarefas do sistema.
(C) no menu Editar.
(D) no menu Ferramentas.
(E) em Outros locais.

A: Errada, o menu Arquivo possui opções de comado como Fechar, Abrir, Excluir, entre outros. **B:** Correta, o menu Tarefas do Sistema permite ações do sistema como por exemplo adicionar e remover programas. **C:** Errada, o menu Editar possui opções como copiar, recortar e colar apenas. **D:** Errada, o menu Ferramentas contém apenas opções de configuração de pastas e unidades. **E:** Errada, o item Outros Locais apenas exibe outros diretórios ou funções no computador.

Gabarito "B".

I. As informações jurídicas mais importantes devem ser guardadas em pastas separadas e organizadas por ano, mês dentro do ano, assunto dentro do mês e documento. Ex. 2009, Junho, Filiação de Partidos e Relatório.doc.

(Técnico Judiciário – TRE/PI – 2009 – FCC) Para atender corretamente ao solicitado no item (I) e organizar a colocação dos documentos correspondentes, é necessário criar a respectiva estrutura de pastas no Windows Explorer composta de

(A) pasta, subpasta e subsubpasta, apenas.
(B) pasta e arquivo, apenas.
(C) pasta e subpasta, apenas.
(D) subpasta, subsubpasta e arquivo, apenas.
(E) arquivo, pasta, subpasta e subsubpasta.

A: correta, a estrutura corresponde a pasta, subpasta, subsubpasta. **B:** errada, existem também uma subpasta e uma subsubpasta além

dos mencionados. **C:** errada, existem também um arquivo e uma subsubpasta além dos mencionados. **D:** errada, há também uma pasta na estrutura além dos mencionados. **E:** errada, a ordem correta seria pasta, subpasta, subsubpasta e arquivo.

Gabarito "A".

(Técnico Judiciário – TRE/MA – 2009 – CESPE) Assinale a opção correta com relação ao sistema operacional Windows.

(A) A barra de ferramentas do Windows, geralmente localizada no rodapé da tela do monitor, apresenta o botão Iniciar e ícones associados aos programas que estão em execução.
(B) O ícone **Meu computador**, presente na área de trabalho do Windows, permite o acesso direto aos locais de armazenamento de arquivos do computador em uso, mas não aos locais de rede.
(C) Ao se desinstalar um programa no Windows XP, é recomendado o uso da opção **Adicionar ou remover programas** para que os arquivos sejam devidamente removidos.
(D) Os *menus* de atalho, para se realizar acesso rápido a opções avançadas de configuração de rede e dispositivos móveis, podem ser acionados apenas a partir da área de trabalho do Windows.
(E) No Windows, o uso da tecla [Ctrl] junto com o *mouse* é um recurso eficiente de seleção simultânea de todos os objetos presentes na área de trabalho, geralmente para atribuir um mesmo comando a todos os itens selecionados por esse recurso.

A: errada, essas são funções da barra de tarefas e não da barra de ferramentas. **B:** errada, a partir do Meu Computador também é possível acessar locais de rede. **C:** correta, a opção Adicionar ou remover programas é a opção recomendada para desinstalar um programa no Windows XP. **D:** errada, os *menus* de atalho podem ser acionados a partir de outros lugares. **E:** errada, o uso da tecla [Ctrl] juntamente com o *mouse* ativa a função de seleção múltipla, e não de seleção de todos os objetos presentes na área de trabalho.

Gabarito "C".

(Técnico Judiciário – TRE/MA – 2009 – CESPE) A respeito da organização e gerenciamento de arquivos e pastas, assinale a opção correta.

(A) No Windows, o Internet Explorer é o programa utilizado para acesso às pastas e arquivos, assim como aos programas instalados.
(B) No Windows, para se excluir definitivamente um arquivo do computador, deve-se removê-lo para a lixeira a partir do gerenciador de arquivos e, em seguida, deve-se também removê-lo da lixeira.
(C) Para se criar um novo arquivo ou diretório, o usuário deve, antes, estar certo do que vai fazer, pois não é possível alterar o nome de um arquivo criado.

(D) Para se remover programas do computador, basta excluir a pasta inteira que os contém, por meio do comando Delete, contido no diretório **Arquivos de programas**, do Windows.

(E) O usuário que deseja criar um novo diretório deve selecionar uma área no computador, clicar no arquivo que deseja guardar e salvá-lo com outro nome, para não haver sobreposição.

A: errada, o Internet Explorer é um navegador de páginas web. **B:** correta, para que um arquivo seja excluído definitivamente ele deve ser excluído também da lixeira. **C:** errada, é possível alterar o nome de um arquivo após sua criação. **D:** errada, para se remover um programa de computador é necessário utilizar a função Adicionar ou Remover Programas contida no Painel de Controle. **E:** errada, para criar um novo diretório o usuário deve selecionar uma área onde ele deseja criar o diretório, clicar com o botão direito do *mouse* e escolher a opção Novo e depois Pasta.

Gabarito "B".

(Técnico Judiciário – TRE/RS – 2010 – FCC) Se existir a necessidade frequente de trabalhar com arquivos que não estão no computador principal (utilizando um computador portátil, por exemplo), é possível sincronizar os arquivos com suas contrapartes no computador principal após terminar o trabalho. No *Windows XP* esta facilidade é possibilitada pelo uso específico

(A) da transferência de arquivos.
(B) da Área de transferência.
(C) do Porta arquivos.
(D) do Gerenciador de tarefas.
(E) do Porta documentos.

A: Errada, transferência de arquivos é o ato de enviar um arquivo de um local a outro. **B:** Errada, a área de transferência é o local onde as informações copiadas ou recortadas ficam até que sejam coladas em outro local. **C:** Correta, a porta arquivos permite a sincronização de arquivos com uma contraparte. **D:** Errada, o Gerenciador de tarefas é um utilitário que permite o gerenciamento dos processos e serviços sendo executados no computador. **E:** Errada, não existe não ferramenta no Windows XP.

Gabarito "C".

(Técnico Judiciário – TRE/RS – 2010 – FCC) É um dos utilitários do *Windows XP* que serve para analisar volumes locais, além de localizar e consolidar arquivos para que cada um ocupe um espaço único e contíguo no volume. Trata-se de

(A) Volume.
(B) Desfragmentador.
(C) Compactador.
(D) Restaurador do sistema.
(E) Informações do sistema.

A: Errada, volume não é um utilitário do Windows. **B:** Correta, o Desfragmentador analisa o disco rígido à procura de erros e realoca os arquivos de modo que o armazenamento seja contíguo. **C:** Errada, compactador não é um utilitário padrão do Windows. **D:** Errada, o Restaurador do Sistema tem como função retornar o Windows às configurações que possuía em um dia anterior. **E:** Errada, Informa-

ções do Sistema permite ao usuário obter dados de *hardware* e *software* sobre o Windows e o computador no qual está instalado.

Gabarito "B".

(Técnico Judiciário – TRE/AC – 2010 – FCC) Nos aplicativos do *Windows XP*, as letras sublinhadas nos nomes de menu da Barra de Menus indicam que o acesso a um menu pode ser realizado pelo teclado pressionando-se a tecla da letra sublinhada,

(A) apenas.
(B) simultaneamente com as teclas *SHIFT* + CTRL.
(C) simultaneamente com a tecla *SHIFT*.
(D) simultaneamente com a tecla CTRL.
(E) simultaneamente com a tecla ALT.

A: Errada, pressionar uma letra sem outra tecla de suporte não ativa atalhos do Windows. **B:** Errada, as teclas *SHIFT* + CTRL sozinhas não possuem função específica. **C:** Errada, a tecla *SHIFT* sozinha não possui função específica de atalhos. **D:** Errada, a tecla CTRL sozinha não possui função de atalho específica. **E:** Correta, a tecla ALT quando pressionada simultaneamente a uma letra sublinhada no menu ativa aquele menu.

Gabarito "E".

(Técnico Judiciário – TRE/AL – 2010 – FCC) Na barra de endereços da janela do Windows Explorer, no sistema operacional Windows XP, pode-se digitar

(A) endereços da Web, apenas.
(B) caminhos de pastas e arquivos, apenas.
(C) endereços da Web, caminhos de pastas e arquivos ou selecionar pastas no botão de opções do lado direito da barra.
(D) endereços da Web ou selecionar pastas no botão de opções do lado direito da barra, apenas.
(E) endereços da Web ou caminhos de pastas e arquivos, apenas.

A: Errada, também podem ser digitados caminhos de pastas e arquivos. **B:** Errada, o Windows Explorer também aceita endereços da Web. **C:** Correta, a barra de endereços suporta tanto caminhos de pastas e arquivos quanto endereços da Web. **D:** Errada, também é possível digitar caminhos de pastas ou arquivos. **E:** Errada, além disso é possível selecionar pasta no botão de opções da barra.

Gabarito "C".

(Técnico Judiciário – TRE/BA – 2010 – CESPE) Com relação aos sistemas operacionais Windows XP e Linux, julgue os próximos itens.

(1) As informações de espaço livre em um disco rígido de uma máquina que tenha instalado o sistema Windows XP podem ser obtidas a partir do menu Arquivo do Windows Explorer, acessando-se a opção Propriedades, que exibe informações específicas sobre a unidade selecionada.

(2) O Linux é um sistema operacional que pode ser usado apenas em servidores, não sendo adequado para a utilização em estações de trabalho do tipo PC. No entanto, é um sistema cujo código fonte fica disponível para alterações, permitindo que os usuários contribuam para a sua melhoria.

1: Correta, por meio dos passos mencionados é possível obter detalhes do disco como espaço livre e utilizado; **2:** Errada, o Linux pode ser utilizado em qualquer tipo de computador, seja servidor ou de uso pessoal.
Gabarito 1C, 2E

(Técnico Judiciário – TRE/BA – 2010 – CESPE) Quanto ao uso seguro das tecnologias de informação e comunicação, julgue os itens que se seguem.

(1) As intranets são estruturadas de maneira que as organizações possam disponibilizar suas informações internas de forma segura, irrestrita e pública, sem que os usuários necessitem de autenticação, ou seja, de fornecimento de nome de *login* e senha.
(2) Uma das formas de bloquear o acesso a locais não autorizados e restringir acessos a uma rede de computadores é por meio da instalação de firewall, o qual pode ser instalado na rede como um todo, ou apenas em servidores ou nas estações de trabalho.

1: Errada, intranets funcionam como internet, porém, limitado à organização, podendo haver áreas restritas; **2:** Correta, os firewalls permitem aplicar uma camada de segurança, limitando o acesso a serviços ou locais específicos da rede.
Gabarito 1E, 2C

(Técnico Judiciário – TJ/SC – 2010) Com relação ao compartilhamento de recursos do Windows 7, analise as afirmativas a seguir e assinale a alternativa correta:

I. Dentre os recursos possíveis de compartilhar no Windows estão arquivos e impressoras
II. Quando um usuário compartilha uma impressora, automaticamente todos os arquivos da pasta "Minhas Impressoras" também são compartilhados com permissão de leitura e escrita.
III. É possível compartilhar um arquivo com apenas um usuário da rede e fornecer a esse usuário permissão apenas de leitura.

(A) Somente as proposições I e II estão corretas.
(B) Somente as proposições II e III estão corretas.
(C) Todas as proposições estão corretas.
(D) Todas as proposições estão incorretas.
(E) Somente as proposições I e III estão corretas.

A: Errada, a proposição II está incorreta, quando uma impressora é compartilhada, apenas ela fica disponível na rede. **B:** Errada, a proposição II está incorreta, quando uma impressora é compartilhada, apenas ela fica disponível na rede. **C:** Errada, a proposição II está incorreta, quando uma impressora é compartilhada, apenas ela fica disponível na rede. **D:** Errada, as proposições I e III estão corretas. **E:** Correta, apenas as proposições I e III estão corretas.
Gabarito "E".

(Técnico Judiciário – TJ/SC – 2010) São operações oferecidas pela calculadora do Windows 7, EXCETO:

(A) Calcular a diferença entre duas datas.
(B) Converter temperatura de Celsius para Fahrenheit.
(C) Adicionar ou subtrair dias de uma data especificada.
(D) Converter calorias em quilogramas.
(E) Converter distância de centímetros para metros.

A: Errada, a calculadora do Windows 7 permite o calculo da diferença de datas. **B:** Errada, a conversão de temperatura também é possível pela calculadora do Windows 7. **C:** Errada, por meio da função cálculo de datas é possível adicionar ou subtrair dias de uma data. **D:** Correta, não é possível fazer a conversão de calorias para quilogramas por serem unidades diferentes. **E:** Errada, a conversão de unidades de distância é possível pela calculadora do Windows 7.
Gabarito "D".

(Escrevente Técnico Judiciário – TJ/SP – 2011 – VUNESP) Um escrevente está usando o programa Windows Explorer, que integra o Microsoft Windows XP em sua configuração padrão, para a visualização das pastas e arquivos de seu computador. Sabendo que a tela apresentada pelo programa é a que está reproduzida na figura a seguir, assinale a alternativa que contém a afirmação correta.

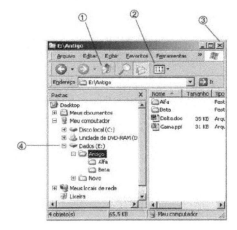

(A) Ao se clicar sobre o ícone 1, a área à direita da tela do programa irá exibir os itens existentes no Disco Local (C:).
(B) Ao se clicar sobre o ícone 2, será iniciada a apresentação Gama.ppt que está armazenada na pasta denominada Beta.
(C) Clicando-se sobre o ícone 3, a pasta selecionada pelo usuário será removida do disco rígido do computador.
(D) Clicando-se sobre o ícone 4, serão ocultadas as pastas Alfa, Beta e também os arquivos Delta.doc e Gama.ppt.
(E) No arquivo Delta.doc existe menor quantidade de informação armazenada em *bits* do que existe no arquivo Gama.ppt.

A: Errada, o ícone 1 faz com que seja exibida uma pasta superior a atual a hierarquia de pastas. **B:** Errada, o ícone 2 permite alterar o modo de exibição dos itens presentes na janela da direita. **C:** Errada, o ícone 3 apenas fecha a janela atual. **D:** Correta, o ícone 4 retrai as pastas que estão sendo exibidas de forma expandida, portanto as pastas Alta e Beta seriam ocultadas, os arquivos também seria ocultados pois a exibição mudaria para o conteúdo do disco de Dados (E:). **E:** Errada, como se pode comprovar pela segunda coluna exibida na tela da direita, o arquivo Delta.doc possui mais bits que o arquivo Gama.ppt.
Gabarito "D".

(Escrevente Técnico – TJ/SP – 2010 – VUNESP) Assinale a alternativa cujas palavras completam, correta e respectivamente, a afirmação a seguir.

Para apagar, de forma intercalada, vários arquivos de uma pasta cujo conteúdo está sendo visualizado com o Windows Explorer, que integra o Microsoft Windows XP, em sua configuração padrão, um usuário deverá acionar a tecla, selecionar os arquivos com o *mouse* e acionar a tecla.

(A) Ctrl ... Delete
(B) Ctrl ... Escape
(C) End ... PageUp
(D) *Shift* ... Delete
(E) *Shift* ... Home

A: Correta, a tecla Ctrl combinada com cliques do *mouse* permite a seleção não adjunta e a tecla Delete faz a exclusão dos arquivos selecionados. **B:** Errada, a tecla Escape cancela uma ação, o correto seria a tecla Delete. **C:** Errada, a tecla *End* apenas leva a seleção para o último arquivo no diretório atual. **D:** Errada, a tecla *shift* faz a seleção de vários arquivos adjacentes, portanto não é possível a seleção intercalada. **E:** Errada, a tecla *shift* faz a seleção de vários arquivos adjacentes, portanto não é possível a seleção intercalada.

Gabarito "A".

(Técnico Judiciário – TJ/PR – 2009) Para selecionarmos arquivos que estão em sequência, devemos:

(A) selecionar o primeiro arquivo, pressionar a tecla CTRL e selecionar o último arquivo.
(B) selecionar o primeiro arquivo, pressionar a tecla *SHIFT* e selecionar o último arquivo.
(C) selecionar o primeiro arquivo, pressionar a tecla ALT e selecionar o último arquivo.
(D) selecionar o primeiro arquivo, pressionar a tecla *TAB* e selecionar o último arquivo.

A: errada, a tecla CTRL faz seleção de múltiplos arquivos de forma individual, selecionando os arquivos um a um. **B:** correta, com a tecla *SHIFT* todos os arquivos no intervalo desejado serão selecionados. **C:** errada, a tecla ALT não realiza seleção de múltiplos arquivos. **D:** errada, a tecla *TAB* não realiza seleção de múltiplos arquivos.

Gabarito "B".

(Técnico Judiciário – MPU – 2010 – CESPE) Acerca do ambiente Windows e das ferramentas a ele associadas, julgue os itens a seguir.

(1) Os operadores aritméticos do MS Excel 2007 para multiplicação, divisão, potenciação e porcentagem são, respectivamente, * , / , ^ e % .
(2) Na área de transferência do Windows XP, ficam armazenados, por padrão, atalhos para alguns aplicativos úteis, como o Gerenciador de Arquivos, Meu Computador, Meus Locais de Rede e Lixeira, podendo o usuário criar outros atalhos que desejar.

1: Correta, o símbolo * representa a multiplicação, / a divisão, ^ a potenciação e %a porcentagem; **2:** Errada, a área de transferência é o local onde textos e arquivos ficam armazenados quando copiados ou recortados, até que sejam colados em outro local.

Gabarito 1C, 2E.

(Delegado/RN – 2009 – CESPE) O sistema operacional Linux não é

(A) capaz de dar suporte a diversos tipos de sistema de arquivos.
(B) um sistema monousuário.
(C) um sistema multitarefa.
(D) capaz de ser compilado de acordo com a necessidade do usuário.
(E) capaz de suportar diversos módulos de dispositivos externos.

A: Errada, o Linux tem suporte a vários tipos de sistemas de arquivos. **B:** Correta, o Linux não é um sistema monousuário, ele permite que mais de um usuário se conecte a ele de forma simultânea. **C:** Errada, o Linux é um sistema multitarefa, podendo executar várias ações ao mesmo tempo. **D:** Errada, o Linux é um sistema de código aberto, portanto pode ser modificado de acordo com as necessidades do usuário. **E:** Errada, o Linux tem suporte a vários módulos de dispositivos externos.

Gabarito "B".

(Delegado/PI – 2009 – UESPI) Após selecionarmos um item da área de trabalho (*desktop*), se pressionarmos a tecla de atalho F2, o que poderemos fazer de imediato com este item?

(A) Abrir .
(B) Executar .
(C) renomear .
(D) Apagar .
(E) Alterar o seu ícone.

A: Errada, já que nenhuma das teclas de atalho 'F' podem abrir arquivos. **B:** Errada, porque nenhuma das teclas de atalho 'F' executa um arquivo. **C:** Correta, pois a tecla de atalho F2 ativa a função Renomear, permitindo que o nome do arquivo seja alterado. **D:** Errada, uma vez que a tecla que ativa a função apagar é a tecla *Delete* e não as teclas de atalho 'F'. **E:** Errada, dado que para alterar o ícone deve-se acessar as propriedades do arquivo em questão, e as teclas de atalho 'F' não possuem esta habilidade.

Gabarito "C".

(Fiscal de Rendas/RJ – 2010 – FGV) As distribuições Linux utilizam diversos gerenciadores de janelas e de pastas e arquivos, cada um com suas peculiaridades e que representam ambientes gráficos. Assinale a alternativa que apresenta exemplos de gerenciadores mais utilizados no Linux.

(A) KDE, GNOME e BLACKBOX.
(B) DEBIAN, XFCE e UBUNTU.
(C) MANDRIVA, REDHAT e SPARC.
(D) FREEBSD, MOBLIN e LXDE.
(E) KERNEL, SUSE e FLUXBOX.

A: Correta, todas representam ambientes gráficos do Linux. **B:** Errada, Debian e Ubuntu são distribuições Linux e não gerenciadores de janelas. **C:** Errada, Mandriva e RedHat são distribuições Linux, enquanto SPARC é uma arquitetura de processador e não gerenciadores de janelas. **D:** Errada, FreeBSD e Moblin são distribuições Linux e não gerenciadores de janelas. **E:** Errada, Kernel se refere ao núcleo do sistema operacional e Suse é uma distribuição Linux e não gerenciadores de janelas.

Gabarito "A".

(Fiscal de Rendas/RJ – 2010 – FGV) Sistemas operacionais como Windows 98 SE, Windows XP Professional, Windows Vista e o Windows 7 utilizam ícones e atalhos de teclado com o objetivo de facilitar a execução de operações.

Nesse sentido, pressionar simultaneamente as teclas *Alt* e *Tab* tem por significado:

(A) classificar todos os ícones existentes na área de trabalho, em ordem alfabética.

(B) mover uma pasta ou arquivo que esteja armazenado em um disco rígido, para outro.

(C) copiar uma pasta ou arquivo que esteja armazenado em um disco rígido, para outro.

(D) acessar uma aplicação por meio da escolha em uma janela de diálogo, dentre as que se encontram em execução no ambiente Windows.

(E) acessar uma aplicação diretamente sem auxílio de uma janela de diálogo, dentre as que se encontram em execução no ambiente Windows.

A: Errada, não há teclas de atalho para classificar os ícones da área de trabalho na configuração-padrão dos sistemas mencionados. **B:** Errada, para que isso fosse feito, deveriam ser usados os atalhos Ctrl + X no local de origem do arquivo (estando ele previamente selecionado) e Ctrl + V no local de destino. **C:** Errada, para que isso fosse feito, deveriam ser usados os atalhos Ctrl + C no local de origem do arquivo (estando ele previamente selecionado) e Ctrl + V no local de destino. **D:** Correta, as teclas Alt + *Tab* permitem alternar a janela ativa por meio da escolha em uma janela de diálogo. **E:** Errada, as teclas Alt + *Tab* permitem acessar uma aplicação dentre as que se encontram em execução, porém com o auxílio de uma janela de diálogo.

Gabarito "D".

(Auditor Fiscal/RO – 2010 – FCC) No Windows, estão disponíveis no menu Ferramentas do Meu computador APENAS as Opções de pasta

(A) Modo de exibição e Geral.

(B) Modo de exibição, Tipos de arquivo e Sincronizar.

(C) Geral e Tipos de arquivo.

(D) Geral, Modo de exibição e Tipos de arquivo.

(E) Mapear unidade de rede e Tipos de arquivo.

A: Errada, há também a opção Tipos de Arquivo. **B:** Errada, não há opção Sincronizar nas Opções de Pasta do menu Ferramentas no Meu Computador. **C:** Errada, há também a opção Modo de Exibição. **D:** Correta, todas as 3 opções mencionadas podem ser encontradas em Opções de Pasta do menu Ferramentas no Meu Computador. **E:** Errada, Mapear unidade de rede é uma opção acessível diretamente no menu Ferramentas e não dentro de Opções de Pasta.

Gabarito "D".

(Auditor Fiscal/SC – 2010 – FEPESE) Assinale a alternativa correta a respeito do compartilhamento (exportação) de arquivos e pastas nos sistemas operacionais Windows ou Linux.

(A) Um arquivo pode ser 'compartilhado' (ou 'exportado'), de modo a se tornar acessível a partir de outros computadores da rede.

(B) É possível efetuar o compartilhamento ('exportação') somente de discos inteiros ou de partições físicas ou lógicas do disco.

(C) Qualquer usuário da rede, a partir do seu computador, pode ler um arquivo compartilhado que se encontra armazenado em outro computador da rede, mas somente o usuário que efetuou o compartilhamento pode alterar o arquivo a partir do seu computador.

(D) Uma pasta (também chamada de 'diretório') pode ser 'compartilhada' (ou 'exportada'), de modo a tornar o seu conteúdo acessível a partir de outros computadores da rede.

(E) Qualquer usuário da rede, a partir do seu computador, pode alterar um arquivo compartilhado que se encontra armazenado em outro computador da rede.

A: Errada, só é possível compartilhar um arquivo a partir do computador onde ele se encontra. **B:** Errada, também é possível compartilhar arquivos ou diretórios separadamente. **C:** Errada, qualquer usuário pode alterar um arquivo disponibilizado na rede, desde que lhe tenha sido dado permissão para isso. **D:** Correta, uma pasta também pode ser compartilhada tornando seu conteúdo disponível a partir de outros computadores. **E:** Errada, apenas usuários que tenham permissão para isso podem alterar arquivos compartilhados na rede.

Gabarito "D".

(Auditor Fiscal/SC – 2010 – FEPESE) Considerando as características dos sistemas operacionais, assinale a alternativa correta.

(A) Um computador com sistema operacional multiusuário pode ser utilizado por vários usuários simultaneamente.

(B) Um computador com sistema operacional multitarefa permite que diferentes usuários executem tarefas simultaneamente no computador.

(C) Um sistema operacional multitarefa é sempre um sistema operacional multiusuário.

(D) Um sistema operacional multitarefa requer um computador com processador que possua dois ou mais núcleos.

(E) Um sistema operacional multiusuário requer um computador com processador que possua dois ou mais núcleos.

A: Correta, um SO multiusuário pode ser usado por vários usuários simultaneamente. **B:** Errada, um SO multitarefa permite que um usuário execute várias tarefas de forma simultânea. **C:** Errada, nem todo SO multitarefa é multiusuário. **D:** Errada, SOs multitarefa podem ser executados normalmente em computadores com apenas um núcleo por meio do uso de threads. **E:** Errada, SOs multiusuário podem ser executados normalmente em computadores com apenas um núcleo.

Gabarito "A".

(Técnico – ANATEL – 2009 – CESPE) Em relação aos sistemas operacionais Windows XP e Linux, julgue os itens que se seguem.

(1) O Linux, sistema operacional bastante difundido atualmente e adotado por grandes empresas, possui capacidade de multitarefa, multiprocessamento, memória virtual por paginação e bibliotecas compartilhadas.

(2) O Windows XP, pertencente à família de sistemas operacionais produzidos pela Microsoft, é reconhecido pela sua estabilidade e eficiência. Características como a alternância entre contas de usuários, o suporte para redes *wireless* e sequências rápidas de iniciação popularizaram e difundiram o uso desse compilador, apesar de a interface gráfica das versões anteriores, por seu aperfeiçoamento e simplicidade, ter sido mantida.

1: Correta, o Linux permite a execução de vários processos ao mesmo tempo, sendo, portanto, multitarefa e possuindo multiprocessamento, ele também possui suporte ao uso de memória virtual e uma vasta gama de bibliotecas compartilhadas; **2:** Errada, o Windows XP apresentou a primeira alteração na interface gráfica desde a versão 95 do Windows, que foi novamente alterada com os lançamentos das versões Windows Vista e Windows 8.

Gabarito 1C, 2E

(Agente Administrativo – FUNASA – 2009 – CESGRANRIO) Para configurar os principais recursos de *hardware* e *software* de um microcomputador, no Windows XP, utiliza-se a ferramenta

(A) catálogo de endereços.
(B) central de segurança.
(C) desfragmentador.
(D) mapa de caracteres.
(E) painel de controle.

A: Errada, o catálogo de endereços não tem qualquer relação com configurações de *hardware* e *software* do computador. **B:** Errada, a central de segurança controla apenas as opções de segurança como *firewall* e antívirus do computador. **C:** Errada, o desfragmentador tem como função desfragmentar as unidades de disco do computador. **D:** Errada, o mapa de caracteres é uma ferramenta que permite acesso a todos os tipos de caracteres aos quais o computador reconhece. **E:** Correta, por meio do Painel de Controle é possível configurar diversas opções de *hardware* e *software* do Windows.

Gabarito "E".

(Agente Administrativo – FUNASA – 2009 – CESGRANRIO) Ao trabalhar no ambiente Windows XP, um usuário pode utilizar uma série de ferramentas. Relacione as ferramentas apresentadas na coluna da esquerda com as respectivas funções indicadas na coluna da direita.

Ferramentas	Funções
I – Firefox	Q – Navegar na Internet.
II – Paint	R – Gerenciar pastas e arquivos.
III – Windows Explorer	

Estão corretas as associações:

(A) I – Q, II – R
(B) I – Q, III – R
(C) I – R, II – Q

(D) II – Q, III – R
(E) II – R, III – Q

A: Errada, o Paint é um editor de imagem e não um gerenciador de arquivos. **B:** Correta, Firefox é um navegador web e o Windows Explorer é o gerenciador de pastas e arquivos do Windows. **C:** Errada, Firefox é um navegador e não um gerenciador de arquivos. **D:** Errada, o Paint é um editor de imagens e não um navegador. **E:** Errada, o Paint é um editor de imagens e não um gerenciador de arquivos.

Gabarito "B".

(CODIFICADOR – IBGE – 2011 – CONSULPLAN) Na organização de arquivos com a utilização do Windows Explorer (Windows XP – configuração padrão), as teclas de atalho "Ctrl + X" têm a função de:

(A) Abrir um arquivo selecionado.
(B) Recortar arquivo ou pasta selecionada.
(C) Copiar arquivo ou pasta selecionada.
(D) Colar arquivo ou pasta copiada.
(E) Não tem nenhuma função.

A: Errada, para abrir um arquivo selecionado basta apertar a tecla Enter. **B:** Correta, o atalho Ctrl + X recorta o arquivo ou pasta que está selecionado. **C:** Errada, o atalho para copiar um arquivo ou pasta é Ctrl + C. **D:** Errada, o atalho para Colar um arquivo ou pasta é Ctrl + V. **E:** Errada, há uma função atrelada ao atalho, neste caso a de Recortar.

Gabarito "B".

(Agente Administrativo – Ministério do Des. Agrário – 2009 – COSEAC) No Painel de Controle do Windows XP (Home Edition), a categoria que é configurada as opções da Internet, as atualizações automáticas e o *firewall* do Windows, é conhecida como:

(A) Central de Segurança;
(B) Desempenho e Manutenção;
(C) Opções de Acessibilidade;
(D) Adicionar ou Remover Programas;
(E) Aparência e Temas.

A: Correta, a Central de Segurança permite gerenciar as configurações de firewall, atualizações e opções de segurança da Internet. **B:** Errada, em Desempenho e Manutenção há opções de gerenciamento de energia, opções visuais, entre outros. **C:** Errada, em Opções de Acessibilidade é possível configurar detalhes do sistema para pessoas com deficiências. **D:** Errada, em Adicionar e Remover Programas é possível apenas remover e adicionar programas ou itens do Windows. **E:** Errada, em Aparência e Temas é possível alterar as configurações visuais do Windows.

Gabarito "A".

(Agente Administrativo – Ministério da Educação – 2009 – CESPE) Acerca do ambiente Windows, de editores e sistema operacional, julgue os próximos itens.

(1) No Windows XP, a funcionalidade de mapear unidade de rede oferece a opção de se criar uma espécie de disco virtual em outro computador, mas que só pode ser acessado quando os computadores estiverem conectados em rede.

(2) No Microsoft Word 2003, a função de comparação de documentos lado a lado permite que sejam mescladas as alterações feitas em dois documen-

tos distintos a partir de um deles, o que facilita a identificação de diferenças entre as versões dos documentos.

(3) Para se justificar todos os parágrafos de um texto contido em uma caixa de texto do Microsoft PowerPoint, pode-se selecionar a caixa de texto em que estão contidos os parágrafos, atribuindo-se a todo o texto da caixa a justificação do parágrafo.

(4) No Microsoft Excel, o caractere que se utiliza para iniciar fórmulas de cálculo é o sinal de igual (=), sem o qual o sistema interpreta os dados como sendo números simples ou dados alfanuméricos.

1: Correta, unidades mapeadas de rede acessam pastas em outros computadores na forma de um disco virtual; **2:** Errada, a comparação de documentos lado a lado apenas exibe as diferenças entre os documentos, não mesclando seu conteúdo; **3:** Correta, quando um efeito é aplicado à caixa de texto, todo seu conteúdo recebe o referido efeito; **4:** Correta, o símbolo de igual inicia todas as fórmulas do Excel, sendo obrigatório sua presença no inicio da fórmula.

Gabarito 1C, 2E, 3C, 4C

(Agente Administrativo – Ministério da Educação – 2009 – CESPE) A respeito de sistemas operacionais e de editores de texto, de apresentações e de planilhas eletrônicas, julgue os itens a seguir.

(1) No BrOffice Writer, a opção Salvar tudo permite salvar todos os arquivos correntemente abertos, e a opção Recarregar permite desfazer as alterações feitas em um documento, recuperando o estado original de quando ele foi aberto.

(2) O BrOffice Calc é um aplicativo que possui as mesmas funcionalidades do Microsoft Excel e apresenta os mesmos símbolos de botões para facilitar a utilização por usuários que fazem uso simultâneo desses aplicativos.

(3) O BrOffice Impress é um programa utilizado para a criação de apresentações em *slides* que, ao contrário de outros *software* da suíte BrOffice, não possui um assistente para auxiliar o usuário na criação do documento.

1: Correta, o Writer possui a opção Salvar tudo, onde todos os arquivos que estão atualmente abertos são salvos e a opção Recarregar faz com que todas alterações feitas desde que o arquivo foi salvo sejam desfeitas; **2:** Errada, nem todos os símbolos de botões nos programas mencionados são idênticos; **3:** Errada, o Impress também possui um assistente que ajuda o usuário durante a criação de uma apresentação.

Gabarito 1C, 2E, 3E

(Agente Administrativo – Ministério da Justiça – 2009 – FUNRIO) O teclado brasileiro que possui a tecla "Ç", para funcionar corretamente, deve ser configurado no Windows XP com o *layout* no padrão

(A) Latin1
(B) ABNT2
(C) Pt-BR
(D) PS2
(E) US-Internacional

A: Errada, Latin1 é um padrão ISO de conjunto de caracteres. **B:** Correta, o padrão de *layout* ABNT2 possui o caractere Ç entre os disponíveis no teclado. **C:** Errada, Pt-BR não é um *layout* de teclado válido. **D:** Errada, PS2 é um tipo de conexão de teclados e não um padrão de *layout* de teclado. **E:** Errada, o *layout* US-Internacional não possui o caractere Ç em seu padrão.

Gabarito "B".

(Agente Administrativo – MPOG – 2009 – FUNRIO) Considere as afirmativas a seguir quanto a algumas das opções que temos ao clicar em "Iniciar", "Desligar o computador..." no Windows XP:

I. Desativar – Desliga o Windows com segurança.
II. Em espera – Coloca o Windows em um estado de baixo consumo de energia.
III. Hibernar – Desliga o Windows, mas antes salva as informações e programas abertos na memória do Disco Rígido.

Está(ão) correta(s) a(s) afirmativa(s):

(A) I e II, apenas.
(B) I e III, apenas.
(C) II e III, apenas.
(D) I, apenas.
(E) I, II e III.

A: Errada, a afirmativa III também está correta. **B:** Errada, a afirmativa II também está correta. **C:** Errada, a afirmativa I também está correta. **D:** Errada, as afirmativas II e III também estão corretas. **E:** Correta, a opção Desativar desliga o Windows de forma segura, Em espera coloca o computador em um estado onde há um menor consumo de energia porém ele não é desligado totalmente e no modo Hibernar o Windows é desligado e todas as informações do sistemas são salvos no disco rígido para que possam ser usadas novamente quando ele for religado.

Gabarito "E".

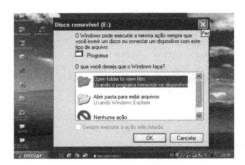

(Agente Administrativo – Ministério da Previdência – 2010 – CESPE) Tendo como referência a figura acima, julgue os próximos itens.

(1) Na figura, observa-se uma janela que é mostrada, no Windows XP, quando um *pendrive* é inserido em uma entrada USB, na qual se encontra opção para abrir esse dispositivo. Caso essa janela não seja mostrada automaticamente, é necessário clicar o botão direito do *mouse* e selecionar a opção Executar pendrive.

(2) No Windows XP, quando ocorre problema em um programa em execução, o sistema operacional mostra uma mensagem avisando que aquele programa parou de funcionar. Nesse caso, para finalizar o referido programa, é necessário acionar simultaneamente as teclas `Ctrl` + `Alt` + `Delete` e, na janela disponibilizada, selecionar a aba Processos e clicar o botão Finalizar tarefa.

(3) No modo de exibição Detalhes do Windows Explorer, encontra-se o conteúdo da pasta aberta, com informações detalhadas sobre os arquivos, as quais podem ser escolhidas pelo usuário.

1: Errada, não existe opção denominada Executar *pendrive* no Windows XP, basta abrir o Windows Explorer para ter acesso ao conteúdo do *pendrive*. **2:** Errada, na própria tela de aviso há uma opção que permite cancelar a execução do programa em questão. **3:** Correta, o modo de exibição Detalhes mostra ao usuário uma série de informações sobre o arquivo, como data de criação, modificação, tamanho, entre outros. Gabarito 1E, 2E, 3C

(Agente Administrativo – Ministério da Previdência – 2010 – CESPE) A respeito do sistema operacional Linux, julgue o item abaixo.

(1) No Linux, os comandos rm e cp permitem, respectivamente, remover e copiar um ou mais arquivos.

1: Correta, o comando rm permite a exclusão de arquivos e o comado cp realiza a cópia de arquivos dentro de um ambiente Linux. Gabarito 1C

(Técnico – TCU – 2009 – CESPE) Com relação a conceitos de informática e características de sistemas operacionais, julgue os itens a seguir.

(1) O *firewall* do Windows XP restringe as informações que chegam ao computador no qual ele está instalado vindas de outros computadores, o que permite maior controle sobre os dados e oferece proteção contra pessoas ou programas que tentem conectar o computador sem permissão.

(2) O Linux é pouco vulnerável a vírus de computador devido à separação de privilégios entre processos, desde que sejam respeitadas as recomendações padrão de política de segurança e uso de contas privilegiadas.

1: Correta, o *firewall* tem por função filtrar as informações que entram e saem do computador, ajudando assim a evitar que o computador seja acessado sem o consentimento do usuário; **2:** Correta, a política de privilégios do Linux garante um nível de segurança muito maior ao sistema, diferente do Windows onde quase sempre os processos são executados com permissão de administrador. Gabarito 1C, 2C

Sistema Linux já é coisa de gente grande: cresce a adoção do *software* nas empresas brasileiras

O Linux, principal concorrente do Microsoft Windows, já serve de base a um mercado bilionário no país e dá suporte a atividades essenciais de gigantes nacionais. O uso do Linux é tranquilo, estável e confiável. Além disso, permite reduções de 30% a 40% nos investimentos em equipamentos. Os terminais não têm disco rígido e carregam os programas diretamente dos servidores. Com essa configuração rodando Linux, as redes varejistas podem usar computadores bem mais simples e baratos como terminais, reduzindo os custos das máquinas e de sua manutenção.

O Estado de S. Paulo, 13/4/2004 (com adaptações).

(Analista – ANATEL – 2009 – CESPE) Tendo o texto acima como referência inicial, julgue os itens seguintes, a respeito do sistema operacional Linux.

(1) O sistema operacional Linux é considerado um *software* livre, o que significa que não é propriedade exclusiva de nenhuma empresa e que a seu usuário é assegurada a liberdade de usá-lo, manipulá-lo e redistribuí-lo ilimitadamente e sem restrições.

(2) A redução de gastos com investimentos em equipamentos, a que se refere o texto, pode ser relacionada ao fato de o Linux ser um *kernel* modular, o que significa que as suas funções de agendamento de processos, gerenciamento de memória, operações de entrada e saída, acesso ao sistema de arquivos entre outras, são executadas no espaço *kernel*.

1: Correta, o Linux é distribuído de forma gratuita e pode ser livremente usado, manipulado e distribuído por seus usuários; **2:** Errada, o Linux necessita de um *hardware* menos robusto para ser executado e também economiza com a aquisição de licenças de uso. Gabarito 1C, 2E

(Analista – Ministério da Int. Nacional – 2012 – ESAF) A estrutura do núcleo do Linux contém os componentes:

(A) E/S, Gerenciador de periféricos, Gerenciador de programa.

(B) Gerenciador de TCP/IP, Gerenciador de memória virtual, Gerenciador de processo.

(C) E/S, Gerenciador de memória, Gerenciador de processo.

(D) E/S, Gerenciador de sinais, Gerenciador de escalonamento de CPU.

(E) Gerenciador de sistema operacional, Gerenciador de memória principal, Gerenciador de processador.

A: Errada, Gerenciador de programa não é um tipo de estrutura que compõem o núcleo de um sistema operacional. **B:** Errada, o protocolo TCP/IP não tem relação direta com o núcleo do sistema operacional. **C:** Correta, Gerenciador de memória e processo são componentes que fazem parte do núcleo de um sistema operacional, assim como os controladores de Entrada e Saída (E/S). **D:** Errada, Gerenciador de escalonamento não é um tipo de estrutura que compõem o núcleo de um sistema operacional. **E:** Errada, Gerenciador de sistema operacional não é um tipo de estrutura que compõem o núcleo de um sistema operacional. Gabarito "C"

(Analista – Ministério da Int. Nacional – 2012 – ESAF) Em relação aos aplicativos do Microsoft Office e do BR Office, é correto afirmar que:

(A) o aplicativo de edição de textos do BR Office é o Impress.
(B) a ferramenta de "Verificação ortográfica" só está disponível nos aplicativos de edição de textos do Microsoft Office.
(C) os aplicativos do BR Office não permitem salvar documentos em formato .pdf.
(D) o recurso de "Alinhamento rápido" de parágrafos na "Barra de ferramentas" só está disponível nos aplicativos de edição de textos do BR Office.
(E) ambos dispõem de uma ferramenta muito útil para "copiar" atributos de um determinado texto para outro, chamados, respectivamente, de "Formatar pincel" e "Pincel de estilo".

A: Errada, o Impress é um aplicativo de apresentação de *slides*, o editor de texto se chama Writer. **B:** Errada, ambos os *softwares* possuem uma ferramenta de verificação ortográfica. **C:** Errada, é possível salvar os documentos no formato PDF usando os aplicativos do BrOffice. **D:** Errada, não há um tipo de alinhamento com esta denominação. **E:** Correta, as ferramentas Formatar Pincel e Pincel de Estilo copiam a formatação de um trecho de texto selecionado.

Gabarito "E".

(Administrador – Ministério da Justiça – 2009 – FUNRIO) A tela inicial do sistema operacional Microsoft Windows XP é formada por uma área de trabalho ou *desktop*. A barra que aparece na parte inferior da área de trabalho, configurada em modo padrão, é denominada barra de

(A) ferramentas.
(B) programas.
(C) *status*.
(D) notificações.
(E) tarefas.

A: Errada, a barra de ferramentas é um item presente dentro dos aplicativos, onde podem ser acessadas funções destes. **B:** Errada, não há uma barra de programas no Windows XP. **C:** Errada, a barra de *status* é um item interno de um programa que apenas exibe informações sobre o aplicativo atual. **D:** Errada, barra de notificações é um item pertencente a um programa e não ao Windows. **E:** Correta, a barra que aparece na parte inferior da área de trabalho, onde está localizado o menu Iniciar, é denominada barra de tarefas.

Gabarito "E".

(Analista – MPOG – 2009 – FUNRIO) O programa do Windows responsável por reorganizar e otimizar os arquivos que estão no disco, tornando o seu acesso mais eficiente é:

(A) *Scan*disk.
(B) Limpeza de disco.
(C) Windows Explorer.
(D) Chkdisk.
(E) Desfragmentador de disco.

A: Errada, o Scadisk é uma ferramenta de varredura que busca erros no disco rígido. **B:** Errada, a ferramenta de Limpeza de disco apenas busca liberar espaço no disco rígido. **C:** Errada, o Windows Explorer é o gerenciador de arquivos do Windows. **D:** Errada, o Chkdisk não é um programa do Windows. **E:** Correta, o Desfragmentador de disco reorganiza os arquivos de forma que eles sejam armazenados contiguamente, melhorando assim a velocidade de acesso às informações.

Gabarito "E".

(Analista – MPOG – 2009 – FUNRIO) Considere as afirmativas sobre o Windows XP:

I. Permite compactar e descompactar arquivos ".ZIP" sem a necessidade de instalar *softwares* de terceiros.
II. Já vem incluído como acessórios os editores de texto "Bloco de Notas" e "Word Pad".
III. Permite ser controlado remotamente, mas é necessária a instalação de *softwares* de terceiros para a assistência remota.

Está(ão) correta(s) apenas
(A) I e III.
(B) II e III.
(C) I.
(D) I e II.
(E) I, II e III.

Apenas a afirmativa III está incorreta, o Windows possui uma ferramenta próprio de acesso remoto, não sendo necessário um *software* de terceiros, portanto apenas a alternativa D está correta.

Gabarito "D".

(Analista – PREVIC – 2011 – CESPE) A respeito do sistema operacional Windows e de suas ferramentas, julgue o item a seguir.

(1) No Windows XP Professional, a ferramenta de limpeza do disco seleciona automaticamente arquivos que possam ser excluídos com segurança, possibilitando a liberação de espaço no disco rígido do computador.

1: Correta, a ferramenta de Limpeza de disco vasculha o computador por arquivos temporários e outros tipos de arquivos que podem ser excluídos sem causar impacto no funcionamento do sistema, aumentando assim o espaço disponível em disco.

Gabarito 1C.

(Soldado – PM/SP – VUNESP – 2019) Considere um computador com o Microsoft Windows 10, em sua configuração original, sem nenhuma janela aberta. Como primeira ação, o usuário abre o WordPad e maximiza a janela. Em seguida abre o Bloco de Notas e maximiza a janela.

Assinale a alternativa que indica qual(is) janela(s) aparecerá(ão) na tela do computador quando o usuário clicar no botão indicado na imagem a seguir, na janela do Bloco de Notas, exibida parcialmente.

(A) As opções do Menu Iniciar.
(B) O Wordpad.
(C) O Bloco de Notas.
(D) A Área de Trabalho.
(E) O Wordpad e o Bloco de Notas lado a lado.

A, B, C, D e E: A interface do Windows utiliza o conceito de uma janela para exibir cada programa aberto no computador, sendo possível ter vários programas e consequentemente várias janelas abertas, sendo que cada janela se sobrepõe às outras quando está ativa, funcionando como uma pilha onde a janela ativa sempre é enviada para o começo da pilha. Neste caso primeiro o Wordpad é aberto e na sequência o Bloco de Notas é executado, indo para o inicio da pilha, o botão em questão minimiza a janela, enviando-a para a barra de tarefas, assim ao ser minimizado o item seguinte é exibido, neste caso o Wordpad. Portanto apenas a alternativa C está correta.

Gabarito "B".

(Soldado – PM/SE – IBFC – 2018) No processo de formatação de um disco rígido o sistema de arquivos padrão que deverá ser utilizado para permitir o uso do Sistema Operacional Windows (XP/7/8) é o:

(A) FAT 64
(B) NTFS
(C) WINFS
(D) HPFS

A: Errada, também conhecido como exFAT, não é a opção padrão para as versões do Windows XP ou posterior, embora seja compatível com eles e também algumas versões do MacOS X. **B:** Correta, o sistema de arquivos, que define parâmetros da forma como os arquivos são armazenados no disco rígido, utilizado pelo Windows XP e versões posteriores é o NTFS. **C:** Errada, o WINFS foi um sistema de arquivos idealizado pela Microsoft porém descontinuado, não chegando a ser usado em nenhuma versão oficial do Windows. **D:** Errada, o HPFS é um sistema de arquivos utilizado pelo sistema operacional OS/2 desenvolvimento pela IBM e suportado por algumas distribuições do Linux.

Gabarito "B".

(Administrador Judiciário – TJ/SP – 2019 – VUNESP) Um usuário do MS-Windows 10, em sua configuração padrão, que precise organizar seus arquivos e pastas deve usar o aplicativo acessório padrão Explorador de Arquivos, que pode ser aberto por meio do atalho por teclado, segurando-se a tecla Windows do teclado e, em seguida, clicando na letra

(A) T
(B) F
(C) R
(D) E
(E) A

A: Errada, o atalho Windows + T é usado para alternar a seleção de destaque do aplicativos abertos localizadas na barra de tarefas do Windows. **B:** Errada, no Windows 10 o atalho Windows + F inicia o aplicativo Hub de Comentários, usado para reportar problemas de uso do sistema operacional. **C:** Errada, o atalho Windows + R abre a função Executar, que pode ser usada para executar determinado comando ou iniciar algum programa no Windows. **D:** Correta, o atalho Windows + E inicia o Windows Explorer, que permite navegar na

estrutura de pastas e arquivos do computador. **E:** Errada, no Windows 10 o atalho Windows + A abre a área de notificação do Windows, que também pode ser acessada através do ícone [ ] localizado ao lado do relógio na barra de tarefas.

Gabarito "D".

(Técnico – TRT1 – 2018 – AOCP) Para movimentar um arquivo entre dois diretórios, de modo que não fique uma réplica desse arquivo no diretório onde ele estava inicialmente, qual é a sequência de atalhos de teclado que deve ser executada após selecionar o arquivo através do mouse?

(Obs.: O caractere "+" foi utilizado apenas para interpretação.)

(A) CTRL + C no diretório inicial e, depois, CTRL + V no diretório de destino.
(B) CTRL + C no diretório inicial e, depois, CTRL + C no diretório de destino.
(C) CTRL + X no diretório inicial e, depois, CTRL + X no diretório de destino.
(D) CTRL + X no diretório inicial e, depois, CTRL + V no diretório de destino.
(E) CTRL + X no diretório inicial e, depois, CTRL + C no diretório de destino.

A, B, C, D e E: Para criar uma cópia de um arquivo removendo-o do local de origem deve-se utilizar a função Recortar representada pelo atalho Ctrl + X e posteriormente utilizar o atalho Ctrl + V na pasta de destino, note que a função Ctrl + C também pode ser usada para copiar um arquivo, porém ele mantém o arquivo original na pasta de origem, portanto apenas a alternativa D está correta.

Gabarito "D".

(Escrivão – PC/MG – FUMARC – 2018) São exemplos de atalhos padrão disponíveis na seção "Favoritos" do Windows Explorer do Microsoft Windows 7, versão português, EXCETO:

(A) Área de Trabalho.
(B) Documentos.
(C) Downloads.
(D) Locais.

A, B, C e D: A partir do Windows 7 o Windows Explorer trouxe a funcionalidade de Favoritos, renomeada para Acesso Rápido no Windows 8 e posterior, para facilitar o acesso a determinados diretórios, no Windows 7 na configuração padrão as pastas contidas nos Favoritos são Área de Trabalho, Downloads e Locais, portanto a alternativa B deve ser assinalada. No Windows 8 o item Locais foi renomeada para Locais Recentes.

Gabarito "B".

(Escrivão – PC/MG – FUMARC – 2018) Sobre o sistema operacional Linux e a Internet, considere as afirmativas a seguir.

I. O comando ping é utilizado para gerenciar as regras do firewall do sistema.

II. O protocolo ssh permite a conexão com outro computador que suporte tal recurso.

III. O apt-get permite instalar atualizações de pacotes no sistema através de um servidor.
IV. O comando scp transfere um arquivo de um computador para outro via Internet. Assinale a alternativa correta.
(A) Somente as afirmativas I e II são corretas.
(B) Somente as afirmativas I e IV são corretas.
(C) Somente as afirmativas III e IV são corretas.
(D) Somente as afirmativas I, II e III são corretas.
(E) Somente as afirmativas II, III e IV são corretas.

A, B, C, D e E: Apenas a afirmativa I está correta, o comando ping é usado para testar a disponibilidade e o tempo de resposta na comunicação entre dois computadores em uma rede, onde um pacote de dados é enviado para o IP de destino (ping) e mede-se o tempo até que um pacote seja recebido como resposta (pong). Portanto apenas a alternativa E está correta.
Gabarito "E".

(Escrivão – PC/MG – FUMARC – 2018) Assinale a alternativa que apresenta, corretamente, o comando do terminal utilizado para apagar um arquivo, no sistema operacional Linux.
(A) rm
(B) mv
(C) ln
(D) cp
(E) cd

A: Correta, o comando rm permite remover uma pasta ou diretório. **B:** Errada, o comando mv é usado para mover ou renomear arquivos ou pastas. **C:** Errada, o comando ln é usado para criar um link para um arquivo ou pasta. **D:** Errada, o comando cp é usado para copiar um arquivo ou pasta. **E:** Errada, o comando cd é usado para alterar o diretório em que o usuário se encontra.
Gabarito "A".

(Técnico Enfermagem – Pref. Morro Agudo/SP – 2020 – VUNESP) No Microsoft Windows 7, em sua configuração original, assinale a alternativa correta sobre a operação de minimizar uma janela, clicando no ícone Minimizar da Barra de Título, destacado na imagem a seguir.

(A) Significa reduzi-la até que o programa seja encerrado.
(B) É a operação que converte a janela em um ícone na Área de Trabalho.
(C) Significa reduzi-la a um tamanho que ocupe uma área livre da Área de Trabalho.
(D) É a operação que converte a janela em um ícone na Barra de Tarefas.
(E) É a operação que encerra o programa em execução.

Comentário: A, B, C, D e E: No Windows, independentemente da sua versão, a ação de minimizar uma janela consiste em esconder sua exibição e transformá-la em um ícone presente na Barra de Tarefas, que ao ser acionado, faz com que a janela volte a ser exibida. Portanto apenas a alternativa D está correta.
Gabarito "D".

(Técnico Enfermagem – Pref. Paulínia/SP – 2021 – FGV) João ligou seu computador para prosseguir no seu trabalho rotineiro, mas notou que o Windows 10 estava excessivamente lento, e decidiu investigar a causa do problema.

Assinale o componente do Windows que ajudaria João a descobrir os aplicativos e processos internos que estão ativos no sistema.
(A) Agendador de Tarefas.
(B) Configuração do Sistema.
(C) Gerenciador de Tarefas.
(D) Windows Defender.
(E) Windows Explorer.

Comentário: A: Errada, o Agendador de Tarefas é usado para agendar a execução de uma aplicação com uma determinada frequência ou a partir de um gatilho. B: Errada, a Configuração do Sistema permite ao usuário modificar uma série de parâmetros do Sistema Operacional. C: Correta, o Gerenciador de Tarefas exibe informações sobre os processo em execução, seus respectivos consumos de memória e processamento além de outras informações sobre o desempenho do computador. D: Errada, o Windows Defender é um software antivírus que acompanha o Windows em sua configuração padrão. E: Errada, o Windows Explorer é um aplicativo usado para navegar no sistema de pastas do disco rígido.
Gabarito "C".

(Técnico Enfermagem – Pref. Paulínia/SP – 2021 – FGV) Assinale o tipo de arquivo (extensão) que em geral **não** apresenta redução significativa de tamanho quando compactado por aplicativos do tipo *WinZip* ou *WinRAR*.
(A) .csv
(B) .docx
(C) .jpg
(D) .txt
(E) .xlsx

Comentário: A, B, C, D e E: Em geral, arquivos de texto, planilhas e apresentações de slide podem ter seu tamanho reduzido quando compactados em um arquivo do tipo zip ou rar, entretanto imagens e arquivos de áudio e vídeo não são tão afetados pois estes tipos de arquivo já são gerados utilizando técnicas de compressão e não há muito espaço para maiores ganhos. Portanto a alternativa C está correta.
Gabarito "C".

(Técnico Enfermagem – Pref. Boa Vista/RR – 2020 – SELECON) No uso dos recursos do Windows 10 BR, um funcionário da Prefeitura de Boa Vista excluiu um arquivo da pasta Documentos, que estava gravado no disco C. Esse procedimento fez com que o arquivo apagado fosse transferido para o recurso conhecido por . Logo em seguida, ele precisou do arquivo deletado e resolver voltar com o arquivo para a pasta Documentos. Para isso, deve acessar a , selecionar o arquivo e clicar com o botão direito do mouse sobre o nome do arquivo. Com isso, será exibida uma janela de diálogo na tela. Nessa janela, ele clica na seguinte opção:

(A) Retornar
(B) Recuperar
(C) Reabilitar
(D) Restaurar

Comentário: A, B, C e D: No Windows, itens excluídos pelo usuário são enviados para a Lixeira até que sejam excluídos permanentemente ou restaurados pelo usuário. Para isso, uma das formas possíveis, consiste em clicar com o botão direito sobre o item desejado e escolher a opção Restaurar. Portanto apenas a alternativa D está correta.

Gabarito "D".

(Técnico Enf. – SES/RS - 2022 – FAURGS) Sobre o explorador de Arquivos do Sistema Operacional Microsoft Windows 10, é correto afirmar que

(A) a "Barra de Endereços", através do recurso clique-selecione, permite ao usuário mover a janela.
(B) a "Barra de Títulos" tem a função de exibir o endereço da pasta atualmente aberta.
(C) a "Caixa de Pesquisa", através do recurso clique-arraste, fornece uma navegação rápida para pastas e arquivos.
(D) a "Configuração de Exibição" permite que o usuário escolha como deseja exibir o conteúdo do explorador de arquivos.
(E) o "Painel de Navegação" permite que o usuário digite as palavras-chave para pesquisar a pasta desejada.

Comentário: A: Errada, a Barra de Endereços é usada para identificar o caminho completo do diretório em exibição e permitir a navegação pelas pastas através da digitação do caminho para determinado diretório. B: Errada, a Barra de Títulos apenas exibe o nome do diretório em que o usuário se encontra. Caso o usuário faça um clique se segure o botão do mouse, é possível mover a janela. C: Errada, a Caixa de Pesquisa é usada para encontrar um arquivo ou pasta no diretório em exibição. D: Correta, a Configuração de Exibição permite que o usuário altere a forma como os arquivos e pastas são exibidos dentro do Windows Explorer. E: Errada, o Painel de Navegação mostra a hierarquia de pastas do disco, além de atalhos para diversos locais como itens de Acesso Rápido, locais de Rede, pastas do usuário como Documentos, Downloads, Imagens e outros discos do computador.

Gabarito "D".

PARTE VI

REDES DE COMPUTADORES

1. REDES DE COMPUTADORES

Quando temos dois ou mais computadores interligados de modo que possam compartilhar recursos físicos ou lógicos podem dizer que temos uma rede configurada. Repare que essa mesma definição classifica toda a Internet, que nada mais é que uma grande rede de computadores espalhados por todo o mundo.

Para que essa comunicação possa ser feita, uma série de protocolos é utilizada. Os protocolos de comunicação de rede são como um conjunto de regras que governam a forma como os dispositivos de rede se comunicam entre si. É como um idioma que os dispositivos usam para se entenderem e trocarem informações. Cada um possuindo um papel específico ao prover um tipo de serviço, como troca de mensagens eletrônicas, envio e recebimento de arquivos ou mesmo monitoramento da rede. O conjunto de protocolos que da base para isso é denominado TCP/IP. Vejamos quais são os principais protocolos e suas funções:

- ✔ FTP: permite o envio e recebimento de arquivos;
- ✔ SSH: usado para a realização de acessos remotos;
- ✔ SMTP: usado para o envio de mensagens eletrônicas;
- ✔ POP3: usado para o recebimento de mensagens eletrônicas;
- ✔ IMAP: usado para o gerenciamento de caixas de mensagem diretamente no servidor;
- ✔ HTTP: usado para a navegação de em páginas de hypertexto;
- ✔ DNS: usado para a conversão de endereços URL em endereços IP;
- ✔ SNMP: usado para monitoramento de redes;
- ✔ DHCP: usado para atribuição automática de endereços IP;
- ✔ TCP: usado no envio de dados com garantia de entrega de cada pacote;
- ✔ UDP: usado no envio de dados, mas sem garantia de entrega de cada pacote;
- ✔ Telnet: usado para acesso remoto;
- ✔ ICMP: usado para fornecer relatórios de erro.

Para poder identificar cada computador em uma rede e assim permitir a transmissão de dados de um computador para outro, cada máquina recebe um identificador lógico chamado de endereço IP, lembrando que todo dispositivo de rede também possui um identificador físico único chamado de MAC. Ambos permitem realizar a identificação de um dispositivo dentro de uma rede de computadores.

O IP é formado por 32 bits que são divididos em quatro octetos, possuindo o padrão xxx.xxx.xxx.xxx. Cada octeto possui 8 bits, possuindo, portanto, 256 valores possíveis indo de 0 a 255. Para permitir a criação de sub-redes, com tamanhos distintos, ele é dividido em classes e alguns dos endereços são reservados para usos específicos. As classes disponíveis são cinco sendo três as principais:

- ✔ Classe A: o primeiro octeto (**R.H.H.H**)identifica a rede e os outros um host.
- ✔ Classe B: os dois primeiros octetos (**R.R.H.H**) identificam a rede e os outros um host.
- ✔ Classe C: os três primeiros octetos (**R.R.R.H**)identificam a rede e os outros um host.

Com isso temos a possibilidade de criar diferentes quantidades de sub-redes e *hosts*, veja a tabela a seguir que mostra as possibilidades em cada classe:

Classe	Endereços	N° Sub-redes	N° Endereços
A	1.0.0.0 até 127.0.0.0	126	16.777.216
B	128.0.0.0 até 191.255.0.0	16.382	65.536
C	192.0.0.0 até 233.255.255.0	2.097.150	256
D	224.0.0.0 até 239.255.255.255	-	-
E	240.0.0.0 até 255.255.255.254	-	-

Cada uma dessas classes pode ser usada para dimensionar uma rede de um tamanho específico. Temos também algumas classes reservadas para usos específicos, como mostra a tabela a seguir:

Endereço	Descrição
0.0.0.0	Endereço de origem
10.0.0.0	Uso em redes privadas
127.0.0.0	Local host, a própria máquina
192.168.0.0	Uso em redes privadas
255.255.255.255	Broadcast (mensagem para todos na rede)

1.1. Classificações

Para permitir que vários computadores possam estar interligados podemos utilizar alguns equipamentos específicos, que são:

- ✔ *Hub*/Repetidor: conecta diversos computadores (*hosts*) sem fazer distinção entre eles;
- ✔ *Switch*: conecta diversos *hosts* fazendo distinção entre eles;
- ✔ Roteador: conecta diferentes redes realizando o encaminhamento de pacotes entre elas.

Veja um exemplo de um modelo de rede com seus componentes, preste atenção nos símbolos que designam cada um.

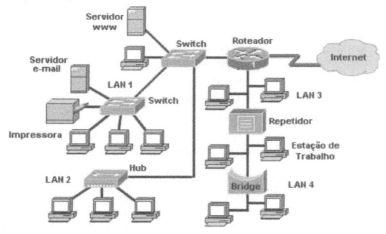

Estes modelos permitem visualizar a forma como a rede está estruturada, o que chamamos de topologia de rede. Existem diversas maneiras de se interligar redes ou computadores, observe a imagem abaixo que ilustra os possíveis desenhos de rede:

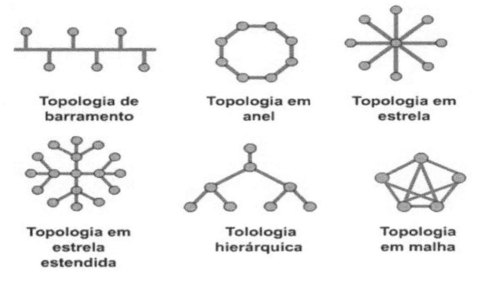

Quando falamos em topologias de rede, as formas como uma rede pode ser estruturada, podemos destacar três modelos mais comuns:

Na topologia em estrela, todos os dispositivos da rede são conectados a um único ponto central, que é geralmente um hub ou um switch. Todas as comunicações da rede passam por esse ponto central, o que torna mais fácil a identificação e resolução de problemas. No entanto, se o ponto central falhar, toda a rede pode ser afetada.

Na topologia em barramento, todos os dispositivos são conectados a um cabo compartilhado, que funciona como um barramento. Quando um dispositivo precisa enviar dados, ele os envia pelo cabo e todos os outros dispositivos na rede recebem os dados. Esse modelo é fácil de configurar e é ideal para redes pequenas, mas pode ser difícil de gerenciar em redes maiores.

Na topologia em anel, cada dispositivo é conectado a dois outros dispositivos, formando um anel. Quando um dispositivo precisa enviar dados, ele os envia para o próximo dispositivo no anel, e assim por diante, até que os dados cheguem ao seu destino. Essa topologia é eficiente em termos de uso de recursos de rede e é fácil de gerenciar, mas pode ser afetada se um dispositivo falhar.

Além da forma como uma rede está estruturada, é essencial conhecer as diversas tecnologias que podem ser utilizadas para criar uma rede, sendo possível inclusive existir redes que mesclem essas tecnologias, que são:

✔ *Ethernet*: utiliza cabos de par trançado enviando dados via sinais elétricos, comumente chamados de cabos de rede. Possui boas velocidades de transmissão;

✔ Coaxial: utiliza cabos coaxiais para a transmissão dos dados via sinais elétricos, similares ao utilizados por provedores de internet via cabo. Possui boas velocidades de transmissão;

✔ Óptica: utiliza cabos de fibra óptica que enviam os dados através de sinais de luz. Possui as maiores velocidades de transmissão;

✔ *Bluetooth*: utiliza ondas de rádio para a conexão em pequenas distâncias, muito comum em celulares e *notebook*s. Possui baixas velocidades de transmissão;

✔ *Wireless*: utiliza ondas de rádio para a transmissão em longas distâncias, muito usado por *notebook*s e provedores de internet via rádio. Possui boas velocidades de transmissão;

✔ *Dial-up*: utiliza a linha de telefonia para a transmissão dos dados, possui baixas velocidades de transmissão.

Como podemos ver cada tecnologia possui uma abrangência e características de velocidade distintas sendo mais ou menos eficientes dependendo do cenário a ser analisado. Quando levamos em consideração estes escopos, podemos classificar uma rede quanto à sua abrangência, sendo as seguintes classificações:

✔ PAN: Personal Area Network, rede de pequeno alcance (até 10m);

✔ LAN: Local Area Network, redes de alcance médio (até 100m);

✔ WLAN: *Wireless* Local Area Network, redes de alcance médio sem a utilização de cabos;

✔ MAN: Metropolitan Area Network, redes que podem abranger cidades inteiras;

✔ WAN: Wide Area Network: redes de longo alcance, podendo abranger grandes áreas.

Outra classificação se refere ao sentido em que os dados são enviados. Quando em uma rede os dados são transmitidos em apenas um sentido em meio, dizemos que a conexão é do tipo Half-duplex, já quando em um mesmo meio os dados são transmitidos nos dois sentidos, esta conexão é chamada de Full-duplex.

1.2. Modelo OSI

O Modelo OSI compreende uma série de definições genéricas usadas para construção de redes de computadores, independentemente da tecnologia utilizada. Ele define camadas hierárquicas com funções específicas, que são:

1. Camada Física: camada mais baixa trata da transmissão e recepção dos bits;
2. Camada de Enlace: permite a transferência sem erros de um ponto a outro na camada física;
3. Camada de Rede: decide qual o caminho físico os dados devem tomar com base nas condições de rede, prioridade de serviço e outros fatores;
4. Camada de Transporte: assegura que a mensagem seja transmitida sem erros, em sequência e sem perdas ou duplicações;
5. Camada de Sessão: permite o estabelecimento de uma sessão entre processos executados em computadores diferentes;
6. Camada de Apresentação: formata os dados a serem apresentados à camada de aplicação, os traduzindo para um formato utilizado por ela;
7. Camada de Aplicação: meio pelo qual processos podem utilizar os serviços da rede.

QUESTÕES COMENTADAS DE REDE DE COMPUTADORES

(Agente – DPU – CESPE - 2016) Acerca dos conceitos e das tecnologias relacionadas à Internet, ao Internet Explorer 8 e à segurança da informação, julgue os itens subsequentes.

(1) Os protocolos de comunicação SSH e TELNET garantem comunicação segura, uma vez que os dados são criptografados antes de serem enviados.
(2) O principal protocolo que garante o funcionamento da Internet é o FTP, responsável por permitir a transferência de hipertexto e a navegação na Web.

1: errada, enquanto o protocolo SSH utiliza técnicas de criptografia para garantir a segurança na comunicação em rede o TELNET não aplica criptografia em sua comunicação; **2:** errada, o protocolo FTP (File Transfer Protocol) é utilizado na troca de arquivos através da Internet. A descrição informada no enunciado se refere ao protocolo HTML, que é a base de funcionamento da navegação em páginas da Internet.

Gabarito 1E, 2E

(Analista – DPU – Cespe - 2016) A respeito da Internet e suas ferramentas, julgue os itens a seguir.

(1) Switchs e roteadores são equipamentos utilizados para definir a origem e o destino de pacotes de dados que trafegam entre máquinas de usuários ou de servidores e podem ser utilizados para interligar várias redes de computadores entre si.
(2) O TCP/IP, conjunto de protocolos criados no início do desenvolvimento da Internet, foi substituído por protocolos modernos, como o WiFi, que permitem a transmissão de dados por meio de redes sem fio.

1: correta, Switches e roteadores são equipamentos usados para interligar redes ou computadores em rede, retransmitir pacotes de dados e identificar origens e destinos na comunicação em rede; **2:** errada, o protocolo TCP/IP é um protocolo base para a comunicação em rede uma vez que fornece meios de identificação e envio de dados para os membros de uma rede. Wifi não designa um protocolo, mas sim identifica um tipo de conexão de rede sem fio.

Gabarito 1C, 2E

(Prefeitura Teresina/PI – FCC - 2016) Considere hipoteticamente que a Prefeitura de Teresina possui uma pequena rede local de computadores (LAN), como a mostrada na figura abaixo.

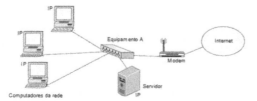

O equipamento A e um endereço IP possível para algum dos computadores da rede são, respectivamente,

(A) bridge   –   192.258.10.2
(B) switch   –   192.168.1.56
(C) roteador   –   133.177.291.1
(D) hub   –   279.257.2.46
(E) access point –   197.257.133.2

O equipamento A apresentado na figura poderia representar diferentes tipos de dispositivos de rede como por exemplo um hub, switch ou roteador, todos eles capazes de interligar diferentes dispositivos de rede. O endereço de IP é um número de 32 bits formado por quatro octetos com valores que podem variar de 0 até 255, logo apenas a alternativa B está correta, pois é a única que possui os octetos dentro dos valores possíveis.

Gabarito "B".

(Técnico – TRE/SP – 2012 – FCC) A conexão entre computadores por meio de internet ou intranet é feita pela utilização de endereços conhecidos como endereços IP. Para que os usuários não precisem utilizar números, e sim nomes, como por exemplo www.seuendereco.com.br, servidores especiais são estrategicamente distribuídos e convertem os nomes nos respectivos endereços IP cadastrados. Tais servidores são chamados de servidores

(A) FTP.
(B) DDOS.
(C) TCP/IP.
(D) HTTP.
(E) DNS.

A: Errada, FTP é um protocolo de troca de arquivos em rede. **B:** Errada, DDOS é um tipo de ataque que nega um serviço para o resto dos usuários. **C:** Errada, TCP/IP é o protocolo no qual a internet é baseada. **D:** Errada, HTTP é o protocolo usado na navegação de páginas da internet. **E:** Correta, os servidores DNS fazem a conversão de nomes de domínios em seus respectivos endereços IP.

Gabarito "E".

(Delegado/SP – 2011) DHCP e TCP/IP constituem, respectivamente,

(A) protocolo de serviço de controle de transmissão e protocolo de IPs dinâmicos.
(B) protocolos de distribuição e controle
(C) protocolo de controle de transmissão por IP e serviço de concessão.
(D) protocolos de entrada e saída de dados.
(E) protocolo de serviço com concessão de IPs dinâmicos e protocolo de controle de transmissão por IP.

O protocolo DHCP tem como função a designação de endereços IP de forma automática e o TCP/IP é o conjunto de protocolos nos quais se baseiam as comunicações em rede, portanto apenas a alternativa E está correta.

Gabarito "E".

(Delegado/PA – 2012 – MSCONCURSOS) Em redes de computadores e na internet são utilizados diferentes tipos de protocolos que atendem funções específicas. Assinale a sentença que faz uma afirmação incorreta quanto à utilização do protocolo.

(A) HTTP é o protocolo utilizado na transferência de hipertexto.
(B) IP é o protocolo utilizado para o endereçamento das informações na internet.
(C) FTP é o protocolo utilizado em *download* e upload de arquivos.
(D) POP é o protocolo utilizado no envio de mensagens de *e-mail*.
(E) WAP é o protocolo utilizado em aplicações sem fio.

Todas as afirmativas estão corretas exceto a afirmativa D, devendo ser assinalada, o protocolo POP é responsável pelo recebimento de mensagens enquanto o envio é feito pelo protocolo SMTP.

Gabarito "D".

(Auditor Fiscal – São Paulo/SP – FCC – 2012) O sistema hierárquico e distribuído de gerenciamento de nomes utilizado por computadores conectados à Internet, que é utilizado para a resolução e conversão de nomes de domínios como arpanet.com em endereços IP como 173.254.213.241, é chamado de

(A) HTTP.
(B) *Gateway*.
(C) DNS.
(D) Roteador.
(E) *Switch*.

A: Errada, HTTP é um protocolo usado para navegação em páginas de *hyperlink*. B: Errada, *Gateway* é o computador que controla a saída e entrada dos dados em uma rede. C: Correta, o DNS é o protocolo responsável pela conversão de nomes de domínios em endereços IP. D: Errada, os Roteadores são componentes de rede responsáveis pelo redirecionamento dos pacotes enviados na rede para seus destinos corretos. E: Errada, o *Switch* é um elemento de rede responsável por ligar vários pontos de rede.

Gabarito "C".

(Auditor Fiscal – São Paulo/SP – FCC – 2012) Em uma rede com topologia estrela, todas as máquinas se ligam em um mesmo dispositivo central que fecha a conexão entre todos os nós da rede. O dispositivo central que analisa os pacotes que chegam e gerencia sua distribuição, enviando-os somente para a máquina de destino, é conhecido como

(A) barramento.
(B) *hub*.
(C) *backbone*.
(D) *access point*.
(E) *switch*.

A: Errada, barramento é um item de *hardware* interno que leva os dados entre dispositivos em um mesmo computador e não um *hardware* de rede. B: Errada, o *hub* apenas repete o sinal enviado, não fazendo controle do tráfego. C: Errada, o *backbone* descreve um esquema de ligações centrais de um sistema mais amplo, tipicamente de elevado desempenho. D: Correta, o *access point* é um dispositivo de redes sem fio que trabalha de forma parecida com a de

um roteador, interligando vários dispositivos e encaminhando cada pacote para seu destinatário. E: Errada, o *switch* é um item de rede que apenas interliga várias máquinas não realizando tratamento dos pacotes que por ele trafegam.

Gabarito "D".

(Fiscal de Rendas/RJ – 2010 – FGV) Para que um microcomputador conectado a uma rede possa acessar a Internet, há necessidade da configuração de um parâmetro conhecido como endereço IP.

Considerando a versão 4 do IP, as máquinas utilizam endereços do tipo 999.999.999.999, enquadrados nas classes A, B e C, conforme as faixas ocupadas pelo primeiro octeto. Endereços IP de classe C são os mais utilizados pela maioria dos provedores brasileiros, havendo regras específicas que atestam sua validade.

Assinale a alternativa que indique um endereço IP válido de classe C.

(A) 10.200.40.67
(B) 146.164.0.0
(C) 198.128.228.35
(D) 202.133.256.99
(E) 255.255.255.224

A: Errada, os endereços que vão de 1.0.0.0 até 127.0.0.0 são da classe A. B: Errada, os endereços que vão de 128.0.0.0 até 191.255.255.255 são da classe B. C: Correta, os endereços que vão de 192.0.0.0 até 223.255.255.255 são da classe C. D: Errada, não existem octetos com valor maior que 255. E: Errada, endereços que vão de 240.0.0.0 até 255.255.255.254 são da classe E.

Gabarito "C".

(Fiscal de Rendas/RJ – 2010 – FGV) Devido ao papel que executa e pelas características que possui, o roteador é um equipamento de interligação que exerce função de elevada importância.

A esse respeito, analise as afirmativas a seguir.

I. Os roteadores realizam filtro de tráfego com base no endereço IP, que funciona como um parâmetro lógico, na camada de rede da arquitetura OSI/ISO.
II. Os roteadores integram LANs heterogêneas, que pode resultar na formação de uma WAN com acesso à Internet, com base nos protocolos da arquitetura TCP/IP.
III. Os roteadores representam a solução por segmentação, para problemas de redes com congestionamento devido às colisões resultantes do funcionamento do protocolo *token passing*.

Assinale:
(A) se somente a afirmativa I estiver correta.
(B) se somente as afirmativas I e II estiverem corretas.
(C) se somente as afirmativas I e III estiverem corretas.
(D) se somente as afirmativas II e III estiverem corretas.
(E) se todas as afirmativas estiverem corretas.

A: Errada, a afirmativa II também está correta. B: Correta, apenas as afirmativas I e II estão corretas. C: Errada, a afirmativa III está incorreta, a utilização de *token passing* elimina a existência de colisões em uma rede. **D:** Errada, a afirmativa III está incorreta, a utilização de *token passing* elimina a existência de colisões em uma rede. **E:** Errada, a afirmativa III está incorreta, a utilização de *token passing* elimina a existência de colisões em uma rede.

Gabarito "B".

(Auditor Fiscal/SC – 2010 – FEPESE) Identifique quais das seguintes afirmativas, a respeito da Internet e das intranets, são corretas.

1. A Internet é uma rede de longa distância (WAN), enquanto as intranets são redes locais (LANs).
2. As intranets utilizam os mesmos protocolos de comunicação utilizados na Internet.
3. Intranets são redes privadas, enquanto a Internet é uma rede pública.
4. A Internet interliga várias intranets.

Assinale a alternativa que indica todas as afirmativas corretas.

(A) São corretas apenas as afirmativas 1 e 3.
(B) São corretas apenas as afirmativas 2 e 3.
(C) São corretas apenas as afirmativas 2 e 4.
(D) São corretas apenas as afirmativas 1, 2 e 4.
(E) São corretas apenas as afirmativas 1, 3 e 4.

A: Errada, a afirmativa 1 está incorreta, a diferença entre Internet e Intranet está no fato de a primeira ser uma rede pública e a segunda uma rede privada. **B:** Correta, apenas as afirmativas 1 e 3 estão corretas. **C:** Errada, a afirmativa 4 está incorreta, a Internet é um conjunto de rede públicas, ainda que algumas Intranets possam ter acesso à Internet. **D:** Errada, as afirmativas 1 e 4 estão incorretas, a diferença entre Internet e Intranet está no fato de a primeira ser uma rede pública e a segunda uma rede privada, e a Internet é um conjunto de rede públicas, ainda que algumas Intranets possam ter acesso à Internet. **E:** Errada, as afirmativas 1 e 4 estão incorretas, a diferença entre Internet e Intranet está no fato de a primeira ser uma rede pública e a segunda uma rede privada, e a Internet é um conjunto de rede públicas, ainda que algumas Intranets possam ter acesso à Internet.

Gabarito "B".

(Soldado – PM/SE – IBFC – 2018) Quanto aos principais e mais conhecidos protocolos específicos de e-mail, analise as afirmativas abaixo e assinale a alternativa correta:

I – TCP

II – POP

III – SMTP

Estão corretas as afirmativas:

(A) I e II, apenas
(B) II e III, apenas
(C) I e III, apenas
(D) I, II e III estão corretas

A, B, C e D: O protocolo TCP é um protocolo de comunicação usado para garantir uma comunicação confiável, ordenada e livre de erros; O protocolo POP é usado para recebimento de mensagens de correio eletrônico; O Protocolo SMTP é usado para envio de mensagens de correio eletrônico. Portanto apenas a alternativa B está correto.

Gabarito "B".

(Soldado – PM/SE – IBFC – 2018) Um exemplo típico e clássico de uma rede de computadores do tipo WAN (*Wide Area Network)* é a própria:

(A) rede local
(B) rede Wi-Fi
(C) rede metropolitana
(D) Internet

A: Errada, uma rede local é um exemplo de uma LAN (Local Area Network), uma rede dentro de um espaço físico definido, como uma casa ou um prédio. **B:** Errada, uma rede Wi-Fi é um exemplo de uma WLAN (Wireless Local Area Network), uma rede local de acesso sem fio. **C:** Errada, uma região metropolitana é um exemplo de uma MAN (Metropolitan Area Network) que conecta diversas redes locais dentro de uma área de alguns quilômetros. **D:** Correta, o WAN (Wide Area Network) é uma rede de grande alcance, abrangendo grandes áreas, assim como a Internet.

Gabarito "D".

(Papiloscopista – PF – CESPE – 2018) Acerca de TCP/IP e de modelo OSI, julgue os itens subsecutivos.

(1) No IPv4, um endereço IP é composto por 32 bites, enquanto no IPv6, um endereço IP tem 128 bites. Em comparação com o modelo de referência OSI, tanto o IPv4 quanto o IPv6 encontram-se na camada de rede.

(2) Localizado na camada de transporte do modelo TCP/IP, o protocolo UDP tem como características o controle de fluxo e a retransmissão dos dados.

(3) É característica do HTTP o envio e o recebimento de dados na camada de aplicação do modelo TCP/IP; as definições do HTTP trabalham com códigos de erro, tanto do lado cliente quanto do lado servidor.

1: Correta, ambas as versões do protocolo IP funcionam na camada de rede, que controla a operação de sub rede, definindo o caminho físico para os dados seguirem baseado nas condições de rede e prioridade entre outros fatores e além disso o IPv6 é baseado em um número maior de bites permitindo a existência de uma quantidade maior de endereços de rede utilizáveis. **2:** Errada, o protocolo UDP é um protocolo de transmissão de dados assíncrono, onde não há a confirmação de recebimento dos pacotes e que atua na camada de transporte do modelo OSI. **3:** Correta, o protocolo HTTP, utilizado na navegação em documentos web, atua na camada de aplicação, camada mais exterior do modelo OSI, onde ocorre as interações entre usuário e máquina.

Gabarito: 1C, 2E, 3C

(Escrivão – PF – CESPE – 2018) Acerca das características de Internet, intranet e rede de computadores, julgue os próximos itens.

(1) URL (*uniform resource locator*) é um endereço virtual utilizado na Web que pode estar associado a um sítio, um computador ou um arquivo.

(2) A Internet pode ser dividida em *intranet*, restrita aos serviços disponibilizados na rede interna de uma organização, e *extranet*, com os demais serviços (exemplo: redes sociais e sítios de outras organizações).

(3) O modelo de referência de rede TCP/IP, se comparado ao modelo OSI, não contempla a implementação das camadas física, de sessão e de apresentação.

(4) A Internet e a *intranet*, devido às suas características específicas, operam com protocolos diferentes, adequados a cada situação.

(5) As informações do DNS (*domain name system*) estão distribuídas em várias máquinas e o tamanho de sua base de dados é ilimitado.

1: Correta, o URL é a forma utilizada para se encontrar algum recurso, seja um documento ou arquivo, que se deseja acessar através da internet. Ele é composto de um protocolo, seguido por um subdomínio (que pode estar omitido), domínio e domínio de topo. **2:** Errada, a Internet é uma rede pública de computadores que disponibiliza serviços e recursos para seus usuários. A Intranet é uma rede privada criada dentro de um ambiente controlado, geralmente uma empresa ou instituição de ensino, para disponibilizar certos recursos de forma controlada. **3:** Correta, o modelo TCP/IP em comparação com o modelo OSI possui camadas equivalentes e outras que abarcam mais de uma do outro modelo, havendo uma camada de aplicação, que corresponde as camadas de aplicação, apresentação e sessão do modelo OSI, a camada de transporte similar a homônima do outro modelo, a camada de Internet que equivale a camada de Rede e por fim a camada de Acesso a Rede englobando as definições das camadas de enlace e física. **4:** Errada, ambas as redes são similares e operando sobre os mesmos protocolos, o que diferencia uma da outra é a abrangência do acesso, sendo a Internet uma rede pública e a Intranet uma rede privada. **5:** Correta, o DNS é um serviço provido por diversos servidores diferentes espalhados pelo mundo todo a fim de diminuir a latência nas consultas, distribuir a carga e melhorar a performance geral do serviço.

Gabarito: 1C, 2E, 3C, 4E, 5C

(Escrivão – PF – CESPE – 2018) Uma empresa tem unidades físicas localizadas em diferentes capitais do Brasil, cada uma delas com uma rede local, além de uma rede que integra a comunicação entre as unidades. Essa rede de integração facilita a centralização do serviço de email, que é compartilhado para todas as unidades da empresa e outros sistemas de informação.

Tendo como referência inicial as informações apresentadas, julgue os itens subsecutivos.

(1) SMTP é o protocolo utilizado para envio e recebimento de email e opera na camada de aplicação do modelo TCP/IP.

(2) Para viabilizar a comunicação de dados entre as unidades da empresa, podem ser utilizados serviços de interconexão com roteadores providos por operadoras de telecomunicação.

(3) O padrão IEEE 802.11g permite que as redes locais das unidades da empresa operem sem cabeamento estruturado nos ambientes físicos e com velocidade mínima de 200 Mbps.

(4) Se as redes locais das unidades da empresa estiverem interligadas por redes de operadoras de telecomunicação, então elas formarão a WAN (wide area network) da empresa.

(5) Definir os processos de acesso ao meio físico e fornecer endereçamento para a camada de aplicação são funções do controle de acesso ao meio físico (MAC).

(6) Em uma rede local que possui a topologia estrela, podem ser utilizados switches para integrar a comunicação entre os computadores.

1: Correta, o protocolo SMTP é responsável pelo envio de mensagens de correio eletrônico que são recebidas por um servidor SMTP no destino e é um protocolo da camada de aplicação, camada onde os protocolos que servem de ponte para a interação humana atuam, como os protocolos SMTP, HTTP, FTP, por exemplo. **2:** Correta, como as unidades estão localizadas em cidades diferentes, pode-se afirmar que serão usadas redes de operadoras de telecomunicação para interligar as redes internas, seja através da própria internet ou através de VPNs. **3:** Errada, o padrão IEEE 802.11g é uma especificação de redes sem fio (wi-fi) e possui velocidade máxima de conexão de 54Mbps, para obter taxar maiores seria necessário utilizar o padrão IEEE 802.11n que chega a até 450Mbps. **4:** Correta, enquanto uma LAN define uma rede de alcance local (em geral um edifício, casa ou escritório) uma WAN define uma rede de grande abrangência, que pode abarcar uma cidade, estado ou mesmo um país. **5:** Errada, a subcamada MAC (Media Access Control) do protocolo TCP/IP fornece funções de controle para a camada de enlace e não para a camada de aplicação. **6:** Correta, na topologia em estrela os nós da rede são interligados por um nó central, papel que pode ser desempenhando por um switch uma vez que este tem a capacidade de direcionar os pacotes de dados para seu destinatário definido.

Gabarito: 1C, 2C, 3E, 4C, 5E, 6C

(Agente – PF – CESPE – 2018) Julgue os itens subsequentes, relativos a redes de computadores.

(1) As redes de computadores podem ser classificadas, pela sua abrangência, em LAN (*local area network*), MAN (*metropolitan area network*), e WAN (*wide area network*).

(2) Um protocolo da camada de transporte é implementado no sistema final e fornece comunicação lógica entre processos de aplicação que rodam em hospedeiros diferentes.

(3) DNS é um protocolo da camada de aplicação que usa o UDP — com o UDP há apresentação entre as entidades remetente e destinatária da camada de transporte antes do envio de um segmento.

1: Correta, uma WAN define uma rede de longo alcance, abrangendo algo como um estado ou um país, já a MAN define uma rede de alcance um pouco menor, como uma região metropolitana ou uma cidade, uma LAN define uma rede local, de alcance limitado a um prédio, campus ou residência, além disso temos a PAN (Personal Area Network) que compreende uma rede de curto alcance, como uma formada entre dispositivos Bluetooth. **2:** Correta, a camada de transporte é responsável pela transferência de informações entre dois hospedeiros (end-to-end) sem a ocorrência de intermediários. **3:** Errada, na comunicação via protocolo UDP não há apresentação (handshake) entre o remetente e destinatário ou mesmo confirmação de que o pacote foi entregue, pois seu intuito é ser rápido e trabalhar com dados menos sensíveis, diferente do protocolo TCP que implementa uma série de funcionalidades para garantir a qualidade e confiabilidade da conexão e da transmissão dos pacotes.

Gabarito: 1C, 2C, 3E

(Agente – PF – CESPE – 2018) Acerca de redes de comunicação, julgue os itens a seguir.

(1) A conexão de sistemas como TVs, laptops e telefones celulares à Internet, e também entre si, pode ser realizada com o uso de comutadores (*switches*) de pacotes, os quais têm como função encaminhar a um de seus enlaces de saída o pacote que está chegando a um de seus enlaces de entrada.

1: Correta, o switch tem como principal característica a habilidade de direcionar pacotes diretamente para os destinatários determinados, diferente por exemplo dos hubs que repetiam o pacote recebido a todos os nós a ele conectados.

Gabarito: 1C

(Técnico – INSS – 2012 – FCC) Pedro trabalha em uma pequena imobiliária cujo escritório possui cinco computadores ligados em uma rede com topologia estrela. Os computadores nessa rede são ligados por cabos de par trançado a um *switch* (concentrador) que filtra e encaminha pacotes entre os computadores da rede, como mostra a figura abaixo.

Certo dia, Pedro percebeu que não conseguia mais se comunicar com nenhum outro computador da rede. Vários são os motivos que podem ter causado esse problema, EXCETO:

(A) O cabo de rede de um dos demais computadores da rede pode ter se rompido.
(B) A placa de rede do computador de Pedro pode estar danificada.
(C) A porta do *switch* onde o cabo de rede do computador de Pedro está conectado pode estar danificada.
(D) O cabo de rede que liga o computador de Pedro ao *switch* pode ter se rompido.
(E) Modificações nas configurações do computador de Pedro podem ter tornado as configurações de rede incorretas.

A: incorreta (devendo ser assinalada), apenas se o cabo de rede de seu próprio computador fosse rompido ele perderia comunicação com o restante da rede; **B:** correta, danos à placa de rede do computador podem sim impedir que este acesse o restante da rede; **C:** correta, a porta a qual está conectado o computador no *switch* pode impedir o acesso à rede; **D:** correta, este é um dos motivos pelo qual um computador pode perder acesso à rede; **E:** correta, as configurações de rede do computador podem impedir o acesso normal caso sejam alteradas para um padrão diferente do usado no restante da rede.

Gabarito "A"

PARTE VII

SEGURANÇA DA INFORMAÇÃO

1. SEGURANÇA DA INFORMAÇÃO

A segurança da informação é hoje um dos assuntos mais importantes dentro da área de TI de uma empresa, uma vez que a informação é um dos bens mais preciosos de uma organização. Mesmo os usuários domésticos já estão cientes da necessidade de ter cuidado ao lidar com seus dados em ambientes virtuais, a presença de vírus e outras ameaças pode causar grandes transtornos para qualquer um.

Estas ameaças, também chamadas de *malwares*, podem ser definidas como programas destinados a se infiltrar em um sistema de forma ilícita, com a intenção de causar danos, roubar informações, alterá-las ou excluí-las. Sua propagação se da através de redes de computador ou dispositivos de armazenamento, como pendrives. Existem diversos tipos de *malwares*, cada um possui características e objetivos diferentes. Podemos classifica-las da seguinte maneira:

- ✔ *Worm: programa capaz de se propagar automaticamente sem a necessidade de um programa hospedeiro;*
- ✔ *Trojan: programa que executa uma ação esperada pelo usuário, mas também realiza ações não desejadas, como manter uma porta de conexão aberta para invasão;*
- ✔ *Keylogger: programa que registra todas as teclas digitadas pelo usuário, podendo também gravar a tela do computador;*
- ✔ *Screenlogger: programa que registra imagens da tela do computador do usuário para serem enviadas a um usuário malicioso;*
- ✔ *Spyware: programa que monitora as atividades do usuário e envia essas informações à terceiros;*
- ✔ *Adware: programa que exibe propagandas não solicitadas pelo usuário;*
- ✔ *Backdoor: programa que permite que um invasor tenha acesso a um computador comprometido;*
- ✔ *Ransonware: vírus que utiliza técnicas de criptografia para "sequestar" arquivos do usuário, forçando-o a realizar um pagamento em troca de uma chave que permita abrir o arquivo desejado.*
- ✔ *Sniffer: programa que monitora uma rede a procura de pacotes de dados específicos;*
- ✔ *Port Scanner: programa que testa várias portas de comunicação a procura de uma porta que possa ser usada para invasão;*
- ✔ *Rootkit: programa criado para esconder de outros programas ou métodos convencionais de varredura a existência de programas ou processos no computador.*
- ✔ *Vírus: denominação genérica de programa que infecta o computador podendo fazer cópias de si mesmo e tornar-se parte de outro programa. Depende de outro software para ser transmitido.*

Além deste conjunto de softwares mal intencionados, existem ainda outros tipos de ameaças compostas por ações feitas por indivíduas com os mesmos objetivos dos malwares. Entre estas ações em ambientes *on-line* ou de redes, devemos destacar:

- ✔ *Spam: envio de mensagens eletrônicas indesejadas ou não solicitadas, muito utilizado para a propagação de outras ameaças;*

- ✔ *Phishing: tentativa de roubo de informações por meio da clonagem de uma página confiável, tentando induzir o usuário ao erro, muito utilizada para apropriação de dados bancários, usuários e senhas;*

- ✔ *DNS Injection: ataque mais complexo onde o servidor de nomes do computador é clonado ou alterado, redirecionando sites existentes e confiáveis para páginas adulteradas sem que o usuário identifique;*

- ✔ *Homem do Meio: ataque onde a comunicação entre dois computadores é interceptada por um terceiro, registrada e então encaminhada para o destino correto;*

- ✔ *DDoS: tipo de ataque onde vários computadores realizam repetidas requisições para um servidor em um curto espaço de tempo, gerando uma sobrecarga que impossibilita o uso normal do serviço atacado.*

- ✔ *Engenharia Social: técnica usada para manipular outras pessoas a fim de obter informações confidenciais ou realizar ações indesejáveis. É como uma forma de "manipulação psicológica" usada para explorar a confiança e a ingenuidade das pessoas.*

Para combater todas essas ameaças, existem diferentes tipos de programas, que muitas vezes atuam de forma complementar para garantir ao máximo a segurança ao usuário. Estes programas permitem prevenir e combater a infecção de *malwares*. Os principais são:

- ✔ Antivírus: identifica e elimina *malwares* por meio de diferentes métodos de busca e comparação;

- ✔ *Antispyware*: tenta eliminar *spywares*, *adwares*, *keyloggers* e outros *malwares* por meio de varreduras, é similar ao antivírus;

- ✔ *Firewall*: elemento da rede que monitora as portas de rede prevenindo acessos não autorizados. Pode ser feito via *software* ou *hardware*.

1.1. Princípios básicos

Há um conjunto de princípios básicos da Segurança da Informação, que são amplamente utilizados como diretrizes para proteger as informações e garantir a sua confidencialidade, integridade e disponibilidade, entre estes devemos destacar:

- ✔ Confidencialidade: Garantir que as informações sejam acessíveis somente às pessoas autorizadas e que não sejam divulgadas ou acessadas por pessoas não autorizadas. Integridade: garantir que as informações sejam precisas, completas e confiáveis, e que não sejam alteradas ou corrompidas de forma não autorizada.

- ✔ Disponibilidade: garantir que as informações estejam disponíveis quando necessárias e para as pessoas autorizadas a acessá-las, de forma que não haja interrupção indevida do acesso ou da disponibilidade dos recursos. Autenticidade: garantir que a origem e a autenticidade das informações possam ser verificadas e que as informações não sejam falsificadas ou alteradas sem autorização.

- ✔ Não repúdio: garantir que uma pessoa não possa negar a autoria ou a responsabilidade por uma ação ou informação que tenha sido realizada ou gerada por ela.

- ✔ Princípio do mínimo privilégio: garantir que as pessoas tenham acesso somente às informações e recursos necessários para realizar suas atividades de trabalho, minimizando assim o risco de acesso indevido a informações sensíveis.

✔ Segurança em camadas: implementação de medidas de segurança em várias camadas, como firewalls, antivírus, controle de acesso físico e lógico, criptografia, entre outros, para garantir uma proteção abrangente das informações e recursos.

Para garantir estes princípios existem diversos métodos e ações que podem ser tomadas tanto em um ambiente virtual como em um ambiente físico. Uma das mais comuns é a chamada criptografia que pode auxiliar nas garantias de confidencialidade e integridade. Ela provê uma maneira de transformar uma informação de forma que possa ser transmitida ou armazenada de forma segura. Há várias formas de realizar este processo, os principais são:

✔ Funções *Hash*: criam um identificador único (*hash*) de tamanho fixo para qualquer tipo de informação, a partir do identificador não é possível obter a informação inicial. Permite confirmar integridade;

✔ Criptografia Simétrica: ou criptografia de chave privada, utiliza uma chave privada para codificar e decodificar uma mensagem, ambos o emissor e receptor devem possuir a mesma chave;

✔ Criptografia Assimétrica: ou criptografia de chave pública, utiliza duas chaves, uma pública e outra privada. A chave privada é usada para decodificar as mensagens codificadas com a chave pública.

Outro método utilizado são os chamados Certificados digitais, usados para garantir autenticidade, que armazenam um conjunto de informações referentes à entidade dona do certificado e uma chave pública usada para a confirmação das informações por uma CA (Certification Authority), ou Autoridade Certificadora, que atua como um terceiro confiável para a confirmação de um certificado digital.

1.2. *Backup*

Outro item muito importante que ser refere a segurança são os *backups*, pois permitem que uma informação seja recuperada em caso de dano ou perda dos dados originais. Existem diversos meios diferentes de realização de *backups*, vejamos os principais:

✔ *Backup* normal ou completo: é a cópia de todos os dados e arquivos em um sistema em um determinado momento. É a forma mais simples de backup, pois copia todos os dados de uma só vez. Porém, pode ser demorada e ocupar muito espaço de armazenamento.;

✔ *Backup* de cópia: cópia simples dos arquivos;

✔ *Backup* diário: copia os arquivos que foram modificados no dia da execução do *backup*;

✔ *Backup* diferencial: é a cópia apenas dos dados que foram modificados desde o último backup completo. Isso torna o processo mais rápido do que o backup completo, pois copia apenas as alterações em relação ao backup completo. No entanto, consome mais espaço de armazenamento do que o backup incremental, afinal, os dados diferenciais são acumulativos, o que pode resultar em backups maiores com o tempo;

✔ *Backup* incremental: é a cópia apenas dos dados que foram modificados ou adicionados desde o último backup. Isso torna o processo mais rápido e consome menos espaço de armazenamento, pois apenas as alterações são copiadas. No entanto, pode ser mais complexo para restaurar os dados em caso de falha, pois é necessário restaurar o backup completo e, em seguida, aplicar as mudanças incrementais.

✔ *Backup* espelhado: é a duplicação dos dados em tempo real em um local secundário. Isso cria uma cópia idêntica dos dados em um local separado, o que permite uma recuperação rápida em caso de falha. É uma estratégia mais cara em termos de armazenamento, mas oferece alta disponibilidade e recuperação rápida em caso de problemas.

É importante lembrar que copiar os arquivos de um local para outro, como uma mídia removível, gera apenas um *backup* de cópia. Os outros tipos de *backup* em geral são feitos por programas que ajudam a gerenciar os *backups*. Muitas vezes os diferentes tipos de *backup* são usados de forma complementar.

Outra ação importante tomada com relação aos *backups* é guardar uma cópia dos dados em local fisicamente separado dos dados originais para que em caso de algum evento como incêndio, não faça com que os *backups* também sejam perdidos.

Por fim temos a Assinatura Digital, uma modalidade de assinatura eletrônica similar a assinatura de punho e que permite aferir com segurança a autenticidade e integridade de um documento utilizando um algoritmo de criptografia assimétrica. A informação que se deseja assinar é assinada com a chave privada do emissor para que possa ser validada utilizando-se a chave pública do mesmo emissor.

QUESTÕES COMENTADAS DE SEGURANÇA DA INFORMAÇÃO

(Analista – TRE/SP – FCC - 2017) Considere o texto abaixo.

Com efeito, nesse tipo específico de delito, o agente obtém, para ele ou outrem, vantagem ilícita (numerário subtraído de conta bancária), em prejuízo de alguém (a vítima, cliente de banco) mediante o emprego do artifício da construção de uma página eletrônica falsa ou envio de mensagem eletrônica (e-mail) de conteúdo fraudulento. Não haveria, como se disse, qualquer dificuldade de enquadramento do praticante do "ato ilícito" no art. 171 do CPC, impondo-lhe as sanções previstas nesse dispositivo (reclusão, de um a cinco anos, e multa). Além do mais, quando o criminoso implementa o último estágio da execução ilícita, que é a subtração não autorizada dos fundos existentes na conta da vítima, a jurisprudência tem entendido que aí está caracterizado o crime de furto qualificado, previsto no art. 155, § 4º, II.

(Adaptado de: REINALDO FILHO, Democrito. Disponível em: http://www.teleco.com.br/pdfs/tutorialintbank.pdf)

Hipoteticamente, um Analista Judiciário do TRE-SP identificou, corretamente, o ato ilícito referido entre aspas no texto como um tipo de fraude por meio da qual um golpista tenta obter dados pessoais e financeiros de um usuário, pela utilização combinada de meios técnicos e engenharia social. Comumente realizado por meio da internet, esse golpe é caracterizado como

(A) identity theft.
(B) fielding.
(C) phishing.
(D) hacker.
(E) worming.

A: Errada, "identify theft" não designa algum tipo de ataque específico em ambientes virtuais. **B:** Errada, "fielding" não é um termo que designe algum tipo de ataque em ambientes virtuais. **C:** Correta, os ataques do tipo "phishing" (uma fusão dos termos "password" que significa senha e "fishing" que significa pescar) visam tentar obter senhas de usuários através de engenharia social, envio de e-mails entre outras táticas. **D:** Errada, o termo "hacker" se refere a uma pessoa que grande conhecimento de aspectos mais profundos de dispositivos, programas e redes de computadores, constantemente confundido com o termo "cracker" que designa uma pessoa que utiliza tais conhecimentos para realizar ações mal-intencionadas em ambientes virtuais. **E:** Errada, "worming" não é um termo que se refira a algum tipo de ataque ou forma de infecção, embora "worm" designe um programa cujo objetivo seja infectar e se espalhar para outros computadores.

Gabarito "C".

(Tecnico – TRT11 – FCC - 2017) Considere que um usuário, embora tenha procurado seguir regras de proteção e segurança da informação, teve seu computador infectado por um *malware*. Dentre as razões abaixo, a que pode ter contribuído para este fato é o

(A) programa *antimalware* ter sido atualizado, incluindo o arquivo de assinaturas.
(B) computador ter um *firewall* pessoal instalado e ativo.
(C) programa leitor de *e-mails* ter a autoexecução de arquivos anexados a mensagens habilitadas.
(D) sistema operacional do computador ter como configuração padrão não ocultar a extensão de tipos de arquivos.
(E) computador estar configurado para solicitar senha na tela inicial.

A: Errada, a atualização do programa antimalware contribui para aumentar a segurança do sistema. **B:** Errada, o firewall é um programa que auxilia a prover segurança monitorando as portas de comunicação em rede. **C:** Correta, a autoexecução de arquivos anexados a mensagens não é recomendada pois pode ativar um vírus que tenha sido enviado por e-mail para o usuário. **D:** Errada, não ocultar as extensões de arquivos auxilia o usuário a identificar arquivos executáveis que podem potencialmente conter alguma ameaça. **E:** Errada, a solicitação de senha na tela inicial não tem qualquer influência sobre a infecção de arquivos no sistema.

Gabarito "C".

(Poder Judiciário – TER/PI – CESPE - 2016) A remoção de códigos maliciosos de um computador pode ser feita por meio de

(A) *anti-spyware*.
(B) detecção de intrusão.
(C) *anti-spam*.
(D) *anti-phishing*.
(E) filtro de aplicações.

A: Correta, o anti-spyware atua na remoção e prevenção contra programas do tipo spyware, que monitoram as ações do usuário. **B:** Errada, detecção de intrusão não designa um tipo de programa que atue em ações de segurança para o computador. **C:** Errada, o anti-spam é uma ferramenta que filtra as mensagens recebidas pelo usuário para bloquear o recebimento de mensagens indesejadas. **D:** Errada, o antiphishing é uma ferramenta que filtra os e-mails dos usuários para bloquear o recebimento de tentativas de phishing. **E:** Errada, filtro de aplicações não denomina um tipo de ferramenta que atue na remoção de códigos maliciosos de um computador.

Gabarito "A".

(Eletrobras – FCC - 2016) Ao se enviar arquivos pela internet há um método criptográfico que permite verificar se o arquivo foi alterado, ou seja, se teve sua integridade violada. Esse método, quando aplicado sobre as informações do arquivo, independente do seu tamanho, gera um resultado único de tamanho fixo. Assim, antes de enviar o arquivo pode-se aplicar esse método no conteúdo do arquivo, gerando um resultado A. Quando o arquivo é recebido pelo destinatário, pode-se aplicar novamente o método gerando um resultado B. Se o resultado A for igual ao resultado B significa que o arquivo está íntegro e não foi modificado; caso contrário, significa que o arquivo teve sua integridade violada. O método criptográfico citado é conhecido como

(A) função de *hash*.

(B) criptografia simétrica.

(C) esteganografia.

(D) criptografia assimétrica.

(E) certificação digital.

A: Correta, a função hash permite gerar uma chave única a partir de uma mesma entrada, logo, um arquivo deve apresentar sempre o mesmo resultado sendo assim possível detectar se houve alterações nele. **B:** Errada, a criptografia simétrica é usada para garantir a confidencialidade da informação e não sua integridade. **C:** Errada, a esteganografia consiste apenas na escrita através de códigos, o que não garante integridade das informações. **D:** Errada, a criptografia assimétrica é usada para garantir a autenticidade e a confidencialidade e não a integridade da informação. **E:** Errada, a certificação digital garante apenas a autenticidade da informação.

Gabarito "A".

(Analista – TRT – FCC - 2016) Considere as duas situações em que a proteção e a segurança da informação foram violadas:

(I) O número do CPF de um trabalhador foi alterado, deixando seu CPF inválido.

(II) Um dado sigiloso de uma causa trabalhista foi acessado por uma pessoa não autorizada.

Nas situações I e II ocorreram, respectivamente, violação da

(A) autenticação e da autorização das informações.

(B) confidencialidade e da integridade das informações.

(C) confidencialidade e da disponibilidade das informações.

(D) identificação e da autorização das informações.

(E) integridade e da confidencialidade das informações.

Na situação I, ao alterar o número de CPF tornando-o inválido o conceito de integridade, que visa garantir que as informações estarão corretas, foi violado e na situação II onde uma pessoa sem autorização acessa uma informação é violado o conceito de confidencialidade, que visa garantir que apenas aqueles que têm acesso a uma informação poderão visualizá-la. Portanto, apenas a alternativa E está correta.

Gabarito "E".

(Analista – TRT – FCC - 2016) *Smartphones, tablets, ultrabooks* etc impulsionaram o uso de redes móveis e o conceito de BYOD – *Bring Your Own Device* no meio corporativo. Neste cenário, é correto afirmar que

(A) com a disponibilidade de tecnologias VPN (rede pública construída sobre uma rede privada) para dispositivos móveis, o meio corporativo passou a aceitar que acessar ferramentas de trabalho pelo dispositivo mais confortável para o funcionário pode trazer aumento de produtividade.

(B) ao invés do *client-server* passa-se a ter *client-cloud* – o cliente utiliza as funcionalidades nativas dos sistemas operacionais para *desktop* como iOS e Android com esquemas de segurança e criptografia, integrando outras ferramentas nativas dos dispositivos.

(C) novos *apps* estão explorando o uso da câmera e do GPS e para isso há um componente importante na arquitetura das novas aplicações corporativas: o *Firmwhere*, que é uma camada de *software* entre a aplicação e o sistema operacional, que facilita o seu desenvolvimento.

(D) utilizar *apps* que permitem o trabalho *offline* e, quando a rede fica disponível, promovem a sincronização dos dados com a nuvem, é uma característica que as aplicações corporativas podem ter para evitar paradas no trabalho caso a rede não esteja disponível.

(E) aplicativos como *digital vallets* (carteiras digitais) permitem compras seguras através do dispositivo móvel e todos os bancos já oferecem um *app* para celulares que utiliza o *bluetooth* para ler o *QR Code* (código de barras) e pagar uma conta.

A: Errada, uma VPN é na verdade uma rede privada construída sobre uma rede pública, e não o inverso como descrito na alternativa. **B:** Errada, os sistemas operacionais iOS e Android são sistemas mobile e não desktop. **C:** Errada, não existe conceito denominado Firmwhere, embora exista um parecido com o nome de Firmware, que designa um software embarcado usado para controlar dispositivos de hardware. **D:** Correta, no contexto apresentado, aplicações que permite a realização da atividade corporativa mesmo em ambientes off-line e a posterior sincronização com o ambiente online são importantes para garantir a continuidade do trabalho do colaborador. **E:** Errada, a tecnologia bluetooth, usada na troca de informações e arquivos entre dispositivos, não permite a leitura de códigos de barra, ação feita através da câmera de smartphones.

Gabarito "D".

(Prefeitura Teresina/PI – FCC - 2016) Um funcionário de uma empresa percebeu que seu computador estava sendo controlado remotamente sem seu consentimento, quando foi notificado pelo administrador da rede que, a partir de seu computador, estavam sendo enviados *spams*, realizados ataques de negação de serviço e propagação de outros códigos maliciosos. Com base nestas características e ações, conclui-se que o computador deve estar infectado por um

(A) *vírus.*

(B) *rootkit.*

(C) *keylogger.*

(D) *spyware.*

(E) *bot.*

A: Errada, vírus é apenas uma nomenclatura genérica para softwares maliciosos. **B:** Errada, o rootkit é um software usado para camuflar outros processos ou programas de métodos de detecção e fornecer acesso ao computador e suas informações. **C:** Errada, o keylogger tem como objetivo registrar o que é digitado pelo usuário, sendo possível também em alguns casos obter imagens da tela do usuário. **D:** Errada, o spyware é um tipo de vírus que visa monitorar as ações do usuário na internet e transmite para terceiros. **E:** Correta, o bot é um programa que pode ser programado para realizar uma série de ações como enviar mensagens com spam, se replicar através da rede ou emitir requisições em massa.

Gabarito "E".

(Prefeitura Teresina/PI – FCC - 2016) A assinatura digital permite, de forma única e exclusiva, a confirmação da autoria de um determinado conjunto de dados, por exemplo, um arquivo, um *e-mail* ou uma transação. Esse método de autenticação comprova que a pessoa criou ou concorda com um documento assinado digitalmente, como a assinatura de próprio punho faz em um documento escrito. Na assinatura digital, a verificação da origem dos dados é feita com

(A) a chave privada do receptor.
(B) a chave privada do remetente.
(C) o *hash* do receptor.
(D) o *hash* do remetente.
(E) a chave pública do remetente.

A: Errada, no processo de assinatura digital apenas o remetente possui uma chave privada. **B:** Errada, a chave privada é usada para realizar a assinatura do documento e não a validação da assinatura. **C:** Errada, as funções de hash são algoritmos de criptografia usadas para gerar um código de texto único com base em uma mesma entrada e não é usado em assinaturas digitais. **D:** Errada, as funções de hash são algoritmos de criptografia usadas para gerar um código de texto único com base em uma mesma entrada e não é usado em assinaturas digitais. **E:** Correta, para realizar a verificação da origem dos dados que foram assinados com a chave privada de um remetente é necessário utilizar a chave pública deste mesmo remetente.

Gabarito "E".

(Analista – DPU – Cespe - 2016) A respeito da Internet e suas ferramentas, julgue o item a seguir.

(1) Malwares são mecanismos utilizados para evitar que técnicas invasivas, como phishing e spams, sejam instaladas nas máquinas de usuários da Internet.

1: errada, Malware é um tipo de software cujo objetivo é se instalar em um computador e causar algum tipo de dano, além disso, phishing e spams não são ameaças que se instalam em um computador, mas sim tipos de mensagens recebidas por email que visam tentar roubar algum tipo de senha ou enviar conteúdo não requisitado pelo usuário, respectivamente.

Gabarito 1E.

(Técnico – TRE/SP – 2012 – FCC) Para criar uma cópia de segurança com o objetivo de preservar os dados de um computador, NÃO é apropriado

(A) copiar os dados para um *pendrive*.
(B) copiar os dados para um DVD gravável.
(C) copiar os dados para a pasta Meus Documentos.
(D) copiar os dados para uma pasta compartilhada em outro computador.
(E) enviar os dados por *e-mail*.

Todas as maneiras apresentadas permitem realizar a cópia dos dados com segurança com a exceção da alternativa C; copiar os arquivos para a pasta Meus Documentos não garante que eles sejam recuperados caso haja algum dano ao computador, portanto a alternativa correta é a C.

Gabarito "C".

(Delegado/PA – 2012 – MSCONCURSOS) O *backup* _____ copia somente os arquivos novos e alterados, gerando um arquivo que irá acumular todas as atualizações desde o último *backup*. Qual alternativa apresenta a palavra que preenche corretamente a lacuna?

(A) Total.
(B) Incremental.
(C) Diferencial.
(D) De cópia.
(E) Diário.

A: Errada, no *backup* total todos os arquivos são salvos, independentemente de terem sidos alterados ou não. **B:** Errada, o *backup* incremental copia todos os arquivos criados e alterados desde o último *backup* normal ou incremental e os marca como arquivos copiados, sendo necessárias todas as copias incrementais em caso de recuperação. **C:** Correta, no *backup* diferencial apenas arquivos alterados ou novos são salvos e não há marcação de arquivos como arquivos já copiados, a diferença para o incremental é que em caso de recuperação apenas o primeiro *backup* normal e o último diferencial são necessários. **D:** Errada, no *backup* de cópia todos os arquivos selecionados são copiados, mas não há marcação de arquivos como arquivos que passaram por *backup*. **E:** Errada, o *backup* diário todos os arquivos selecionados que foram modificados no dia da execução do *backup* diário são salvos, não há marcação de arquivos como arquivos que passaram por *backup*.

Gabarito "C".

(Analista – TRT/11ª – 2012 – FCC) Quando o cliente de um banco acessa sua conta corrente através da internet, é comum que tenha que digitar a senha em um teclado virtual, cujas teclas mudam de lugar a cada caractere fornecido. Esse procedimento de segurança visa evitar ataques de:"

(A) *spywares* e *adwares*.
(B) *keyloggers* e *adwares*.
(C) *screenloggers* e *adwares*.
(D) *phishing* e *pharming*.
(E) *keyloggers* e *screenloggers*.

Essas ações visam evitar ataques de *keyloggers*, ameaças que gravam as teclas digitadas pelo usuário, e de *screenloggers*, que captam imagens da tela do usuário, portanto apenas a alternativa E está correta.

Gabarito "E".

(Analista – TRE/CE – 2012 – FCC) São ações para manter o computador protegido, EXCETO:

(A) Evitar o uso de versões de sistemas operacionais ultrapassadas, como *Windows 95* ou 98.
(B) Excluir *spams* recebidos e não comprar nada anunciado através desses *spams*.
(C) Não utilizar *firewall*.

(D) Evitar utilizar perfil de administrador, preferindo sempre utilizar um perfil mais restrito.

(E) Não clicar em *links* não solicitados, pois *links* estranhos muitas vezes são vírus.

A: Errada, a afirmativa está correta, versões ultrapassadas possuem falhas de segurança que foram corrigidas somente em versões posteriores. B: Errada, a afirmativa está correta, anúncios de *spam* podem conter vírus ou outras ameaças de maneira oculta. C: Correta, não usar *Firewall* é uma falha de segurança, uma vez que estes são responsáveis pelo monitoramento da entrada e saída de dados do computador. D: Errada, a afirmativa está correta, o perfil de administrador possui acesso total à máquina, caso este usuário seja infectado, todo o sistema será comprometido. E: Errada, a afirmativa está correta, *links* não solicitados também podem ocultar ameaças à segurança do sistema.

Gabarito "C".

(Auditor Fiscal – São Paulo/SP – FCC – 2012) Sobre vírus, considere:

I. Um vírus de celular pode propagar-se de telefone para telefone através da tecnologia *bluetooth* ou da tecnologia MMS (*Multimedia Message Service*).

II. Para proteger o computador da infecção por vírus é recomendável desabilitar, no programa leitor de *e-mails*, a autoexecução de arquivos anexados às mensagens.

III. Para proteger o telefone celular da infecção por vírus é recomendável aplicar todas as correções de segurança (*patches*) que forem disponibilizadas pelo fabricante do aparelho.

IV. Todos os vírus são programas independentes que não necessitam de um programa hospedeiro para funcionar e são carregados na memória RAM automaticamente quando o computador é ligado.

Está correto o que se afirma em

(A) I e III, apenas.
(B) I, II, III e IV.
(C) I, II e III, apenas.
(D) II e III, apenas.
(E) II, apenas.

I, II e III: As afirmativas estão corretas, os vírus para celulares podem ser propagados por *Bluetooth* ou mensagens do tipo MMS e manter o aparelho sempre atualizado ajuda a prevenir as infecções. Já no caso dos computadores, desabilitar a autoexecução nos leitores de mensagens de correio eletrônico ajuda a prevenir que anexos infectados afetem o computador e há tipos de vírus que afetam a memória RAM do computador e são independentes; IV: assertiva incorreta. Portanto a alternativa "C" é a correta.

Gabarito "B".

(Auditor Fiscal – São Paulo/SP – FCC – 2012) Considere a frase a seguir.

Na criptografia ...I... um emissor codifica seu documento com a chave ...II... da pessoa que receberá a mensagem.

O texto codificado apenas poderá ser decodificado pelo III pois, somente ele tem a chave IV relacionada à chave V que originou o texto cifrado.

As lacunas I, II, III, IV e V devem ser preenchidas, correta e respectivamente, por

(A) de chaves públicas, privada, destinatário, pública e privada.
(B) assimétrica, privada, emissor, pública e privada.
(C) simétrica, pública, emissor, privada e pública.
(D) assimétrica, pública, destinatário, privada e pública.
(E) simétrica, privada, destinatário, pública e privada.

Apenas a criptografia assimétrica possui chaves diferentes (pública e privada), nela uma mensagem criptografada com uma chave pública apenas poderá ser descriptografada pela chave privada que a gerou, portanto a alternativa D está correta.

Gabarito "D".

(Auditor Fiscal – São Paulo/SP – FCC – 2012) No texto a seguir:

A assinatura digital é o resultado da aplicação de uma função matemática que gera uma espécie de impressão digital de uma mensagem. O primeiro passo no processo de assinatura digital de um documento eletrônico é a aplicação dessa função, que fornece uma sequência única para cada documento conhecida como "resumo".

A função matemática citada é mais conhecida como função

(A) quântica.
(B) *de Hash*.
(C) quadrática.
(D) de Euler.
(E) binária.

A função matemática que resulta em uma sequência única para cada arquivo é denominada de função *Hash*, portanto apenas a alternativa B está correta.

Gabarito "B".

(Auditor Fiscal – São Paulo/SP – FCC – 2012) Sobre o *backup* de informações em uma organização, é correto afirmar:

(A) Os testes de restauração (*restore*) devem ser periódicos com o objetivo de garantir a qualidade dos *backups*.
(B) Para a implementação do *backup*, deve-se levar em consideração apenas a importância da informação e o nível de classificação utilizado.
(C) É recomendável fazer *backup* com frequência apenas dos dados e arquivos executáveis de um sistema computacional.
(D) Os *backups* devem ser mantidos no mesmo local físico da localidade de armazenamento dos dados originais.
(E) A frequência para a realização dos *backups* nada tem a ver com a periodicidade em que os dados são alterados.

A: Correta, os testes de restauração dos dados são importantes para garantir que os *backups* estão sendo feitos corretamente e assegurar a rápida recuperação quando for necessário. **B**: Errada, também é importante considerar a periodicidade de atualização dos dados salvos. **C**: Errada, todos os arquivos de importância para a empresa devem ser salvos, sejam executáveis ou simples documentos de texto. **D**: Errada, os *backups* devem ser mantidos fisicamente longe para evitar perda por desastres como incêndios ou inundações. **E**: Errada, a periodicidade de atualização da informação é um item muito relevante para a realização de *backups*.

Gabarito "A".

(Enfermeiro – TJ/ES – 2011 – CESPE) Julgue os itens subsecutivos, referentes a conceitos de tecnologia da informação.

(1) Tecnologias como a biometria por meio do reconhecimento de digitais de dedos das mãos ou o reconhecimento da íris ocular são exemplos de aplicações que permitem exclusivamente garantir a integridade de informações.

(2) Um filtro de *phishing* é uma ferramenta que permite criptografar uma mensagem de *email* cujo teor, supostamente, só poderá ser lido pelo destinatário dessa mensagem.

(3) O conceito de confidencialidade refere-se a disponibilizar informações em ambientes digitais apenas a pessoas para as quais elas foram destinadas, garantindo-se, assim, o sigilo da comunicação ou a exclusividade de sua divulgação apenas aos usuários autorizados.

1: Errada, estas tecnologias permitem garantir a segurança de acesso aos arquivos e não sua integridade. 2: Errada, o filtro de *phising* tem por função identificar possíveis tentativas de roubo de dados por um *site* que tente se passar por outro confiável. 3: Correta, a confidencialidade é uma característica que garante que apenas as pessoas com o devido acesso tenham acesso a certas informações.

Gabarito 1E, 2E, 3C.

(Enfermeiro – POLÍCIA CIVIL/MG – 2013 – ACADE-POL) Aplicações que capturam pacotes da rede e analisam suas características, também conhecidas como "farejadores" de pacotes, são

(A) Banners.
(B) *Worms*.
(C) Spiders.
(D) Sniffers.

A: Errada, um banner é uma imagem usada como propaganda. **B**: Errada, os *Worms* são uma ameaça virtual que tem a capacidade de se autorreplicar, além de poder excluir arquivos ou enviar documentos por *email*. **C**: Errada, *Spider* não é uma denominação de tipo de ameaça virtual. **D**: Correta, os *Sniffers* são programas que monitoram a comunicação de uma rede em busca de certos pacotes.

Gabarito "D".

(Enfermeiro – POLÍCIA CIVIL/MG – 2013 – ACADE-POL) Sobre os sistemas de criptografia, analise as seguintes afirmativas:

I. Nos sistemas de criptografia baseados em chave secreta, todas as partes envolvidas devem possuir a chave para codificar e decodificar mensagens.

II. PGP ou *Pretty Good Privacy* é um *software* de criptografia multiplataforma de alta segurança utilizado para troca de mensagens eletrônicas.

III. Nos sistemas de criptografia baseados em chave pública, a chave privada deve ser conhecida por todas as partes envolvidas para codificar ou decodificar mensagens.

Estão CORRETAS as afirmativas:

(A) I e II, apenas.
(B) I e III, apenas.
(C) II e III, apenas.
(D) I, II e III.

Apenas a afirmativa III está incorreta, na criptografia de chave pública, esta é distribuída para todas as partes enquanto a chave privada deve ser conhecida apenas por seu dono. Portanto apenas a alternativa A está correta.

Gabarito "A".

(Enfermeiro Fiscal de Saúde – PREFEITO SENADOR CANEDO/GO – 2011 – UFG) Com a difusão do uso da Internet, tem aumentado o número de computadores contaminados por vírus provenientes de mensagens eletrônicas e arquivos trocados pelos usuários. Quando um programa potencialmente indesejado for detectado, o mecanismo de varredura pré-instalado pode ser configurado a fim de mover os anexos para uma pasta específica, solicitando uma ação do usuário. Este procedimento é denominado

(A) ameaça.
(B) exclusão.
(C) quarentena.
(D) restauração.

Os arquivos que podem representar alguma ameaça para o computador podem ser movidos para uma área específica onde aguardam uma ação do usuário, este procedimento é denominado quarentena, portanto apenas a afirmativa C está correta.

Gabarito "C".

(Analista – TRT/14ª – 2011 – FCC) É uma forma de fraude eletrônica, caracterizada por tentativas de roubo de identidade. Ocorre de várias maneiras, principalmente por *e-mail*, mensagem instantânea, SMS, dentre outros, e, geralmente, começa com uma mensagem de *e-mail* semelhante a um aviso oficial de uma fonte confiável, como um banco, uma empresa de cartão de crédito ou um *site* de comércio eletrônico. Trata-se de

(A) *Wabbit*.
(B) *Exploits*.
(C) *Hijackers*.
(D) *Phishing*.
(E) *Trojans*.

A: Errada, *Wabbit* é um tipo de programa que apenas se replica na máquina infectada. **B:** Errada, *Exploit* é um pedaço de *software* ou sequencia de comandos que se aproveita de um bug ou falha para causar comportamentos indevidos de um programa ou *hardware*. **C:** Errada, os *Hijackers* são cavalos de troia que modificam a página inicial do navegador e redirecionam qualquer página visitada para outra escolhida pelo criador da praga. **D:** Correta, o *Phishing*, junção de password (senha) e *fishing* (pescaria) é um tipo de ataque que visa enganar o usuário fazendo-o pensar estar em um *site* confiável e assim fornecer seus dados confidenciais. **E:** Errada, os *Trojans* são ameaças que possuem um funcionamento normal e outro não desejável, que geralmente danifica o computador, dados ou configurações do sistema.

Gabarito "D".

(Analista – TRT/20ª – 2011 – FCC) Sobre segurança da informação é correto afirmar:

(A) Os usuários de sistemas informatizados, devem ter acesso total aos recursos de informação da organização, sendo desnecessário a utilização de *login* e senha.

(B) As organizações não podem monitorar o conteúdo dos *e-mails* enviados e recebidos pelos seus colaboradores e nem utilizar esses dados para fins de auditoria e/ou investigação.

(C) É possível saber quais páginas foram acessadas por um computador, identificar o perfil do usuário e instalar programas espiões, entretanto, não é possível identificar esse computador na Internet devido ao tamanho e complexidade da rede.

(D) Para criar senhas seguras é indicado utilizar informações fáceis de lembrar, como nome, sobrenome, número de documentos, números de telefone, times de futebol e datas.

(E) Um *firewall*/roteador ajuda a promover uma navegação segura na *web*, pois permite filtrar os endereços e bloquear o tráfego de *sites* perigosos.

A: Errada, a utilização de *login* e senha é um item de segurança primordial em sistemas informatizados, para ajudar a garantir a integridade do sistema. **B:** Errada, o conteúdo dos *e-mails* de uma instituição é de sua propriedade e podem ser monitorados. **C:** Errada, em uma rede qualquer computador pode ser identificado por meio de seu endereço IP ou endereço MAC. **D:** Errada, informações fáceis de lembrar são também fáceis de serem descobertas, este tipo de informação deve ser evitado ao máximo no uso de senhas seguras. **E:** Correta, um *Firewall* tem como função ajudar a proteger a rede e aumentar a segurança da navegação bloqueando portas e filtrando o tráfego.

Gabarito "E".

(Analista – TRT/21ª – 2010 – CESPE) Julgue o item a seguir, relativo a conceitos e modos de utilização da Internet e de intranets, assim como a conceitos básicos de tecnologia e segurança da informação.

(1) No governo e nas empresas privadas, ter segurança da informação significa ter-se implementada uma série de soluções estritamente tecnológicas que garantem total proteção das informações, como um *firewall* robusto que filtre todo o tráfego de entrada e saída da rede, um bom *software* antivírus em todas as máquinas e, finalmente, senhas de acesso a qualquer sistema.

1: Errada, a segurança de dados também envolve conceitos de disponibilidade (garantir que a informação esteja disponível sempre que necessário), integridade dos dados (eles não podem sofrer modificações não autorizadas), sua confidencialidade (não estará disponível ou divulgada a indivíduos, entidades ou processos sem autorização) e autenticidade (a informação provém das fontes anunciadas e que não foi alvo de mutações ao longo de um processo).

Gabarito 1E.

(Analista – TRE/TO – 2011 – FCC) Uma das formas de proteger o sigilo da informação que trafega na Internet é

(A) a criptografia.

(B) não fazer os *downloads* em *notebooks*.

(C) não responder *e-mails* que chegam "com cópia oculta".

(D) mandar *e-mails* somente a pessoas da lista pessoal.

(E) não usar a opção "com cópia para" do correio eletrônico.

A: Correta, a criptografia aplica um algoritmo criptográfico na informação a ser enviada, o que dificulta a leitura da mesma por terceiros. **B:** Errada, a realização ou não de *download*s não influencia no sigilo da informação trafegada. **C:** Errada, o fato de haverem ou não copias ocultas não influencia no sigilo da informação trafegada, mesmo porque não é possível saber quando existem copias ocultas em uma mensagem. **D:** Errada, mesmo que uma mensagem seja enviada para um remetente confiável ela pode ser interceptada e seu sigilo comprometido. **E:** Errada, o uso de cópias não influencia no sigilo de uma informação.

Gabarito "A".

(Analista – TRE/TO – 2011 – FCC) Arquivos de dados produzidos por suíte de aplicativos para escritório, por ex. *Microsoft Office*, costumam ser alvo predileto de contaminação por

(A) *trojans*.

(B) *worms*.

(C) hijackers

(D) vírus de *boot*.

(E) vírus de macro.

A: Errada, os *trojans* atuam abrindo uma brecha no computador para que ele possa ser controlado por outro usuário ou para coletar dados e enviá-los pela internet ao invasor. **B:** Errada, os *worms* é um vírus que tem como função se espalhar da forma mais abrangente possível. **C:** Errada, os *hijackers* alteram a página inicial do *browser* e impede o usuário de mudá-la. **D:** Errada, o vírus de *boot* infecta a parte de inicialização do sistema operacional impedindo que o mesmo inicie. **E:** Correta, os vírus de macro vinculam suas macros a modelos de documentos e a outros arquivos de modo que as primeiras instruções executadas serão as do vírus.

Gabarito "E".

(Analista – TRE/BA – 2010 – CESPE) Com relação ao uso seguro das tecnologias de informação e comunicação, julgue o item subsequente.

(1) Confidencialidade, disponibilidade e integridade da informação são princípios básicos que orientam a definição de políticas de uso dos ambientes computacionais. Esses princípios são aplicados exclusivamente às tecnologias de informação, pois não podem ser seguidos por seres humanos.

1: Errada, a confidencialidade (garantia que a informação não estará disponível ou divulgada a indivíduos, entidades ou processos sem autorização), a disponibilidade (manter um serviço disponível o máximo de tempo possível) e a integridade (garantia que algo não pode sofrer modificações não autorizadas) são princípios aplicáveis também ao ser humano.

Gabarito 1E

(Analista – TRE/MT – 2010 – CESPE) Considerando conceitos de segurança da informação, assinale a opção correta.

(A) A segurança das informações que transitam pela Internet é de total responsabilidade do administrador de rede.

(B) Instalar e utilizar antivírus em um computador é uma ação preventiva que elimina completamente a possibilidade de ataques a arquivos e pastas.

(C) Ao se utilizar *firewall* é garantido o bloqueio de vírus e *worms*, pois a sua principal função é identificar e eliminar arquivos corrompidos.

(D) Recursos e instalações de processamento de informações críticas ou sensíveis do negócio devem ser mantidas em áreas seguras, protegidas por um perímetro de segurança definido, com barreiras de segurança apropriadas e controle de acesso.

(E) Os sistemas operacionais modernos possuem mecanismos que evitam a propagação de vírus e cavalos de troia. Tais mecanismos devem ser ativados por meio do gerenciador de arquivos ou pelo gerenciador de aplicativos.

A: Errada, administradores de rede possuem controle dos dados apenas enquanto eles trafegam em seu segmento de rede, após irem para a Internet ele não possui controle sobre eles. **B:** Errada, o antivírus é uma ferramenta reativa, ela funciona após a infecção, para evitá-la deve-se utilizar um *Firewall* e medidas de segurança. **C:** Errada, a principal função do *Firewall* é bloquear o acesso a portas e garantir que a política de segurança da rede seja cumprida. **D:** Correta, toda e qualquer informação crítica dentro do negócio deve estar protegida por barreiras e medidas de segurança a fim de garantirem sua integridade e confiabilidade. **E:** Errada, nem todo sistema operacional possui um sistema de defesa em sua configuração-padrão, estando este a cargo do usuário.

Gabarito "D".

(Analista – TRF/1ª – 2011 – FCC) Dispositivo que tem por objetivo aplicar uma política de segurança a um determinado ponto de controle da rede de computadores de uma empresa. Sua função consiste em regular o tráfego de dados entre essa rede e a internet e impedir a transmissão e/ou recepção de acessos nocivos ou não autorizados. Trata-se de

(A) antivírus.

(B) *firewall*.

(C) *mailing*.

(D) *spyware*.

(E) *adware*.

A: Errada, o antivírus tem por função remover ou bloquear vírus que tenha sido instalados ou detectados no computador. **B:** Correta, o *Firewall* aplica as políticas de segurança de uma rede ou computador, bloqueando portas ou serviços e garantindo a segurança da rede. **C:** Errada, *mailing* é uma forma de envio de mensagens eletrônicas. **D:** Errada, o *spyware* é um tipo de ameaça de computador. **E:** Errada, o adware é um tipo de ameaça de computador.

Gabarito "B".

(Analista – TJ/ES – 2011 – CESPE) Julgue os itens subsecutivos, referentes a conceitos de tecnologia da informação.

(1) Tecnologias como a biometria por meio do reconhecimento de digitais de dedos das mãos ou o reconhecimento da íris ocular são exemplos de aplicações que permitem exclusivamente garantir a integridade de informações.

(2) Um filtro de *phishing* é uma ferramenta que permite criptografar uma mensagem de *email* cujo teor, supostamente, só poderá ser lido pelo destinatário dessa mensagem.

(3) O conceito de confidencialidade refere-se a disponibilizar informações em ambientes digitais apenas a pessoas para as quais elas foram destinadas, garantindo-se, assim, o sigilo da comunicação ou a exclusividade de sua divulgação apenas aos usuários autorizados.

1: Errada, esse tipo de tecnologia garante a segurança do sistema como um todo, limitando o acesso as informações apenas a pessoas autorizadas. 2: Errada, o filtro de *phishing* tem como função atacar as mensagens e *sites* que tem como intenção enganar o usuário a fim de obter dados confidenciais. 3: Correta, a confidencialidade é a característica que garante que os dados estão disponíveis apenas àqueles que tenham autorização para acessá-los.

Gabarito 1E, 2E, 3C

(TJ/SC – 2010) De acordo com os conceitos de segurança da informação, assinale a alternativa correta no que diz respeito às boas práticas de criação e utilização de senhas:

(A) Uma senha "ptsg#02!qn" é mais segura e recomendada do que uma senha "1234".

(B) É recomendável que a senha seja idêntica ao nome do usuário, de forma a facilitar que seja lembrada.

(C) É uma boa prática utilizar a data de nascimento do usuário como senha.

(D) É importante enviar sua senha por *e-mail* para todos os seus contatos. Assim, caso você esqueça da senha, poderá recuperá-la com a ajuda deles.

(E) É uma boa prática copiar a senha em um papel e colá-lo na tela do computador para que não seja esquecida.

A: Correta, senhas que combinam letras, números e caracteres possuem um nível de segurança muito maior que simples sequências numéricas. **B:** Errada, uma senha nunca deve ser igual ao nome de usuário, pois assim facilita que seja descoberta por simples ataques de força bruta. **C:** Errada, datas e números de telefone também são péssimas escolhas para senhas, pois são associações muitos fáceis de deduzir. **D:** Errada, senhas são pessoais e nunca devem ser comunicadas a ninguém. **E:** Errada, esta prática facilita que pessoas mal-intencionadas que possuam acesso físico ao computador capturem as senhas.

Gabarito "A".

(TJ/SC – 2010) A realização de cópias de segurança (*backup*) das informações é importante porque:

(A) Impede a entrada de vírus e outras pragas virtuais no computador.

(B) Garante que todos os programas instalados no computador são legítimos.

(C) Permite a recuperação das informações em caso de perda dos dados originais.

(D) Impede que pessoas não autorizadas tenham acesso às informações.

(E) Elimina vírus e outras ameaças que estejam nas informações copiadas.

A: Errada, a realização de *backups* não previne a contaminação por vírus de nenhuma forma. **B:** Errada, a legitimidade de um programa não está ligada em nenhuma forma à realização de *backups*, mas sim a suas respectivas chaves de registro. **C:** Correta, a realização de *backups* permite a fácil recuperação dos dados em caso de perda. **D:** Errada, realizar um *backup* não torna os arquivos originais ou copiados restritos ao acesso de outros usuários. **E:** Errada, a realização de *backups* não possui qualquer ligação com a remoção de vírus do sistema.

Gabarito "C".

(TJ/SC – 2010) É o conjunto de práticas utilizadas para obter acesso a informações importantes ou sigilosas em organizações ou sistemas, através da persuasão e se aproveitando da ingenuidade ou confiança das pessoas. Estamos falando de:

(A) *Backup*.

(B) Vírus.

(C) Engenharia social.

(D) *Download*.

(E) Assinatura digital.

A: Errada, *backup* é uma técnica de segurança que visa realizar cópias de arquivos para sua posterior recuperação em caso de perda. **B:** Errada, vírus são arquivos com conteúdo malicioso que visam infectar um grande número de computadores e possuem o potencial de danificar o bom funcionamento deste. **C:** Correta, a Engenharia social visa obter a confiança de indivíduos com acesso a informações privilegiadas a fim de obtê-las com maior facilidade. **D:** Errada, o *download* é a ação de copiar arquivos por meio da internet. **E:** Errada, a assinatura digital é uma tecnologia que garante autoria de um documento.

Gabarito "C".

(Técnico Judiciário – TRF/1ª – 2011 – FCC) Considerando o recebimento de um arquivo executável de fonte desconhecida, no correio eletrônico, a atitude mais adequada diante deste fato é

(A) não executá-lo.

(B) baixá-lo no seu *desktop* e executá-lo localmente, somente.

(C) repassá-lo para sua lista de endereços solicitando aos mais experientes que o executem.

(D) executá-lo diretamente, sem baixa-lo no seu *desktop*.

(E) executá-lo de qualquer forma, porém comunicar o fato ao administrador de sua rede.

A: Correta, arquivos executáveis são grandes fontes de vírus, portanto não podem ser executados caso sua origem e propósito sejam desconhecidos. **B:** Errada, arquivos executáveis de fontes desconhecidas devem ser removidos ou ignorados para evitar brechas de segurança. **C:** Errada, arquivos como este não devem ser repassados para evitar que outras pessoas sejam expostas ao risco potencial que eles representam. **D:** Errada, o arquivo pode infectar a máquina não importando onde seja executado. **E:** Errada, o arquivo não deve ser executado, mesmo que alguém seja avisado sobre isso posteriormente.

Gabarito "A".

(Técnico Judiciário – MPU – 2010 – CESPE) Acerca de conceitos básicos de segurança da informação, julgue os itens seguintes.

(1) É recomendável que, entre as medidas de segurança propostas para gerenciar um ambiente automatizado, seja incluída a instalação, em rede, de ameaças que possam servir de armadilhas para usuários mal-intencionados, como criptografia, algoritmos, assinatura digital e antivírus.

(2) Cavalo de Troia é exemplo de programa que atua na proteção a um computador invadido por *hackers*, por meio do fechamento de portas, impedindo o controle remoto do sistema.

(3) De acordo com o princípio da disponibilidade, a informação só pode estar disponível para os usuários aos quais ela é destinada, ou seja, não pode haver acesso ou alteração dos dados por parte de outros usuários que não sejam os destinatários da informação.

1: Errada, as medidas mencionadas na verdade são ações de segurança contra ameaças e não armadilhas contra usuários mal-intencionados; 2: Errada, o Cavalo de Troia é um programa que uma vez no computador, mantém uma porta de conexão aberta para que um invasor possa operar a máquina a distância; 3: Errada, o princípio da disponibilidade diz que um arquivo deve estar sempre disponível para ser acessado a quem lhe é de direito.

Gabarito 1E, 2E, 3E.

(Técnico Judiciário – TRE/AP – 2011 – FCC) Em relação aos tipos de *backup*, é correto afirmar que o *Backup* Incremental

(A) é uma cópia extraída diariamente, contendo todos os incrementos que ocorreram no sistema operacional.

(B) é uma cópia de segurança que incrementa todas as inclusões e alterações de programas e configurações.

(C) é a cópia de segurança na qual são copiados somente os arquivos alterados depois do último *backup*.

(D) copia todos os arquivos do sistema operacional, assinalando aqueles que foram alterados.

(E) é programado para ser executado sempre que houver alteração nos dados armazenados.

A: Errada, o *backup* incremental não necessariamente é feito diariamente, ele contém as alterações feitas desde o último *backup* incremental ou completo. **B:** Errada, são copiados todos os arquivos alterados desde o último *backup* incremental ou completo. **C:** Correta, o *backup* incremental contém as alterações feitas desde o último *backup* incremental ou completo. **D:** Errada, apenas os arquivos alterados desde o último *backup* incremental ou completo são copiados. **E:** Errada, o *backup* incremental não está relacionado a uma periodicidade.

Gabarito "C".

I. Proteger o computador conectado à Internet, de ataques, invasões, intrusões, infecções e mantê-lo automaticamente atualizado com as novas versões (*Windows Update*). Para tanto, deve-se ativar todos os Dados Básicos de Segurança na Central de Segurança (Windows XP edição doméstica).

(Técnico Judiciário – TRE/PI – 2009 – FCC) A recomendação feita em (I) é para ativar

(A) *Firewall* e Proteção contra vírus, apenas.
(B) *Backup* automático, Proteção contra vírus e *Firewall,* apenas.
(C) Atualizações automáticas, Proteção contra vírus e *Firewall,* apenas.
(D) Atualizações automáticas, Proteção contra vírus, *Firewall e Backup* automático, apenas.
(E) Proteção contra vírus, *Firewall, Backup* automático e Opções da Internet.

A: errada, há uma outra opção de segurança na Central de Segurança do Windows XP. **B:** errada, não há opções de *backup* automático na Central de Segurança do Windows XP. **C:** correta, as opções de segurança da Central de Segurança do Windows XP incluem Atualizações automáticas, Proteção contra vírus e *Firewall*. **D:** errada, não há opções de *backup* automático na Central de Segurança do Windows XP. **E:** errada, não há opções de *backup* automático na Central de Segurança do Windows XP.

Gabarito "C".

(Técnico Judiciário – TJ/PR – 2009) Uma assinatura digital é um(a):

(A) assinatura de *e-mail* com dados como nome, telefone e cargo, colocado na parte inferior das mensagens.
(B) modalidade de assinatura eletrônica, resultado de uma operação matemática que utiliza algoritmos de criptografia assimétrica e permite aferir, com segurança, a origem e a integridade do documento.
(C) arquivo com um *bitmap* da assinatura de uma pessoa.
(D) arquivo texto com os dados pessoais de uma pessoa que é inserido automaticamente ao final de uma mensagem.

A: errada, uma assinatura digital inclui mecanismos de criptografia para garantir a origem e integridade do documento. **B:** correta, a assinatura digital é uma modalidade de assinatura eletrônica, resultado de uma operação matemática que utiliza algoritmos de criptografia assimétrica e permite aferir, com segurança, a origem e a integridade do documento. **C:** errada, a assinatura digital não está contida em arquivos do tipo bitmap. **D:** errada, uma assinatura digital não é um arquivo de texto, mas sim uma modalidade de assinatura eletrônica.

Gabarito "B".

(Delegado/GO – 2009 – UEG) Sobre fundamentos de segurança da informação e programas maliciosos, é CORRETO afirmar:

(A) deve-se dar preferência ao uso de programas de troca de mensagens como o MSN para substituir o *e-mail,*dado que o risco de contaminação nesses programas é praticamente nulo.
(B) mesmo um inocente *e-mail* de uma fonte conhecida e contendo apenas uma imagem ou uma proteção de tela pode se tornar fonte de contaminação.
(C) programas maliciosos denominados *trojan*s não podem ser detectados por antivírus, necessitando, portanto, de programas específicos.
(D) *spyware*s são programas que têm como finalidade vigiar o computador para evitar contaminação por *adwares*.

A: Errada, porque o risco de contaminação por meio de programas de troca de mensagens instantâneas é tão grande quanto por correio eletrônico. **B:** Correta, uma vez que por mais que a fonte seja conhecida, um simples anexo pode conter um *software* malicioso. **C:** Errada, já que os antivírus podem detectar pragas do tipo *trojan*. **D:** Errada, pois os *spyware*s são é um tipo de *software* malicioso e não um tipo de programa antivírus.

Gabarito "B".

(Delegado/GO – 2009 – UEG) Sistemas informatizados de qualquer natureza têm um papel decisivo na qualidade do serviço ofertado pelos seus usuários. Entretanto, com relação ao CORRETO uso desses sistemas de informação deve-se:

(A) exigir, com responsabilidade, que os profissionais de informática mantenham os dados do sistema sempre corretos e confiáveis.
(B) manter sempre um controle paralelo ao sistema a fim de assegurar a confiabilidade do mesmo.
(C) manter os *hardwares* sempre atualizados para que novas funcionalidades do seu sistema estejam sempre disponíveis.
(D) utilizar corretamente o sistema, pois dessa forma os dados constantes neste serão mais corretos e confiáveis.

A: Errada, pois não se pode confiar apenas no usuário para manter uma base de dados consistente e segura. **B:** Errada, porque a informação não pode estar contida em um documento paralelo, isso incentiva o desuso de um dos sistemas de armazenamento. **C:** Errada, já que nem toda nova funcionalidade demandará um novo hardware. **D:** Correta, ou seja, um sistema de informação deve garantir que os dados nele inseridos sejam corretos e consistentes, portanto, seu uso de forma correta é a melhor forma de garantir a integridade das informações.

Gabarito "D".

(Delegado/GO – 2009 – UEG) A difusão do uso de *e-mail* facilitou os processos de investigação. A atividade de busca de informações passou a ter como oportunidade o acesso a um grande reduto de dados: o histórico constante nas caixas de *e-mail*. Entretanto, existem ainda restrições como a seguinte:

(A) a ausência de *e-mail*s com data superior a seis meses, que são automaticamente apagados pelo sistema no intuito de não sobrecarregar os bancos de dados.

(B) a dificuldade de acesso a caixas de *e-mail*s públicos denominados *webmail*s, principalmente quando estes estão hospedados em países com legislação diferente.

(C) a exclusão automática de anexos após a leitura e confirmação do recebimento da mensagem.

(D) o acesso às mensagens e anexos, visto que as ferramentas Clientes implementam, automaticamente, criptografia, impossibilitando a leitura.

A: Errada, porque as mensagens em uma caixa postal não são automaticamente apagadas a menos que o usuário assim a configure. **B:** Correta, visto que contas de *e-mail*s públicos, principalmente, os hospedados em servidores em outros países, fazem com que o acesso ao seu conteúdo seja mais trabalhoso. **C:** Errada, pois anexos não podem ser removidos separadamente da mensagem, toda ela deve ser excluída para que o anexo seja excluído. **D:** Errada, já que nem toda ferramenta Cliente criptografa mensagens de maneira automática, a menos que o usuário assim a configure.

Gabarito "B".

(Delegado/GO – 2009 – UEG) A automação via sistemas informatizados tende a causar profundas mudanças nos ambientes em que ela chega. Entretanto, é comum que nos primeiros momentos as informações sejam armazenadas no formato de documentos de texto e planilhas. Supondo que todas as informações de um órgão estejam armazenadas dessa forma e que se deseja obter informações consolidadas, é necessária:

(A) a utilização de bancos de dados que permitam o armazenamento de grande quantidade de informações.

(B) a reentrada das informações existentes em um *software* específico para avaliação e conversão dos conteúdos.

(C) a junção, por vezes, dos dados constantes nos documentos e planilhas. Ainda que não trivial é possível de ser implementada.

(D) a implantação de novos sistemas automatizados, pois uma base de dados no Word e outra no Excel, por exemplo, não podem ser integradas.

A: Errada, permite-se consolidar os documentos e planilhas sem a necessidade de um banco de dados externo. **B:** Errada, os dados não necessitam ser redigitado, o que aumenta o risco de inconsistência dos mesmos. **C:** Correta, ainda que não seja a melhor forma, é possível juntar os dados nos documento e planilhas para que as informações resultantes sejam consolidadas. **D:** Errada, porque é possível realizar a integração de bases de dados mesmo que em diferentes formatos.

Gabarito "C".

(Delegado/PB – 2009 – CESPE) A respeito de segurança e proteção de informações na Internet, assinale a opção incorreta.

(A) Embora o uso de aplicativo antivírus continue sendo importante, grande parte da prevenção contra os vírus depende dos usuários, porque as infecções ocorrem em função do comportamento do usuário, como abrir anexo de *e-mail*, clicar em um *link* ou fazer *download* de arquivo.

(B) Uma forma de evitar infecções no computador é manter o antivírus ativado e atualizado e deixar agendadas varreduras periódicas.

(C) Uma forma de proteção contra vírus eletrônicos é a troca periódica de senhas sensíveis.

(D) Usuários devem atentar para *e-mail* desconhecido e evitar propagar correntes com o objetivo de minimizar infecções por vírus.

(E) Os vírus surgem cada vez mais rapidamente, mas a instalação de antivírus é suficiente para eliminá-los, por meio do reconhecimento da assinatura do vírus.

A: Errada, a afirmativa está correta. **B:** Errada, a afirmativa está correta. **C:** Errada, a afirmativa está correta. **D:** Errada, a afirmativa está correta. **E:** Errada, pois a afirmativa está incorreta, ou seja, os antivírus utilizam várias técnicas para reconhecer e remover vírus, mas mesmo assim, por mais atualizado que esteja não é possível garantir que ele removerá todos e quaisquer vírus.

Gabarito "E".

(Fiscal de Rendas/RJ – 2010 – FGV) A assinatura digital visa dar garantia de integridade e autenticidade a arquivos eletrônicos, comprova que a mensagem ou arquivo não foi alterado e que foi assinado pela entidade ou pessoa que possui a chave privada e o certificado digital correspondente, utilizados na assinatura.

A *assinatura digital* emprega chaves criptográficas definidas como um conjunto de bits baseado em um determinado algorítmo capaz de cifrar e decifrar informações que, para isso, utiliza chaves simétricas ou chaves assimétricas.

A esse respeito, analise as afirmativas a seguir.

I. Chaves simétricas são simples e nelas o emissor e o receptor utilizam a mesma chave para cifrar e decifrar uma informação, acarretando riscos menores, diminuindo consideravelmente as possibilidades de extravio ou fraudes. É por esta razão que chaves públicas são utilizadas em assinaturas digitais.

II. Chaves assimétricas funcionam com duas chaves: a chave privada e a chave pública. Nesse esquema, uma pessoa ou uma organização deve utilizar uma chave de codificação e disponibilizá-la a quem for mandar informações a ela. Essa é a chave pública. Uma outra chave deve ser usada pelo receptor da informação para o processo de decodificação: é a chave privada, que é sigilosa e individual. As chaves são geradas de forma conjunta, portanto, uma está associada à outra.

III. A assinatura digital funciona da seguinte forma: é necessário que o emissor tenha um documento eletrônico e a chave pública do destinatário. Por meio de algoritmos apropriados, o documento é então cifrado de acordo com esta chave pública. O receptor usará então sua chave privada correspondente para decifrar o documento. Se qualquer *bit* deste for alterado, a assinatura será deformada, invalidando o arquivo.

Assinale:

(A) se somente a afirmativa I estiver correta.
(B) se somente as afirmativas I e II estiverem corretas.
(C) se somente as afirmativas I e III estiverem corretas.
(D) se somente as afirmativas II e III estiverem corretas.
(E) se todas as afirmativas estiverem corretas.

A: Errada, a afirmativa I está incorreta, chaves simétricas não acarretam riscos menores, pois deve haver uma cópia em cada extremidade da comunicação, elevando as chances de uma potencial descoberta por terceiros. **B:** Errada, a afirmativa I está incorreta, chaves simétricas não acarretam riscos menores, pois deve haver uma cópia em cada extremidade da comunicação, elevando as chances de uma potencial descoberta por terceiros. **C:** Errada, a afirmativa I está incorreta, chaves simétricas não acarretam riscos menores, pois deve haver uma cópia em cada extremidade da comunicação, elevando as chances de uma potencial descoberta por terceiros. **D:** Correta, apenas as afirmativas II e III estão corretas. **E:** Errada, a afirmativa I está incorreta, chaves simétricas não acarretam riscos menores, pois deve haver uma cópia em cada extremidade da comunicação, elevando as chances de uma potencial descoberta por terceiros.

Gabarito "D".

(Auditor Fiscal/SC – 2010 – FEPESE) Os programas antivírus são capazes de proteger os computadores de uma série de ameaças à sua segurança, dentre as quais podemos citar:

(A) *worms* e *spam*.
(B) *port scans* e *rootkits*.
(C) *bots* e *phishing scams*.
(D) *spyware* e cavalos de Troia.
(E) ataques de negação de serviço e *backdoors*.

A: Errada, *spam* consiste no envio de mensagens de correio eletrônico não requisitadas pelo destinatário e em geral contendo propagandas de produtos ou serviços. **B:** Errada, *port scans* são aplicativos que têm como objetivo testar as portas lógicas de um determinado host. **C:** Errada, *phishing scams* são mensagens de correio eletrônico que têm como objetivo enganar o destinatário e leva-lo a um *site* na Internet que tem como objetivo obter senhas de acesso, em geral a bancos. **D:** Correta, programas antivírus são capazes de proteger o computador de ameaças do tipo *spyware* e cavalos de Troia. **E:** Errada, ataques de negação de serviço, também conhecidos como DDOS, são ataques praticados na internet e direcionados a serviços web como hospedagem de *sites*, servidores de jogos ou *e-mails*.

Gabarito "D".

(Administrador – Ministério da Justiça – 2009 – FUNRIO) Qual o nome dado ao dispositivo de segurança que, uma vez instalado, controla e autoriza o tráfego de informações transferidas entre redes de computadores?

(A) Telnet.
(B) *Firewall*.
(C) *Cookie*.
(D) Safenet.
(E) Java.

A: Errada, Telnet é um aplicativo de acesso remoto. **B:** Correta, o *Firewall* é um dispositivo que controla o fluxo de informações para dentro e fora do computador durante a navegação em rede. **C:** Errada, *cookie* é o nome dado a arquivos temporários armazenados pelo navegador durante seu uso. **D:** Errada, Safenet não é um termo que descreva dispositivos de segurança. **E:** Errada, Java é uma linguagem de desenvolvimento.

Gabarito "B".

(Técnico – ANATEL – 2009 – CESPE) Com o desenvolvimento da Internet e a migração de um grande número de sistemas especializados de informação de grandes organizações para sistemas de propósito geral acessíveis universalmente, surgiu a preocupação com a segurança das informações no ambiente da Internet. Acerca da segurança e da tecnologia da informação, julgue os itens a seguir.

(1) A disponibilidade e a integridade são itens que caracterizam a segurança da informação. A primeira representa a garantia de que usuários autorizados tenham acesso a informações e ativos associados quando necessário, e a segunda corresponde à garantia de que sistemas de informações sejam acessíveis apenas àqueles autorizados a acessá-los.

(2) Em uma organização, a segurança da informação é responsabilidade corporativa do gerente e deve ser mantida no âmbito particular desse gerente.

1: Errada, a integridade garante que a informação estará disponibilizada da maneira como foi originada, sem alterações não autorizadas em sua forma e conteúdo; **2:** Errada, em uma organização todos são responsáveis pela segurança dos dados, porém cabe ao gerente disponibilizar diretrizes de segurança e juntamente com sua equipe criar meios que ajudem no cumprimento destas diretrizes.

Gabarito 1E, 2E.

(Agente Administrativo – FUNASA – 2009 – CESGRANRIO) Qual dos itens abaixo **NÃO** representa um mecanismo de segurança?

(A) Assinatura digital
(B) *Software* anti-*spyware*
(C) Sistema biométrico
(D) *Firewall*
(E) *Worm*

A: Errada, a assinatura digital é uma tecnologia que ajuda a garantir segurança e autenticidade. **B:** Errada, *Software*s anti-*spyware* tem por função proteger o sistema de vírus do tipo *spyware*. **C:** Errada, sistemas biométricos são sistemas de segurança que ajudam a garantir o acesso a dados apenas a pessoas autorizadas. **D:** Errada, o *Firewall* atua como uma barreira que filtra toda a comunicação de um computador ou rede. **E:** Correta, o *Worm* é um tipo de ameaça virtual e não um mecanismo de segurança.

Gabarito "E".

(Agente Administrativo – Ministério da Educação – 2009 – CESPE) Com referência à segurança da informação, julgue os itens subsequentes.

(1) Uma das principais preocupações com relação a ambientes eletrônicos, a segurança deve ser considerada sob diversos aspectos, como de conscientização dos usuários, regras e cuidados de acesso, uso, tráfego de dados em uma rede, além da utilização correta de *software* autorizados, que devem ser legalmente adquiridos.

(2) O acesso seguro a um ambiente eletrônico deve ser feito por meio de *firewall*, que é um sistema que reconhece o nome e a senha do usuário, elimina os vírus que podem estar na máquina cliente e no servidor e impede o envio de informações sem criptografia.

(3) Os arquivos recebidos anexados a mensagens eletrônicas devem ser abertos imediatamente, a fim de se descobrir se contêm vírus. Para tanto, basta ter um programa de antivírus instalado, que vai automaticamente eliminar a mensagem, caso seja identificado um vírus dentro dela.

(4) Vírus, *spyware*s, *worm*s e *trojan*s são conhecidas ameaças aos ambientes eletrônicos que devem ser monitoradas por meio de *software* de segurança específicos para cada tipo de ameaça.

1: Correta, a segurança de ambientes eletrônicos é feita não só com medidas digitais mas também com a conscientização por parte dos usuários com um correto acompanhamento pelo setor de segurança, mantendo as diretrizes de segurança sempre ativas; **2:** Errada, o *Firewall* é um sistema que protege o computador contra invasão, deixando aberta apenas as portas de comunicação usadas por programas reconhecidamente seguros; **3:** Errada, arquivos só devem ser abertos após verificados por um *software* antivírus, caso ela seja aberta antes disso corre-se o risco de infecção; **4:** Correta, as ameaças mencionadas podem afetar o correto funcionamento do sistema operacional, é recomendado que o computador possua programas de detecção como antivírus e anti*spyware* para que se mantenha sempre protegido.

Gabarito 1C, 2E, 3E, 4C

(Agente Administrativo – MPOG – 2009 – FUNRIO) Um programa nocivo que tem a capacidade de se replicar ou se autoenviar é um exemplo de um

(A) Worm
(B) Trojan
(C) Spyware
(D) Vírus
(E) Hacker

A: Correta, o *Worm* é um tipo de ameaça que pode se replicar ou autoenviar para outros computadores. **B:** Errada, o *Trojan* é um tipo de ameaça que mantém um porte de conexão aberta para o invasor. **C:** Errada, o *Spyware* é um tipo de ameaça que monitora as ações do usuário. **D:** Errada, vírus é apenas uma definição genérica para ameaças digitais. **E:** Errada, *Hacker* é denominação de um usuário que possui um grande conhecimento sobre os princípios da computação.

Gabarito "A".

(Analista – ANATEL – 2009 – CESPE) Acerca da segurança da informação, julgue os itens a seguir.

(1) Segurança da Informação é a proteção contra um grande número de ameaças às informações, de forma a assegurar a continuidade dos negócios, minimizando danos comerciais e maximizando o retorno de investimentos. Ela pode ser garantida fazendo-se uso de controles físicos da informação, de mecanismos de controle de acesso, como *firewall*s e proxies, entre outras medidas.

(2) Uma organização, ao estabelecer seus requisitos de segurança da informação, deve avaliar riscos, a partir da vulnerabilidade e da probabilidade de ocorrência de eventos de ameaça, sempre obtidas por meio de dados históricos de incidentes e problemas registrados nos bancos de dados da central de serviços.

1: Correta, a segurança da informação é responsável por manter toda a estrutura digital disponível e livre de ameaças, para isso são usados controle tanto de *hardware* quanto de peopleware; **2:** Errada, não apenas dados da central de serviços devem ser levados em consideração, mas sim todas as possibilidades que possam por ventura afetar o funcionamento da empresa.

Gabarito 1C, 2E

(Administrador – FUNASA – 2009 – CESGRANRIO) A Segurança da Informação se refere à proteção existente sobre as informações de uma determinada empresa ou pessoa, aplicando-se tanto às informações corporativas quanto às pessoais. Abaixo, são apresentadas algumas propriedades básicas que, atualmente, orientam a análise, o planejamento e a implementação da segurança para um determinado grupo de informações que se deseja proteger. Relacione as propriedades apresentadas na coluna da esquerda com as respectivas descrições, na coluna da direita.

Propriedade	Descrição
I. Confidencialidade II. Disponibilidade III. Integridade	(Q) Propriedade que limita o acesso à informação tão somente às entidades legítimas, ou seja, àquelas autorizadas pelo proprietário da informação.
	(R) Propriedade que garante que a informação manipulada mantenha todas as características originais estabelecidas pelo proprietário da informação, incluindo controle de mudanças e garantia do seu ciclo de vida (nascimento, manutenção e destruição).

Estão corretas as associações:
(A) I – Q; II – R

(B) I – Q; III – R
(C) I – R; II – Q
(D) II – Q; III – R
(E) II – R; III – Q

Confidencialidade (I) é a propriedade que limita o acesso à informação somente para aquelas pessoas que possuem autorização (Q) e Integridade (III) é a propriedade que garante que as informações se mantenham sempre com suas características originais (R), portanto a única alternativa correta é a B.

Gabarito "B".

(Analista – MPOG – 2009 – FUNRIO) Para trafegar informações pela Internet de forma segura, garantindo a integridade e sigilo, devemos fazer uso de:

(A) Criptografia.
(B) *Firewall*.
(C) Antivírus.
(D) *Sniffer*.
(E) *Antispyware*.

A: Correta, a criptografia é uma técnica utilizada para mascarar o conteúdo das mensagens sendo trafegadas de forma que apenas o destinatário correto da mensagem saberá seu conteúdo, mantendo assim seu sigilo e integridade. **B:** Errada, o *Firewall* é uma ferramenta que controla o fluxo de transmissão de dados de um computador na rede. **C:** Errada, o antivírus é uma ferramenta que visa proteger o computador contra programas que contenham código malicioso. **D:** Errada, o *Sniffer* é uma ferramenta de rede para análise de pacotes de dados transmitidos na rede. **E:** Errada, o *antispyware* é um *software* usado no combate a ameaças do tipo *spyware*.

Gabarito "A".

(Soldado – PM/SE – IBFC – 2018) Referente aos conceitos de segurança da informação aplicados a TIC, assinale a alternativa que NÃO representa tipicamente um *malware*:

(A) worm
(B) hacker
(C) spyware
(D) trojan

A: Errada, worm é um programa capaz de se propagar automaticamente sem a necessidade de um programa hospedeiro **B:** Correta, hacker não define um malware mas sim um indivíduo que se interessa em descobrir a fundo detalhes de sistemas e dispositivos a fim de encontrar falhas ou leva-los ao limite. **C:** Errada, spyware é um programa que monitora as atividades do usuário e envia essas informações à terceiros. **D:** Errada, trojan é um programa que executa uma ação esperada pelo usuário, mas também realiza ações não desejadas, como manter uma porta de conexão aberta para invasão

Gabarito "B".

(Escrivão – PC/MG – FUMARC – 2018) O tipo de malware que modifica ou substitui um ou mais programas existentes para ocultar o fato de que um computador tenha sido comprometido, ocultando vestígios de ataque, é:

(A) Cavalos de Tróia.
(B) Rootkit.

(C) Spyware.
(D) Worm.

A: Errada, o Cavalo de Tróia é um tipo de ameaça que se disfarça de um software legítimo e tem por finalidade manter uma portar de conexão aperta para que o usuário malicioso possa acessar novamente o computador infectado. **B:** Correta, o Rootkit é um tipo de ameaça que visa ocultar objetos ou ações realizadas no computador, dificultando a detecção de outras ameaças. **C:** Errada, o Spyware é uma ameaça que colhe informações do usuário, como histórico de navegação, dados digitados e telas acessadas, para enviá-las a um usuário malicioso. **D:** Errada, o Worm é um tipo de ameaça que se propaga automaticamente por uma rede, não necessitando que um software específico seja executado ou que ele esteja atrelado a outro software.

Gabarito "B".

(Escrivão – PC/MG – FUMARC – 2018) O tipo de ameaça à segurança de um computador que consiste em um programa completo que se replica de forma autônoma para se propagar para outros computadores é:

(A) Worm.
(B) Vírus.
(C) Spyware.
(D) Spam.

A: Correta, o Worm é um tipo de ameaça que se propaga automaticamente por uma rede, não necessitando que um software específico seja executado ou que ele esteja atrelado a outro software. **B:** Errada, vírus é a denominação genérica de ameaças virtuais que tem por objetivo expor o usuário a algum tipo de vulnerabilidade ou ameaça. **C:** Errada, o Spyware é uma ameaça que colhe informações do usuário, como histórico de navegação, dados digitados e telas acessadas, para enviá-las a um usuário malicioso. **D:** Errada, o Spam consiste no envio de mensagens indesejadas, geralmente via correio eletrônico.

Gabarito "A".

(Papiloscopista – PF – CESPE – 2018) No que se refere à segurança de computadores, julgue os itens subsecutivos.

(1) Cavalos de Troia são exemplos de vírus contidos em programas aparentemente inofensivos e sua ação danosa é mascarada pelas funcionalidades do hospedeiro.

(2) Os *browsers* Internet Explorer, Firefox e Chrome permitem a instalação de plugins para implementar proteção antiphishing.

(3) Servidores *proxy* que atuam em nível de aplicação conseguem bloquear acesso a arquivos executáveis em conexões HTTP, o que não pode ser realizado com filtros de pacotes.

(4) Um dos objetivos do *firewall* é monitorar todo o tráfego de dados entrando e saindo de uma rede local e entrar em ação ao identificar um *sniffer* externo.

(5) Para a melhoria de desempenho, vários produtos de segurança (*firewall* e *antispyware*, por exemplo) podem ser substituídos por um sistema de gerenciamento unificado de ameaça (UTM – *unified threat management*).

1: Correta, os Cavalos de Troia são ameaças que se disfarçam de um software legítimo para manter uma porta de conexão aberta para um usuário malicioso. **2:** Errada, a proteção antiphising deve ser implementada por softwares gestores de correio eletrônico como o Mozilla Thunderbird e o Microsoft Outlook e não por navegadores de internet. **3:** Correta, os servidores proxy filtram e direcionam a navegação do usuário e podem impedir o acesso a determinados tipos de programa. **4:** Errada, o papel do firewall é monitorar o trafego de entrada e saída e garantia a execução das políticas de acesso definidas pelo administrador. **5:** Correta, um UTM ou Gerenciamento unificado de ameaças, é um termo que se refere a uma solução de segurança único que provê múltiplas funções de segurança em um ponto de uma rede.

Gabarito 1C, 2E, 3C, 4E, 5C.

(Escrivão – PF – CESPE – 2018) Acerca de redes de computadores e segurança, julgue os itens que se seguem.

(1) Uma das partes de um vírus de computador é o mecanismo de infecção, que determina quando a carga útil do vírus será ativada no dispositivo infectado.

(2) No processo conhecido como scanning, o worm, em sua fase de propagação, procura outros sistemas para infectar.

(3) Um *firewall* implementa uma política de controle de comportamento para determinar que tipos de serviços de Internet podem ser acessados na rede.

(4) Os aplicativos de antivírus com escaneamento de segunda geração utilizam técnicas heurísticas para identificar códigos maliciosos.

(5) Os *softwares* de *spyware* têm como principal objetivo adquirir informações confidenciais de empresas e são usados como uma forma de espionagem empresarial.

1: Errada, o mecanismo de infecção é responsável pela forma como o vírus se propaga, quem define quando a carga útil do vírus será ativada é o mecanismo de ativação. **2:** Correta, o worm é um tipo de vírus que tem por característica a capacidade de se auto propagar sem a necessidade de um hospedeiro e para tal tentar encontrar equipamentos na rede ou outros meios para os quais ele possa ser propagado. **3:** Errada, o firewall tem por objetivo monitorar as portas de acesso e realizar o controle do fluxo de informações na rede. Para o monitoramento de serviços poderia ser utilizado um servidor proxy, que atua como intermediário na conexão do computador com a rede no qual ele se encontra. **4:** Correta, na detecção por heurística o comportamento do software é monitorado para identificação de casos anômalos ou potencialmente maliciosos. **5:** Errada, os spywares tem por funcionalidade obter dados do usuário monitorando o uso do equipamento, a navegação na internet e informações digitadas no computador, enviando-as para um usuário malicioso.

Gabarito 1E, 2C, 3E, 4C, 5E.

(Agente – PF – CESPE – 2018) Marta utiliza uma estação de trabalho que executa o sistema operacional Windows 10 e está conectada à rede local da empresa em que ela trabalha. Ela acessa usualmente os sítios da intranet da empresa e também sítios da Internet pública. Após navegar por vários sítios, Marta verificou o histórico de navegação e identificou que um dos sítios acessados com sucesso por meio do protocolo HTTP tinha o endereço 172.20.1.1.

Tendo como referência essa situação hipotética, julgue os itens a seguir.

(1) O endereço 172.20.1.1 identificado por Marta é o endereço IPv4 de um servidor *web* na Internet pública.

(2) Por meio do serviço de *proxy* para rede local, Marta poderá acessar, a partir da sua estação de trabalho, tanto os sítios da intranet quanto os sítios da Internet pública.

(3) O sistema operacional utilizado na estação de trabalho de Marta inclui nativamente a plataforma Windows Defender, composta por ferramentas antivírus e de *firewall* pessoal, entre outras.

(4) WHOIS é o serviço que permite a consulta direta dos endereços IPv4 dos sítios visitados por Marta, a partir das URLs contidas no seu histórico de navegação.

(5) A despeito das configurações dos ativos de segurança corporativos e do serviço de *firewall* instalado na estação de trabalho, Marta poderá acessar remotamente sua estação de trabalho usando a Conexão de Área de Trabalho Remota, a partir de outra estação conectada à Internet.

1: Errada, as classes de IP do IPv4 nos intervalos de 10.0.0.0 até 10.255.255.255, de 172.16.0.0 até 172.31.255.255, de 192.168.0.0 até 192.168.255.255 e de 169.254.0.0 até 169.254.255.255 são classes de IP reservadas para uso em redes privadas. **2:** Correta, o serviço de proxy funciona como um intermediário entre o computador e o servidor de saída, filtrando o que pode ser passado para este e controlando o que o usuário poderá acessar. **3:** Correta, o Windows 10 possui em sua instalação padrão o aplicativo chamado Windows Defender que é composto de diversas ferramentas visando aumentar a segurança do usuário tanto em uma rede quanto no fora dela, sendo algumas destas ferramentas um firewall, um antivírus e uma ferramenta de análise de integridade do dispositivo. **4:** Errada, o WHOIS é um protocolo usado para obter informações de DNS e de contato de um domínio e não do endereço IP de um servidor web. **5:** Errada, como há um firewall instalado e regras de segurança sendo aplicadas ela só poderia realizar tal acesso caso este esteja liberado nas políticas de firewall da empresa.

Gabarito 1E, 2C, 3C, 4E, 5E.

(Agente – PF – CESPE – 2018) Julgue os próximos itens, a respeito de proteção e segurança, e noções de vírus, *worms* e pragas virtuais.

(1) Um ataque de *ransomware* comumente ocorre por meio da exploração de vulnerabilidades de sistemas e protocolos; a forma mais eficaz de solucionar um ataque desse tipo e recuperar os dados "sequestrados" (criptografados) é a utilização de técnicas de quebra por força bruta da criptografia aplicada.

(2) A infecção de um sistema por códigos maliciosos pode ocorrer por meio da execução de arquivos infectados obtidos de anexos de mensagens eletrônicas, de mídias removíveis, de páginas *web* comprometidas, de redes sociais ou diretamente de outros equipamentos.

(3) Na autenticação em dois fatores, necessariamente, o primeiro fator de autenticação será algo que o usuário possui — por exemplo, um *token* gerador de senhas — e o segundo, alguma informação biométrica, como, por exemplo, impressão digital ou geometria da face reconhecida.

(4) A superexposição de dados pessoais nas redes sociais facilita o furto de identidade ou a criação de identidade falsa com dados da vítima, identidades essas que podem ser usadas para atividades maliciosas tais como a realização de transações financeiras fraudulentas, a disseminação de códigos maliciosos e o envio de mensagens eletrônicas falsas por email ou redes sociais.

1: Errada, a forma mais eficaz de solucionar um ataque do tipo ransonware é primeiro isolar o computador afetado para evitar que a ameaça se espalhe e tomar as ações cabíveis para a remoção do vírus, e para a recuperação dos dados o ideal é possuir cópias de segurança destes em um ambiente separado e independente como um HD externo, pendrive ou mesmo outro computador, de forma que eles não sejam afetados caso um computador seja comprometido. **2:** Correta, há várias formas de ser infectado por ameaças virtuais, como por exemplo a execução de um arquivo infectado recebido por email, transferido pela internet, pela rede ou através de mídias removíveis como pendrives, por este motivo deve-se ter muito cuidado ao executar programas recebidos de terceiros sem antes passa-lo por uma ferramenta antivírus. **3:** Errada, na autenticação de dois fatores é utilizado como primeiro fator a senha do usuário e um segundo fator, em geral um token gerador de senhas ou um código enviado via mensagem para um número de celular. **4:** Correta, muitas pessoas não tem o cuidado necessário com a privacidade das informações que expõem em redes sociais, o que acaba facilitando a obtenção de dados pessoais, nomes, endereços, lugares frequentados, fotos do rosto e tudo isso pode ser usado por alguém para se passar por outra pessoa, ações de roubo de identidade ou falsidade ideológica.

Gabarito 1E, 2C, 3E, 4C

(Analista Judiciário – TRE/PA – 2020 – IBFC) Guilherme é analista de suporte de uma grande empresa do ramo farmacêutico, e, eventualmente necessita se conectar na rede corporativa pela internet quando está fora do local de trabalho. Quanto a uma das formas seguras de se conectar na rede corporativa, assinale a alternativa correta.

(A) Com seu notebook e por um WIFI publico

(B) Pelo 4G do seu smartphone com seu próprio smartphone

(C) Com seu notebook corporativo e pela rede VPN em uma conexão não compartilhada

(D) Com seu notebook corporativo e pela rede VPN em uma conexão compartilhada

A, B, C, D: O uso de redes compartilhadas não garante o sigilo no tráfego das informações, já redes públicas não fornecem nenhuma garantia de segurança tanto de parte do administrador da rede quanto de outros usuários na mesma rede, e ainda que seja utilizada uma conexão 4G não há garantia completo de sigilo e segurança na troca de informações pela internet, a forma mais segura de acesso a redes privadas é através de uma conexão VPN, sigla para Virtual Private Network, ou Rede Virtual Privada, que cria uma conexão direta e criptografada entre o computador e a rede desejada, para garantir máxima proteção esta rede não deve ser compartilhada e acessada através de um computador confiável, portanto apenas a alternativa C está correta.

Gabarito "C"

ANOTAÇÕES